정치 성향은 어떻게 결정되는가

타고난 성향인가, 학습된 이념인가

존 R. 히빙
케빈 B. 스미스
존 R. 알포드

지음

정치 성향은 어떻게 결정되는가
타고난 성향인가, 학습된 이념인가

오픈도어북스는 (주)하움출판사의 임프린트 브랜드입니다.

초판 1쇄 발행 25년 03월 27일
　　2쇄 발행 25년 04월 30일

지은이 | 존 R. 히빙, 케빈 B. 스미스, 존 R. 알포드

발행인 | 문현광
책임 편집 | 이건민
교정 • 교열 | 신선미 주현강
디자인 | 양보람
마케팅 | 심리브가 박다솜 이창민 박소희 박현서
업무지원 | 김혜지

펴낸곳 | (주)하움출판사
본사 | 전북 군산시 수송로315, 3층 하움출판사
지사 | 광주광역시 북구 첨단연신로 261 (신용동) 광해빌딩 6층 601호, 602호
ISBN | 979-11-7374-039-8(05340)
정가 | 17,600원

이 책의 전부 또는 일부 내용을 재사용하려면 사전에 저작권사
(주)하움출판사의 동의를 받아야 합니다.
오픈도어북스는 참신한 아이디어와 지혜를 세상에 전달하려고 합니다.
아이디어와 원고가 있으신 분은 연락처와 함께 open150@naver.com로 보내 주세요.

정치 성향은 어떻게 결정되는가

타고난 성향인가   학습된 이념인가

존 R. 히빙, 케빈 B. 스미스, 존 R. 알포드

지음

앤과 켈리, 멘디에게

차 례

개정판을 내며

초판의 내용을 면밀하게 가다듬은 이 개정판에서는 도저히 좁혀질 것 같지 않은 심각한 정치 분열을 초래하는 사회학적, 생물학적 차이를 새로운 관점에서 조명한다.

저명한 사회학자이자 생물정치학 전문가인 존 R. 히빙과 케빈 B. 스미스 존 R. 알포드는 정치적 견해가 문화적 배경이나 정보 편향보다 생물학적, 심리적, 유전적으로 다양한 특성의 결과라는 확고한 증거를 제시한다. 이 개정판에서는 전통적으로 인식된 진보주의와 보수주의의 차이에서 초점을 옮겨 도널드 트럼프 같은 정치인의 열렬한 지지자처럼 특정 브랜드의 진보주의와 보수주의를 탐구한다.

정치심리학과 정당 정치를 공부하는 학생과 학자들의 필독서인 이 책은 여론과 당파 갈등을 바라보는 독자들의 기존 관점을 재고하도록 유도한다.

정치 성향은 어떻게 결정되는가

계승되는 갈등

정치계에서 10년은 아주 긴 시간이다. 우리가 이 책의 초판을 집필한 2013년부터 개정판을 펴낸 2023년까지의 10년도 영원처럼 길게 느껴진다. 브렉시트Brexit, 도널드 트럼프Donald Trump, 자이르 보우소나루Jair Bolsonaro*001, 코로나19COVID-19, 2021년 1월 6일에 일어난 사건*002, 극단으로 치닫는 양극화, 우크라이나 전쟁, 미국에서의 대통령 탄핵과 기소, 베냐민 네타냐후Benjamin Netanyahu의 이스라엘 법원 장악 등 굵직한 사건들이 모두 이 무렵에 벌어졌다.

물론 우리의 통찰력이 그리 뛰어나지 않을 수도 있다. 다만 주지하는 바와 같이 우리가 초판에서 제시한 이론은 이 모든 야만적이고 파란만장한 사건

---

001 브라질의 제38대 대통령으로, 강경한 보수적 성향으로 브라질의 트럼프라고 불린다. 옮긴이.

002 2020년 미국 대통령 선거에서 트럼프 후보의 패배 후, 트럼프 후보 지지자들이 국회의사당을 무력으로 점거한 사건을 말한다. 옮긴이.

속에서도 굳건히 그 위상을 지켜 냈다. 결과적으로 현대 정치를 제대로 이해하려면 그 이론의 핵심부터 진지하게 받아들여야 한다. 다시 말해 정치 성향(political orientation)은 그 사람의 내면 깊은 곳에서 선천적으로 타고난 생물학적, 심리적 성향(predispostion)에 따라 형성된다.

우리가 초판을 집필한 시기는 버락 오바마가 미국의 대통령으로 선출된 직후였다. 그 무렵의 여러 조사 결과를 보면, 오바마는 전임자인 조지 W. 부시George W. Bush를 근소하게 제치며 역대 가장 심각한 분열을 초래한 대통령으로 꼽혔다. 그러나 불과 몇 년 뒤에 선출된 후임 대통령이 부시와 오바마 대통령 이상으로 심각한 분열의 주인공이 되리라 생각한 이는 거의 없었다.

여기에서 틀림없이 의문이 들 것이다. 도널드 트럼프를 향한 놀랍도록 뜨거운 지지와 반대는 어디에서 비롯되는 것일까? 이마저도 모두 전례 없는 일이다. 우리는 다음과 같은 의문에 답하기 위해 노력했다.

- 지향점이 반대인 사람들과 정치적 대화를 나누기 어려운 이유는 무엇일까?
- 오랜만에 만난 가족 관계가 정치 토론 하나로 망가지는 일이 많은 이유는 무엇일까?

그로부터 10년이 지난 지금은 조금 더 예리한 질문을 던질 수 있게 되었다.

- 2020년 대통령 선거에서 합법적으로 당선된 후보의 권력 인수를 막으려 수천 명의 트럼프 지지자들이 미국 국회의사당을 점거하는 과정에서 법관까지 살해한 이유는 무엇일까?
- 도널드 트럼프, 베냐민 네타냐후, 빅토르 오르반*003, 자이르 보우소나루와 같은 정치인을 열성적으로 지지하는 사람의 확고부동함은 어디에서 오는 것일까? 또한 그 반대의 경우는 어떨까?
- 브렉시트의 지지자와 반대자가 지금도 팽팽하게 맞서는 이유는 무엇일까?

---

003 헝가리의 총리로, 헝가리 역대 총리 가운데 최장 임기를 지내고 있다. 옮긴이.

- 수많은 사람이 정치적인 견해차로 심리적, 정서적, 사회적으로 고통받는 이유는 무엇일까?
- 지금 정치는 도대체 어디로 향하고 있는가?
- 이상과 같이 서로가 똘똘 뭉쳐 대립하는 상황에서 민주주의가 살아남을 수 있을까?

정치 성향의 근원은 각자의 삶 속에서 경험하는 사건에서 비롯된다는 견해가 일반적이다. 우리는 살아가면서 언론 기사에 노출되고, 책을 읽고, 라디오 비평을 들으며, 중요한 사건을 직접 목격한다. 또한 미묘한 정치색을 띠는 영화를 보고, 새로운 정보를 얻거나, 성직자, 부모 또는 선생님이나 형제자매, 친구처럼 영향력 있는 사람의 말에 귀 기울인다. 이처럼 환경의 영향을 강조하는 주장은 새로운 환경 요인에 노출되었을 때, 정치 성향도 바뀔 수 있다는 결론을 지지한다. 이는 곧 누군가의 정치적 관점을 바꾸려고 한다면, 단순히 새로운 정보를 제공하거나 그 사람을 지금과 다른 상황에 놓이도록 유도하면 된다는 뜻이기도 하다. 새로운 정보가 설득력이 있다면 그 사람은 정치 성향을 수정할 것이다.

이 관점에서는 환경적 요인이 매우 강력한 매개 역할을 하므로 주의 깊게 추적할 필요가 있다. 전통적 생활 양식을 옹호하는 사람은 할리우드나 아동 도서 또는 디즈니 왕국에서 전하는 '각성(wokeness)'[004], 정치적 올바름에 대응하려 애쓸 것이고, 그 반대라면 성소수자(LGBTQ+)에 적대적인 폭스 뉴스의 입장에 맞설 것이다. 한편 이민 반대자라면 최근의 전체 이민자 범죄를 낱낱이 공개하려 들며, 옹호자는 인도주의적 관심과 이민자 노동력의 필요성을 역설할 것이다. 또한 치안을 중시한다면 경찰과 대치하는 시위의 위협성을 환기하고, 인종 평등을 우선시하는 사람은 경찰 측의 편견과 비행을 지적할 것이다. 이처럼 개인의 성향은 사회적 통념상 쟁점(issue)이 무엇이든 우리 주변의 사건에서 많은 영향을 받는다.

---

004 사회의 숨은 차별을 깨달음. 우리나라에서는 '깨어 있는 시민'과 비슷한 개념이다. 옮긴이.

정치적 측면과 관련하여, 환경의 문제에 당신이 기대하는 방식대로 반응하지 않는 사람은 환경에 관심이 없거나, 무관심한 척해서일 수도 있다. 이는 그 사람들에게 문제가 있다는 뜻이며, 결과적으로 보는 이에게 당혹감과 경악을 선사하기도 한다. 설득력 있는 주장과 부인할 수 없는 사실에도 그들이 무반응으로 일관할 수 있는 이유는 과연 무엇일까? 어쩌면 과거에 여러 사건을 겪으면서 하나의 생각이 고착된 상태일 가능성이 크다. 따라서 훨씬 강력하고 직접적인 설득이 필요할 것이다.

그렇다면 환경은 이 이야기의 일부에 지나지 않으며, 몇몇에게는 지극히 사소한 부분이라면 어떨까? 아니면 정치 성향을 결정하는 주된 요소가 정보와 논리, 설득의 영향을 거의 받지 않는 특정한 역학이 좌우한다면 어떨까? 많은 이들이 공공연한 정치 경험을 하기도 전에 보수나 진보, 또는 도널드 트럼프 같은 사람에게 이끌리는 심리적, 생물학적 성향이 존재한다면 어떨까?

이상의 내용이야말로 우리가 주장하는 바이며, 정치적으로 타고난 성향의 존재를 입증할 증거이기도 하다. 물론 초판을 쓰던 당시에는 우리의 메시지가 쉽게 받아들여지기 어려우리란 사실을 이미 알고 있었다. 사람들은 저마다의 정치적 관점에 자부심을 느끼며, 이 관점은 신중한 연구와 치밀한 사고의 결과라 확신한다. 따라서 그 관점이 사전보다 사후의 합리화에 더 가깝다고 말한다면 많은 이들이 불편해할 것이다. 그러나 정치 성향에 대한 근거는 지난 10년간 이어진 풍부한 후속 연구로 크게 강화되었다.

그 근거는 다음 장에서 상세하게 소개하도록 하겠다. 이 글에서 우리는 지난 10년 동안 일어난 정치적 사건으로 누구나 타고난 성향의 위력을 쉽게 이해할 수 있게 되었다는 사실을 지적하고자 한다. 조지 부시와 버락 오바마의 지지자와 반대자의 정서는 완고한 편이다. 그러나 도널드 트럼프를 비롯하여 그와 유형이 비슷한 전 세계 정치인의 경우, 그 정서를 완전히 새로운 단계로 끌어올렸다.

트럼프가 네 번이나 기소되었던 때를 생각해 보자. 그중 한 번은 '미국을 편취하려는 모의'라는 혐의를 받았고, 오랫동안 숱한 비행을 일삼았음에도 지지자들은 그에게 더 깊은 애착을 지니기 시작한다. 이 글을 쓰고 있는 지금

정치 성향은 어떻게 결정되는가

을 기준으로 2024년 공화당 경선에서 트럼프에게 도전하는 후보가 각자 최대한의 견인력을 확보하려고 애쓴다. 그 이유는 트럼프의 정책적 입장이나 2021년 국회의사당 점거 사건과 연관된 공화당 유권자의 불만 때문은 아니다. 정확하게는 트럼프가 민주당에서 출마한 대통령 후보를 상대로 승리할 가능성이 가장 크지 않을 수 있다는 생각이 원인이다.

트럼프의 정책과 페르소나persona에 대한 지지는 그의 지지 기반에 속하는 사람들 사이에 놀라울 정도로 깊이 형성되어 있다. 이러한 개인의 정책 선호도는 환경적 증거의 등장으로도 바뀌지 않는다. 그들은 트럼프의 반이민주의적, 친국방적, 비전통적 생활 양식을 배척하는 태도를 지지하는 성향을 지닌 사람들이기 때문이다. 물론 트럼프의 지지자 또한 분명히 자신의 성향과 연관된 환경적 증거를 찾겠지만, 이는 별개의 사안이자 완전히 다른 인과관계의 이야기일 뿐이다.

도널드 트럼프의 강경한 반대파 역시 성향에 따라 형성된 존재이다. 사실 트럼프가 반대파의 마음을 돌릴 수 있는 일은 없다. 그들이 도널드 트럼프에게 반감을 느끼는 이유도 레이철 매도Rachel Maddow[005]가 사주해서도 아니다. 그저 원래부터 그렇게 존재했기 때문이다. 따라서 반대파의 정책적 욕구는 트럼프와 완전히 상충한다. MSNBC를 시청하는 것은 부수적인 특징일 뿐, 트럼프에 반하는 정책적 입장과 성향을 유발하는 선천적 요인은 아니다.

우리는 2015년부터 트럼프의 열렬한 지지자와 반대자를 대상으로 수없이 대화를 나누었다. 그때마다 그들의 시선과 안면 근육의 움직임, 몸짓 언어에서 느낄 수 있는 강렬한 인상과 더불어 말투에서 드러나는 노골적인 감정과 경직된 언어, 사실 여부와 상관없이 아무것도 인정하지 않으려는 태도에서 적잖은 충격을 받았다. 북아프리카 이민자를 위한 합리적인 정책을 두고 갈등이 깊어진 이탈리아와 사법 제도 개혁을 두고 양측 간에 격한 시위가 벌어진 이스라엘에서도 그와 같은 현상을 목격했다. 이 시위대와 트럼프 지지자, 또는 이스라엘, 이탈리아와 같은 유형의 사람은 환경이 던지는 메시지에

---

005   미국의 진보 성향 정치 평론가이자 MSNBC 뉴스 프로그램 진행자. 옮긴이.

도 설득될 것 같지는 않다.

무엇보다 지난 10년 동안 정치 신념이 더욱 확고한 요인에 고착되어 있다는 사실을 확실하게 입증할 수 있었다. 따라서 우리 또한 정치 성향이 상당 부분 선천적으로 비롯된다는 점을 조금 더 편안하고 자신 있게 주장할 상황이 되었다. 마지막 장에서 상세하게 설명하겠지만, 당신이 우리의 주장을 사실로 받아들일 수 있기를 바란다. 역설적으로 사람의 성향이 상대적으로 경직되어 있음을 인식하는 일이 얼핏 암울하고 걱정스러운 결말처럼 보이더라도, 그 이면에 밝은 희망이 숨어 있으니 말이다.

존 R. 히빙, 링컨, 네브래스카

케빈 B. 스미스, 링컨, 네브래스카

존 R. 알포드, 휴스턴, 텍사스

2023년 10월 1일

정치 성향은 어떻게 결정되는가

제1장

불편한 동행

•

민주주의자 : 땀투성이에 무질서하고, 즉흥적이며, 상상력이 풍부하고

너그러우며, 주고받기에 능숙함.

공화주의자 : 존경스럽고 차분하며, 목적의식이 있지만, 독선적이고,

진부하고, 지루함.

클린턴 로시터(Clinton Rossiter)

•

정치란 유혈 스포츠나 다름없다. 격투기 선수의 주먹질만큼이나 관중의 싸움 또한 격렬하기 때문이다. 이처럼 정치 논쟁은 이성적, 분석적이기보다 감정적이고 원초적인 경향이 있다. 따라서 1968년, ABC 뉴스에서 윌리엄 버클리 주니어William Buckley, Jr.와 고어 비달Gore Vidal의 토론을 연속으로 방영하기로 한 것도 좋은 아이디어처럼 보였다. 버클리는 보수, 비달은 진보 진영으로서 두 사람 모두 이념을 신봉하지만, 교양과 품위를 겸비한 학자로서의 풍모를 보여 주었다. 두 사람은 서로 다른 정치 성향끼리의 논쟁에 경멸과 무시, 증오로 일관하지 않고, 정직하고 지적이며 건설적인 언어로 전개될 가능성을 온 세상에 보여 주리라 기대했을 것이다.

당시 미국에서는 타인의 정치 인식에 동의할 수 없다는 이유로 총을 쏘거나 무자비한 폭력을 가하는 놀라운 사건이 빈번하게 벌어졌었다. 버클리와 비달 같은 건설적인 사례가 절실히 필요했다. 또한 로버트 케네디와 마틴 루터 킹 주니어 암살 사건이 일어나고, 수십 곳의 도시에서 인종 폭동이 일어났다. 그런가 하면 민주당 전당대회 동안 베트남 전쟁에 반대하는 시위대가 시가 통제력을 확보하려는 시카고 경찰에 맞서 8일 동안 비장한 전투를 벌였다.

그러한 형국에 버클리와 비달의 모습은 그야말로 안성맞춤이었을 것이다. 두 사람은 명석하고 논리 정연했으며, 동부 출신 특유의 정제된 어조는 더욱 세련된 이미지를 자아냈다. 어쩌면 두 사람은 정치적 견해 차이에 대처하는 한층 성숙한 방법을 제시할 수 있었을 것이다. 물론 아닐 수도 있지만 말이다.

드디어 1968년 8월 27일에 벌어진 그 유명한 설전에서 버클리는 비달에게 정치에 대해 아무것도 언급할 자격이 없다면서 변태적인 할리우드식 사고를 소유한 작가에 지나지 않는다고 비방했다. 비달은 버클리가 언제나 우파를 지향하니 항상 틀려먹은 사람이라 쏘아붙이며, 잔혹할 정도로 극단적인 태도까지 정치 활동에 끌어들였다고 비난했다. 이때부터 진흙탕 싸움이 시작되었다.

정치 성향은 어떻게 결정되는가

"그 입 닥쳐요." 비달이 소리쳤지만, 버클리는 멈추지 않았다. 비달은 그를 '초기 또는 비밀 나치당원'이라고 칭하자, 버클리가 발끈했다. 그는 "그래, 들어 봐요. 호모 양반."이라 말하며, "날 비밀 나치당원이라고 부르지 마세요. 그렇지 않으면 그 옛 같은 면상을 날려 버릴 테니까."[006]라고 덧붙였다. 분개하여 집으로 돌아간 버클리는 비달을 곧장 명예 훼손으로 고소했다. 비달 역시 마찬가지였는데, 고소할 생각을 먼저 하지 못한 데 화가 났는지 버클리를 맞고소했다. 문명인의 대화라기에는 다소 과격한 모습이었다.

1960년대는 폭력적인 갈등의 시대였음에도 정치적 갈등은 거의 없었다. 미국의 건국자들은 획일적이지도 순종적이지도 않았다. 버클리와 비달처럼 알렉산더 해밀턴Alexander Hamilton과 존 애덤스John Adams도 자신과 다른 관점을 용납하지 못하는 독선적인 사람들이었을 수 있다. 애덤스 대통령은 〈외국인 규제 및 선동 금지법(The Alien and Sedition Acts)〉에 서명하며, 정부에 대한 험담을 범죄로 규정했다. 정부의 수장이라면 더없이 좋은 거래였다.

해밀턴은 부통령인 애런 버Aaron Burr와 사이가 좋지 못했는데, 결국 버의 총격에 사망하는 비극적인 결과를 초래했다. 이처럼 미국의 부통령이 헌법 제정에 기여한 핵심 인사를 살해한 사건만큼 정치가 국민을 자극하는 사례도 드물 것이다. 다른 건국자도 사정이 다르지는 않았다.

토머스 제퍼슨Thomas Jefferson과 제임스 매디슨James Madison은 '반신반인의 정치 천사'라 불리면서도 다른 이 못지않게 인신공격에 가담했다. 한 예로 제퍼슨은 교묘하게 정적을 비방했다. 그는 애덤스를 공격하기 위해 '전문 스캔들 모사꾼'인 제임스 캘린더James Callender에게 자금을 지원했다. 캘린더는 애덤스를 향해 '역겨운 현학자, 추잡한 위선자, 파렴치한 독재자'[007]라는 비열한 수사를 사용하며 돈값에 부응했다.

그러나 캘린더는 〈외국인 규제 및 선동 금지법〉을 위반한 혐의로 투옥되었다. 결국 애덤스가 이긴 셈이다. 이에 제퍼슨도 극심한 역풍을 맞으면서

006　총 22분에 걸친 토론은 'www.pitt.edu/~kloman/debates.html'에서 청취할 수 있다. 이중 가장 흥미로운 부분은 유튜브에서 찾을 수 있다.

007　Miller. *The Wolf by the Ears.* 148—151.

캘린더와의 관계에도 균열이 생겼다. 그러자 캘린더는 곧바로 제퍼슨을 대상으로 자극적인 글을 쓰기 시작했다. 특히 제퍼슨이 노예인 샐리 헤밍스Sally Hemmings와 오랜 시간 강제적인 성관계를 지속했다는 폭로는 먼 훗날 DNA 검사로써 사실로 드러났다.

당신이 미국 출신이 아니라서 다행이라고 생각할 필요는 없다. 당신의 정치적 우상 또한 성조기 아래 화염방사기처럼 파괴적인 언어를 난사하며 서로를 불태우는 전쟁터와 크게 다르지 않을 것이다. 한 시대와 배경의 정치의 모범을 제시해 달라고 할 때, 내막을 깊이 들여다보지 않더라도 버클리와 비달의 논쟁처럼 상대방의 정치의식을 비난하며 물리적 충돌까지 불사하는 사례를 충분히 찾을 것이다.

사람들은 정치를 너무 진지하게 받아들인다. 자신의 견해는 인정받고 싶어 하면서 상대방은 깎아내리려 든다. 보수주의자가 터커 칼슨Tucker Carlson과 숀 해니티Sean Hannity, 제시 워터스Jesse Watters, 로라 잉그레이엄Laura Ingraham 등의 방송인을 부유한 토크쇼 진행자로, 폭스 뉴스를 가장 시청률 높은 케이블 TV 채널로 만든 이유도 그러한 배경에서 비롯된다. 이들 소식통은 보수주의자에게 선과 공정의 고귀한 수호자인 데 반해 진보주의자는 날강도처럼 반대만 고집한다는 이미지를 시청자들에게 심어 준다. 반면 그와 정반대의 메시지를 원하는 진보주의자는 레이철 매도나 스티븐 콜베어Stephen Colbert, 지미 키멜Jimmy Kimmel 등 심야 방송 진행자에게 주목한다. 서로를 향한 비난이 거세질수록 방송가에서는 "정보보다 확신이 낫다."*008라는 격언을 추종하는 열성 시청자를 확보한다.

우리가 탐욕스럽고 비뚤어진 존재라면, 어리석고 배타적이며, 무지하고 고약한데다 착취적인 이미지의 보수주의자를 신랄하게 공격해 댈 것이다. 한편 우리가 큰돈을 바란다면, 교활하고 악의적이며, 퇴폐적이고 멍청해 보이기까지 하는 진보주의자를 맹렬하게 비난하기도 할 테다. 이러한 성격의 글은 특정 계층에서 아주 잘 팔린다.

---

008   Johnson. *The Information Diet.*

시중에 출간된 책을 살펴본 결과, 앞에서 언급한 바와 같은 비난을 쏟아내는 데 특별히 큰 노력이나 재능이 필요하다는 근거는 찾지 못했다. 이처럼 정치적 비난을 일삼는 사람은 체계적인 연구는커녕 그를 인용하는 경우조차 희박한 듯하다. 그보다는 특정 집단에 폭격할 모욕적인 수식어만 잔뜩 만들어 선동한다. 그래야 돈도 되면서 재미도 있기 때문이다. 그러나 우리는 학자로서 그러한 이익이나 재미에는 관심이 없다.

그뿐 아니라 자신의 정치적 관점은 타인이 인정해야 할 만큼 옳다고 여긴다. 반면 자신에게 반하는 견해에는 조소하면서 위험하고 무모한 헛소리라며 독자를 선동하는 책은 세상에 더는 필요치 않다. 이러한 책은 정치에 관심이 많은 이의 어두운 본능에 영합할 뿐이며, 극단성을 부추겨 소통을 방해한다. 이처럼 정치적 반대자에 대한 인신공격은 독자에게 위로와 확신을 주고, 저자에게는 금전적인 만족을 안겨 준다. 그러나 이는 모두 천박하고 피상적이며, 양극화만 조장할 뿐이다.

이 글의 목표는 정치의 세계를 저마다 다양하게 경험하고 해석하는 이유를 설명하는 데 있다. 즉 진보주의자와 보수주의자가 서로의 사고방식을 이해하며, 그중에서도 극단적인 성향의 지지자가 소란을 피우는 이유를 알도록 하는 것이 이 책의 목표이다. 물론 우리는 서로 촉각을 곤두세우는 두 성향의 지지자가 각자의 차이를 모두, 아니면 일부라도 인정하게 할 수 있다고 과장할 생각은 없다. 전 세계에 있을 버클리와 비달 같은 사람들이 모닥불에 둘러앉아 손을 맞잡으며 하나될 일은 없기 때문이다. 반대편의 말에 귀를 기울이는 것만으로도 중용의 해탈에 이를 수 있다는 헛된 주장은 비생산적이며, 끝없는 좌절의 원천이다. 따라서 우리는 작더라도 훨씬 더 중요하고 현실적인 방법을 추구한다. 보수와 진보의 차이를 비롯하여 이를 좁히기 어려울 때가 많은 이유를 모두가 이해하기를 바란다.

우리는 눈앞에 닥친 상황을 잘 알고 있다. 정치적 신념이 강한 사람은 상대편을 이해하려 다짐하는 일이 쉽지 않다. 이러한 반감은 직장에서 이따금 경험하기도 한다. 몇 년 전, 정치 성향이 대부분 최근에 습득한 정보나 편견 없는 성찰보다 내면의 깊은 부분과 무의식을 원천으로 형성된다는 내용의 연구 성과를 발표했다. 언론에서는 정치 성향이란 인간의 통제력을 넘어서므로, 자신의 신념을 책임질 필요가 없다는 인상을 주는 보도를 내놓았다.

우리의 주장을 지나치게 비약한 그 보도 이후, 우리에게 상당한 항의가 빗발쳤다. 항의는 주로 이메일을 통해 날아왔으며, 다수가 원색적인 비난을 담고 있었다. 그중에서도 가장 기억에 남는 것은 비판보다 애절해 보이는 내용이었다. 요점만 정리하자면 "저에게 그런 말하지 마세요. 저는 보수를 증오해야만 해요."라는 메시지였다. 이처럼 세상에는 정치적 반대자를 험담하면서 깊은 위안을 느끼는 이들이 분명히 존재한다.

_____ **갈등의 역학**

'분노하지 않는 것은 곧 무관심이다.'라는 속담이 있다. 그러나 이 말에 동의하지 않는다. 분노로는 지배 구조(governance)에 따른 복잡한 쟁점을 해결할 수 없으며, 우리는 얼마든지 감정을 조절하면서 정치적 사안에 집중할 수 있기 때문이다. 마뜩잖게 들리겠지만, 정치적 차이에 생산적으로 대응하는 길은 자신과 반대되는 관점의 원천을 이해하려고 노력하는 것이다. 이는 당신의 결의가 희석되거나, 뜻을 함께하는 동료가 당신을 향한 우려를 품게 되리라는 뜻은 아니다. 상대편을 이해하려는 순수한 노력은 결코 배신이 아니다.

옳고 그름을 떠나 정치 토론 중 양측에게 서로의 동기를 이해하려는 노력을 촉구하는 일은 두 이념 스펙트럼의 극단이 서로 대칭적이며, 허물마저 동등하게 존재한다는 의미가 아니다. 언론에서 종종 그러한 그릇된 등가성을 적용하는 바람에 문제 발생 시 양측이 함께 빌미를 제공했다는 인상을 남긴다. 마치 정치 토론에서 한쪽이 양보하지 않으면 상대편도 그렇게 응수하는 방식처럼 말이다. 이는 이 책에서 지향하는 바와 거리가 멀다. 보수와 진보, 중도파는 정보 탐색과 문제 해결 과정에서의 지향성뿐 아니라 현실적 목표도 서로 큰 차이를 보인다. 따라서 우리는 정치 성향마다 정치적 문제에 관한

정치 성향은 어떻게 결정되는가

인식과 해결 방식이 매우 다름을 주장하고자 한다.

상대방의 입장을 고려하기의 중요성을 잘 보여 주는 예를 살펴보도록 하겠다. 한 아이가 끔찍한 악몽에 시달린다고 상상해 보자. 자는 동안 주변을 어슬렁거리는 괴물 때문에 아이는 연신 울면서 비명을 지른다. "침대 밑에 괴물 같은 건 없단다."라는 현상적인 세상의 다독임으로는 아이를 당장 현실이 된 공포에서 구할 수 없다.

이후 몇 주 동안 걱정스러운 상황이 반복되자, 부모는 아이에게 현실을 깨우치기를 포기한다. 대신 아이가 느끼는 절망감을 중심으로 전략을 수정하기 시작한다. 더 이상 아이의 터무니없는 말을 지적하지 않고, 아이의 꿈속에 들어가기를 택한 것이다. 부모는 다음과 같이 아이를 달랜다.

> "그래, 괴물이 있네. 어휴, 끔찍하게 생긴 녀석이야. 심술궂기도 해라. 어? 괴
> 물이 이리로 오고 있어. 그런데 잠깐만, 저 녀석이 다른 친구들을 찾았나 봐.
> 다른 방향으로 가고 있어. 아주 멀리."

위와 같이 아이의 꿈속 세상을 함께 상상하며, 다른 사람도 아이에게 그 세상의 존재를 알고 있음을 인식시켰다. 이러한 방식으로 부모는 아이의 꿈과 연관된 문제들을 하나씩 해결할 수 있었다. 곧이어 아이와 부모에게 행복한 잠이 찾아오기 시작한다.

인정하기 어렵겠지만, 상대방이 겪는 악몽의 세상을 무시할수록 정치적 쟁점을 해결할 효과적인 해법을 찾기가 더욱 어려워진다. 우리에게는 새로운 접근이 필요하다. 따라서 당신이 상대방의 세계로 들어갈 수 있도록 진심으로 노력하기를 바란다. 단순히 그들과 함께하기보다 당신과 다른 정치적 결론에 도달한 이유를 이해하기 위해서 말이다.

당신은 상대방의 세상이 공포에 떠는 아이의 꿈속 세상처럼 현실과 동떨어져 있다고 생각해도 좋다. 다만 상대방의 세상 또한 아이의 꿈속 괴물만큼이나 실재적이라는 점을 명심하자. 아울러 상대방이 생각하는 당신의 세상 또한 당신이 생각하는 만큼 그들과 동떨어져 있다는 사실도 잊어서는 안 된

다. 이처럼 서로 다른 세상을 이해할 수 있다면, 근본적인 정치적 관점 차이로 불쾌감을 유발하는 이들과 함께 살아가는 방법도 찾을 수 있을 것이다. 쉽지는 않지만, 증오하는 것보다는 낫지 않겠는가.

또한 이 책에서 우리는 정치 성향의 차이도 주변 세상에 다르게 반응하는 다양한 요인의 일부에 불과하다고 지적하려 한다. 간단한 예로, 진보와 보수는 정치뿐 아니라 예술, 유머, 음식, 생활용품, 심지어 선호하는 여가 활동을 선택하는 취향에 차이가 있음이 밝혀졌다. 우리는 모두 정보를 수집하고 생각하는 방식을 비롯하여 타인이나 상황을 바라보는 관점도 천차만별이다. 이뿐 아니라 신경 구조와 특정 상황에서 발산하는 뇌파에도 뚜렷한 차이가 있다. 그리고 성격과 심리학적 경향과 더불어 자극에 집중하는 방식과 함께 유전적인 차이도 존재한다. 적어도 이념 스펙트럼에서 극단적 진보주의와 보수주의에 속하는 사람은 감성과 취향은 물론 심리적, 생리적 측면에서도 구별된다.

이념을 신봉하는 이는 서로의 차이가 생리적 측면은 차치하고, 심리적 측면에서 비롯된다는 사실조차 받아들이기를 주저하기도 한다. 자신의 정치적 신념이 매우 합리적이며 타당하다고 여기기 때문이다. 충분한 정보와 함께 악의적이고 인위적인 영향에서 보호받을 수 있다면, 타인도 지금과 다른 신념에 도달할 수 있음을 믿으려 하지 않는다.

진보주의자는 보수주의자가 코크 가문Kochs과 아델슨 가문Adelsens, 머서 가문Mercers, 마이 필로 가이MyPillow Guy*009의 재산과 폭스 뉴스에서의 고리타분한 이야기, 무엇이든 단순하게 생각하는 황당한 기질로 존재한다고 확신한다. 마찬가지로 보수주의자는 진보주의자의 고집스러움이 한물간 주류 매체(lamestream)와 조지 소로스George Soros의 세뇌, 조련사 같은 초등학교 교사와 사회주의자 대학 교수의 주입식 교육, 할리우드의 영향력과 더불어 현실에서 해방을 강렬하게 원하는 성향 때문이라고 믿는다. 사실 정치 성향의 차이는 기만적인 음모나 논리와 진실에 대한 비이성적인 무시가 아니라 인간의

---

009   본명 마이클 린델(Micheael Lindell).

정치 성향은 어떻게 결정되는가

본질에서 비롯된다. 따라서 보수주의자는 얼뜨기 진보주의자가 아니며, 진보주의자는 게으르고 무지한 보수주의자가 아니다.

소위 잘나가는 요즘의 정치 논평을 보면 위의 결론에 도달하기란 더욱 어려워진다. 이념적으로 편향된 작가나 유명 인사의 부추김으로 반대 성향의 소유자를 이해하려는 노력은 고작 무지하고 고집불통이며 교화되지 못했다고 주장하는 선에서 그칠 뿐이다. 이에 따라 보수주의자를 '멍청한 돼지(big fat idiots)'로, 진보주의자를 '닭대가리(pinhead)'*010라고 규정한다.

정치적 차이는 단순히 잘못된 정보나 엘리트의 음모, 상황을 깊이 생각하지 않으려는 태도보다 훨씬 깊은 곳에 뿌리를 두고 있음을 인정하는 것이야말로 더 평온한 삶으로 향하는 중요한 단계이다. 상대방의 생리적, 심리적 현실을 이해할수록 우리의 관점에서는 정책 선호도에 잘못이 보이더라도, 서로 다른 현실을 고려한다면 충분히 납득할 수는 있다. 바로 이 수준에 도달하는 것이 중요하다. 언론인 로버트 해스틴Robert Haston이 말한 바처럼 말이다.

> "우리는 상대방을 붉은색, 푸른색으로 움직이는 종족 본능을 받아들이고 이해할 필요가 있다. 그렇지 않으면 더더욱 맹목적이고 악의적인 싸움으로 계속 퇴보할지도 모른다."*011

물론 당신의 관점에서는 모두 틀렸다고 생각할 수도 있겠다. 우리는 서로 반대되는 성향의 소유자가 절반만 옳음을 주장하려는 것이 아니다. 오히려 상대방을 잘못된 방향으로 이끄는 근본적인 역학을 이해하려는 노력이야말로 정치 체제뿐 아니라, 상대방과 싸우려는 당신의 노력에도 의미를 부여한다.

---

010   O'Reilly. *Pinheads and Patriots: Where You Stand in the Age of Obama; and Franken. Rush Limbaugh Is a Big Fat Idiot.*

011   Haston. *So You Married a Conservative.* 3.

우리는 종종 정치적 차이의 심층적 기반을 연구하는 이유에 관한 질문을 받기도 한다. 당연하게도 이러한 질문을 하는 사람은 우리가 특정 집단을 부정적으로 묘사하는 것을 진짜 목적으로 삼는다고 추측한다. 우리는 질문자에게 보수를 가혹하게 다루는 진보 성향 학자이거나, 아니면 대의를 거스르며 진보를 비방하는 존재로 보일 수도 있다. 사회학자가 아무런 의제도 표방하지 않으면서 '인간관(human condition)'*012의 근원을 연구한다는 것 자체도 쉽게 받아들이기 어려운데, 가뜩이나 주제가 정치라면 더더욱 그러할 것이다.

이 책의 중심 주제가 인간에게 내재한 성향의 광범위한 영향력임을 감안하면, 사회학자라도 100% 객관적이고 가치 중립적이라고 주장할 수는 없다. 이는 누구라도 마찬가지이다. 우리 역시 편향된 존재이지만, 과학적 연구의 이점은 단일 연구자의 편향을 해소할 수 있다는 데 있다.

우리가 종사하는 분야에서는 데이터와 증거의 역할이 절대적인 편이다. 그렇지 않더라도 최소한 숨은 정치 의제보다는 더 큰 영향력을 지닌다. 이것이 바로 실증적 사회학의 세계이다. 이는 회의론자라도 적극 참여할 수 있는 지속성을 띤 과학적 절차를 기반으로 작동한다.

다양한 연구자의 참여와 더불어 반드시 그래야 한다는 법은 없지만, 반복 검증을 통해 결론을 수정한다. 그 결과로 진실이 모습을 드러낸다. 이때 진실이란 절대적이거나 궁극적인 것이 아니다. 현재로서 상대적으로 가장 덜 편향된 것을 가리킨다. 물론 방법론의 문제나 편파적 추론의 가능성은 항상 경계해야겠지만, 결과가 마음에 들지 않더라도 의심 때문에 백지화해서는 안 된다.

우리가 발표한 사례를 포함하여, 단일 연구의 결과를 회의적으로 받아들일 수는 있다. 그러나 여러 연구소에서 다양한 기법과 환경에서 진행된 연구

---

012   인간 존재의 본질적 특성을 나타내는 용어로, 지향하는 목적이나 대상에 따라 달라지기도 한다. 옮긴이.

의 결과가 하나같이 같은 방향을 가리키기도 한다. 이때라면 그 증명에 대한 책임이 진보와 보수 지지자가 구조적으로 다르지 않음을 주장하는 사람에게 전가된다는 점을 받아들여야 한다.

반면 우리는 사회학 연구에 숨은 정치적 판단에 대한 의심의 근거가 없지 않다는 점도 기꺼이 인정한다. 정치적 태도를 연구한 초창기 사례 가운데 한 연구에서는 다음과 같은 결론을 제시한다.

> 보수주의자는 사회적으로 고립된 사람, 자신을 평가 절하하는 사람 또는 개인적인 불만과 좌절로 고통받는 사람, 온순하고 소심하며 자신감이 낮은 사람, 분명한 방향성과 목적의식이 부족한 사람, 가치관이 불확실한 사람, 이해하기에 너무 복잡해 보이는 사회 속에서 극복해야 하는 어려운 과제에 압도된 사람의 특징을 보여 준다.[013]

다른 한편에서는 보수주의자를 '쉽게 상처받고 토라지며, 우유부단하지만 걱정이 많으면서 완고하고 감정을 억제하려 하며, 상대적으로 자신을 과도하게 통제하는 유약한 사람'으로 묘사한다.[014] 이것이 사실이라면 보수주의자가 아침에 자리에서 일어날 수 있다는 것이 놀라울 정도이다.

그렇다면 위의 결론이 지나치게 편향적일까? 답은 그럴 수도, 그렇지 않을 수도 있다. 다만 이상에서 언급한 두 사례 또한 빠르고 강한 반발에 직면했었다. 과학적 절차에 이상이 없을 때와 마찬가지로 말이다.

개념 측정, 참여자 표본, 연구 방법, 추론의 타당성에 문제가 있다면, 후속 연구에서는 설계 및 연구 과정의 명료한 개선을 통해 더 정확한 결론을 도출할 것이다. 이 책에서 우리가 설명할 내용은 단일 연구가 아니라, 여러 국가에서 다수의 연구자가 수행한 연구 사례를 기반으로 한다. 그러나 이는 궁극적인 진실에 도달하였다는 의미는 아니다. 다만 현재까지 제시된 증거의 중

---

013   McCloskey. "Conservatism and Personality." 37.

014   Block and Block. "Nursery School Personality and Political Orientation Two Decades Later."

요성에서 미루어 볼 때, 보수와 진보는 오늘날의 정치 쟁점에 대한 선호보다 근본적으로 훨씬 큰 차이를 보인다는 주장만큼은 확신해도 될 정도이다.

기후 변화와 COVID 예방책, 정치적 신념의 생물학적 근거와 같은 연구 주제가 등장하면 사람들은 재빨리 유사과학으로 치부해 버리기 바쁘다. 다시 말하면 그러한 연구는 특정 이해관계나 숨은 의도에 따라 진행되기에 정통 과학이라고 생각할 수 없다거나, 일부 주제의 경우 단순히 과학의 대상으로 적절하지 않다는 것이다. 따라서 반복적인 연구가 가능해지려면 숨은 의도의 문제부터 해결해야 한다. 연구에 결함이 있다면, 시행 전에 결함을 최대한 줄여 설계해야 한다. 그리고 주제가 과학적 절차에 적합하지 않다면, 다음의 사례를 생각해 보자.

어느 중요한 연구에서 연구자가 한 집단에 구성원의 기존 신념을 뒷받침하는 과학적 증거를, 다른 집단에는 내용은 같으나 기존의 신념과 배치되는 증거를 내보였다. 전자와 비교할 때, 두 집단에 보여 준 증거의 내용이 같더라도 연구 주제가 과학적이지 않다고 생각하는 경향은 후자에게서 강하게 나타났다.[015] 다시 말하면 유사과학이라는 비난은 결과가 마음에 들지 않는다는 생각을 완곡하게 표현한 것에 지나지 않는 듯하다.

따라서 이 책을 읽는 동안만큼은 당신의 정치적 관점이 비난받을 여지가 없고, 반대편을 악의 화신으로 낙인찍지 않는 연구 사례를 편향적이라고 일축하는 충동은 잠시 접어 두기를 바란다. 이 연구에서 설정한 과제는 보수와 진보 집단의 결함을 양적으로 측정하여 승부를 가리려는 것이 아니다. 물론 독자라면 그럴 수 있겠지만, 우리는 그저 서로 다른 두 집단이 애초부터 어떻게 존재했는가를 알고 싶을 뿐이다.

---

015 Munro. "The Scientific Impotence Excuse."

당신은 보수와 진보의 굴레에 갇히더라도 전혀 불편해하지 않는 사람을 어떻게 생각하는가? 국가마다 사회문화적, 역사적 배경으로 명칭에 담긴 의미에 대한 태도나 인식이 서로 다를 때라면 어떠한 모습을 보이는가? 한편으로 정치에 전혀 관심이 없는 사람은 어떠한가? 스스로 보수주의자라 칭하는 집단 내에서도 현저하게 다른 정치적 견해를 보인다는 사실은 어떻겠는가? 이처럼 정치 성향의 차이를 논할 때 범하는 흔한 실수는 바로 보수와 진보의 구분으로 시작하고 끝낸다는 인상을 남기는 것이다.

곧 분명하게 밝히겠지만, 우리는 보수와 진보를 구분하는 작업이 근원적이고 보편적인 층위에서 의미가 있다고 본다. 이는 정치적 자유가 보장된 대다수 국가에 존재하면서 정치 분열을 만드는 가장 효과적인 방식으로 입증되었다.[016] 19세기 철학자 존 스튜어트 밀John Stuart Mill은 질서 또는 안정을 추구하는 정당과 진보나 개혁을 주장하는 정당이 모두 있는 것이 '흔한 일'이라고 말했다.[017]

랠프 월도 에머슨Ralph Waldo Emerson도 국가를 분열시키는 두 정당인 보수와 진보 정당의 역사는 매우 오래되었고, 창당 이래 세상을 차지하기 위해 경쟁해 왔다고 지적했다. 에머슨은 이 분열이 원초적이라고 말하며, "물론 이처럼 타협 불가능한 대립은 인간관 내부의 깊은 곳에 뿌리내렸을 것이다."라고 주장했다.[018] 이 말은 앞으로 우리가 하고자 하는 일, 즉 여러 정치적 신념 사이의 '타협 불가능한 대립'을 이해하기 위해 인간관을 깊이 있게 살펴보고자 함을 요약하여 제시하고 있다.

그러나 그 전제는 모든 개인을 두 진영에서 어느 한쪽으로만 분류할 수 있다는 것은 아니다. 더군다나 한 진영의 모든 구성원이 하나로 같다는 의미를 나타내지도 않는다. 이념의 분열은 이분법보다 스펙트럼으로 이해할 필

016　　Bobbio. *Left and Right* ; and Jost, "The End of the End of Ideology."

017　　Mill. *On Liberty.*

018　　Emerson. "The Conservative."

요가 있다.

정치적 관점이 확고한 사람은 스펙트럼의 두 성향 중 한쪽으로 응집하는 경향이 있다. 대다수는 보수나 진보로 약간 기울어진 한편, 이념적 중간 지대에 정확히 위치한 사람도 있다. 타고난 성향은 두 가지 이상의 성질로 발현한다. 이를 유심히 살펴보면, 정치 성향은 대부분 개인의 생물학적, 인지적 경향처럼 저마다 독특한 양상을 보인다.[019]

또한 보수와 진보 성향에는 독특한 하위 요소도 갖추고 있다. 보수 지지층임을 당당하게 내세우는 사람이라도 사안의 우선순위와 정책 선호도에서 상당한 차이를 보인다. 이는 진보주의자도 마찬가지이다. 실제로 보수와 진보의 광범위한 충돌에서 파생한 하위 갈등은 이 책에서 제시하려는 내용은 물론, 전 세계 각국의 정치 현장에서 특히 중요한 역할을 한다.

정치 분열은 사회 생활(social life)의 기원과 함께 시작되었지만, 최근 10년 사이에 두드러지면서 가장 과격하여 논란이 많다. 이는 두 유형의 사람들 간에 일어난다. 하나는 역사적으로 사회를 지배한 인종, 민족, 종교, 사업, 언어, 문화 집단의 보호와 증진을 우선하는 유형이다. 다른 하나는 앞과 상반되는 이민자나 소수 민족, 소외 계층을 비롯한 역사 속의 약자를 환대하고, 나아가 격려하는 사람이다.

정체성, 사회적 지위, 소속 등에 관한 주요 분열은 인간이 집단생활을 시작한 이후로 존재해 왔으며, 이는 오늘날 전 세계 정치 분열의 중심이 되었다. 영국 브렉시트 국민투표에서 입장은 지지층의 핵심 슬로건인 '우리 나라를 되찾자.'라는 문제로 귀결되었다. 그렇다면 누구에게서 나라를 되찾자는 것일까? 바로 이민자와 비시민권자의 영국 입국을 추진한 브뤼셀의 관료들이다.

미국에서는 도널드 트럼프의 급부상과 동시에 트럼프와 지지층을 결속시키는 반이민주의 정서에 대한 대다수 진보주의자의 본능적인 반발에 부딪혔다. 이에 '내부자의 안전'과 '외부자를 위한 존중과 기회'가 정치 분열의 핵심

---

019   Lane. *Political Ideology: Why the American Common Man Believes What He Does.*

쟁점으로 자리 잡았다. 이와 같은 분열은 다양한 정치 체제에서도 놀라울 만큼 유사한 형태로 빈번하게 일어난다.

이탈리아에서는 주로 조르자 멜로니Giorgia Meloni의 지지층과 반대층을 중심으로 분열이 일어난다. 이 외에도 튀르키예의 레제프 에르도안Recep Erdoğan, 인도의 나렌드라 모디Narendra Modi, 브라질의 자이르 보우소나루, 프랑스의 마린 르펜Marine Le Pen, 스웨덴의 임미 오케손Jimmie Åkesson, 필리핀의 로드리고 두테르테Rodrigo Duterte, 헝가리의 빅토르 오르반, 러시아의 블라디미르 푸틴Vladimir Putin, 이스라엘의 베냐민 네타냐후가 분열의 중심에 있다.

특별한 지도자는 등장했다가 사라지기를 반복하며, 위에서 언급한 지도자의 상당수는 이미 사라졌거나 완전한 통제력을 거머쥐지는 못했다. 하지만 늘 그래 왔듯, 그 지도자와 추종자가 열망하는 반이민주의와 자국 우선주의 정책에 대한 강력한 반대는 계속될 것이다. 따라서 우리의 목표는 정치 성향의 유전적 스펙트럼보다 구체적인 반이민주의-세계주의 스펙트럼에서, 타고난 성향이 저마다 특정한 입장을 선택하는 방식을 이해하는 것이다.

확률적으로 사고하라

이 세계는 복잡하고 변수도 많기에 정치 변화를 설명하기는 쉽지 않다. 따라서 그 놀라운 복잡함에 묻힌 일정한 패턴을 찾아내는 것이 우리의 최선이다. 물론 수많은 이가 그런 식으로 뭘 찾을 수 있겠냐며 회의적인 태도를 보이기는 한다. 정치 성향에 따라 체계적으로 변화하는 패턴을 발견했다고 주장하는 연구 성과가 나타나면, 곧바로 많은 사람이 그와 부합하지 않는 사례를 찾아내기 마련이다.

미국을 비롯한 여러 국가에서는 대학원 과정이나 직무 관련 내용 등의 추가 교육을 진보 성향의 정치 선호도와 관련짓지만, 고학력 보수주의자들의 사례 또한 어렵지 않게 확인할 수 있다. 예컨대 윌리엄 버클리는 예일대 동문이고, 보수 칼럼니스트 조지 윌George Will은 옥스퍼드대와 프린스턴대에서 학위를 취득했다. 최근 미국 대통령 재임에 성공한 도널드 트럼프는 펜실베이니아대 와튼스쿨 출신이다.

반면 독실한 신앙심은 주로 보수층과 이어지는 편이다. 하지만 진보적인 신앙인의 사례도 얼마든지 떠올릴 수 있다. 20세기의 가장 저명한 신학자인 라인홀드 니부어Reinhold Niebuhr는 헌신적인 기독교인이자 강한 영향력을 발휘한 진보주의자이다.

우리는 위와 같이 상반된 사례를 균형 잡힌 눈으로 바라보아야 한다. 간혹 예외가 있더라도 패턴을 부정할 수는 없다. 오늘 날씨가 쌀쌀하다고 해서 지구 온난화가 멈춘 것은 아니기 때문이다. 그리고 평생 애연가로 살아온 이가 80세에도 마라톤을 즐기는 사례가 있다고 한들 흡연이 백해무익하다는 사실을 뒤집을 수는 없다. 따라서 이 책에서 전하는 바를 온전히 이해하려면 결정론이 아니라 확률론에 기반한 사고가 대단히 중요하다.

이 글에서 기술하는 상관관계는 모두 하나의 경향일 뿐, 엄격한 법칙은 아니다. 여기에서 제시한 근거는 특정한 생물학적, 심리적 특징을 지닌 개인이 반드시 한쪽 정치 성향에 치우침을 나타내지는 않는다. 오히려 그러한 특징의 소유자가 그렇지 않은 이보다 특정한 성향으로 기울 가능성이 더 크다는 의미이다.

타고난 성향은 운명이 아니다. 타고난 성향은 일종의 기본값으로서 상황에 따라 채택되지 않을 수 있다. 이러한 점에서 본 책에서는 '운명적(fated)'이 아닌 '타고난 성향(predisposed)'이라는 표현을 사용했다. 이처럼 타고난 성향이 이후의 태도와 행동을 한쪽 성향으로 기울이게끔 하기에 그것이 존재한다는 사실 자체만으로도 매우 중요하다.

위의 연구 분야를 놓고 의심하는 의견의 상당수는 결과와 주장이 실제보다 강하다고 인식하는 사람에게서 비롯한다. 정치 성향을 주제로 한 연구를 비판하는 사람은 정치 성향은 선천적으로 결정된다는 식으로 단언한다며 곡해하기도 한다. 그러나 연구자들은 실제로 그러한 결정론적 선언을 피한다.

우리는 독자가 이 책의 메시지를 반추하며 '결정하다'라는 단어를 머릿속 사전에서 배제하고, 그 빈자리를 '구체화하다', '영향을 미치다', '형성하다',

정치 성향은 어떻게 결정되는가

'기울다'로 채우기를 바란다. 그리고 책에 나타나 있는 규칙을 위반할 준비를 했으면 한다. 이는 특히 생물학적 변수가 관여할 때, 제시된 패턴에 예외가 하나라도 있다면 연구 자체를 부정하려는 경향이 있기 때문이다. 생물학적, 심리적 요인의 작용은 확률에 따라 다르므로, 예외는 있을 수 있으니 그러한 발상은 옳지 않다. 마치 정크푸드를 많이 먹으면 건강에 문제를 초래할 가능성이 커지지만, 그렇다고 꼭 문제가 일어난다고 장담할 수는 없다.

이 책에서 설명할 상관관계는 대부분 확실함의 수준까지 다다르지는 못한다. 앞으로 소개할 내용에 나타나는 상관관계 가운데 하나라도 예외라고 생각한다면, 그 생각이 맞을 것이다. 분명히 그렇게 생각하는 사람이 많을 것이다. 그렇더라도 그 상관관계가 덜 현실적이라는 의미는 아니므로, 확률에 따라 생각할 필요가 있다.

라이프니츠의 헛소리

연필을 바라보는 일은 딱히 흥미롭지 않다. 하지만 이처럼 평범한 상황을 두고 몸 안에서는 연속적이고 정교한 생화학 작용이 일어난다. 눈이 대상의 형태와 색깔을 입력 신호로 받아들이고, 시신경을 통해 후두엽으로 전달한다. 그리고 다시 뇌의 여러 부분에 정보를 전달하여 우리가 보는 대상을 비로소 연필로 인식한다.

반면 위의 행동에서 일어나지 않는 일을 살펴보는 것도 흥미롭다. 신경생물학의 관점이 개입하더라도 연필을 보는 것만으로 대뇌의 변연계나 감정 영역에서 큰 작용을 유발하지는 않는다. 다시 말해 연필을 바라보아도 기쁨과 우울함, 열정이 생기지는 않는다는 것이다.

변연계는 연필에 더 많은 관심을 기울이기 위해 적극적으로 움직이지는 않는다. 연필을 보여 주면서 느끼는 감정의 강도를 물었을 때, 사람들은 보통 "아주 낮다."라고 대답한다. 이러한 현상은 생물학적 측면에서도 관찰할 수 있다. 연필을 바라보는 동안 기록된 생리적 변화는 극히 낮거나 없는 경우가 일반이다.

한편 연필과 다르게 뇌의 감정 영역을 일깨우는 대상이나 개념도 있다. 사랑하는 사람, 위험한 동물, 아름다운 풍경, 혐오스러운 사물, 귀여운 아기, 두려운 상황, 깜찍한 토끼 등은 연필을 볼 때와 다른 방식으로 신경계의 활동을 자극하는 경향이 있다. 사람들은 이러한 자극에 강한 반응 또는 생리적 변화를 보인다.

뇌 영상에는 편도체(amygdala)와 뇌섬엽(insular cortex), 시상하부(hypothalamus), 해마(hippocampus), 전방 대상회 피질(anterior cingulate cortex)을 비롯하여 감정과 관련된 영역의 활동이 증가하는 모습을 보인다. 내분비계에서는 호르몬 수치의 변화가 나타난다. 그리고 심박수와 호흡이 빨라지고 동공이 확장하며, 손바닥에 땀이 난다. 이는 곧 신체가 측정할 수 있는 방식으로 변화하는 것이다.

위와 같은 변화는 대상의 인식과 처리, 반응 방식에 영향을 미치며, 이는 사람마다 천차만별이다. 사람은 저마다 특정 범주의 자극에 반응하도록 준비되어 있지만, 같은 자극이라도 반응까지 천편일률적이지는 않다. 구체적으로 한 무리의 사람을 동일 자극에 노출했을 때 반응이 거의 없는 사람이 있는 반면에, 눈에 띌 정도로 극적인 변화를 보이는 이가 나타나기도 한다. 이처럼 생물학적으로 구현하여 지속하는 반응 경향이 바로 우리가 말하는 '타고난 성향'의 핵심을 이룬다.

순간적인 환상이나 오랫동안 억압된 기억 등의 심리적 반응 또한 생리적 변화를 수반한다. 그러나 이러한 반응이 모두 심혈관계 변화와 피부의 전기 작용, 또는 일반 뇌 영상과 같은 표준 생리 측정 기법으로 쉽게 확인되는 것은 아니다. 다행히 그러한 반응은 다양하고 창의적인 심리 기법으로 평가할 수 있는데, 그중 몇 가지 기법은 차후에 설명하도록 하겠다.

요컨대 사람은 생리적, 심리적 반응 경향이나 타고난 성향을 모두 지니고 있다. 물론 이 성향을 무시할 수도 있으나, 원래부터 그것이 내재해 있다는 사실을 종종 인식하지 못한다. 그러한 성향이 우리의 행동을 형성하는 중요한 요인임에도 말이다.

17세기의 수학자이자 과학자인 고트프리트 라이프니츠Gottfried Leibniz는 '타고난 성향'을 '욕망(appetition)'이라고 불렀다. 라이프니츠는 욕망이 의식적 인식의 영역 밖에서 작용하더라도 여전히 인간의 행동을 주도한다고 주장했다. 그의 사상은 데카르트의 영향을 받은 계몽주의자에게 큰 혼란을 주었다. 이 탓으로 사후에야 비로소 세상의 빛을 보게 되었지만, 그 후로도 세상은 라이프니츠의 사상을 오랫동안 진지하게 받아들이지 않았다.

그러나 현대 과학계에서는 라이프니츠의 사상에 전적으로 동의한다. 사람들은 자기 행동과 결정이 합리적이면서 의식적인 사고에 근거한다고 과대 평가하는 정도가 매우 크다는 것을 보이는 증거가 다양하게 나오고 있다. 이는 자신의 감각적 입력이 객관적이라고 과대평가하는 것과 마찬가지이다.

오늘날 심리학계에서 선호하는 '동기화된 추론(motivated reasoning)'이라는 표현이 있다. 이는 정보 선택과 평가, 기억 부호화, 태도 형성, 판단, 의사 결정과 같은 추론 과정이 사실상 기존의 동기나 목표에 큰 영향을 받는다는 의미이다. 즉 우리의 추론은 원래부터 각자가 원하도록 타고난 바를 따른다는 것이다.

동기화된 추론은 원래 지니고 있던 편견에 부합하는 정보를 제공하는 특정 출처는 비난하지 않도록 유도한다. 그런데 같은 출처라도 듣고 싶어 하는 정보를 제공하지 않으면, 그 출처를 의심스럽고 설득력이 없는 것으로 간주하도록 한다. 결국 사람들은 저마다 추론한다고 생각하지만, 실제로는 타고난 성향에 따라 행동할 뿐이다. 신경과학자 데이비드 이글먼David Eagleman은 다음과 같이 주장한 바 있다.

"뇌는 자체적인 내적 활동으로 움직이는 폐쇄적인 체계에 가깝다고 생각하는 것이 적절하며… 내부 데이터는 외부의 감각 데이터로 생성되지 않으며, 그저 조절될 뿐이다."*[020]

---

020 Eagleman. *Incognito: The Secret Lives of the Brain.* 44.

이따금 자신도 모르는 힘에 이끌려 행동한 뒤, 그 일의 그럴듯한 구실을 만들어 낸다. 이에 주목한 스티븐 핑커Steven Pinker는 사후의 서사를 구성하는 뇌 영역을 '헛소리 생성기(baloney generator)'라고 지칭했다.[021] 헛소리 생성기는 사람들에게 행동과 신념의 이유를 알고 있다고 믿게 할 정도로 꽤 효과적이다. 그 이유가 부정확하고 명백한 허위라도 상관없다.[022] 앞으로 당신과 반대 성향의 사람들이 사실과 논리에 거의 연연하지 않는 것처럼 보이는 이유가 궁금할 때마다 헛소리 생성기를 떠올리기를 바란다.

사람들은 저마다 합리적이라고 생각하는 순간에도 생리적, 심리적 요인이 태도와 행동에 영향을 미친다. 그 사례를 몇 가지 소개하도록 하겠다.

① 같은 내용이라도 무거운 서류철에 꽂힌 입사 지원서를 검토할 때가 가벼운 서류철에 있는 것보다 더 가치 있어 보인다.
② 들고 있는 음료의 온도가 따뜻한가, 뜨거운가에 따라 타인에 대한 태도가 바뀌기도 한다.
③ 딸기 향을 맡으면서 오렌지를 집으려고 손을 뻗을 때, 사람들은 오렌지가 아니라 딸기를 집으려는 모습처럼 손가락을 무의식적으로 덜 벌린다.[023]
④ 평범한 방보다 지저분하고 냄새나는 방에 있던 사람이 도덕적 판단을 더욱 엄격하게 내리는 경향이 있으며, 주변의 불쾌한 냄새 또한 남성 동성애자에 대한 혐오감을 증폭시킨다.[024]

---

021   Pinker. *The Blank Slate: The Modern Denial of Human Nature.*

022   Gazzaniga. *Who's in Charge? Free Will and the Science of the Brain.*

023   Castiello et al. "Cross-Modal Interactions between Olfaction and Vision When Grasping"; and Ackerman et al. "Incidental Haptic Sensations Influence Social Judgments and Decisions."

024   Schnall et al. "With a Clean Conscience: Cleanliness Reduces the Severity of Moral Judgments"; Inbar et al. "Conservatives Are More Easily Disgusted Than Liberals"; and Inbar et al. "Disgusting Smells Cause Decreased Liking of Gay Men."

⑤ 방금 휴식을 취한 판사가 더욱 관대하게 판결하는 경향이 있다.[*025]

⑥ 부드럽고 편안한 의자보다 딱딱하고 불편한 의자에 앉아 있을 때, 쟁점에 대해 더 경직된 태도를 보인다.

⑦ 손 세정제를 비롯하여 신체적 청결을 연상하는 요소가 가까이 있는 경우, 그렇지 않은 때보다 더욱 엄격한 판단을 내릴 가능성이 크다.[*026]

⑧ 사람들은 최면 암시를 통해 도덕적 판단을 바꾸기도 한다.[*027]

위의 사례처럼 헛소리 생성기는 우리가 미처 인식하지 못한 요인이 아닌, '실질적 근거'를 바탕으로 자신의 선택이 이루어졌다는 확신을 불어넣는다. 사람들은 지저분한 방에서 지내는 것이 도덕적 판단과 아무 관련이 없다고 적극적으로 부인한다. 판사들도 마찬가지로 휴식 시간이 판결에 영향을 주리라고 믿지 않는다. 이처럼 사람들은 저마다 객관적인 정의를 구현하고 있다고 확신한다. 그게 사실이라면 더없이 좋을 것이다.

결과적으로 라이프니츠가 옳았다. 헛소리 생성기는 헛소리로 가득했다. 사람들은 자신의 결정과 의견이 합리적이라고 믿고 싶지만, 실제로는 그렇지 않다. 이처럼 주변 환경에 대한 무의식적인 생리적, 심리적 반응은 우리의 태도와 행동에 영향을 미친다.

스스로 합리적인 사람이라고 믿고 싶은 욕구는 외부 요인의 역할을 인정하지 않으려는 경향이 강한 정치 분야에도 작용한다. 사람들은 정치란 시민이 자신의 의무를 진지하게 받아들이고, 공정한 태도로 정치적 메시지와 정보를 구별하면서 후보마다 정치 입장을 면밀하게 비교한 끝에 내린 이성적 판단의 결과라 믿고 싶어 한다. 과연 그럴까? 사실 사람들의 정치적 판단은

---

025   Danziger et al. "Extraneous Factors in Judicial Decisions."

026   Ackerman et al. "Incidental Haptic Sensations Influence Social Judgments and Decisions"; and Helzer and Pizarro. "Dirty Liberals! Reminders of Physical Cleanliness Influence Moral and Political Attitudes."

027   Wheatley and Haidt. "Hypnotic Disgust Makes Moral Judgments More Severe."

대수롭지 않은, 또는 그렇다고 간주하는 온갖 요인의 영향을 받는다.

한편으로 몇 시간 동안 굶주린 사람은 배부른 사람보다 사회복지 대상자의 곤궁한 처지에 더 동정한다.[028] 그런가 하면 교회에서 투표하는 미국인은 공립학교에서보다 보수 성향의 후보자를 선택할 가능성이 크다.[029] 그리고 사람들은 냉방기가 고장 났을 때 지구 온난화의 현실을 더 진지하게 받는 경향이 있다.[030] 하지만 이것만이 끝은 아니다.

정치적 관점은 우리가 인식하지만 무관하다고 믿는 요인뿐 아니라 의식이 있는 상태에서도 쉽게 알아채지 못하는 요인의 영향을 받기도 한다. 마치 지저분하고 냄새나는 방에 있으면서도 이 상황이 자신의 도덕성에 영향을 미친다고 생각하지 않는 것처럼 말이다.

예컨대 미국 군사기지 확장을 위한 국민투표를 앞둔 상황을 상상해 보자. 기지 사진을 은연중에 부정적 표현과 연결하자, 중도층임을 자처하던 이탈리아인들이 반대 의견을 낼 가능성이 더욱 커졌다. 다시 말해 스스로 결정을 내리지 못했다고 진심으로 믿은 사람들이 사실은 그렇지 않던 것이다.[031]

정치학자 밀트 로지Milt Lodge는 그보다 더 설득력 있는 사례를 제시한다. 그와 연구진은 참가자를 두 집단으로 나눈 뒤, 본 것을 알아차리기에도 부족할 정도로 짧은 시간 동안 행복한 표정과 찡그린 표정이 그려진 그림을 보여 주었다. 연구 결과 후자보다 전자의 그림을 본 참가자 집단에서 이민에 반대하는 주장이 적게 나왔다.[032] 이러한 발견은 "이전에 생각하고 평가한 정치적 지도자와 집단, 쟁점, 상징, 견해 등은 모두 긍정 또는 부정의 감정으로 채워

---

028   마이클 뱅 페터슨(Michael Bang Petersen)과의 대화에서 발췌함.

029   Berger et al. "Contextual Priming: Where People Vote Affects How They Vote"; and Rutchick. "Deus Ex Machina: The Influence of Polling Place on Voting Behavior."

030   Risen and Critcher. "Visceral Fit: While in a Visceral State, Associated States of the World Seem More Likely."

031   Galdi et al. "Automatic Mental Associations Predict Future Choices of Undecided Decision-Makers."

032   밀트 로지와의 대화에서 발췌함.

진다."라는 결론에 부합한다.*033 이처럼 다양한 개념과 대상에 대한 반응은 정치 이념을 구체적으로 나타낼 수 있는 체계로 통합되곤 한다.

인식의 경계를 넘어서지 못한 외부 요인이 정치 성향과 행동을 형성한다는 사실은 비정치적 변수의 개인차가 정치에도 영향을 미칠 수 있음을 의미한다. 예를 들어 실내 공기의 온도가 높아질수록 지구 온난화를 수용할 가능성이 커진다면, 이는 신체 내부의 체온 조절 기관이 작용하면서 온도가 높아진다고 느낄 때도 마찬가지이다. 이처럼 어수선함과 무질서, 악취, 혐오, 위협에 대한 민감성의 편차도 정치적 관점과 잠재적으로 연결된다. 앞의 민감성을 구성하는 요소는 의식적 인식 영역의 바깥에 존재하기도 한다. 따라서 정치적 관점은 생리적, 심리적 패턴의 하위 단계에서 형성될 수도 있다.

타고난 성향은 출생 단계부터 고정되지는 않는다. 마찬가지로 우리 또한 '본성과 양육(nature versus nurture)' 사이에서 논쟁을 벌일 의도는 없다. 선천적 영향은 초기의 발달과 그 후의 환경적 사건과 맞물려 태도와 행동의 경향에 미친다. 타고난 성향은 물리적으로 신경계에 기반을 둔다. 일단 자리를 잡았다면 바꾸기는 무척 어렵지만, 전혀 불가능한 일도 아니다.

타고난 성향을 바꾸기는 거대 유조선을 조작하는 일과 비슷하다. 이는 보통 오랜 시간 동안 전력을 다해 집중해야 하지만, 얼마든지 가능하다. 이처럼 타고난 성향은 조금씩 바뀌 나갈 수 있으며, 드물지만 완전히 달라지기도 한다.

위와 같이 타고난 성향도 상황과 사건에 따라 달라질 수 있지만, 태도는 변화에 대한 저항성이 매우 강하다. 이는 정치의 외적 영역뿐 아니라 내적으로도 분명한 사실이다.*034 개인의 정치 성향은 행복의 패턴과 흡사하다. 심리학

---

033 Lodge and Taber. "The Automaticity of Affect for Political Leaders, Groups, and Issues: An Experimental Test of the Hot Cognition Hypothesis." 456.

034 Ditto and Lopez. "Motivated Skepticism: Use of Differential Decision Criteria for Preferred and Nonpreferred Conclusions"; Edwards and Smith. "A Disconfirmation Bias in the Evaluation of Arguments"; Munro et

자들이 '행복 설정점(happiness set point)'이라고 부르는 것 말이다.

평생에 걸쳐 일어나는 여러 사건은 우리를 잠깐이라도 더욱 행복하거나 슬프게도 하지만, 대부분은 낙관과 비관 또는 그 중간적인 태도를 유지하는 것이 일반적이다. 다양한 사건의 영향으로 약간의 변화가 생기기는 하겠지만, 이는 행복 설정점을 일시적으로 벗어난 현상일 뿐이다. 심지어 절단 수술이나 복권 당첨과 같은 인생의 중대사를 경험하더라도 몇 달만 지나면, 놀랍게도 그 사건을 겪기 이전에 느꼈던 행복감과 비슷한 수준으로 되돌아가는 것처럼 보인다.[035]

정치 성향도 마찬가지이다. 어느 정도는 유연하지만, 역시나 변화에 저항적이다. 이러한 결론은 개인의 정치 성향이 장기적으로 불변하는 안정성을 지닌다는 점을 입증하는, 최근에 점차 늘어나고 있는 여러 증거와 일치한다.[036]

물론 대부분은 정치적으로 180° 변신에 성공한 사람들을 알고 있다. 이러한 사람이 유독 눈에 띄는 이유는 상당히 드물기 때문이다. 해당 사례는 '선천적인 성향'이라는 본질적 개념에 어긋나지 않는다. 확률적으로 생각하기를 잊지 말자.

위와 같은 상대적 안정성의 이유는 결국 정치와 연관된 자극에 대하여 깊이 뿌리내린 생리적, 감정적 반응이 존재하기 때문이라 할 수 있다. 이렇게 습관화된 감정적 반응은 일단 형성되면 오래 유지되는 경향이 있기에 변화

---

al. "Biased Assimilation of Sociopolitical Arguments: Evaluating the 1996 U.S. Presidential Debate"; Zaller. "The Nature and Origins of Mass Opinion"; Marcus et al. *With Malice toward Some: How People Make Civil Liberties Judgments*; and Gerber et al. "Voting May Be Habit-Forming: Evidence from a Randomized Field Experiment."

035　Fujita and Diener. "Life Satisfaction Set Point: Stability and Change."

036　Gerber et al. "Voting May Be Habit-Forming: Evidence from a Randomized Field Experiment"; Sears and Funk. "The Role of Self-Interest in Social and Political Attitudes"; Peterson et al. "Do People Really become More Conservative as they Age?"

는 고사하고 제거조차 상당히 어렵다. 이는 한 연구에서 내린 결론과 같이 "정치에 관해 타고난 게 있거나 없거나 둘 중 하나이다."라고 말할 수 있다.[037]

따라서 타고난 성향은 생리적, 심리적으로 구현된 기본값으로 간주할 수 있다. 그리고 새로운 정보나 의도적인 무시가 없다면 주어진 자극에 대한 반응을 형성한다.

예컨대 사람들은 도널드 트럼프에 선천적인 반응을 보일 수 있으며, 이는 그의 일반적인 이미지 하나만으로도 유발될 수 있다. 그리고 이후에 세금 감면이나 경제 발전을 찬양하는 보도나 기밀 문서의 불법 소지에 따른 연방 기소 등을 비롯한 사건이나 정보는 기본 반응을 바꿀 수 있다. 그러나 정말 의문스러운 점은 새로운 정보가 조정된 성향에 통합되는지, 아니면 기존의 긍정적인 성향이 달라진 정보에 따른 잠재적 변화를 빠르게 압도하는 데 있다.

마지막으로 타고난 성향에서 중요하면서도 오해의 소지가 있는 요소는 그것이 모든 사람에게 똑같이 나타나지 않는다는 점이다. 성향의 내용뿐 아니라 그 정도까지 천차만별이다. 물론 정치적 성향을 타고나는 것이 인류에 속하기 위한 필수 조건은 아니다. 세상만사가 그렇듯 타고난 성향의 출현 또한 연속체를 따라 작용한다고 생각해야 한다.

정치 성향이 완고한 사람에게 정치적 자극을 가한다면, 손쉽게 측정할 수 있는 심리적, 인지적, 생리적 반응이 나타난다. 이와는 달리 그렇지 않은 사람도 있다. 그들은 대부분 정치와 무관하며, 정치적 행동과 태도를 뒷받침할 만한 생리인지적(physiocognitive) 기반이 거의 없다. 이 유형에 속하는 사람은 폭풍처럼 격렬하게 몰아치는 정치적 논쟁에 당황하기도 한다.

이 책의 중심 주제는 많은 사람이 정치 영역에서의 행동과 경향에 관련된 광범위한 성향을 지니고 있다는 사실이다. 이처럼 타고난 성향은 심리 검사나 자기 보고에 의존하지 않는 인지 검사, 뇌 영상, 전통적인 생리 및 내분비 지표로 측정할 수 있다. 생리적, 지각적, 심리적 또는 정보 처리의 차이로 보수와 진보, 그리고 트럼프 지지층과 반대층은 사실상 서로 다른 세상을 인식

---

037   Prior. "You've Either Got It or You Don't? The Stability of Political Interest over the Life Cycle."

하고 경험한다. 결과적으로 그들은 서로 다른 종인 것처럼 정치에 접근한다.

드러나는 진실

어쩌면 정치 성향의 차이가 심층적이며, 생물학적 요인에서 기인할 수도 있다는 우리의 주장과 맥을 같이 하는 대중적 명언도 더러 있다. 그루초 막스Groucho Marx는 "공화당 지지자와 민주당 지지자를 제외한 모든 사람은 똑같이 태어난다."라는 말을 남겼다. 길버트와 설리번Gilbert and Sullivan은 희가극 〈이올란테Iolanthe〉를 빌려 "이 세상에 태어나는 남녀는 모두 약간 진보적이거나 보수적이다."라고 말했다.

늘 그렇듯 변함없는 정치적 차이는 짧은 유머 소재로 사용된다. 그 예는 다음과 같다.

① 민주당 지지자는 잡은 물고기를 먹지만, 공화당 지지자는 벽에 걸어 둔다.

② 민주당 지지자는 계획을 세워 놓고 다른 일을 하지만, 공화당 지지자는 조부모 세대의 계획을 따른다.

③ 공화당 지지자는 별 이유 없이도 창문을 가리고 생활하지만, 민주당 지지자는 커튼을 쳐야 할 때도 창을 그대로 드러낸다."[038]

이상에서 소개한 바로는 진보주의자와 보수주의자를 구분하는 비정치적 측면에서의 본질적인 차이를 인식할 수 있겠지만, 학계에서는 그보다 회의적인 입장이다. 정치적 신념과 우리의 성격 특성(personality traits)처럼 깊이 있

038　보다 체계적으로 말하자면, 정치학자 레오니 허디(Leonie Huddy)가 무작위로 추출한 표본 설문 응답자에게 진보주의자와 보수주의자의 차이를 설명해 달라고 요청했을 때, 참가자가 언급한 가장 일반적인 차이는 정치적 견해가 아니라 성격 특성이었다. 이와 관련한 내용은 Conover and Feldman. "The Origins and Meaning of Liberal/Conservative Self-Identifications."를 참조하기를 바란다.

는 심리학적 요소와의 상관관계를 분석하려는 시도는, 때마다 쏟아지는 비판을 피할 수 없었다. 테오도어 아도르노Thedore Adorno가 권위주의적 성격을 주제로 1950년대에 집필한 저서는 '정치심리학에서 가장 심각한 결함을 내포한 연구', '포드사의 에드셀Edsel [039]에 버금가는 사회학 연구의 실패작'이라는 혹평과 함께 몇 세기에 한 번 나올 법한 악서라는 조롱을 받았다.[040]

1960년대에는 실반 톰킨스Silvan Tomkins가 생물학적 감정이 정치적인 기질과 연관될 잠재적 가능성을 연구한 이론도 바로 강한 반발을 마주해야 했다.[041] 마찬가지로 1960년대와 70년대에 글렌 윌슨Glenn Wilson과 존 패터슨John Patterson이 사회보수주의에 대한 일반 척도를 개발했다. 두 연구자는 이 척도가 유전 가능성이 있는 내재적 성격 특질을 나타낸다고 주장한[042] 즉시 반발에 부딪혔다.[043]

코미디언과 작사가뿐 아니라 평범한 대중은 정치는 오랫동안 깊은 영향을 미치며 삶의 여러 측면과 연관된다는 점을 당연하게 여겨 왔다. 그러나 역사적으로 학계에서는 대부분 이러한 점을 적극적으로 인정하지 않았다. 요즘은 이러한 상황도 달라지는 듯하다. 잠잠하던 분위기는 최근 20년 사이에, 정치와 광범위한 사회적 역학이 얽힌 현상을 다룬 연구가 활짝 꽃을 피

---

039 에드셀은 1950년대 후반 포드사의 창립자 헨리 포드의 아들 에드셀 포드의 이름을 따서 만들어진 자동차 모델로, 출시 전부터 많은 기대를 받고 있었다. 그러나 출시 후 에드셀은 디자인과 마케팅, 품질을 비롯한 여러 문제로 '자동차계의 타이타닉'이라는 불명예와 함께 처참히 실패하였다.

040 Martin. "The Authoritarian Personality, 50 Years Later: What Lessons Are There for Political Psychology?"; Roisier and Willig. "The Strange Death of the Authoritarian Personality: 50 Years of Psychological and Political Debate"; and Wolfe. "The Authoritarian Personality Revisited."

041 Kosofky et al. "Shame in the Cybernetic Fold: Reading Silvan Tomkins."

042 Adorno et al. The Authoritarian Personality; Tomkins. "Left and Right: A Basic Dimension of Ideology and Personality"; and Wilson. The Psychology of Conservatism.

043 Ray. "How Good Is the Wilson and Patterson Conservatism Scale?"

우기 시작했다.

　최근의 연구는 크게 두 가지 범주로 나눌 수 있다. 첫 번째는 개인의 가치관, 도덕 기반, 성격 특성, 심리적 경향, 혐오감에 대한 민감도를 비롯한 특징을 설문 조사로 정치 성향을 측정하는 연구이다.[044] 두 번째는 시선 추적과 응시 신호(gaze cuing), 뇌 영상, 유전학, 피부 전도도 검사, 안면 근전도 검사 등 다양한 인지적, 생물학적 검사를 적용하는 연구가 있다.[045] 이러한 연구 방법은 타인의 헛소리 생성기 때문에 자신의 솔직한 감정이나 행동의 동기를 정확하게 표현하지 못하는 문제로 시작되었다.

　동기화된 사회적 추론(motivated social reasoning), 뜨거운 인지(hot cognition)[046], 습관, 오래된 성향, 선행 조건과 같은 표현은 사실상 현대 정치심리학 용어사전의 표제어로 자리매김하였고[047], 정치 성향이 성격 특성과 도덕

044　Caprara et al. "Personality Profiles and Political Parties"; Jost et al. "Political Conservatism as Motivated Social Cognition"; Chirumbolo et al. "Need for Cognitive Closure and Politics: Voting, Political Attitudes and Attributional Style"; Graham et al. "Liberals and Conservatives Rely on Different Sets of Moral Foundations"; Inbar et al. "Conservatives Are More Easily Disgusted Than Liberals"; Golec et al. "Political Conservatism, Need for Cognitive Closure, and Intergroup Hostility"; Schwartz et al. "Basic Personal Values, Core Political Values, and Voting: A Longitudinal Analysis"; Mondak. Personality and the Foundations of Political Behavior; and Haidt. *The Righteous Mind.*

045　후속 장에서 참고할 사례.

046　심리학 및 인지과학 분야의 용어로, 감정이 인간의 인지 과정에 미치는 영향을 강조한다.

047　Zajonc. "Feeling and Thinking: Preferences Need No Inferences"; Lodge and Hamill. "A Partisan Schema for Political Information Processing"; Zaller. *The Nature and Origins of Mass Opinion*; Marcus et al. *With Malice toward Some: How People Make Civil Liberties Judgments*; Plutzer. "Becoming a Habitual Voter: Inertia, Resources, and Growth in Young Adulthood"; Gerber et al. "Voting May Be Habit-Forming: Evidence from a Randomized Field Experiment"; Lodge and Taber. "The Automaticity of Affect for Political Leaders, Groups, and Issues: An Experimental Test of the Hot Cognition Hypothesis"; and Jost. "The End of

적 가치관, 교통수단, 좋아하는 음식, 반려동물을 향한 갈망 등 페르소나의 여러 측면과 연관된다는 사실은 이제 새롭지 않다.[048] 요컨대 요즘은 정치적 차이를 개인의 생리적, 심리적 변이(variation), 즉 차이와 연결하려는 학문적 진전이 이루어지고 있으며, 대중도 이를 기꺼이 받아들이는 추세이다.

그럼에도 보다 광범위한 맥락에서 정치를 이해하려는 시도를 향한 비판은 여전히 사라지지 않았다. 정치와 생물학과의 통합을 논할 때, 생물학의 역할을 인정한다면 결정론을 수용하는 것과 마찬가지라고 믿는 사람들에게 문제가 된다. 일부 연구자는 정치 성향을 이해하는 유일한 방법이 역사와 문화의 이해라고 주장한다. 그들은 생물학적으로 구현된 성향이 시공간을 초월하여 정치에 보편적으로 적용된다는 개념은 터무니없으며 모순적이라고 여긴다.[049]

더욱이 소셜 미디어와 대중 매체에서는 해당 분야의 학문적 발견을 면밀하게 추적하여 더 많은 논객에게 다양한 경로를 제공한다. 온라인 매체와 방송국 또한 두 성향 또는 도널드 트럼프의 지지층과 반대층 간의 차이점 등과 같이 논란이 많은 주제에 논평할 기회를 확대한다. 한 예로 칼럼니스트 조지 월George Will은 정치 성향이 동기화된 추론에 근거한다고 주장한 심리학자 존 조스트John Jost를 맹렬히 비난한 적이 있다. 이때 월은 사람들이 오로지 자기 기질에 이끌릴 뿐이라는 개념을 불쾌하게 느꼈던 듯하다.[050]

정치를 생물학적, 심리적 맥락에서 이해하려는 움직임에 대한 비판은 학계 전반에 걸쳐 존재한다. 이 가운데 정치학자들이 그 움직임에 특히 회의적이었다. 필립 컨버스Philip Converse의 연구에 명시된 바와 같이 정치학에서는 정치적 신념과 이념의 범위가 좁으며, 이들 개념은 정치에만 적용됨을 오랜 전제로 삼아 왔다. 컨버스는 사람들이 정치 이념을 형성하기 위해서는 '좌파/우파', '진보/보수'와 같은 명칭의 의미를 알고 있어야 하며, 그 명칭과 일치

---

the End of Ideology."

048   Hetherington and Weiler. *Prius or Pickup?*

049   Charney. "Genes and Ideologies." 300.

050   이는 Jost. "The End of the End of Ideology."에 요약되어 있다.

하면서 일관적인 정치 선호도도 지녀야 한다고 주장했다.[051]

위와 같이 정치 성향이 정치와 무관해 보이는 내면의 기제에서 비롯된다는 개념은 컨버스의 관점과 전통적인 정치학에서도 찾아보기 어렵다. 이러한 정의의 결과로 여러 연구자는 공산주의나 파시즘처럼 한 시대를 풍미한 굵직한 사상이 역사의 뒤안길로 사라졌으므로, 평범한 사람들의 이념적 성향도 그와 마찬가지라고 확신했다. 다시 말해 요즘 사람들은 대체로 거대한 사상의 흐름에 영향을 받지 않는다는 것이다.[052] 결과적으로 그들은 이념적 경향이 엘리트층의 전유물이라고 말하며, 정치가 개인마다 독특하고 고유한 생리적, 심리적 요인으로 형성되었다는 주장에는 큰 의구심을 표한다.

그러나 평범한 사람에게도 이념이 깊이 내재한다고 믿는 우리에게 다행스러운 점은 있다. 바로 최근 몇 년간 전 세계의 현실 정치에서 이념의 깊이와 중요성이 명확히 드러났다는 것이다. 미국의 버니 샌더스와 도널드 트럼프처럼 정치적으로 상극인 후보에 대한 지지는 애초부터 엘리트층이 아니라, 정치에 무관심한 중도층에서 시작되었다. 곧 대중은 이념이 결여되지 않았으며, 오히려 가득함을 시사한다. 이에 따라 일부는 폭력까지 불사할 준비까지 되어 있다.

우리는 지난 수십 년 동안 학생에게 정치에 관심을 가지도록 촉구해 왔다. 다만 지난 10년 동안에는 무관심까지는 아니더라도 가치 있고 정중한 아이디어 교류를 방해하지 않을 정도로만 권고했다.

결과적으로 그루초 막스, 길버트와 설리번을 비롯한 숱한 명언에도 정치와 관련하여 다수는 생물학적 기반의 가능성에 불신과 당혹감을 표한다. 그러나 여러 학술적 증거와 대중의 직관은 그 가능성을 뒷받침한다. 이러한 상

051 Converse. "The Nature of Belief Systems in Mass Publics"; and Fiorina et al. *Culture War? The Myth of a Polarized America.*

052 Shils. "Authoritarianism: Right and Left." In *Studies in the Scope and Method of the "The Authoritarian Personality"*; Bell. *The End of Ideology: On the Exhaustion of Political Ideas in the Fifties*; Converse. "The Nature of Belief Systems in Mass Publics"; and Fukuyama. *The End of History and the Last Man.*

황을 두고 언론인이자 작가인 크리스 무니Chris Mooney는 보수주의자와 진보주의자가 서로 다른 유형에 속한다는 주장을 '늘 어렴풋하게 알고 있었지만, 결코 인정하려고 하지 않았던 것'이라는 말로 정확하게 지적했다.*053

싸움만이 답일까?

모두가 정치적 화합을 이루어 내고, 조화의 중심에서 하나 되어 같은 노래를 부르는 모습은 아름다워 보여도 사실은 대단히 위험한 환상이다. 이러한 상상이 실제로 이루어진다면 진보주의자는 라이터를 높이 든 채 아무 노래나 제멋대로 불러 댈 것이다. 이와 다르게 보수주의자는 교회 의자 같은 정돈된 자리에 앉아 짧지만 차분하게 준비된 연주를 할 테다. 이 상황에서 노래의 멜로디와 가사를 억지로 합의하려 든다면 깊이를 헤아리기는커녕 오해만 불러일으킬 것이다. 어차피 비달은 뒤에서 추잡한 가사를 쓸 것이고, 버클리는 앞에서 질서를 유지하려 애쓸 테니 말이다.

정치적 차이는 일시적이며, 해결할 수 있는 불편함이라는 얼토당토않은 소리만 늘어놓아서는 도움이 되지 않는다. 본질적인 차이를 인식하면서 불가피하게 발생하는 제약에 효과적으로 대응하는 것이야말로 정치적 차이를 극복하는 실질적인 방법이다. 따라서 이념 갈등을 부추기지 말고, 이러한 갈등이 초래하는 쟁점의 완화를 목표로 삼아야 한다. 그리고 정치 성향이 생리인지적 성향과 예측 가능한 방식으로 넓고도 깊게 관련되어 있다는 사실을 인정하려면 기존의 두 주장을 버려야 한다.

첫째는 모든 정치가 역사적, 문화적으로 독특하다는 주장이다. 예컨대 어느 사회는 기근과 가뭄에, 다른 사회는 강 건너의 초강대국에, 또 다른 사회는 풍부한 광물 자원 보호에 관심이 많을 것이다. 이처럼 정치에 특수성이 있다면 정치 분열과 패턴, 관점 등을 일반화하려는 시도 자체가 무의미해진다.

053　Mooney. *The Republican Brain: The Science of Why They Deny Science-and Reality.*

앞선 바가 사실이라면 도널드 트럼프와 자이르 보우소나루, 조르자 멜로니, 나렌드라 모디, 베냐민 네타냐후 등의 지지자에게서 발견할 수 있는 놀라운 유사성을 누구도 설명할 수 없을 것이다.

두 번째는 인간의 신체적 특질은 분명히 다르지만, 우리는 모두 근원적으로 동일한 심리적, 정서적, 인지적 구조를 공유한다는 주장이다. 이와 같은 행동학적 관점에서 모든 인간의 구조가 같다면, 정치 성향의 차이도 종이 한 장의 두께에 불과할 것이다. 그렇다면 결국 정치 성향은 생리인지적 요소와 무관하다는 결론이 도출된다.

정치와 인간의 본질을 나타내는 이상의 주장은 모두 잘못되었다. 두 주장 모두 의미가 정반대라는 것이다. 전통적 통념에서는 정치가 가변적이고 인간성이 보편적이라고 말하지만, 실제로는 그 반대이다. 이러한 점을 인정하지 않으면 정치 갈등의 진정한 원인을 파악할 수 없다. 따라서 우리는 정치적 차이와 관련이 깊은 심리적, 인지적, 생물학적, 유전적 요인을 입증하는 실증적 증거를 제시하고자 한다. 그 전에 정치는 보편적인 반면, 인간성은 가변적이라는 주장부터 증명할 필요가 있다.

제2장

무엇이 우리의 생각을 지배하는가?

•

보수주의와 진보주의의 구분이 존재하지 않았다면, 이념 연구자들은

그에 상응하는 무언가를 고안해야 했을 것이다.

존 조스트(John Jost)

●

미국 상원의원을 지낸 뒤, 2012년 공화당 대통령 후보 경선에 출마한 릭 샌토럼Rick Santorum은 미국 대학을 무신론적 진보주의(liberalism) 세뇌의 온상으로 묘사한 적이 있었다.*054 대학이 지적 수준보다는 진보주의자로서의 의식을 높이는 데 주력한다는 의심은 전 세계 보수주의자 사이에 확산되었고, 이는 트럼프 정권을 거치며 더욱 심화되었다. 대학은 사회 정의 이념이라는 바이러스를 퍼뜨리고, 청년을 특권층에서 형성된 비판론의 수렁 속으로 빠뜨리며, 깨어 있는 이념에 대한 반대를 더는 용납하지 않는 분위기를 조성한다는 비난을 들어야 했다.*055 그러나 대학에서 오랜 시간을 지내 온 우리의 생각은 다르다. 인스타그램을 잠시 멈추고 55분간의 지루한 강의를 듣도록 학생들을 설득하기도 쉽지 않은 판에 학생의 상당수가 교수자의 정치적 신념 체계를 맹목적으로 따르도록 설득하기란 가당치도 않다.

물론 대학 캠퍼스에 정치가 존재하지 않는 것은 아니다. 한 예로 20세기 중반의 뉴욕 시립대학교는 어느 고등교육 기관보다도 보수를 악몽에 떨게 하는 목표에 가장 근접한 사례라고 할 수 있다. 급진주의 성향을 띤 교수진은 영국 출신의 천재 학자 버트런드 러셀Bertrand Russell을 채용하려던 과정에서 스캔들을 일으켰다.

러셀은 당시 박식함 외에도 저명한 사회주의자이자 평화주의자이자 전위적(avant-garde)인 사회 이념을 널리 설파하던 인물로 유명했다. 이를테면 그는 종교가 시대에 뒤떨어졌으며, 혼전 성관계에 도덕적인 문제가 없다고 여겼다. 분개한 시민들은 뉴욕의 취약한 청년층 사이에 러셀의 위험한 이념이 퍼지는 것을 우려하여, 그를 교수 채용에 반대하고자 소송을 제기했다. 놀랍게도 사법부에서는 이를 받아들였다. 주 대법원 판사 존 맥기헌John McGeehan은 러셀이 학생을 가르치기에 도덕적으로 부적합하다고 판결했다. 결국 뉴욕 시

---

054   Gross. "The Indoctrination Myth."

055   Torres. "Parents Must Stop Letting Woke Colleges Indoctrinate Their Children."

립대학교 학생들은 미래 노벨상 수상자의 강의를 들을 기회를 박탈당했다.[056]

판사와 시민은 러셀의 채용을 저지하는 데 성공했지만, 학생들의 등교까지 막지는 못했다. 이는 고등교육에서 보수적 청렴성을 옹호하는 사람에게는 불행한 일이었는데, 대체로 학생이 교수보다 더 급진적이었기 때문이다. 공산주의자가 교내 신문을 장악하고, 사회주의자는 학생 군사 교육단(Reverse Officer Training Corps, ROTC)의 퇴출을 요구했다. 또한 다양한 계열의 진보주의 학생들이 선언문을 발표하며 자본주의, 교육 예산 삭감, 노동자 계급 억압, 제국주의 및 비제국주의 전쟁과 제국주의자 전반을 비판했다. 그들은 특히 프랭클린 루스벨트Franklin Roosevelt를 비난했다. 놀랍게도 학생 대다수는 루스벨트를 제국주의자이자 보수주의자이며, 노동 계급을 억압하는 호전적 착취자로 여겼다.[057]

이상의 모든 급진주의 운동의 근거지는 교내 식당이었다. 이곳에 다양한 유형의 급진주의자와 정치 활동가가 모여 마르크스주의, 사회주의, 공산주의, 트로츠키주의Trotskyist 등 다양한 주제로 토론을 벌였다. 교내 식당의 분위기와 이곳에 모인 사람들은 1977년 《뉴욕 타임스 매거진The New York Times Magazine》에 실린 유명한 글인 〈트로츠키주의자의 회고록Memoirs of a Trotskyist〉에서 비교적 호의적으로 언급된다.[058]

미학적 관점에서 보았을 때, 교내 식당은 꽤나 허름했던 듯하다. 그리고 인구 통계학적으로 그 공간은 대부분 유럽에서 건너온 진보 성향 이민자의 자녀인 중하류층 유대인 학생으로 가득했다. 당시 진보 성향의 뉴욕 시립대

---

056   Dewy and Kallen. eds. *The Bertrand Russell Case.*
버트런드 러셀(Bertrnad Russell)은 1950년 노벨문학상 수상자이다.

057   Wald. *The New York Intellectuals: The Rise and Decline of the Anti-Stalinist Left from the 1930s to the 1980s.* 특히 해당 도서의 311~320쪽에 해당하는 부분인 '어빙 하우의 초상(Portrait: Irving Howe)'을 참조하라.

058   마르크스주의에 익숙하지 않은 독자를 위해 설명하자면, 트로츠키주의자는 레온 트로츠키(Leon Trotsky)가 주장한 마르크스주의를 따르는 사람을 가리킨다. 트로츠키주의자의 주요 경쟁자는 스탈린주의자이며, 그들은 서로 프롤레타리아 독재를 실현하는 올바른 방법을 비롯한 문제에 극명한 의견차를 보였다.

학교를 제외한 미국 대학의 대부분은 반유대주의 풍조로 유대인 입학 정원제가 있었다. 이처럼 고등교육 기관에서의 편견으로 해당 학교에 천재적인 지식인이 몰려들었다. 그 결과 뉴욕 시립대학교는 1935년부터 1954년 사이에 미래의 노벨상 수상자만 9명을 배출했다.

교내 식당의 가장자리에는 기다란 의자가 낮은 식탁을 향해 배치된 직사각형 또는 반원형의 움푹한 공간인 알코브(alcove)*059가 있었다. 알코브는 모두 12곳 정도였으며, 각각 특정한 정치나 민족 또는 종교 집단의 근거지로 사용되었다. 구체적으로는 시온주의자, 가톨릭 신자, 소수의 아프리카계 미국인 학생 등을 위한 알코브가 있었다.

가장 규모가 큰 공간은 제2알코브로, 바로 스탈린주의자의 근거지였다. 스탈린주의자는 대부분 소련식 공산주의를 열렬히 지지했으며, 특히 2번 알코브의 단골은 이오시프 스탈린Joseph Stalin을 찬양했다. 그들은 긴 시간 동안 추종 대상인 '엉클 조Uncle Joe'*060, 즉 스탈린을 자애롭고 지혜로운 프롤레타리아트의 수호자로 묘사하느라 사실과 논리마저 왜곡하는 데 열을 올렸다.

한편 식당에 들어서면 바로 오른편에 있는 제1알코브 역시 정치 집단의 아지트로, 이곳 역시 진보주의자로 가득했다. 그러나 제1알코브에서는 제2알코브처럼 입회 전 사상 검증을 강요하지는 않았다. 해당 알코브에서는 12명의 트로츠키주의자와 대략 비슷한 수의 사회주의자, 다른 잡다한 사상을 따르는 몇 사람과 소수의 보수주의자가 포함되어 있었다. 여기서 우파란 루스벨트를 지지하며 자신들을 사회민주주의자라고 부르는 사람들이었다.

제1, 2알코브에서는 급진주의 정치와 이념에 대한 끊임없는 논쟁을 벌였고, 학생들은 교내 식당을 떠나서도 주장을 멈추지 않았다. 주기적으로 항의 집회를 열었으며, 마르크스와 엥겔스, 레닌, 트로츠키에 대한 저마다의 해석을 강의실까지 설파하였다. 심지어 저임금의 진보 성향 교수가 강의 중임

---

059   서양식 건축에서 벽의 한 부분을 움푹하게 만들어 놓은 부분.

060   '엉클 조'는 2차 세계대전 당시 미국이 동맹국인 소련에 대한 적대감을 누그러뜨리기 위해 스탈린을 친근하게 부르는 이름이다. 우리말로는 '조 아저씨'라는 뜻으로, 스탈린의 영어 이름이 '조셉(Joseph)'인 점에서 착안한 명칭이다.

에도 말이다.

고등교육이 정치 신념에 미치는 영향에 관한 보수 진영에서의 우려를 타당하게 여기는 사람의 관점을 살펴보자. 그들은 4년이나 뉴욕 시립대학교의 진보주의적 환경에 물든 학생들이 '무신론적 진보주의'로 정치계를 오염시키리라 여겼을 것이다. 심지어 이를 뒷받침할 증거도 내놓으려 할 테다.

매카시 시대McCarthy era*061에서 대표적인 공산주의의 악마의 대표 사례인 줄리어스 로젠버그Julius Rosenberg는 원자폭탄 관련 기밀을 소련에 넘긴 혐의로 1953년에 처형되었다. 스파이 활동으로 프롤레타리아트의 선봉을 강화하려 했던 로젠버그는 뉴욕 시립대학교 졸업자로, 전기공학 학위를 취득했다. 같은 학교 출신이지만 원칙주의자이자 상대적으로 온건한 진보 성향 인물로는 계간지 《디센트Dissent》와 '미국 민주사회주의자들(Democratic Socialists of America, DSA)'의 창립에 기여한 어빙 하우Irving Howe가 있다. 그러나 최근까지 로젠버그의 정치적 영향력은 전무한 수준이며, 하우 역시 문화 비평가로서 탁월한 재능에도 불구하고 지속적이며 폭넓은 정치적 영향을 미치는 운동을 촉발하지는 못했다.

그러나 뉴욕 시립대학교의 급진적이고 진보적인 분위기에서 어떠한 운동도 일어나지 않은 것은 아니다. 영향력이 강한 정치 운동이 제2알코브가 아닌 제1알코브에서, 심지어 진보층도 아닌 보수층에서 태동했다. 그중 제1알코브에서 가장 오랫동안 정치적으로 영향을 미친 것은 신보수주의 운동(Neoconservative Movement)으로 알려져 있다.

위와 같이 뉴욕 시립대학교의 졸업생과 그 문화를 계승한 학생들은 한 세대의 정치에 영향을 미쳤다. 그리고 미국 주요 정당의 정책 방향을 재편했으며, 21세기 초에 미국 정부에서 제시한 개입주의 외교 정책을 촉진하는 데에도 큰 역할을 했다. 결과적으로 신보수주의 운동을 통해 미국적 정치가 확립됨에 따라 다른 국가의 급진적인 변화를 불러일으켰다. 또한 미국 애국법(USA Patriot Act)과 이라크 전쟁 등을 옹호했다.

---

061   1950년대 초반 미국을 휩쓴 공산주의자 색출 열풍. 옮긴이.

주지하는 바와 같이 제1알코브의 핵심 인물은《데일리 텔레그래프The Daily Telegraph》에서 '20세기 후반의 가장 영향력 있는 대중 지식인'으로 손꼽힌 어빙 크리스톨Irving Kristol이다. 한 미국 대통령은 그의 뛰어난 정치력을 두고 백악관에서 일하고 싶다면 그냥 얼굴을 들이밀면서 "어빙이 보내서 왔어요."라고 말하면 된다는 우스갯소리까지 했다.[062] 그 대통령은 바로 로널드 레이건이었다. 제1알코브의 급진주의자가 남긴 정치적 잔재에서 대략 두 가지 결론을 도출할 수 있을 듯하다.

첫째, 청년층은 20세기 중반의 뉴욕 시립대학교처럼 급진적, 진보적 성향이 강한 곳에서도 상상과 달리 길들이기 쉽지 않다는 점이다. 해당 학교의 졸업생은 학생 시절에 급진적인 정치 성향에 둘러싸여 있었음에도, 나이가 들면서 오히려 이념 스펙트럼의 여러 지점에 자리 잡았다. 또한 그들의 가장 지속적인 정치적 영향력은 공산주의가 아닌, 기독교 정신에 기반한 보수의 반이민주의에 있었다. 그리고 하우처럼 진보주의자로 남거나 크리스톨처럼 보수주의자로 전향하더라도, 졸업생의 정치 성향은 학부 시절의 경험으로 결성된 것은 아니다.

둘째, 정치와 정치적 신념은 시간과 장소에 따라 가변적이라는 점이다. 당시에는 스탈린주의와 트로츠키주의의 분열이 제1, 2알코브에서 누가 환영받을까를 구분하였다. 이뿐 아니라 20세기 전반기에 걸쳐 급진적 진보주의자의 글로벌 정치에서 중심적이면서 폭력적인 위치를 점하기도 했다. 그러나 요즘은 그렇지 않다.

오늘날 미국의 대학 캠퍼스에서 철두철미한 마르크스주의자나 트로츠키주의자가 이념을 설파하는 모습을 찾아보기는 어렵다. 설령 여전히 존재하더라도 그들은 과거의 흥미롭거나 골칫거리였던 잔재로 간주될 뿐, 국가 체제를 향한 실질적인 위협은 아니다. 트로츠키는 주로 펑크 록 밴드의 이름처럼 대학생들의 의식 속에 살아 있다. 또한 개인의 취향도 시간에 따라 진화할 수 있다. 일부 신보수주의 거장들은 민주당을 지지하는 진보주의자로 시작했지

---

062   Stelzer. "Irving Kristol's Gone—We'll Miss His Clear Vision."

만, 결국에는 공화당의 고위층 보수주의자로 끝을 맺었다.

이 책에서는 대학이 이념적 세뇌에 서투르다는 첫째 결론을 채택한다. 특정 사회에서는 불의에 대한 분노의 불씨를 계속 타오르게 하는 반례도 있지만, 학생들의 정치 성향을 절반이라도 변화시킬 수 있는 기관을 찾기란 쉽지 않다. 강화라면 몰라도 전향은 정말로 어렵기 때문이다. 또한 세뇌를 시도하는 기관은 진보층 못지않게 보수층에도 존재할 개연성이 크다. 학계의 신보수주의자(Neocon)도 꽤 설득력 있는 무리로 드러난 것처럼 말이다.

그러나 둘째 결론에는 이의가 있다. 첫인상과 다르게도, 본질적으로 정치는 거의 변하지 않는다. 급진적 진보주의자가 급진적 보수주의자가 되고, 1930년대 학생들을 자극했던 쟁점이 1960년대나 2020년대 학생들에게 전혀 관심을 끌 수 없다면 정치를 영속적이라 말할 수 없다. 1960년대만 해도 성 중립 화장실과 지구 온난화 문제가 별다른 논란거리가 되지 않았던 것처럼 말이다.

또한 미국 정치의 중심적인 쟁점은 다른 나라와 매우 다르다. 낙태는 미국에서 정치적 양극화를 유발하는 문제이지만, 영국에서는 큰 파장을 일으키는 쟁점은 아니다. 일부 아프리카 국가에서는 부족의 충성심이 정치 성향을 형성하지만, 덴마크에서는 그렇지 않다.

따라서 이 장에서는 뉴욕 시립대학교의 알코브와 그 너머의 독특하고 개별적인 정치적 특수성에도 공통점은 어디에서나 항상 존재한다는 점을 밝히고자 한다. 이러한 공통점은 우리가 정치의 근본적인 딜레마라고 부르는 것에 뿌리를 둔다. 이 개념을 이해하기 위해서는 아주 먼 과거로 거슬러 올라갈 필요가 있다.

정치적 동류 교배

작은 수렵 채집 집단에서 10억 명 이상의 거대한 국가에 이르기까지, 인간은 수십만 년을 사회 집단 속에서 살아왔다. 이들 집단이 제 기능을 수행하면서 오랫동안 유지되려면 사회적으로 용인되는 규범과 관례에 따라 형성되어야 한다. 그 과정은 비공식적이고 눈에 잘 띄지 않거나, 확실한 규정에 따라 명시적이기도 할 것이다. 다만 그 전에 사회 단위를 어떻게 구조화할 것인가를 결정해야 한다.

'정치'라는 용어는 집단이 사회의 차원에서 생활을 체계화하는 방식을 의미한다. 이 수준에서의 정치는 보편적이면서 당연한 것이다. 정치 없이 살기를 바랄 수도 있겠지만, 정치는 인간관의 중심이자 사회생활의 전제 조건이다. 연구자에 따라 번역과 의미에 논란이 있을 수 있지만, 우리는 아리스토텔레스의 격언인 "인간은 천성적으로 정치적 동물이다."라는 말에 전적으로 동의한다.[063]

위에서 강조하는 바와 같이 정치가 인간에게 중심적이라는 증거는 무엇일까? 정치 신념과 행동이 유전적 영향의 가능성을 점칠 정도로 깊이 내재해 있음을 시사하는 연구 사례는 수도 없이 많다. 이 내용은 다른 장에서 다룰 예정이다.

대다수 특징과 마찬가지로, 정치적 태도가 유전자의 영향을 받는다는 사실만이 중요한 것은 아니다. 이보다는 유전적 요인이 다른 것보다 정치적 태도에 유독 큰 영향을 미치는 듯하다는 점이다. 예컨대 전장 유전체 연관 분석(Genome-Wide Association Study, GWAS)[064]은 인간의 유전 코드에서 100만 개 이상의 변이 지점을 찾아내고, 그중 무엇이 연구자가 주목하는 특성과 체계적으로 연관되는지를 확인한다.[065]

전장 유전체 연관 분석을 통해 연구자들은 여러 영역에서 나타나는 다양

063　아리스토텔레스는 이 말을 통해 최소 세 가지의 서로 다른 개념을 전달하고자 한 듯하다. 자세한 내용은 리처드 멀건(Richard Mulgan)의 논문〈"인간은 정치적 동물이다."라는 아리스토텔레스의 가르침(Aristotle's Doctrine That Man Is a Political Animal)〉을 참조하라.

064　'지와즈'처럼 발음한다.

065　GWAS에 대한 자세한 설명은 페이지 하든(Paige Harden)의 저서 《유전자 로또(The Genetic Lottery)》를 참조하라.

한 태도를 조사해 왔다. 그중에서 흥미로운 발견이라 할 만한 것은 유전자가 경제적 선호보다 정치적 선호의 차이를 더 잘 설명하는 경향이 있다는 점이다.*066 이는 정치 신념이 유전적으로 미리 결정된다는 의미는 아니다. 환경적 요인도 여전히 매우 중요하다. 그럼에도 유전적 변이가 특정한 정치 성향을 형성할 가능성이 크다는 점은 주목할 만하다.

정치가 중심적이라는 또 하나의 증거는 짝 선택에 미치는 영향에서 찾을 수 있다. 단순히 반대 성향이 끌린다는 이유로 아내와 결혼을 하거나, 남자친구의 매력적인 성격으로 동거를 시작했다고 생각할 수 있겠다. 하지만 다시 생각해 보자.

사회학자들은 아이를 낳고 담보대출을 받아 집을 사고, 미니밴을 사는 등 생물학적 본능을 충족하기 위해 짝을 이루는 경향성을 상당히 오랜 시간 연구해 왔다. 이러한 연구에서 명백하게 드러난 사실은 성격 특성이 유사한 사람과 짝을 이루는 경우가 의외로 일반적이지 않다는 점이다. 키나 체중, 매력을 비롯한 신체적 특징에서 어느 정도 일치를 보이기는 하지만, 이마저도 상관관계가 빈약하다. 이처럼 성격도, 외모도 아니라면, 짝을 이룰 가능성이 가장 큰 변수는 대체 무엇일까?

답은 간단하다. 결혼에서 가장 중요한 세 가지 변수는 음주, 종교, 그리고 바로 정치다. 학력은 네 번째다.*067 흥미로우면서도 시한폭탄 같은 조합 아닌가! 외향적인 사람이 내향적인 사람과 결혼할 확률은 결혼 상대가 그 반대일 확률과 비슷하다. 그런데 제임스 카빌James Carville과 메리 매틀린Mary Matalin을 제외하면, 진보주의자는 보수주의자보다 진보주의자와 결혼할 가능성이 훨씬 크다.

부부의 정치적 태도가 대체로 유사하다는 점은 누구나 아는 사실이다. 그렇다면 학계에서 '정치적 동류 교배'라는 개념, 즉 처음부터 두 사람의 정치적 관점과 가치관이 유사하여 서로에게 끌리는 것일까? 아니면 대체로 유사

Benjamin et al. "Genetic Architecture of Economic and Political Preferences."

067   Alford et al. "The Politics of Mate Choice."

한 정치 성향을 갖게 되는 다른 이유가 있을까?

위 질문에는 두 가지의 대안적 설명이 가능하다. 첫째, 부부 관계가 시작될 때는 정치 성향이 유사하지 않지만, 수년에서 수십 년이 지나면서 서로의 관점이 상대방과 '동화'된다는 것이다. 둘째, 개인의 배우자 풀mating pool이 소득, 학력, 종교, 지역, 나이 등 사회인구학적 특징에서 찾는 사람의 특성과 유사하다는 점이다. 이에 따른 '사회적 동질혼(social homogamy)'은 정치가 특별히 중요한 역할을 하지 않아도 정치적 유사성을 초래할 수 있다. 배우자 사이의 정치적 유사성에 대한 이상의 설명이 그럴듯해 보여도 엄밀히 분석하면 꼭 그렇지만은 않다.

결혼 생활 기간이 짧은 부부와 긴 부부의 정치적 유사성을 비교한 결과, 결혼 기간이 길어져도 정치적 유사성에는 거의 변화가 없다는 사실이 밝혀졌다. 부부 관계를 장기간 추적할 수 있는 몇 안 되는 데이터 세트data set [068] 가운데 하나에서도 앞의 결론이 도출되었다. 실제로 합리적인 성 역할과 같은 일부 쟁점의 경우, 시간이 지남에 따라 부부의 의견 차이가 더 심해지는 경향이 있었다. 이 특별한 패턴은 저녁 식사에서 흥미로운 이야깃거리가 될 듯하다.

결정적으로 어느 대형 온라인 데이터 서비스에서 보유한 흥미로운 데이터 세트에 따르면, 대화 상대를 선택할 때 정치적 관점을 조건으로 제시했더니 사람들이 이를 적극적으로 참고했다. 또한 소통할 대상을 결정할 때에도 정치적 의견의 유사성이 큰 영향을 미치는 것으로 나타났다. 요컨대 높은 수준의 정치적 유사성은 관계의 시작 단계에서부터 존재한다. [069]

사회적 동질혼 역시 동화와 마찬가지로 설득력이 없다. 수천 쌍의 부부 데이터를 분석한 결과, 원하는 배우자 풀을 규정할 수 있는 사회인구학적 변수들을 통제한 후에도 부부의 정치 성향은 여전히 유사하다는 놀라운 사실을

---

068   특정 작업을 목적으로 저장된 데이터 집합체. 옮긴이.

069   Alford et al. "The Politics of Mate Choice"; Stoker and Jennings. "Political Similarity and Infuence between Husbands and Wives"; and Huber and Malhotra. "Political Homophily in Social Relationships: Evidence from Online Dating Behavior."

보여 주었다. 이는 분석 집단의 범위를 좁게 제한하더라도 부부는 정치적으로 유사한 경향을 지닌다는 뜻이다.

예를 들어 중산층에 대학을 나온 30대의 중서부 출신 로마 가톨릭 신자 부부는 사회인구학적 집단 내에서 개인들 간 정치 성향의 편차가 상당하다. 그럼에도 이들 부부는 예상보다 훨씬 유사한 성향을 보인다.[070] 이와 비슷한 결과는 다른 국가에서도 확인된 바 있다.[071] 이처럼 국가나 문화를 불문하고 배우자를 찾는 과정에서는 짝이 될 두 사람이 유사한 사회 집단에 속하는 경향을 통제한 후에도 정치적 온도가 비슷하다는 점에 주목한다.

정치의 본질은 통합과 분열을 모두 일으키기도 한다. 모든 사회 집단에서는 공통의 딜레마를 해결해야 한다. 그러나 개인은 말할 것도 없거니와 집단의 차원에서도 모두가 그 해결책에 동의하지는 않는다. 생활을 사회적으로 체계화하는 합리적인 방식을 논하며 발생하는 의견 차이는 논란과 비난으로, 가끔은 폭력으로 이어지기도 한다. 이처럼 집단적인 정치 신념은 오로지 다른 집단의 구성원을 처벌하겠다는 목적만으로도 놀라운 집단 행동을 초래한다. 인간은 자신이 속한 집단과 정치적으로 다른 생각을 한다는 이유로 다른 집단을 심하게 괴롭히거나 박멸하려 들기까지 한다.

정치는 집단 간 분열 외에도 개인적인 수준에서 적대감을 부추기기도 한다. 또한 사회 생활을 체계화하는 또 다른 요소인 종교와 더불어 사람을 극도로 흥분시키는 경향이 있다. 따라서 정치는 찬반을 떠나 수많은 사교 모임에서 금기시하는 화제이다. 삶에 별 의미도 없는 문제로 사랑하는 사람과의 관계가 틀어지기도 하기 때문이다. 크러스티 삼촌은 샐리 숙모의 가족 모임에서 고래고래 소리를 지르면서 동성애자 커플을 비난하며 분위기를 망칠 수도 있다. 정작 크러스티 삼촌은 동성애자 커플을 만나 본 적도 없으면서 말이다.

이상과 같이 정치는 인간의 내면에 깊이 뿌리내려 근본을 이룬다. 그리고 정치는 인류를 하나의 종으로 규정한 채 DNA에 내재해 있다. 우리가 정치

070　　Alford et al. The Politics of Mate Choice.

071　　Xiaohe et al. "Social and Political Assortative Mating in Urban China."

적 동물임을 인정하더라도, 정치가 시공간을 초월하는 보편적이고 영속적인 것은 아니다. 모든 사회 단위가 정치적이긴 하지만, 동맹을 만들어 내면서 가족을 분열시키는 특정 정치 쟁점과 이념 사이에 별다른 공통점은 없어 보인다. 아테네와 스파르타, 제1알코브와 제2알코브, 그리고 샐리 숙모와 크러스티 삼촌을 갈라놓은 정치 신념에는 분명한 차이가 있다. 그렇다면 오랜 세월에 걸쳐 전 세계적으로 다양한 정치 이념을 서로 연결할 방법은 없을까?

정치의 유동성

'정치는 확실히 특이한가?'라는 질문에 답하려면 특정 시점의 쟁점(issue)과 그 명칭(label)과 함께 근본적인 원리의 차이를 모두 이해해야 한다. 쟁점의 예로는 세금의 부과 대상과 규모, 낙태 합법화, 사회복지, 환경 규제, 선전 포고, 달 탐사, 모자 벗어 들고 국제통화기금행 등이 포함된다. 복집하고 거대한 사회에서는 쟁점을 사실상 무한에 가깝게 만들어 낼 수 있다. 명칭이란 특정 시점의 정치 체제 내에서 떠도는 쟁점에 비교적 체계적인 방향성을 설명할 목적으로 사용하는 간단한 용어이다. 명칭은 정당처럼 실재하거나, 정부와 사회에 대한 특정 신념 체계로서의 이념과 같이 구체적이지 않은 대상을 모두 지칭한다.

무심코 생각해 보면, 쟁점과 명칭은 정치에서 거의 모든 내용을 포괄하는 듯 보인다. 쟁점이란 특정 시간과 장소에서 사람들이 논쟁하는 주제이고, 명칭은 쟁점으로 다투는 집단 또는 그 입장의 광범위한 철학적 기반을 구분한다. 이처럼 정치를 쟁점과 명칭의 관점에서 보아도 보편성과 영속성을 찾기는 어렵다. 쟁점과 명칭은 시대와 국가에 따라 달라지기 때문이다.

하지만 특정 쟁점이 한 지역의 정치를 오랫동안 지배할 수 있다는 점도 사실이다. 노예제 합법화 문제만 해도 미국이 등장한 이래 100년 가까이 모두를 집어삼킨 중대한 쟁점이었다. 하지만 이 문제도 결국은 시간의 흐름과 함께 사라졌다. 노예제보다 일상적인 쟁점은 지속력이 훨씬 약하다는 사실은

정치 성향은 어떻게 결정되는가

더 말할 것도 없다. 실제로 24시간으로 뉴스를 보도하는 최근에는 아침에 떠올랐다가 점심에 사라지는 쟁점도 있다.

쟁점을 둘러싼 의견 차이를 체계화하는 명칭도 언뜻 역사적, 문화적, 지리적으로 특수해 보인다. 그 예로 다수의 국가에서 '자유주의자(liberal)'라는 용어는 사회경제적 쟁점에서 정부의 개입을 최소화하는 정책을 지지하는 사람을 지칭하는 온건한 자유의지론자(libertarian)를 말한다. 그러나 미국에서의 자유주의자는 자유의지론자와 경제적으로 전혀 다른 입장과 연관된다. 정치 선호도를 보편적으로 체계화하는 수단으로서 진보와 보수라는 개념조차 시간과 문화에 얽매여 있는 듯하다. '좌익'과 '우익'이라는 용어는 1789년 프랑스 혁명기의 삼부회 좌석 배치에서 유래되었다고 생각하기 때문이다.

진보로 대표되는 좌익 진영은 대체로 공정(equality)과 혁신적 해결책을 연상한다. 반대로 보수, 즉 우익 진영은 권력과 위계, 질서, 전통인 해결책을 떠올리기 마련이다.[*072] 윌리엄 버클리 주니어는 보수주의자를 '역사에 맞서 멈추라고 소리치는 사람'으로 빗대었다.

그러나 정치학자들이 늘 지적하듯 예외는 항상 있다. 전통적인 관점에서 공산주의자는 왼편에 자리하면서 상당히 권위적인 성향을 띨 수도 있고, 오른편에 있는 보수주의자라도 개인의 자유를 강력하게 옹호할 때가 있다. 일부의 경우 진보와 보수의 신념을 모두 가지고 있는 것처럼 보인다. 예컨대 자유의지론자는 동성 결혼과 낙태 등의 사회적 쟁점에서 진보 성향을 띠지만, 정부 규제나 세금과 같은 경제적 쟁점이라면 보수적인 색채를 드러내기도 한다.

사회적 쟁점과 정치적 명칭은 시간과 공간에 따라 매우 다양하다. 이러한 점에서 다수의 정치학자는 정치 성향에 보편성이 존재할 가능성에 회의적이다. 다시 말하면 언제 어디서든 좌우라는 일방적인 차원에서 선명하게 지시할 수 있는 규칙적인 정치적 신념 체계는 존재하지 않는다는 뜻이다. 쟁점에 대한 태도를 연구하는 정치학자는 정치 신념이 다차원적이며, 어느 시점에서 특정 쟁점을 바라보는 개인의 입장은 전적으로 사회문화적 요인에 따라

---

072   Heywood. *Political Ideologies.*

결정됨을 밝혀냈다. 이는 결국 다른 쟁점에 대한 입장과 별다른 관련이 없다는 결론에 도달한다.

요약하자면 사람들은 깊이를 떠나 이념과 거리가 멀다. 사람들의 정치 신념은 이념 스펙트럼에서 비교적 영속적이면서 유의미한 해석이 가능하며, 기하학적 측면에서 정확히 한 지점으로 수렴하지도 않는다. 이 주장에서 제시하는 결론대로라면, 오직 소수의 사람만이 비교적 영속적인 지배 철학으로 세상을 살아간다는 뜻이다.

개인의 정치 신념과 태도는 고정된 철학적, 심리적 기준보다 가족과 친구, 학교, 동료 관계와 관련이 깊다. 이는 순전히 사회적이고 환경적인 영향이 뒤얽힌 데서 영향을 받는 것으로 보인다.[073] 최근에 해고 통보를 받았는지, 대통령이 매력적이라고 생각하는지, 군에서 복무한 경험이 있는지, 오늘 아침에 애국심에 가득 차 깨어났는지 등과 같이 말이다.

지금까지 설명한 바에 따르면, 좌우의 차원은 먼 옛날 프랑스 의회의 좌석 배치만큼이나 임의적이다. 이는 비논리적이며, 전 세계에서 압도석인 다수의 정치 태도에 대한 형편없는 설명이라고 할 수 있다. 실제로 정치적 신념 체계는 선형적, 일차원적으로 배치할 수 없다. 이는 마치 "한데 뒤엉킨 피라미드 덩어리…, 즉 수많은 피라미드의 기단부가 겹쳐져 하나의 피라미드가 끝나는 지점과 다른 피라미드가 시작되는 지점을 구분하기가 불가능하기 때문이다."[074]라는 말과 같다.

정치 신념과 그 명칭이 지난 몇백 년 동안 어느 시기에 특정 문화권에서 떠돌던 쟁점이나 관념에 대처하기 위해 만들어진 것에 불과하다면, 정치의 보편성을 확보하기란 실로 어려워 보인다. 우리는 정치적 동물이기도 하지만, 사람들은 저마다의 문화적, 역사적 지위에 따라 독특한 관점을 형성하는 듯하다.

---

073   Zaller. The Nature and Origins of Mass Opinion.

074   Shils. "Authoritarianism: Right and Left"; Lasch. *The True and Only Heaven; and Converse.* "The Nature of Belief Systems in Mass Publics."

　신념과 쟁점은 매우 다양하며, 이들 요소를 특정한 시간과 장소에 가두어 놓아야만 모두가 이치에 맞게 어울린다. 그러나 인간은 어디에 있더라도 정치적 존재라는 본질은 변하지 않는다. 우리 또한 벌과 개미처럼 사회 생활에 맞게 만들어졌지만, 우리는 사회적일 뿐 아니라 정치적이기도 하기에 우리의 사회는 협력과 함께 갈등이라는 특성도 지니게 되었다.

　실제로 정치는 우리 본성의 매우 근본적인 부분에 속한다. 따라서 정치적 기질은 부분적으로 유전된다. 배우자를 선택할 때도 정치적 바탕이 중요한 기준이 되며, 나아가 자녀의 정치 기질까지 만들기도 한다. 정치 신념이 오로지 우리가 소속된 독특한 사회 환경의 산물이라면, 정치 성향이 유전된다는 사실과 앞뒤가 맞지 않는다.

　위와 같은 모순을 이해하려면 일시적인 쟁점과 영구적인 사회 생활의 근본적인 딜레마를 명확하게 구분하는 것이 중요하다. 오늘날의 쟁점과 명칭에 주목하면 정치와 정치 논쟁은 매우 가변적이고 상황에 따라 달리 보이기도 한다. 그러나 그것이 선호하는 사회 구조의 근본적인 딜레마와 연결된다는 점을 인식한다면, 시대와 국가를 초월한 정치적 공통성이 등장한다.

　그렇다면 근본적인 딜레마는 무엇을 의미하는가? 이는 규모와 복잡성과 상관없이 모든 사회 단위에서 내려야 할 결정이나 해결책을 말한다. 그것은 정치의 기저를 이루는 제1의 원리로, 대규모 사회생활을 구성하고 체계화하여 운영하는 최선의 방법에 관한 신념을 말한다. 이러한 딜레마는 완전히 해결되기는 어렵지만, 인간이 영위하는 사회 관계의 근간을 형성한다. 사회 집단에서 마주하는 근본적인 딜레마의 대표적인 예는 다음과 같다.

　① 리더십의 유형을 결정하는 문제
　　• 통치 방식(단일 지도자 통치, 분권 통치 등)
　　• 선출 방식

② 자원을 분배하는 방식
- 거대 포유류를 사냥했을 때, 고기를 배분하는 방식
- 세금을 징수하는 방식

③ 외부 집단과 그 구성원에게서 우리 집단을 보호하는 방법
- 그 집단을 환영할 것인가?
- 외부인의 이민을 금지할 것인가?
- 우리 집단을 보호하기 위하여 자원을 얼마나 투자할 것인가?

④ 규범을 위반한 구성원을 처벌하는 방식
- 추방, 배척, 처형, 공개 망신, 훈계 방면 등

⑤ 행동 양식에 관한 문제
- 새로운 행동 양식을 장려할 것인가, 아니면 기존의 것을 고수할 것인가?

　위에 제시된 딜레마를 대하는 사람들의 입장은 선명하게 엇갈린다. 누군가는 엄격한 위계적 의사 결정 방식을, 일부는 평등한 것을 선호한다. 한편 누군가는 모든 자원을 똑같이 공유해야 한다고 생각하지만, 다른 이는 각자도생을 지지한다. 그런가 하면 일부는 외집단을 위협으로 인식하지만, 신지식의 잠재적 원천으로서 우호적으로 바라보는 사람도 있다. 이뿐 아니라 집단의 전통적인 관행에 집착하는 이가 있는 반면, 누군가는 최신 유행 또는 생활 양식을 직접 시도하거나 지지하기도 한다. 이러한 딜레마를 해결하는 최선책에 대한 논의는 끊임없이 인간 사회를 뒤흔들고 있다.
　이상의 딜레마에 대하여 적어도 우리가 가장 핵심적인 것으로 간주하는 세 가지인 ③, ④, ⑤를 바라보는 입장은 같은 방향을 지향하는 경향이 있다. 이 논의를 위해서는 다음과 같이 다섯 가지 근본 딜레마를 대하는 태도로 범위를 제한할 필요가 있다.

① 강하고 단호한 리더십 vs 협력적이고 성찰적인 리더십

② 평등한 자원 분배 vs 편중적 자원 분배

③ 외집단(out-group)

④ 내집단(in-group)*075의 규범 위반자

⑤ 전통적 생활 양식 vs 새로운 생활 양식

위에서 소개한 딜레마를 바라보는 상반된 입장은 [표 1]에 제시되어 있다. 딜레마에 관한 입장이 서로 아무 관련 없이 독립적이라면, 의미 있는 이념으로 통합할 만한 이론적 근거는 없을 것이다. 다시 말해 외집단으로부터 보호를 열렬히 추구하는 사람이 규범 위반자를 엄격히 처벌해야 한다는 의사를 적극적으로 드러내지 않는다면, 우리는 연관성은 물론 일관성도 없는 정치 체제로 회귀할 것이다.

그러나 수십 년에 걸친 조사 연구에 따르면 쟁점의 제약은 존재한다. 이는 특히 최근 몇 년간 정치에 관심이 있는 사람들 사이에서 더 명확해졌음을 알 수 있다.*076 다시 말하면 외부자를 염려하는 사람은 내부의 규범 위반자에게서 집단을 보호하는 것에도 관심을 가질 가능성이 높다. 마찬가지로 이 유형에 속하는 사람은 시도하지 않은 위험한 대안보다는 시도를 통해 이미 검증된 전통적인 생활 양식을 선호할 가능성이 크다.

---

075   내집단은 가치관과 행동 양식이 비슷하여 구성원이 애착과 일체감을 느끼는 집단을 말하며, 외집단은 자기 집단이 아닌 다른 집단으로서 내집단의 반의어이다. 옮긴이.

076   Nie et al. *The Changing American Voter*; Stimson. "Belief Systems: Constraint, Complexity, and the 1972 Elections."

[표 1] 근본적인 사회 딜레마에 대한 입장

보수주의자	진보주의자
강력한 리더를 향한 기대	강력한 리더를 향한 의심
외부자 수혜 시 재분배에 대한 반감	평등한 재분배에 대한 기대
외집단에 대한 혐오감	외집단에 대한 개방성
규범 위반자에 대한 엄격한 처벌	규범 위반자에 대한 관대한 처벌
전통적 생활 양식을 적극적으로 포용	새로운 생활 양식을 적극적으로 포용

[표 1]에서 강조한 세 가지 딜레마의 입장 사이에는 분명한 연관성이 보이지만, 나머지 두 가지는 신중하게 생각하기를 바란다. 위에서 제시한 내용을 순차적으로 살펴보도록 하겠다.

먼저 리더십이다. 고대 국가의 왕은 거의 언제나 외부의 위협과 범법자, 사회 변화의 위험에서 사회를 보호하는 데 치중했다. 말하지면 당시의 왕은 보수주의자에 가까웠다.

반면 현대의 강력한 지도자는 오히려 국방비 지출을 줄이고 이민을 장려한다. 그리고 소수 또는 소외 계층의 권리를 증진하며, 변화를 옹호하기도 한다. 결과적으로 현대 지도자는 지지하는 입장에 따라 보수주의자 못지않게 진보주의자에게도 쉽게 호소할 수 있다. 이처럼 보수주의자를 권위주의적 리더십과 연결하려는 시도가 오랫동안 계속되었지만[077], 사실 수많은 보수주의 인사는 권위적인 리더가 자기에게 지시하는 것을 극도로 싫어한다.

2021년 1월 6일, 미국 국회의사당과 경찰까지 공격하면서 부통령을 교수형에 처하겠다고 위협한 것도 보수 세력이었다. 그들은 코로나19가 창궐했을 때, 당국에서 발표한 마스크 착용과 백신 접종 의무화에 가장 많이 반발하였다. 이처럼 사회 구성원에게 안전과 보호를 명분으로 행사하는 강력한 리더십은 자산과 동시에 문제로 작용할 수 있다. 따라서 이에 관한 입장은 세 가지 핵심 딜레마와 반드시 밀접하게 연관되지는 않는다.

---

077   Altemeyer. *Right-Wing Authoritarianism.*

다음으로 자원 재분배 문제를 살펴보도록 하자. 이 딜레마에 대한 입장은 항상 조금 특별하게 취급되었다. 이는 인간의 진화 과정에서 재분배가 다른 문제만큼 그리 중요하지 않았기 때문이었을 것이다. 사실 수천 년 동안 자원 재분배는 그다지 중요한 쟁점은 아니었다. 그 이유는 인류가 고기를 저장하거나 화폐를 주조하는 방법을 터득하기 전까지 자원을 가치 있는 재화로 축적하기 어려웠음도 한몫한다. 당시 가장 핵심적인 자원인 식량이 매우 쉽게 변질되었기 때문이다.

오늘날에 들어 재분배는 중요하면서도 숱한 논란을 낳는 딜레마가 되었다. 재분배의 결과로 흔히 내부 구성원이 손해를 보면서 외부자가 이득을 본다고 여기는 것이 원인이라 할 수 있다. 그리고 이 딜레마에 대한 입장이 세 가지 핵심 딜레마와 연관되는 이유도 결국 외부자를 향한 태도와 어느 정도 직결되기 때문이다.

스칸디나비아에서는 보수 정당도 고도의 재분배가 이루어지는 복지국가를 지향한다. 그러나 이러한 정당이라도 신규 이민자나 내부 구성원이 아닌 사람이 복지 혜택을 누리는 것은 지지하지 않는다. 재분배에 관한 입장은 수혜자가 이민자, 범법자, 소수자, 사회에 기여하지 않는 자와 같이 내부 구성원이 아닌 사람으로 인식될 때만 중대한 이념적 차이에 부합한다.

이와 같은 조건을 명심하면서 정치적 쟁점과 명칭이 시간과 장소에 따라 크게 달라지더라도, 결국 수면에 일렁이는 물결에 지나지 않는다는 관점으로 돌아가 보자. 역사와 문화라는 바람에 의해 이리저리 밀려다니는 물결은 모두 하나의 큰 조류에서 만들어진다. 이 조류는 지난 수천 년 동안 암묵적으로 이어져 온 정치의 토대이다.

최소 1050년까지 거슬러 올라가는 오랜 역사의 이로쿼이족 전통문화를 예로 들어 보겠다. 여기에서는 전쟁과 사냥을 기반으로 하는 남성 중심의 기존 질서를 지키려는 사람과 여성의 역할 확대와 농경을 포함한 새로운 삶의 방식을 지향하는 사람 사이의 이념적 갈등이 언급된다. 이 쟁점이 [표 1]에 묘사된 생활 양식 및 안전에 관한 내용과 완벽히 일치하는 양상에 주목하자.

고고학자이자 인류학자인 데이비드 그래버David Graeber와 데이비드 웬그로

David Wengrow의 연구 팀에서는 고대 이로쿼이족의 이념 분열과 유사한 현상이 신석기 시대 중동에서도 기록되었을 가능성을 제기했다.[078] 1만 년 이상의 세월을 머금은 역사적 증거에서도 성문화된 것이 존재한다면, 우리는 그와 같은 이념 분열의 흔적을 훨씬 오래전에도 감지할 수 있었을 것이다.

아리스토텔레스는 저서 《정치학(Politics)》에서 정치 체제(polity)의 구조와 구성의 다양한 선호 유형을 논의하고 있다. 그는 아테네뿐만 아니라 스파르타, 크레타, 카르타고의 정치 체제와 운영 방식을 분석하며, 사회 생활의 구조와 구성에 따라 선호 유형에 큰 차이가 있음을 지적한다.

아테네는 주로 부유한 남성 시민이 쟁점별로 직접 투표하는 직접민주주의로 운영된 한편, 스파르타는 세습 군주와 종신 평의회가 존재하는 권위주의 체제였다. 이러한 특징은 자원 분배와 사회 구조, 사회에서 기대하는 행동과 의무뿐 아니라 안보의 중요성과 함께 다양한 제도에서도 차이를 보였다.

투키디데스Thucydides의 논평도 위의 근본적 차이와 완벽하게 부합한다. 그는 도시가 안전하지 않다는 이유로 당시의 모든 그리스인이 무기를 소지했지만, "아테네인은 처음으로 무기를 내려놓았다."라고 지적했다.[079] 또한 정치적 딜레마의 관점에서 미루어 본다면 스파르타는 보수주의, 아테네는 진보주의에 속한다. 아리스토텔레스의 분석은 거의 모든 분야를 관통한다.

위와 같은 쟁점으로 버클리와 비달의 토론은 전국으로 송출되는 방송에서 주먹다짐 직전까지 치달았다. 그리고 공화당과 민주당, 토리당과 노동당, 국민전선과 사회민주당 등 정치적 대립 관계에 있는 명칭이 가리키는 대상 사이의 논쟁을 불러왔다. 이 모두는 에머슨의 "보수 정당과 혁신 정당은… 두 정당이 생긴 이후로 세상을 차지하기 위해 경쟁해 왔다."라는 지적에 반박하기 어렵게 한다.

특정 정치 성향을 가리키는 명칭은 시간과 장소에 따라 다를 수 있고, 당대의 여러 쟁점에 적용되기도 한다. 그러나 근본적인 딜레마에 대한 표준적

---

078   Graeber and Wengrow. *The Dawn of Everything: A New History of Humanity.* 487.

079   Thucydides. *History of the Peloponnesian War.* Section 1.6.

인 입장은 존재한다. 예컨대 어느 지역에서는 민주주의자와 공화주의자라는 명칭을 사용한다면, 다른 지역에서는 금귤과 순무라고 부를 수도 있겠다.

어느 사회나 전통적 가치를 고수하는 사람과 더 실험적인 사회 구조를 선호하는 사람이 있다. 그리고 규범을 위반한 자를 엄격하게 처벌하기를 원하는 사람과 다시 기회를 베풀기 원하는 자도 있다. 그런가 하면 사회에는 외부자와의 교류를 선호하는 사람과, 피하거나 정복해야 할 위협으로 보는 이도 공존한다. 이와 함께 평등한 자원 재분배를 주장하는 자와 내부 구성원이 손해를 보면서 외부인에게 수혜가 돌아갈 가능성이 조금이라도 있다면 재분배에 반대하는 자도 엄연히 존재하는 법이다.

이상에서 설명한 딜레마에 관한 일련의 성향이 쟁점과 명칭의 변화 아래 지속적인 기준점이 되는 방식을 이해해 보자. 그 예로 미국을 비롯한 다른 국가에서 두 진영 사이에 논란이 분분한 쟁점인 군사 개입에 대한 태도를 살펴보고자 한다. 20세기 후반과 21세기 초 미국에서 군사 개입을 지지한 쪽은 공화당이었던 반면, 진보 성향을 띠는 장발의 평화운동가들은 그에 반대했다.

이라크, 아프가니스탄, 파나마, 그레나다에서의 군사 작전은 공화당 출신의 대통령 행정부에서 시작했으며, 공화주의자의 적극적인 지지를 받았다. 그러나 베트남 전쟁은 민주당 행정부에서 주도하였으나, 수많은 공화주의자가 그 전쟁을 열렬히 지지했다. 이때 도미노 이론Domino theory*080을 주장한 이도 1964년의 공화당 대통령 후보였던 배리 골드워터Barry Goldwater였다. 그는 정적인 민주당 소속의 린든 존슨Lyndon Johnson에게 베트남의 공산주의를 몰아낼 노력이 충분하지 않다고 비판했다. 이에 존슨은 골드워터를 동남아시아에서 핵전쟁을 일으킬 사람이라는 묘사로 응수했다.

이와 비슷하게 공화주의자는 과거 한국 전쟁에서의 군사 작전을 지지하면서 민주당 소속의 해리 트루먼Harry Truman 정권에서 더 적극적으로 개입하지

080 　도미노 이론은 사이공에서 공산주의를 저지하지 못하면 공산화의 물결이 동남아시아 전역을 시작으로 호놀룰루와 버클리에까지 퍼질 것이라는 미국 외교의 근간 논리로, 특정 국가의 정치적 변화가 인접 국가로 확산될 수 있음을 시사한다.

않는다고 비판했다. 특히 더글러스 맥아더Douglas McArthur 장군이 한국의 주변국인 중국에 핵무기를 투하할 것을 반복해서 제안했음에도 거부한 사실을 질책하기도 했다. 이처럼 20세기 후반에 공격적이고 개입주의적이었던 공화당의 성향은 20세기 전반기와 지금의 입장과는 상당히 대조된다는 점이 흥미롭다.

1930년대 후반, 유력한 공화주의자들은 일반 당원의 확고한 지지를 등에 업고 유럽에서 확산 중인 분쟁에 휘말리지 않도록 군사 개입보다 고립주의 입장을 강력하게 주장하였다. 고립주의를 주장한 주요 조직에는 '미국 우선주의위원회(America First Committee, AFC)'도 있었다. 그리고 국제 민간항공계에서 상징적 인물이었던 찰스 린드버그Charles Lindbergh가 그 단체에서 가장 저명한 대변인이었다.

린드버그는 전국 라디오 방송을 미국인에게 '유럽의 전쟁'에 개입하지 않기를 촉구하는 연설을 했다. 내용의 골자는 구세계인 유럽 국가들이 또다시 전쟁을 벌이는 것은 그들만의 문제이며, 미국은 이 문제에 끼어들지 말아야 한다는 것이었다. 이러한 린드버그의 주장은 많은 이의 공감을 얻었으며, 이 덕에 미국 우선주의위원회는 한때 100만 명에 육박하는 회원을 보유하게 되었다.

미국 우선주의위원회는 진보 성향의 '미국 반전위원회(Keep America Out of the War Committee, KAOWC)'와 합병하여 협조를 받기도 했으나, 기본적으로는 미국 보수주의 성향인 공화당의 영향을 받았다. 미국 우선주의위원회 설립자는 퀘이커 오츠 컴퍼니Quaker Oats Company의 후계자이자 당시 예일대 법과대학원 학생인 로버트 더글러스 스튜어트 주니어Robert Douglas Stuart, Jr.이다. 그는 1980년대에 로널드 레이건 대통령이 집권하던 시절 노르웨이 대사로 임명된 바 있다.

미국의 고립주의 입장은 지난 수십 년 동안 공화당에서 당내 지침으로 고수해 왔기에 놀랄 만한 일은 아니었다. 20년 전, 제1차 세계대전 직후 공화당에서는 미국이 국제연맹(League of Nations) 가입을 막는 데 핵심적인 역할을 했다. 상원 외교위원회 위원장인 헨리 카봇 로지Henry Cabot Lodge 등 공화당의 유력 인사들은 미국이 향후 유럽 문제에 연루될까를 우려하며, 미국의 주권에 어떠한 제약도 받지 않기를 원했다.

그로부터 20년이 지난 뒤에도 수많은 공화주의자들은 여전히 고립주의 노선을 고수했다. 예를 들어 20세기 공화당에서 잘 알려진 유력한 인물인 로버트 태프트Robert Taft 상원 의원도 히틀러의 군대가 유럽을 휩쓸던 상황에서도 동맹국 지원에 단호하게 반대했다.*081

수십 년간 유지된 공화당의 고립주의는 1941년 말, 일본의 하와이 해군 기지 폭격에 이어 미국의 제2차 세계대전 참전으로 폐기된다. 1939년에는 유럽 전역으로 퍼져 나가는 전운에 휘말리지 않을 것을 주장하던 태프트마저 1951년 장제스가 이끄는 중국 국민당군의 중국 본토 폭격에 찬성했다.*082

물론 최근에 이르러 공화당은 다시 고립주의를 채택하기는 했다. 태프트가 국경에 해자를 파려던 발상이 도널드 트럼프 정권에 다다르면서 방벽으로 바뀌기는 했지만, 이심전심이라는 말이 있듯 동기는 같다. 트럼프와 그를 광적으로 지지하는 사람들은 미국 남부 국경에 '크고 아름다운' 벽을 세우기를 주장했다. 또한 아프가니스탄에 주둔한 미군의 철수를 시작으로 전 세계 내 미군 주둔을 줄여 미국을 요새처럼 구축할 것을 촉구했다.

2022년 초, 러시아의 우크라이나 침공을 시작으로 미국 내에서 우크라이나를 지지하는 목소리가 확산되었다. 그러나 전쟁이 길어지면서 군사 지원의 대대적인 축소 또는 중단을 주장하기 시작한 쪽은 민주당이 아니라 공화당이었다. 상당수의 공화주의자에게는 수천 마일이나 떨어진 곳에서 일어나는 대규모의 지정학적 갈등보다 당장 국경을 향해 다가오는 사소한 위협이

---

081 태프트는 '해자 심리', 즉 고립주의 사고방식을 지녔던 것으로 묘사된다. 태프트의 현대적이지만 긍정적이지만은 않은 외교 정책에 대한 설명은 존 암스트롱(John Armstrong)의 저서 《태프트 상원의원의 수수께끼와 미국의 외교 정책(The Enigma of Senator Taft and American Foreign Policy)》을 참조하라. 시간이 지나 태프트의 생각은 점차 유연해졌지만, 그는 고립주의적 사고방식을 결코 포기하지 않았다. 태프트는 미국의 UN 가입을 마지못해 수용했지만, NATO 가입에는 반대했다. 그는 사망 몇 달 전, 마지막 연설에서 미군의 인도차이나 파병에 반대하는 주장을 했다.

082 Coleman. *A History of Political Thought.* 241—243.

더 큰 걱정거리였다. 진보주의자라면 당혹을 금치 못할 테지만, 트럼프와 그의 지지층은 드네프르강을 건너는 러시아군보다 리오그란데강을 헤엄쳐 오는 단 한 명의 과테말라 이민자를 더욱 신경 쓴다.

이처럼 전쟁을 비롯하여 당대의 쟁점에 관한 급격한 입장 변화는 '외집단으로부터의 보호'라는 근본적인 딜레마의 관점에서만 이해할 수 있다. 나치에 맞서 싸우기, UN 가입, 동남아시아에서 전쟁 일으키기, 사담 후세인Saddam Hussein을 막다른 곳까지 추격하기, 장벽 건설하기, 우크라이나에서 동맹국과 함께 참전하기를 비롯한 여러 결정도 다양한 프레이밍framing*083과 당파 효과에 따라 달라진다.

사회 분위기와 집권 정당 등의 맥락 요인도 위와 관련이 있다. 그러나 이들 변수에도 변함없는 것은 국가의 안보, 특히 내부자의 안전을 중시하는 강한 보수적 신념이다. 이러한 신념은 나치, 공산주의자, 쿠바인, 무슬림, 중국인, 이민자, 또는 실체와 이름이 확실하지 않은 악당 등 외집단은 잠재적 위협으로 간주한다. 이와 같은 지향성은 타인을 무조건 잠재적 위협으로 간주해 버린다는 문제가 있지만, 딜레마를 해소하기는 한다. 그러나 잠재적 위협을 어떻게 처리해야 내집단의 보호를 극대화할 수 있느냐는 쟁점까지 해결하지는 못한다는 점을 유의해야 한다.

따라서 린드버그와 트럼프가 주장한 바와 같이 벽으로 자신을 에워싼 채 타인을 차단하는 것도 방법이기는 하다. 아니면 우리의 잠재적인 위협을 처단하기 위해 미리 필요한 상황에 개입할 수도 있다. 전자와 후자는 서로 반대되기는 하지만, 모두 같은 목표를 향한 전략이다. 이들 전략 가운데 성공률이 높은 것은 보수주의자마다 의견이 다를 수 있겠지만, 그들의 본질적인 목표가 외집단으로부터의 안전임에는 이견이 없다는 점에서 구별된다.

위와 달리 진보주의자는 세상을 내집단과 외집단의 관점으로 보는 경향이 적다. 따라서 그들은 리오그란데강을 건너오는 과테말라 이민자의 위협에 잠을 설치는 일은 드물다. 그러나 보수주의자는 과거에 위협의 대상인 외부 세

---

083   동일한 정보라도 제시하는 방식에 따라 판단이 달라지는 현상. 옮긴이.

력을 안정화하는 수단으로서 국가 형성(nation-building)*084을 지지한다. 진보주의자의 경우 외부 세력의 자결권 강화와 복지 증진 및 다국적 공동체와의 통합을 촉진의 측면에서 국가 형성의 가치를 부여한다.

정치의 일관성을 이해하려면 당대의 쟁점을 바라보는 입장과 표현 방식을 넘어 근본적인 차이부터 밝혀내야 한다. 이처럼 심층적인 차원에서 자석처럼 사람을 서로 밀어내거나 끌어당기는 사회 생활의 일정한 성향을 발견할 것이다. 이러한 관점은 반드시 특정 쟁점과 명칭이 시간과 공간을 초월하여 일정하게 유지되어야만 정치의 보편적 요소가 존재하는 것이 아님을 보여 준다.

예컨대 보수주의자는 제2차 세계대전 전후로 서로 다른 외교 정책 전략을 지지했겠지만, 외집단에 지배당하거나 종속될 가능성에 대한 반감에서 비롯되는 경계심만큼은 전혀 흔들리지 않았다. 영국에서 브렉시트를 지지한 보수층은 더 많은 이민자를 영국에 수용하라는 유럽연합 정책 결정권자의 지시에 반발했다. 그들에게는 이민자나 유럽 연합 정책 결정권자나 같은 외부인이었기 때문이다.

정치의 보편성에 대한 우리의 주장이 옳다면, 적어도 근본적인 딜레마에 대한 선호를 이론적으로 측정할 수 있어야 한다. 그리고 이 선호는 주어진 역사 문화적 맥락에서 정치적 태도 및 신념과 일치해야 한다. 역사적으로 우리의 주장을 뒷받침할 일화 속 증거를 찾아낼 수 있다.

아리스토텔레스는 스파르타, 아테네와 같은 도시국가에서 통치 방식과 집단 의사 결정에 대한 선호에서 결정적인 차이를 보인다고 지적했다. 이에 따라 군주제와 의회제를 비롯한 제도의 탄생을 불러왔고, 결과적으로 이러한 선호를 지지하는 주장이 계속되었다고 언급한다. 이러한 차이는 단순히 고대의 정치 체제 사이에서뿐 아니라 그 내부에서도 나타났다.

기원전 약 1세기인 로마 공화정 후기는 근본적인 딜레마를 둘러싼 이념적 분열이 눈에 띄던 시대였다. 이 시기에 대립적인 진영은 보수주의와 진보주의가 아닌 옵티마테스optimates와 포풀라레스populares로 불렸다. '최고의 인간

---

084   국가의 정체성을 형성하는 과정. 옮긴이.

(best man)'이라는 뜻의 옵티마테스는 로마의 전통적 가치와 통치 방식을 보존하려 했다. 이는 실질적으로 권력을 부유한 엘리트층에 집중시키면서 율리우스 카이사르처럼 부패한 독재자나 시끄러운 평민의 지배를 거부하려는 목적을 띠었다.

한편 '민중을 보살핀다(favoring the people)'라는 의미인 포풀라레스는 옵티마테스와 같은 귀족 계층 출신이다. 그러나 포풀라레스는 기본적으로 대중주의자(populist)로서, 빈곤층을 위한 곡물 지원 등의 복지 프로그램과 노예제 제한 및 시민권 확대를 지지했다. 어디서 많이 보던 얘기 같지 않은가? 버니 샌더스가 포풀라레스의 복식을 따라한다면 아마 잘 어울렸을 듯하다. 이상의 내용으로 미루어 보면 옵티마테스를 보수주의자, 포풀라레스를 진보주의자라고 생각해도 무방할 것이다.

- 아테네인과 스파르타인
- 제국주의자와 공화주의자
- 원두당(Roundhead)과 기사당(Cavalier)
- 연방주의자와 반연방주의자
- 왕정주의자와 혁명가
- 볼셰비키(Bolshevik)와 멘셰비키(Menshevik)
- 당파주의자와 독재주의자
- 제1알코브와 제2알코브
- 윌리엄 버클리 주니어와 고어 비달
- 알렉산드리아 오카시오-코르테스(Alexandria Ocasio-Cortez)와 마조리 테일러 그린(Majorie Taylor Greene)
- 조 바이든(Joe Biden)과 도널드 트럼프
- 자이르 보우소나루와 루이스 이나시우 룰라 다 시우바(Luiz Inacio Lula Da Silva)
- 서구 민주주의자와 새로운 칼리프 국가를 추구하는 이슬람주의자

궁극적으로 위에서 명시한 대상을 구분하는 요소는 사회를 설계하고 구조화하며 유지하는 합리적인 방식에 대한 관점의 차이이다. 이 근본적인 지각판은 다른 이름으로도 불릴 수 있지만, 그 사이의 단층선은 놀라울 정도로 유사하다.

우리가 기본적으로 내세우는 주장은 리더십, 자원 분배, 외집단으로부터의 보호, 범법자에 대한 처벌, 전통적 생활 양식 준수와 같은 근본적인 쟁점에 관한 핵심 선호도가 개인마다 다르다는 것이다. 하지만 이론적인 주장을 내세우는 것과 그 증거를 제시하는 것은 별개의 문제다. 이 주장이 옳다면 내집단의 안전을 중시하면서 전통적이고 엄격하고 강제적이며, 불변하는 생활 양식을 지지하는 사회에 대한 사람들의 선호도를 가늠할 수 있어야 한다. 다시 말해 우리가 정치의 보편성에 직접 다가갈 수 있어야 한다.

1960년대와 1970년대만 해도 연구자들은 재산권과 자원 분배, 평등주의와 계층 구조, 전통적 가치와 사회 변화 및 혁신과 같은 쟁점에 관하여 문화권을 초월한 공통적인 선호의 존재 여부를 조사하고 있었다. 정치학자 J. A. 라퐁스J. A. Laponce는 유럽과 북미, 아프리카, 아시아 국가를 대상으로 대규모 다국적 분석을 수행하였다. 그 결과 정치가 대체로 보편적인 이념 스펙트럼으로 나뉨을 발견했다.[085] 최근의 연구에서는 인간이 정치적 차이를 일관적으로 드러내는 핵심 가치 체계나 도덕 기반을 보유하고 있다고 주장하는데, 이 내용은 우리의 견해와 크게 다르지 않다.[086]

해당 연구는 우리의 주장을 지지하기는 하지만, 특정 딜레마를 명확하게 규명하고 측정하려는 시도까지 이어지지는 않았다. 우리는 몇 년 전, '사회가 가장 잘 작동한다.(Society Works Best, SWB)'라는 이름의 지표를 개발하였다. 우리는 응답자에게 '사회는 _____ 할 때 가장 잘 작동한다.'라는 문장에 14가지 조사 항목을 제시하고, 각 항목마다 두 가지 선택지 가운데 하나를 고르도록 했다. 그 예는 다음과 같다.

---

085   Laponce. *Left and Right: The Topography of Political Perceptions.*

086   이들 연구는 제3장에서 심도 있게 논의하고자 한다.

- 지도자가 상황에 개의치 않고 신념을 고수할 때

- 지도자가 상황에 따라 입장을 바꿀 때

- 세상이 위험한 곳이라 인식할 때

- 먼 곳에 있는 사람이라면 모두 친절할 것이라 여길 때

위의 항목은 [표 2]에 포함되어 있다. 그 구체적인 내용은 다음과 같다.

[표 2] 최초 SWB 지수

근본적 사회 딜레마 1 : 전통적 가치 또는 도덕 규범 준수

1. 사회는 _____ 할 때 가장 잘 작동한다.

① 전통적 가치를 좇으며 살아갈 때

② 상황의 변화에 맞추어 가치관을 조정할 때

2. 사회는 _____ 할 때 가장 잘 작동한다.

① 행동에 대한 기대가 외부의 규범에 근거할 때

② 행동에 대한 기대가 수십 년에 걸쳐 변화할 수 있을 때

3. 사회는 _____ 할 때 가장 잘 작동한다.

① 지도자가 상황에 개의치 않고 신념을 고수할 때

② 지도자가 상황에 따라 입장을 바꿀 때

근본적 사회 딜레마 2 : 외집단 또는 규범 위반자에 대한 대우

1. 사회는 _____ 할 때 가장 잘 작동한다.

① 세상이 위험한 곳이라 인식할 때

② 먼 곳에 있는 사람이라면 모두 친절할 것이라 여길 때

2. 사회는 _____ 할 때 가장 잘 작동한다.

① 내부 구성원을 먼저 돌볼 때

② 모든 사람들이 우리의 도움을 받을 자격이 있다고 인식할 때

3. 사회는 _____ 할 때 가장 잘 작동한다.

① 규범을 어긴 사람들이 처벌받을 때

② 규범을 어긴 사람들이 용서받을 때

4. 사회는 _____ 할 때 가장 잘 작동한다.

① 모든 구성원이 기여할 때

② 형편이 더 좋은 구성원이 다른 사람을 위해 희생할 때

근본적 사회 딜레마 3 : 집단 또는 개인의 역할

1. 사회는 _____ 할 때 가장 잘 작동한다.

① 공로에 따라 보상받을 때

② 필요에 따라 보상받을 때

2. 사회는 _____ 할 때 가장 잘 작동한다.

① 각자의 안녕에 스스로 책임을 질 때

② 협력으로 타인을 도울 때

3. 사회는 _____ 할 때 가장 잘 작동한다.

① 최고의 사회에 속해 있음에 자부심을 느낄 때

② 어떠한 사회도 다른 사회보다 우월하지 않다고 인식할 때

4. 사회는 _____ 할 때 가장 잘 작동한다.

① 인간성의 불가피한 결함을 인식할 때

② 인간이 긍정적인 방향으로 나아갈 수 있다고 인식할 때

근본적 사회 딜레마 4 : 권력과 리더십

1. 사회는 _____ 할 때 가장 잘 작동한다.

① 지도자에게 복종할 때

② 지도자를 의심할 때

2. 사회는 _____ 할 때 가장 잘 작동한다.

① 지도자가 독단적으로 결정할 때

② 지도자가 타인의 말을 경청할 때

3. 사회는 _____ 할 때 가장 잘 작동한다.

① 지도자가 결과를 얻기 위해 상대와 타협할 때

② 지도자가 어떠한 상황에서도 원칙을 고수할 때

그리고 우리는 사회 구조에 대한 선호도를 측정하는 단순한 척도를 만들었다. 2007년에 미국 성인 200명으로 소규모 표본을 구성했는데, 그 척도를 처음 적용한 결과는 무척 놀라웠다. SWB 지수가 쟁점에 대한 태도, 이념 스펙트럼에서의 위치, 그리고 정당 정체성과 정확한 상관관계를 보였기 때문이다.[087] 해당 지수와 쟁점 및 명칭을 측정하는 다른 표준 척도 사이의 상관계수는 약 0.60 정도로 일관성 있게 나타났다.

그 후, 우리는 질문의 내용을 약간 수정하여 다른 집단에도 제시했다.[088] 그중에는 호주와 미국에서 각각 하나씩 추출한 두 쌍둥이 표본도 포함되어 있었다. 이를 통해 SWB 지수로 측정한 선호도가 유전과 관련이 있으며, 다른 국가에서도 쟁점별 태도를 예측할 수 있음을 확인할 수 있었다. 물론 모든 경우에서 상관계수가 0.60은 아니었지만, 일관되게 긍정적이고 유의미한 관계를 보였다.[089]

한번은 미국 중서부의 특정 지역에서 무작위로 선정한 성인 340명을 대상으로 개정된 SWB 지수를 적용한 연구를 진행한 적이 있다. [그림 1]은 그 지수의 점수를 산출하여 도식화한 것이며, 높은 값일수록 보수적인 성향을 나타낸다. 이는 특히 당시의 다양한 쟁점에 대한 선호도를 제시한 윌슨-패터슨 지수Wilson-Patterson index와도 비교된다. 결과적으로 보수 성향에는 높은 수치가 할당된다.

---

087   Smith et al. "Linking Genetics and Political Attitudes: Re-conceptualizing Political Ideology."

088   그 예로 우리는 응답 범주를 5점짜리 리커트 척도로 확장하였으며, 질문의 도입부를 '사회는 ____ 할 때 가장 잘 작동한다.'에서 '정치적 ____ 을 생각해 보자.'라고 변경하는 등 추가적인 개선 작업을 진행하고 있다.

089   호주인 표본을 대상으로 한 경우, 사전 검증이 이루어지지 않은 초기 형태의 지수를 활용한 탓에 결과가 빈약한 편이다. 그럼에도 해당 지수는 쟁점에 대한 태도와 통계적으로 유의미한 상관관계를 보였다. 여기에는 원주민 토지 권리와 같이 미국과 매우 다른 쟁점 몇 가지가 포함되어 있다.

정치 성향은 어떻게 결정되는가

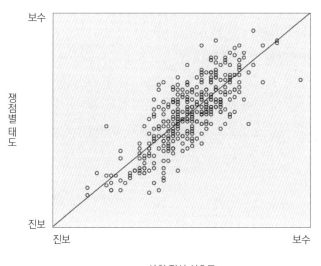

보수

쟁점별 태도

진보

진보   보수

사회 질서 선호도

[그림 1] 쟁점별 태도 및 사회 질서 선호도

[그림 1]의 통계 유형 일부는 복잡한 통계 분석 없이도 상관관계가 눈에 띈다. 다시 말하면 보수층과 진보층, 중도층은 쟁점에 대하여 자신의 정치 성향과 일치하는, 즉 예측 가능한 태도를 취한다는 것이다. 보다 광범위한 국가적 맥락의 연구가 필요하겠지만, 해당 지수의 다양한 파생형은 쟁점별 태도뿐 아니라 당파성과 이념에 관한 자체 평가도 상당히 잘 예측하는 것으로 보인다.[*090]

이상에서 소개한 '근본적인 딜레마'의 개념에 일정 수준의 신빙성이 있다면, 생물학이 대규모 정치학과 관련될 수 있다고 기대할 만한 근거가 된다. 유전적 대립 형질과 신경 구조의 특이성, 특정한 생리적 특징으로 브렉시트와 트럼프 정권에서의 세금 감면, 바이든 정권에서의 인프라 지출을 지지할 가능성을 높일 수 있다는 발상이 다소 억지스럽다고 여기는 사람들이 많다. 더러는 합리적인 근거까지 내세우는 이도 있다.

---

090   Funk et al. "Genetic and Environmental Transmission of Political Orientations."

위와 같이 쟁점에 대한 태도가 생물학적으로 형성될 수 있다는 발상은 역사적, 문화적 상황의 가변성과 얽혀 있다는 점에서 터무니없어 보일 수도 있다. 지금까지 우리는 오늘날의 단편적인 쟁점이 사실상 보편적이고 근본적인 사회 딜레마를 토대로 한다고 설명하였다. 실제로 이러한 딜레마에 대한 선호에 따라 형성된 행동과 태도는 식량 자원 획득이나 번식 활동과 같이 생물학적 영향을 받는 동기만큼이나 원초적이고 강력하다고 생각된다.

이념이 곧 '우리'다

인류는 빛과 어둠, 뜨거움과 차가움, 선과 악, 크고 작음과 같이 대조를 이루는 관념을 통해 세상에 질서를 부여해 왔다. 그동안 알려진 인간 사회는 모두 그러한 분류 방식을 활용하였으며, 가장 원시적인 문화 또한 마찬가지로 사회 관계를 체계화했다.[091] 이러한 이분법은 인위적이지만, 정치는 그렇지 않다.

정치에서의 분열은 실재하면서 불가피한 존재로, 일반적으로 이념이라고 불리는 사회 생활에 뚜렷한 방향성을 중심으로 형성된다. 널리 알려진《이데올로기의 종언End of Ideology》에서 주장한 바와 같이 이념은 르네상스 후기에 갑자기 등장하여 냉전의 종식과 함께 사라진 개념이 아니다.[092] 그리고 이념은 필립 컨버스Philip Converse와 그의 수많은 추종자가 주장한 바와 같이 당장 인기 있는 명칭을 기술하거나, 정치학자가 인정하는 입장만을 집합적으로 지지하는 역량도 아니다.

이념은 곧 우리다. 인간관과 마찬가지로 이념에 종언을 고할 수는 없다.

---

091   Cornford. *From Religion to Philosophy.*

092   자세한 내용은 다니엘 벨(Daniel Bell)의 저서《이데올로기의 종언》과 프랜시스 후쿠야마(Francis Fukuyama)의 저서《역사의 종말(The End of History and the Last Man)》, 그리고 존 조스트의 논문〈이데올로기의 종언의 종언(The End of the End of Ideology)〉를 참조하라.

정치 성향은 어떻게 결정되는가

이는 사회적 엘리트에 국한되지 않으며, 개인끼리의 의사소통 또한 마찬가지이다. 상황에 내포된 맥락에서 특화된 쟁점과 명칭은 우리의 집중력과 에너지를 고갈시킨다. 따라서 우리의 시선이 그와 관련된 근본 원칙으로 향하지 못할 때도 있다. 예컨대 사형 제도를 둘러싼 논쟁은 상황에 따라 달라질 수 있지만, 사회 규범을 위반한 내집단 구성원의 합리적인 처벌이라면 지극히 보편적이고 근본적인 사안에 해당한다.

지금까지 정치의 본질이 보편적임을 입증했으니, 주제를 인간관의 본질로 바꾸도록 하겠다. 우리는 단일한 인간성(human nature)이란 존재하지 않으며, 개인마다 서로 다른 본성이나 타고난 성향을 지닌다고 본다. 저마다 다른 성향의 차이는 위험할 정도로 불안정한 정치의 본질을 드러내며, 인간관의 차이는 다음 장에서 다루고자 한다.

제3장

무엇으로 정상을 판단하는가?

•

사실 정상인이란 모두 평균적인 수준에서만 정상일 뿐이다. 그 사람
의 자아에 정도의 차이는 있겠지만, 어느 부분에서는 정신 질환자의
자아와 가깝다.

지그문트 프로이트(Siegmund Freud)

그게 정상적이겠지만, 난 자연스러운 게 더 좋아.

트루먼 카포티(Truman Capote)

●

스탠리 밀그램Stanley Milgram은 타인에게 크나큰 악행을 저지르는 데는 찰리 채플린과 같은 콧수염을 한 악질 선동가까지 동원할 필요가 없다는 사실을 일러 준다. 단 5달러와 실험실 가운만 있으면 충분하다. 1950년대 후반, 밀그램의 실험실에서 모집한 코네티컷주 뉴헤이븐 지역의 선량한 시민에게 게슈타포 같은 모습은 없었다. 온순한 성격의 밀그램은 실험 참가자에게 소정의 참여비를 지급하면서 무고한 사람들에게 잠재적으로 치명적인 피해를 줄 것을 정중히 요청했다. 참가자는 그의 요청을 놀라우리만치 빠르게 승낙했다.

다행히 모든 것은 속임수였다. 밀그램의 연구는 권력자의 지시를 따르는 사람의 유형과 조건을 파악하는 것에 목적을 두었다. 이는 권위주의 파시스트가 제2차 세계대전을 촉발하고, 전체주의 공산주의자가 냉전으로 세계를 위협하던 당시의 사회학자에게는 대단히 중요한 쟁점이었다. 권위에 대한 복종이 과연 인간의 본질적인 성향과 관련이 있을까?

그렇다면 실험 참가자들은 권력자의 지시를 이유로 도덕성을 저버린 채 타인에게 잔혹해질 수 있었을까? 밀그램은 그 답을 찾고자 참가자에게 피험자가 단어 짝짓기 퀴즈에 실패할 때마다 점차 더 강한 전기 충격을 가하도록 실험을 설계했다. 사실 단어를 외우려 애쓰던 피험자는 실험 공모자였으며, 전기 충격 장치도 가짜였다.[093]

밀그램이 주도한 복종 실험은 사회학계에서 매우 유명한 연구 사례로 손꼽힌다. 이 실험에서 특히 충격적인 것은 참가자들이 자신과 아무런 상관이 없는 피험자에게 400V 이상의 전기 충격을 가하라는 지시에 순순히 따르는 모습이었다. 이러한 실험 결과는 인간관에 깊은 우려를 자아냈다. 이처럼 호모 사피엔스가 쉽게 복종하는 존재라면, 평범한 사람이 악한 권력자의 명령을 따르는 것도 놀라운 일은 아니다. 또한 상황에 정당성이 부여된다면 우리 모두 하인리히 힘러Heinrich Himmler와 아돌프 아이히만Adolf Eichmann 같은 권력자의

093　Milgram. "Obedience to Authority."

왜곡된 정책에 공모할 수도 있다는 암울하고도 위협적인 함의가 숨어 있다.

다른 실험 또한 밀그램의 실험 결론을 뒷받침하는 듯했다. 1970년대에 심리학자 필립 짐바르도Philip Zimbardo가 주도한 스탠퍼드 교도소 실험은 밀그램의 실험만큼이나 유명하다. 이 실험은 우리의 내면 어딘가에 나치를 닮은 면모가 숨어 있음을 시사한다.

스탠퍼드 교도소 실험에서는 대학생을 무작위로 선발하여 스탠퍼드 대학교 심리학과 건물 지하에 설치한 모의 교도소에서 수감자나 교도관 역할을 임의적으로 지시했다. 수감자는 지역 경찰의 협조를 받아 실제로 체포되었고, 교도관에게는 제복과 편광 선글라스를 제공했다. 교도관은 지시를 받지 않았음에도 곧바로 담당 수감자를 발가벗기거나 독방에 가두고, 침대를 빼앗아 콘크리트 바닥에서 자도록 강요했다. 이와 같이 교도관은 다양한 방식으로 수감자를 모욕하고 심리적으로 학대하는 부적절한 행동을 시작했다.

이 실험에서 주목할 점은 바로 수감자의 잘못은 우연에 따라 수감자 역할을 맡은 것뿐이었다. 그럼에도 교도관은 바로 권한을 남용하기 시작했고, 일부는 심지어 가학적인 성향까지 보였다. 밀그램과 짐바르도의 실험에서 널리 수용된 결론은 바로 적절한 조건만 갖춰지면 누구나 비인간적으로 행동할 수 있다는 점이다.*094 그러나 실상은 그렇지 않다.

다시 평범한 미국 시민이 실험실 가운을 입은 사람의 지시를 빌미로 전기 충격을 가하던 밀그램의 실험실로 돌아가 보자. 밀그램의 모조 전기 충격기는 최저 15V에서 최대 450V까지 출력을 15V 단위로 조절할 수 있었다. 이때 밀그램의 주된 관심사는 참가자 가운데 450V까지 전기 충격을 가하는 사람의 수였다.

밀그램은 참가자가 450V 스위치까지 조작할 가능성이 환경 요인에 따라 증가한다는 사실을 발견했다. 특히 그는 참가자가 피험자의 상황을 실제로 듣고 관찰할 수 있는가에 따라 환경을 달리하며 실험을 진행했다. 피험자가 참가자에게 보이거나 들리지도 않을 때, 참가자의 65%가 450V까지 전압을

094   Zimbardo. *The Lucifer Effect: Understanding How Good People Turn Evil.*

올리려는 경향을 보였다. 피험자가 괴로워하는 소리가 들려도 보이지는 않을 때 지시에 복종하는 비율이 62.5%로 감소하였다.

그뿐 아니라 피험자를 직접 관찰할 수 있다면, 복종률은 40%로 급감했다. 한편 괴로워하는 피험자의 손을 억지로 접촉판에 올려놓은 채 전기 충격을 주어야 하는 상황에서는 전체 참가자의 30%만이 마지막까지 지시를 이행했다. 이상과 같이 밀그램의 주된 네 가지 실험 변수를 평균적으로 나타내면, 160명의 참가자 가운데 절반가량인 81명이 전압을 450V까지 올리는 것을 거부했다.

사람이 감각으로 지각할 수 있는 대상에게 고통을 주는 행동을 꺼리는 모습은 전혀 놀라운 일이 아니다. 따라서 변수에 따른 차이는 인간이 권력자에게 복종하려는 경향이 있다는 핵심 결론에 크나큰 위협이 되지는 않았다. 흥미롭게도 밀그램 자신마저 간과한 사실은 바로 동일한 상황에서도 참가자의 행동에 놀라운 차이를 보였다는 점이다. 심지어 피험자가 추상적인 존재일 때도 참가자의 1/3 이상이 전압을 450V까지 올리기를 거부했다.

한편 일부 참가자는 실험이 막 시작된 무렵인 105V 수준에서 지시를 거부했다. 정식 연구자 복장의 예일대 학자가 "실험을 계속해야 합니다."라고 말했을 때도 3명 중 1명꼴로 "그만하겠습니다. 저 사람을 괴롭게 하고 싶지 않아요."라는 반응을 보였다. 이와 다르게 참가자가 실험을 완수하기 위해 학습자의 손을 접촉판에 올려야 하는 상황에서도 거의 1/3만이 끝까지 진행하려 했다. 이는 특정 개인이 어떠한 상황에서 권력자에게 불복할까를 생각게 한다.

밀그램의 연구는 대체로 모든 인간이 잔혹해질 수 있다는 근거로 인정받는다. 그러나 실상을 파헤쳐 보면 일부는 실험의 결과대로 행동할 수도 있는 반면, 다른 일부는 그렇지 않다. 밀그램의 실험 표본이 전 세계 인구를 대표한다면, 전체의 약 1/3은 무고한 사람에게 고통을 주는 상황에서도 권력에 강하게 복종하는 경향이 있고, 다른 1/3은 상황에 따라 지시에 복종하거나 거부한다. 나머지는 무고한 사람의 삶이 위험에 처했을 때, 권력에 적극적으로 저항하려는 경향이 있음을 시사한다.

밀그램의 연구 결과는 복종의 측면에서도 개인차가 크다는 사실을 나타내기도 한다. 짐바르도의 스탠퍼드 교도소 실험에서도 참가자가 '악마 같은' 교도관으로 변모하는 경향에 큰 차이가 있다는 사실을 발견할 수 있다. 교도관 역할을 맡은 참가자 가운데 어떤 이는 수감자에게 잔혹해진 반면, 그렇지 않은 이도 있었다.

이러한 발견은 실험실 밖의 현실과도 일치한다. 모두가 히틀러와 무솔리니를 따르지는 않았고, 1960년대 미국의 모든 청년층이 권력에 저항한 것도 아니다. 또한 1989년 6월 5일, 모든 중국인이 길가에 늘어선 탱크 앞에 침묵하며 서 있기는커녕 아예 천안문 광장에 나오지도 않은 사람도 많았다. 자녀 양육 경험이 있는 우리 또한 그동안의 육아 경험을 통해 부모라는 권력자에게 복종하는 경향이 아이마다 많이 다름을 배웠다. 심지어 매우 비슷한 환경에서 자란 아이들 사이에서도 말이다.

개인이 권력에 복종하는 수준의 현저한 차이는 대부분의 행동 특성과 같이 딱히 놀라운 일은 아닐 것이다. 그럼에도 사회학 분야의 연구에서는 그와 같은 개인차를 과소평가하거나 무시하면서 상황별 차이에만 주목하곤 한다. 따라서 이 장에서는 오직 개인차를 중심으로 다루어 그 중요성을 설명하고자 한다.

다양성과 비합리성

인간 행동의 두드러진 개인차를 과소평가한 사회학자는 밀그램뿐만은 아니었다. 당시 인간은 본질적으로 모두 동일하다는 전제가 거의 일반적이었다. 그 예로 자신의 것을 타인과 나누려는 성향과 그렇지 않은 사람을 응징하려는 성향을 연구한 사례를 생각해 보자. 이 유형의 특징은 사회학 분야에서 '달러 나누기 게임(divide the dollars game)'의 다른 형태로 연구하기도 한다. 달러 나누기 게임의 기본적인 절차는 다음과 같다.

정치 성향은 어떻게 결정되는가

① 연구자가 당신과 함께 당신이 모르는 사람을 무작위로 선택한다.
② 연구자가 당신에게 1달러 지폐 20장을 건네면서 이 돈을 상대방과 나눌
지 말지는 당신의 결정에 달렸다고 말한다.
③ 당신이 결정한 바에 따라 서로에게 분배된 금액을 들고 실험 공간에서 퇴
장한다.

달러 나누기 게임은 '독재자 게임(dictator game)'이라 부르기도 한다. 돈
의 분배에서 당신이 독재적인 권력을 쥐고 있으며, 상대방은 당신의 결정을
그대로 따라야 하기 때문이다. 심지어 당신이 돈을 나눠줄 생각이 전혀 없
을 때도 말이다.

달러 나누기 게임의 다른 형태 가운데 유명한 것으로는 '최후통첩 게임
(ultimatum game)'이 있다. 이 게임에서 당신은 20달러를 나누는 방식을 상
대방에게 제안하고, 상대방은 이를 수락 또는 거절하는 입장이 된다. 상대방
이 당신의 제안을 거절할 때, 연구자가 돈을 회수해 가므로 두 사람 모두 빈
손이 된다.

고전경제학 이론에서는 당신이 그 돈을 처리하는 방식을 매우 정확하게
예측한다. 독재자 게임에서 당신은 상대방에게 한 푼도 나눠주지 않을 것이
다. 다시는 볼 일도 없는 사람과 돈을 나눠야 할 이유가 있을까? 이러한 상황
에서는 당신의 이익을 극대화하는 것이 합리적이며, 이는 당신이 20달러를
모두 가져가야 한다는 뜻이다.

그러나 최후통첩 게임에서라면 당신은 스크루지처럼 굴 수 없다. 상대방
에게 한 푼도 나누지 않는다면, 당신 역시 얻을 수 있는 것이 없기 때문이다.
문제는 상대방에게 얼마를 나눠줄 것인가이다. 경제 이론대로라면 거절을 피
하기 위한 최소 금액이 타당하다. 1달러짜리 지폐 20장을 가지고 있다면, 최
소 금액은 1달러가 될 것이다. 이는 1달러라도 건지는 것이 빈손으로 퇴장하
는 것보다 나으므로, 상대방이 합리적인 사람이라면 1달러만으로도 거절을
막을 수 있으리라는 논리이다.

위와 같은 유형의 게임은 다양한 상황에서 여러 차례 반복되었으며, 수많

은 변형과 수정 과정을 거쳐 왔다. 또한 이를 토대로 한 연구에서 발견할 수 있는 메시지는 사람들이 20달러를 분배하는 방식에 대한 고전경제학 이론에서의 예측은 완전히 엉터리라는 사실이다. 경제학자들에게만 놀라울 법한 내용이기는 하지만 말이다.

사람들은 낯선 사람에게 필요 이상으로 너그럽다. 독재자 게임에서 상대방 몫으로 배분한 금액은 총 20달러 중 평균 0달러가 아니었다. 약 8달러였다. 이는 공평하게 나눈 금액인 10달러와 큰 차이가 없으며, '합리적 극대화 행위(rational maximizing behavior)'로 예상할 수 있는 최대 금액보다도 훨씬 많은 수치였다.

최후통첩 게임의 결과는 더욱 흥미롭다. 주지하는 바와 같이 합리적인 사람이라면 1달러라도 0달러보다는 낫다고 여길 것이므로, 0달러만 아니라면 금액이 얼마라도 받아들여야 한다. 그러나 실제로는 그러한 제안이 흔하게 퇴짜를 맞는다. 예컨대 당신이 19달러를 가져가고 상대방에게는 1달러만 주겠다고 한다면, 상당수가 거부권을 행사하면서 당신에게 할당된 금액도 사라져 버릴 것이다. 마찬가지로 '18달러-2달러', '17달러-3달러', '16달러-4달러' 제안도 자주 거절당하며, 심지어 '15달러-5달러'의 분배 방식도 종종 거절당한다.

이상의 내용이 시사하는 바는 사람들이 무력한 낯선 이에게 관대해지거나, 탐욕스러운 사람에게 보복하기 위해 합리성을 자주 벗어던진다는 점이다. 이 결과가 당신에게 별다른 것은 아니겠지만, 인간의 합리적 극대화 행위라는 이론에 심각한 문제를 일으킨다. 이는 사람들이 그다지 합리적으로 행동하는 것처럼 보이지 않기 때문이다.

이상의 근본적인 메시지는 연구자가 기본 시나리오 설정이나 형식을 변경하더라도 동일하게 유지된다. 이러한 게임은 시베리아와 서구 대학, 심지어 수렵 채집 사회에서도 벌어졌다.[095] 20달러가 몇 달 치 임금에 해당하는 지역으로 게임이 옮겨 가면서 판돈의 규모도 달라졌다.[096] 20달러는 더 이

095   Henrich et al. "In Search of Homo Economicus."

096   Cameron. "Raising the Stakes in the Ultimatum Game: Experi-

상 분배자가 들고 있는 돈이 아니라 무형의 자원이나 공유 자원으로 표현되기도 했다.[097] 한편 상대방의 신체적 매력에 변화가 있었으며[098], 두 참여자가 서로를 어느 정도 알도록 함으로써 조금 덜 낯설게 만들기도 했다.[099] 이러한 변화는 이익을 극대화하지 않는 방향으로 행동을 바꾸는 데 영향을 주지만, 경제 이론에서 전제하는 바와 같이 사람은 맹목적으로 이익만을 좇는 존재가 아니라는 기본적인 결론마저 바꾸지는 못했다.

밀그램의 실험 결과가 사람들이 권력에 복종한다고 해석되듯, 달러 나누기 게임의 결과도 '사람은 비합리적이다.'라는 명제의 주된 근거로 작용한다. 그러나 여기에도 오류가 있는데, 이는 경제 게임 연구의 해석 또한 마찬가지이다. 게임 결과를 면밀히 살펴보면, 실험 환경이나 변수가 동일하더라도 저마다의 결정에 크나큰 차이가 존재함을 확인할 수 있다. 누군가는 타인보다 더욱 너그럽거나, 복수심이 강하기도 할 것이다. 한편 다른 이는 더 전략적이거나 일관적이며, 실험 환경에 유독 민감한 이도 있을 것이다.

대략 20%에 해당하는 사람들은 대부분 고전 미시경제학 이론과 매우 흡사한 방식으로 경제 게임을 진행한다. 다시 말해 돈을 나눌 필요가 없으면 나누지 않고, 자신과 돈을 나누지 않으려는 상대방에게 보복하지도 않는다. 이와는 달리 일부는 변함없이 너그럽거나, 상황에 따라 결정을 바꿀 정도로 유연한 성격의 소유자도 있을 것이다.

이처럼 사람은 합리적인 극대화 추구자(rational maximizer)가 아니라는 경제 게임 연구에서 도출된 결론은 핵심을 빗나갔다. 권력에 대한 복종이나, 낮

---

mental Evidence from Indonesia"; and Andersen et al. "Stakes Matter in Ultimatum Games."

097　　Hoffman and Spitzer. "Entitlements, Rights, and Fairness: An Experimental Examination of Subjects' Concepts of Distributive Justice."

098　　Solnick and Schweitzer. "The Influence of Physical Attractiveness and Gender on Ultimatum Game Decisions."

099　　Bohnet and Frey. "Social Distance and Other-Regarding Behavior in Dictator Games: Comment"; and Charness and Gneezy. "What's in a Name? Anonymity and Social Distance in Dictator and Ultimatum Games."

선 상대방과의 자원 공유 문제를 주제로 인간의 행동을 실증적으로 살핀 연구의 본질적인 메시지는 사람은 저마다 근본적인 차이가 있다는 것이다. 모두가 권력 앞에서 굴복하지도 않거니와 이익을 합리적으로 극대화하려 들지도 않지만, 일부는 그렇다.

단일하다는 전제의 흐름

사람들은 똑같은 상황이라도 저마다 다르게 행동하는 이유는 무엇일까? 밀그램은 개인차 연구라는 과제를 다른 연구원에게 남겼다는 발언으로 그 질문에 얼버무리듯 답했다. 권력에 대한 복종 실험을 다룬 그의 저서에서 개인차에 할애한 부분은 3쪽에 불과했다.

권력에 복종하는 성향의 소유자는 피험자의 상황에 책임이 있다고 보았다. 즉 단어 쌍을 맞추지 못해 전기 충격을 받았다고 생각한 것이다. 반면 권력에 저항한 참가자는 책임을 자신에게 돌렸다. 다시 말하면 피험자의 전기 충격은 자신이 스위치를 눌렀기 때문이라고 여겼다. 그것이 밀그램이 내린 결론의 핵심이었다.

밀그램은 참가자가 책임 소재를 저마다 다르게 인식하는 이유에 대한 질문을 회피했다. 그 대신 저항적인 사람과 순종적인 사람 간의 인구 통계학적 차이를 살펴보려는 성의 없는 시도를 하기에 이른다. 그러나 그는 두 부류 사이에 교육 수준 외의 차이를 전혀 발견하지 못했다. 이러한 결과에 밀그램은 "어떻게 행동할지를 결정하는 것은 그 사람이 어떤 유형이냐가 아니라, 어떤 상황에 처해 있느냐에 달려 있다."[100] 라는 사회심리학계에서의 명언으로 결론을 대신하였다.

요컨대 밀그램은 정확히 동일한 상황 속에도 누군가는 적극적으로 행동하는 반면, 다른 사람은 거부하는 이유를 전혀 알지 못했다. 분명 연구 도중

---

100   Milgram. "Obedience to Authority." 205.

에 순종적인 참여자와 그렇지 않은 참여자가 생리적, 인지적, 심리적, 유전적으로 다를 수 있다는 가능성을 전혀 고려하지 않은 것이 분명하다. 행동에 대한 밀그램의 주된 설명으로서 상황에 초점을 맞추고, 동일한 상황에서 발생하는 행동의 차이에는 철저히 무관심했던 태도는 당시 사회학 연구에서 일반적이었다.

그러한 점에서 경제학자 케빈 매케이브Kevin McCabe와 그의 동료가 진행한 연구는 연구 경향의 변화에 따른 새로운 가치와의 접목을 보여 주는 사례라는 점에서 흥미롭다. 매케이브를 비롯한 연구진은 참가자에게 달러 나누기 게임의 또 다른 형태인 '신뢰 게임(trust game)'을 시행하도록 한 뒤, 참가자의 뇌를 영상으로 촬영했다. 이 실험에서 특이한 점은 참여자들이 때로는 타인이나 사전에 설정된 절차대로 작동하는 컴퓨터와 게임을 했다는 것이다. 매케이브는 이러한 두 가지 상황에서 참여자의 뇌 활성화 패턴에 상당한 차이를 보인다는 사실을 발견했다.

컴퓨터와 게임을 한 참여자의 경우, 감정과 관련된 뇌 영역인 변연계나 전두 피질에서의 활동이 거의 기록되지 않았다. 이 상황에서는 뇌가 자동 조종 상태에 있는 듯해 보이며, 그저 최대한의 금액을 가져갈 합리적인 행동에 대한 방법만 궁리하고 있었다. 반면 다른 사람과 게임을 한 참여자의 뇌에서는 편도체와 같은 변연계 영역과 전두 피질이 활성화되었다. 이는 더 많은 돈을 얻으려는 합리적인 욕망과 교환 상황에 수반되는 감정 사이의 갈등을 해결해야 하기 때문일 것이다.*[101]

매케이브의 연구가 위와 같은 내용으로 마무리되었다면, 그저 상황에 따라 인간의 뇌 활성화 패턴이 다르게 나타난다는 일반적인 진술에 그쳤을 것이다. 이는 곧 우리가 경계해야 할 접근 방식과도 맞닿아 있다. 그러나 이 연구는 개인차 분석의 가치를 보여 준다는 점에서 특별하다. 신뢰 게임에서 가장 비협조적인 결정을 내린 5명을 선별하여 관찰한 결과, 다른 참가자와 다

---

101   Sanfey. "The Neural Basis of Economic Decision-Making in the Ultimatum Game"; and de Quervain et al. "The Neural Basis of Altruistic Punishment."

르게 게임 상대에 따른 뇌 활성화 패턴에 별다른 차이가 없었다. 따라서 일부에 해당하는 사람들은 타인과의 교류에 수반되는 감정 반응이 결여된 것으로 보인다.[*102]

위와 같이 놀랍고도 인상적인 발견마저 논문에는 참고 문헌 수준으로 짧게 언급되는 데 그쳤다. 그러나 이러한 결과에 조금이라도 주목했다는 점만큼은 인정받아 마땅하다. 평범한 연구였다면 모든 참가자의 신경 패턴을 상황별로 집계하고, 개별 상황에 따른 뇌 활성화 패턴에 대한 전반적인 설명으로 끝났을 것이다. 그러나 협력하는 성향을 타고난 사람과 그렇지 않은 사람을 별도로 고려한다면, 모든 유형의 가능성이 열린다. 여기에서 중요한 것은 사람들의 협력이나 그보다 덜한 행동을 유도하는 상황이 아니다. 바로 감정적으로 둔감한 비협력적 행동을 보이는 특정 인원에 대한 이해가 중요하다.

사회학에서 가장 일반적인 연구 방법은 관심 있는 상황을 규명하는 데서 시작한다. 그리고 그 상황이 존재하는 시나리오와 그렇지 않은 것을 역사적 기록에서 찾거나, 실험으로 만들어 낸다. 이후 그 상황에 있는 사람과 그렇지 않은 사람 사이의 행동 격차를 측정한다. 물론 이러한 방식이 잘못되었다는 의도로 하는 말은 아니다. 충분히 가치가 있는 연구 방식이다. 그러나 다음 단계는 결론의 적용을 받는 정도에 따라 대상을 구체적으로 식별하는 것이다.

예컨대 착시 현상을 다룬 연구를 생각해 보자. 이 연구에서 사람들은 평균적으로 두 점을 한 물체의 내부에서 볼 때 점 사이를 더 넓게 인식하는 경향이 있다. 그러나 이러한 '객체 왜곡(object warping)'이라는 경향에 반하는 사람을 대상으로 한 연구는 훨씬 적다.[*103] 그렇다면 주변 물체에 따른 거리 판단에 더 큰 영향을 받는 사람의 유형은 무엇일까? 이와 다르게 일부는 직사각형 안에 있는 두 점보다 열린 공간 안의 두 점 사이의 거리가 더 멀리 떨어져 보인다고 주장할 수도 있다. 이처럼 연구에서는 상황에 따른 평균 행동

---

102   McCabe et al. "A Functional Imaging Study of Cooperation in Two-Person Reciprocal Exchange."

103   Vickery and Chun. "Object-Based Warping: An Illusory Distortion of Space within Objects."

을 비교하는 데 집중하면서도 같은 상황에서 개인마다 보이는 놀라운 차이를 꽤 자주 간과하고 있다.

이처럼 특정 환경을 조건으로 발생하는 행동의 편차를 사회학에서 소홀히 다루는 가장 큰 이유가 바로 이론에 있다. 따라서 우리는 주요 사회학 이론에서 개인차의 중요성을 어떠한 방식으로 무시하는가를 살펴보고자 한다.

그 경향은 20세기 대부분에 걸쳐 사회학 연구와 사고를 지배했던 개념 체계인 행동주의 심리학(behaviorism)*104에서 시작한다. 가장 널리 알려진 행동주의 심리학자*105는 B. F. 스키너B. F. Skinner일 것이다. 스키너는 대부분의 생물에게 적절한 보상과 처벌이 따른다면 어떤 행동이든 조건화할 수 있다고 믿었다. 그는 비둘기가 레버를 누르고, 생쥐가 미로를 통과하며, 인간이 보라색을 싫어하도록 할 수 있다고 생각했다.

엄밀하게 말하자면, 행동주의에서는 생물의 내부 구조보다 생물의 행동을 특정 방향으로 이끄는 보상과 처벌만이 중요하다.*106 행동주의자는 레버를 누르는 비둘기의 기본 능력에 유의미한 차이가 있음에도 이를 무시했다. 레버를 제대로 누르지 못하는 비둘기는 정의대로 적절한 보상과 처벌에 충분히 노출되지 않았다고 여겼기 때문이었다.

행동주의자는 평생 동일한 보상과 처벌을 받는 생물은 그와 같은 방식으로 행동할 것이라 간주하기에 관심 있는 대상이 무엇이든 신경 쓰지 않았다. 결과적으로 환경, 즉 상황이 모든 것을 전적으로 결정한다는 것이다. 스키너의 스승인 존 왓슨John Watson은 다음과 같은 발언으로 유명하다.

"나에게 십여 명의 건강한 신생아를 맡겨 달라. … 그리고 내가 설정한 환경에서 아이들을 양육할 권한이 주어진다면, 나는 어떤 아이라도 의사, 변호사,

---

104 행동주의로 표기함. 옮긴이.

105 행동주의자로 표기함. 옮긴이.

106 스키너의 대표서에는 《자유와 존엄을 넘어서(Beyond Freedom and Dignity)》가 있다.

예술가, 상인, 심지어 거지나 도둑으로 키울 수 있다고 장담한다."*107

　행동주의자는 내면에 깊이 뿌리내린 타고난 성향이 상황에 따른 행동 형성에 유의미한 영향을 미칠 수 있다는 점을 진지하게 받아들이지 않았다. 그렇게 행동주의는 타고난 성향이 실제로 행동을 유도한다는 사실이 명확해지면서 인기가 시들해지기 시작했다.

　그 예로 심리학자 해리 할로우Harry Harlow의 붉은털원숭이 애착 실험은 타고난 성향의 중요성을 잘 보여 준다. 할로우는 새끼 원숭이가 우유를 먹을 수 있더라도 껴안을 수 없는 철사 인형보다 부드러운 헝겊 인형과 함께 있고 싶어 함을 증명했다. 훈련이나 환경 조작조차도 새끼 원숭이가 끼니보다 포근한 인형과의 스킨십을 우선시하는 욕구를 없애지는 못했다. 이와 같은 조건화 실패는 행동에도 많은 영향을 미쳤는데, 인형과의 접촉이 부족했던 개체는 사회적 장애를 지닌 채 성체가 되었다.*108

　몇 년 전, 할로우의 원숭이 실험 이전에 심리학자 존 가르시아John Garcia는 쥐를 대상으로 이온화 방사선의 영향을 연구하였다. 그러던 중 가르시아는 쥐가 플라스틱 병에 든 물을 마시지 않음을 알아냈다. 그 원인을 물의 맛으로 추정한바, 그는 맛에 대한 혐오를 주제로 실험을 시작했다.

　가르시아는 쥐들에게 악취가 나지만 실제로 깨끗한 물을 마시게 한 뒤, 방사선을 쐬어 병에 걸리도록 하였다. 이후 쥐들은 악취가 나는 물을 더는 마시려 하지 않았다. 그는 다른 쥐들에게 아무 냄새도 나지 않았지만, 거품이 있거나 특이한 색의 물로 실험을 재개했다. 쥐들이 그 물을 마시고 병에 걸렸음에도 시각적으로 이상이 있는 물을 피하려 하지 않았다.

　이상의 결과는 행동주의에 전혀 부합하지 않는다. 쥐들이 악취가 나는 물에는 쉽게 조건화되면서 이상해 보이는 물에는 그렇지 않은 이유는 과연 무엇일까? 정답은 진화 과정에서 썩은 냄새가 나는 물을 피한 개체만 생존한

107　Watson. "Experimental Studies on the Growth of the Emotions." 82.

108　Harlow et al. "Total Social Isolation in Monkeys."

　　　　　　　　　　　　　　　　　　　　정치 성향은 어떻게 결정되는가

반면, 그렇지 않은 쥐들은 죽는 경우가 많았기 때문이다. 과거 굴속에서 살던 쥐는 거품이 인 밝은 색의 물을 한 번도 본 적이 없다. 진화의 관점에서 쥐에게는 그러한 경험이 부족한 탓에 현대의 쥐는 외형적으로 특이한 물과 이후의 질병을 연결하는 데 실패한 것이다.*[109]

가르시아의 연구 결과는 행동주의에서 중요한 원칙인 '동등잠재성(equipotentiality)'을 위반한다. 동등잠재성이란 모든 자극이 동등한 조건화 요인이 될 수 있다는 것이다. 그런데 생물체는 특정한 상황과 자극에 대한 행동에도 선천적인 성향을 지니는 듯하다.

행동주의에 처음으로 균열이 나타난 이후, 이론의 붕괴는 빠르게 진행되었다. 우리에 사육되면서 뱀을 본 적이 없는 원숭이라도 손쉽게 뱀을 두려워하도록 조건화할 수 있었지만, 독성이 덜한 다른 동물을 두려워하도록 할 수는 없었다.*[110] 이때부터 인간의 다양한 선천적 공포증이 활발한 연구 대상으로 주목받았다.*[111] 동시에 개의 품종에 따른 행동 차이를 연구한 다윈의 고전적 연구도 재조명되었다.*[112] 결국 모든 행동이 학습된 것이라 주장하던 행동주의 이론은, 일부 행동이 학습에 기인하지 않는다는 반례를 제시하는 연구 사례가 점차 늘어나면서 심각한 타격을 입었다.

이제 순수한 행동주의는 학계 어디에서도 환영받기는 어렵지만, 행동을 결정하는 환경의 지대한 역할에 집착하는 이론도 널리 논의되고는 있다. 그 예로 진화심리학자는 일반적으로 행동주의를 부정적으로 보면서 생물학의 중요성을 단호하게 지적한다. 그들은 스키너조차 쥐를 날게 하거나, 비둘기를 물속에서 헤엄치도록 하고, 침팬지가 6×7을 계산하게 할 수는 없었다는

---

109 Garcia et al. "Conditioned Aversion to Saccharin Resulting from Exposure to Gamma Radiation."

110 Cook and Mineka. "Observational Conditioning of Fear to Fear-Relevant Versus Fear-Irrelevant Stimuli in Rhesus Monkeys."

111 Seligman. "Phobias and Preparedness."

112 Turcsan et al. "Trainability and Boldness Traits Differ between Dog Breed Clusters."

말로 행동주의를 교묘하게 비판한다. 해당 동물에게는 각각의 행동을 지원할 생물학적 기반이 없기 때문이다. 하지만 진화심리학자는 진화 과정에서 형성된 생물학적, 심리적 기반을 인정한다. 그러나 한 종의 행동 변이(variation)를 유발하는 요인은 오로지 환경뿐이라고 믿는다는 점에서 놀라울 정도로 행동주의적인 면모를 보인다.

진화심리학은 종마다 특수한 보편 구조를 지니고 있음을 기본 전제로 한다. 이는 각 생물 종이 자연 선택의 압력에 기능적으로 적응했음을(adaptive) 나타낸다.[113] 표준적인 1세대 호모 사피엔스를 예로 들어 보겠다. 그들이 역사적으로 어느 시대나 문화권에서 등장했는가에 상관없이 모습은 모두 같다. 발달 과정에서의 결함이나 손상 또는 비정상적인 마모와 같은 특별한 문제가 없다면 두 다리와 팔, 양손의 엄지손가락이 있을 것이다. 그리고 행복의 미소나 슬픔의 찡그림 등 기본 감정을 드러내는 표정, 속임수를 쓰는 사람을 감지하는 데 민감한 심리 구조를 지닐 것이다.

하지만 보편적이라고 해서 융통성이 없다는 뜻은 아니다. 표준 구조는 환경의 적절한 신호를 빌면 놀라운 변이를 일으킨다. 그 대표적인 사례는 인간이 아닌 종에서 나타난다. 암초 지대에 서식하는 어류인 청소놀래기는 보통 한 마리의 수컷과 여러 마리의 암컷으로 구성된 사회 집단을 형성한다. 이 집단에서 수컷이 사라지면 암컷 가운데 가장 큰 개체가 생물학적 수컷으로 변한다. 이처럼 놀래기의 보편 구조에서는 상황에 따른 압력이 적합한 때에 성별을 전환하는 능력을 드러낸다.

이러한 현상은 놀래기에 국한되지는 않는다. 갓 낳은 악어 알에는 성별이 정해지지 않은 유생이 들어 있다. 그리고 부화한 개체의 성별은 둥지의 온도에 따라 결정된다. 일반적으로 낮은 온도에서는 암컷이, 높은 온도에서는 수컷이 태어난다.

인류를 포함하는 영장류의 보편 구조 역시 환경에 따라 어느 정도의 생물학적 변화를 허용한다. 예컨대 침팬지 무리에서 우두머리인 수컷이 사라지

---

113   Cosmides and Tooby. "What Is Evolutionary Psychology?"

면 서열 2위인 수컷 개체의 테스토스테론 수치가 급격하게 상승한다. 2인자가 우두머리에 등극할 준비를 하는 것이다.[114]

이상에서 소개한 생물의 중요한 점은 바로 태어날 때부터 성별이 고정되어 있거나, 일정량의 테스토스테론을 분비하도록 설계되어 있지 않다는 것이다. 오히려 해당 생물의 유전 구조는 근본적으로 환경에 따라 변화할 수 있는 유연성을 상당량 허용한다.

진화심리학에서는 보편 구조라는 개념으로 행동의 변이를 설명할 수 있는 듯해 보인다. 그러나 그 변이의 근원은 환경이지, 더 깊은 수준인 유전적, 생물학적, 개체적 차원에서 비롯되지는 않는다. 결과적으로 보편 구조가 특정한 종 내에서 유연한 반응을 허용하더라도, 그 구조 자체는 결국 종 보편적이다.

진화심리학자는 성별이나 연령 등의 요인에 따라 생식적으로 유의미한 집단 사이의 구조적 차이는 인정한다. 그러나 생물학적 구조의 차이가 행동의 변이를 일으킨다는 점에는 회의적이다. 이 지점에서 우리는 행동주의를 비롯하여 진화심리학과 단일한 인간성 개념에 근거한 모든 이론과 의견을 달리한다.

예를 들어 진화심리학자는 인간의 성격 변이가 유전적 영향을 따르고 환경에 적응하며, 선택이 불가하다는 점에 특히 비판적인 태도를 보인다.[115] 행동주의자와 달리 진화심리학자에게 중요한 상황 요인은 레버나 설탕물, 미로, 먹이 또는 가짜 전기 충격기로 무장한 사회학자가 아니라 환경이다. 이러한 환경에는 둥지의 온도, 병원체의 유행, 유년 시절의 가정 환경, 동료의 성향, 필수 영양소 섭취 가능 여부, 낯선 사람에 대한 신뢰도 등이 포함된다.

114　Maestripieri et al. "Father Absence, Menarche, and Interest in Infants among Adolescent Girls."

115　Tooby and Cosmides. "The Past Explains the Present: Emotional Adaptations and the Structure of Ancestral Environments."
위 연구에 제시된 견해에 대한 비판은 Cochran and Harpending. *The 10,000 Year Explosion.*을 참조하라.

고전경제학 이론도 사정은 비슷하다. 우리는 여러 형태의 달러 나누기 게임을 토대로 해당 이론에서 제기하는 심각한 수준의 부정확한 예측을 지적했다. 고전 미시경제학 이론도 결국 행동주의와 같은 형국이며, 이러한 처지로 내몰리는 속도는 진화심리학보다도 빠르다. 이는 고전경제학 이론마저 인간의 보편성, 특히 인간을 선호를 극대화하는 기계로 보는 관점에 기댔기 때문이다.

맥주를 선호하는 사람이 있으면 와인에 더 끌리는 사람도 있듯, 대다수 경제학자는 사람마다 제각각인 선호를 보이는 이유에는 별 관심이 없다. 그들은 인간이 주어진 상황에서 선호를 극대화하기 위해 적용하는 보편적 과정에 더 흥미를 느낀다. 경제학에서는 이를 '합리적 효용 극대화(rational utility maximization)'라고 칭한다.

고전경제학자는 경제적 결정과 행동 방식의 연관성을 거의 인식하지 못한다. 심리학자는 내향적 성향과 외향적 성향을, 정치학자는 진보주의와 보수주의를 연구하는 반면, 경제학자에게는 기본적인 경제 유형을 나타내는 보편적인 용어가 존재하지 않는다.[116] 상황은 사람들이 선호를 극대화하기 위한 행동을 결정하므로, 동일한 상황에서 사람들의 선호가 서로 다르리라는 점까지 신경 쓸 필요는 없다.

결국 선호는 당연하게도 주어진 것으로 간주하며, 행동을 결정할 때는 모두가 보편적으로 비용-편익 계산(cost-benefit calculation) 과정을 거친다고 가정한다. 이 과정에서 유불리는 개인의 성격과 신경 구조, 인지 처리 방식의 차이가 아니라 상황에 따라 결정된다. 데니스 뮬러Dennis Mueller는 "경제적 인간(homo economicus)은 스키너의 실험 쥐와 매우 닮아 있다."라며 예리하게 지적한다.[117]

이상에서 설명한 바와 같이 가장 저명한 사회학 이론의 대부분은 인간관이 획일적이라는 전제에 의존하고 있으며, 인간의 모든 행동 변이가 그저 상

---

116 Camerer et al. "Neuroeconomics: How Neuroscience Can Inform Economics."

117 Mueller. *The Public Choice Approach to Politics.*

황의 산물일 뿐임을 주장한다. 이는 전혀 사실이 아니다.

로크와 글래드웰의 함정

개인을 대체 가능한 존재로 간주하며, 상황을 결정적인 요소로 보는 경향은 비단 해묵은 사회학 이론에만 국한되지는 않는다. 저술가, 철학자, 대중 지식인도 대체로 행동 변이(behavioral variation)를 타고난 성향의 차이가 아니라 상황 맥락을 통해 설명한다. 토머스 홉스Thomas Hobbes는 인간의 본성이 간악하기 이를 데 없으므로, 개인을 악에서 구제하려면 강력한 정부가 필요하다고 생각했다.[118]

존 로크John Locke는 흔히 홉스의 어둠에 빛과 같은 존재로 여겨지지만, 그 역시 인간의 본성을 바라보는 관점이 그리 긍정적이지는 않았다. 로크에 따르면 인간은 악한 행동이 득이 되지 않을 때 선한 모습을 보인다고 생각했다. 아울러 염장과 같은 식량 보존과 화폐 주조를 비롯한 기술의 발전으로 악행을 조장하는 조건이 생겨났다고 지적했다.

아무리 가치 있는 것이라도 금방 썩어 없어지는 시대에는 최대 소비량 이상의 식량을 비축하는 일이 의미가 없었다. 따라서 당시에는 "내 고기를 한 점이라도 더 먹어."라고 권할 수 있었다. 하지만 돈과 방부제가 생겨나면서부터 상황은 "이제 내 훈제 햄을 맛보려면 돈을 내야 해."라는 말처럼 바뀌었다.[119]

카를 마르크스Karl Marx 또한 인간의 행동은 상황, 구체적으로는 계급 구조에서의 위치에 따라 결정된다고 보았다. 생산 수단의 소유는 주로 노동자 착취를 비롯한 특정 행동 양식으로 이어졌다. 반면 룸펜프롤레타리아트lumpen-proletariat[120] 계급에 속한 이들은 또 다른 행동 양식, 즉 생계유지 위주의 행동

---

118   Hobbes. *Leviathan.*

119   Locke. *Two Treatises on Government.*

120   최하위 부랑 노동자 계층. 옮긴이.

에 주력했다.

마르크스는 자본주의가 무너지면 자원이 적절하게 분배되고, 결핍이 사라지면서 사람들이 더는 이기적으로 행동하지 않을 것이라 믿었다. 마르크스주의 변증법의 최종 단계는 인류가 로크의 귀금속과 화폐, 이들 재화로 교환 가능한 상품의 등장으로 시작된 길고 비참한 시대에서 벗어나는 과정으로 볼 수 있다.

요컨대 마르크스는 자본주의가 자본가와 노동자를 모두 인간의 본성에서 소외시키며*[121], 자본주의 체제에 만연한 상황이 사라진다면 사람들도 달라지리라 믿었다. 따라서 코미디언 그루초 막스는 공화주의자와 민주주의자가 근본적으로 다르다고 생각했다. 그러나 카를 마르크스는 민주주의자가 생산 수단을 소유하지 못한 공화주의자에 불과하다고 보았다. 그중 직관이 더 뛰어난 쪽은 그루초 막스인 듯하다.

카를 마르크스의 경제 결정론(economic determinism)은 폴 고갱Paul Goggins 과 장 자크 루소Jean-Jacques Rousseau, 루트비히 비트겐슈타인Ludwig Wittgenstein, 이사아 벌린Isaiah Berlin, 에밀 뒤르켐Émile Durkheim, T. S. 엘리엇T. S. Eliot, 프란츠 보아스 Franz Boas와 같은 인물을 매료시킨 문화 결정론과 유사하다. '고결한 야만인(noble savage)' 운동에서는 홉스의 주장과 반대로 자연 상태의 인간은 선하고 존엄하며 고결하다고 강조했다. 이처럼 본디부터 선한 인간의 본성을 나타내는 행동 양식은 도시와 인구 밀집, 카풀, 정시 출퇴근이 등장하면서 탈선하기 시작했다. 따라서 해당 운동에서는 그러한 상황을 바꾸어 사람들을 전원 생활로 돌려놓을 수 있다면, 모두가 바르게 행동하면서 모든 일이 잘될 것이라고 말한다.

한편 뒤르켐은 학문적 관심을 개인에서 사회로 돌리는 데 기여했다. 현대 사회학의 창시자로도 일컬어지는 그는 근대화 이후 사회의 통합과 일관성을 유지하는 방법을 설명하려 했다. 뒤르켐은 사회 현상을 연구하려면 사회학이 전체론적이어야 한다고 믿었다. 즉 개인의 특정 행동보다는 사회 전

121　이는 마르크스가 주장한 인간 소외로, 인간으로서의 본질적인 가치를 상실하고 물질적 가치에만 종속되는 상태를 말한다.

체에 기인한 현상에 주목해야 한다는 것이다. 그리고 뒤르켐은 '강제 분업'에 탄식하면서 사회적, 언어적, 문화적 체제의 구조가 사람의 행동을 결정한다는 관점을 채택한 구조 결정론자(structural determinist)임을 자랑스럽게 여겼다.[122]

구조 결정론자가 사회 구조에 기인한다고 본 흥미로운 행동의 하나는 바로 성별이었다. 선구적인 인류학자 프란츠 보아스는 서구에 만연한 성 문제는 타락한 도시 생활의 산물이라 믿었다. 그는 이러한 낭만적 원시주의(romantic primitivism)와 부합하는 증거를 찾기 위해 제자인 마거릿 미드Margaret Mead에게 사모아에 가서 원시 사회에 성적 문제가 없음을 증명하도록 설득했다.

하지만 미드는 사모아어를 할 줄 몰랐던 데다 섬에 머문 기간도 9개월이 채 되지 않았으며, 이마저도 서구 출신의 치과 의사와 함께 시간을 보냈다. 그럼에도 그녀는 사모아를 강간과 자살, 질투와 불화, 무책임한 불륜조차 없는 성적 낙원으로 묘사하여 이목을 끌었다. 물론 그 후의 검토 과정에서 미드가 기술한 내용에 문제의 소지가 발견된 것은 예상 가능한 일이었겠지만 말이다.

몇몇 증거에 따르면 사모아는 보아스와 미드가 애타게 바라던 자유로운 사랑을 추구하며, 그 결과를 전혀 신경 쓰지 않는 사회가 아니었다. 사실 장난기 많은 젊은 사모아 여자 몇 명이 미드를 놀리기 위해 스스로 경험하는 성생활의 불미스러움과 달리, 조사 과정에서 사모아를 이상적인 낙원으로 왜곡하여 진술했다는 증거도 있었다.[123]

'고결한 야만인' 관념이 낳은 크나큰 비극은 중국에서도 벌어졌다. 마오쩌둥 주석은 부패하지 않은 농민층이야말로 선한 인간관을 구현한다는 생각에 따라 더 많은 농민을 양산하려 했다. 따라서 수백만 명의 도시인을 전원 지역으로 강제 이주시켰다. 그러나 농민 양산 프로젝트는 대실패로 끝났다. 농

---

122 Durkheim. *Division of Labor in Society.*

123 Freeman. *Margaret Mead and Samoa: The Making and Unmaking of an Anthropological Myth.*

촌으로 떠밀려 온 사람들은 대부분 사망했는데, 그 수만 약 2천만 명 이상으로 추정된다. 결과적으로 사회적 맥락이 인간의 행동을 결정한다는 관점은 곧 개인적 변이(individual variation)를 도외시하였음을 의미하며, 이는 역사적인 오해와 재앙을 일으키고 말았다.

개인적 수준의 유의미한 변이를 무시하는 전통은 철학자와 공산주의자, 고결한 야만인 관념을 신봉하는 이들뿐만은 아니었다. 이러한 양상은 현대 베스트셀러에서도 찾을 수 있다. 말콤 글래드웰Malcolm Gladwell의 저서가 그 예이다.*124 글래드웰은 한 저서를 통해 성공하는 사람과 그렇지 않은 사람에 대한 이유를 설명하면서 '개인적 차원을 넘어서고' 싶다고 말한다. 그는 숨겨진 이점과 놀라운 기회, 문화적 가치 그리고 노력을 이야기하면서 성공의 열쇠는 바로 운과 근면함이라고 주장한다.

세계 최고의 차세대 아이스하키 선수가 되기 위한 가장 좋은 전략은 유소년 팀의 선발 자격 연령에 맞추어 생일을 맞이하는 것이다. 그러면 팀에서 상대적으로 나이가 많고, 신체적으로 성숙한 선수가 될 가능성이 높아진다. 따라서 자신감이 높아지고, 원정 팀에 선발되어 기술을 더욱 연마할 기회가 늘어나면서 제2의 웨인 그레츠키Wayne Gretzky*125가 될 가능성이 커진다. 이러한 기본 원리는 수학 공부, 축구, 기타 연주에도 똑같이 적용된다.

글래드웰은 위의 내용이 타고난 재능이나 중요한 개인차와 별 관련이 없다고 말하면서 생일이 적절한 시기에 해당하지 않는 이에게 희망을 제시한다. 이는 바로 성공의 비결은 오직 연습뿐이라는 것이다. 그것도 최소 1만 시간을 투자하는 지독한 연습 말이다.

그는 비틀즈의 성공이 특별한 음악적 재능이 아니라, 풋내기 시절부터 밤마다 함부르크의 클럽에서 까다로운 관객을 상대로 긴 시간을 공연하며 실력을 연마했기 때문이라고 주장한다. 하지만 토니 셰리던Tony Sheridan과 로리 스톰 & 허리케인Rory Storm & The Hurricanes 역시 많은 연습을 했지만, 둘의 이름을 아는 사람은 많지 않다. 그중에서도 허리케인의 드러머는 들어 본 적이 있을 것

---

124   Gladwell. *Outliers*.

125   아이스하키계의 전설로 손꼽히는 캐나다인 아이스하키 선수.

이다. 그는 비틀즈의 드러머 링고 스타Ringo Starr이며, 기존 드러머였던 피트 베스트Pete Best 방출 후에 영입되었다. 어쩌면 피트는 9,999시간까지만 연습하는 나태함을 저질렀을지도 모른다.

이상에서 눈여겨볼 점은 글래드웰이 혹독한 연습 과정에 전념하는 능력을 오로지 개인 의지의 문제로 다룬다는 것이다. 모두가 3년 동안 매일 9~10시간씩 기타 연주를 연습할 의지력을 지니고 있으므로 누구나 비틀즈의 멤버처럼 될 수 있다고 가정하는 듯하다. 그러나 이는 대단히 오만한 발상이다. 한 기술을 연마하는 데 전념할 의지를 모두가 지니고 있지는 않기 때문이다.

기술 하나를 터득하기 위해 1만 시간을 투자하지 않은 사람이라도, 절대로 나태하다고 말할 수는 없다. 체육관에서 운동하거나, 도서관에서 공부하는 것뿐 아니라 머지사이드 비트Merseyside beat*126에 맞추어 코드 진행을 연습하는 데 많은 시간을 투자하려면 그만큼 많은 것을 희생해야 한다. 그러나 모든 사람에게 그만큼 강한 내적 동기가 있지는 않으며, 그 동기를 꽃피우기 위해 삶의 균형마저 무너뜨릴 각오가 되어 있는 것도 아니다.

글래드웰은 궁극적으로 '당신도 노력하면 위대해질 수 있다.'라는 메시지를 전하려는 것 같다. 우리는 사람들이 대부분 위대해지는 데 필요한 수준만큼 노력하는 의지가 선천적이지 않음을 주장하고자 한다. 그렇더라도 그들이 게으르다고 할 수는 없으며, 하나의 목표에 전념하는 사람과 생물학적, 인지적, 심리적, 유전적 차이를 보일 수 있다.

지금까지와 마찬가지로 세상의 수없이 다양한 요소에 접근하는 방식마다 차이가 존재한다. 이는 다음 장에서 자세히 설명하겠지만, 이국적인 음식에 대한 호기심에서부터 대안적 생활 양식의 수용에 이르기까지 태도와 자세는 학업과 운동, 음악적 재능의 차이처럼 개인에게 깊고 독특한 양상으로 내재한다.

사람들은 재능이란 의지로 바꿀 수 없다고 생각하면서도, 태도는 그렇지 않다고 믿는 경향이 있다. 우리는 이를 확신하지 않는다. 어떠한 일을 열심

---

126 1960년대 초반 영국 리버풀 지역에서 나타난 음악 장르로, 이 장르를 대표하는 밴드는 비틀즈이다.

히 하려는 것과 불법체류자를 향한 태도를 바꾸는 것은 누군가의 음악적 재능이나 오른손잡이나 왼손잡이, 가환 대수학(commutative algebra)에 대한 이해도를 바꾸는 일만큼이나 쉽지 않을 때가 많다.

결론적으로 글래드웰이 함의하는 바와 같이 타고난 성향이 보잘것없는 요소일 가능성은 적다. 대다수는 아무리 연습해도 웨인 그레츠키처럼 스케이트를 타거나, 조지 해리슨처럼 기타를 연주하거나, 아델처럼 노래할 수는 없다. 이뿐 아니라 스티븐 호킹처럼 사고하거나, 리오넬 메시처럼 드리블과 슛을 하거나, 르브론 제임스처럼 점프하는 것도 불가능하다. 그럼에도 타고난 성향을 무의미하다고 여기면서 모든 사람이 직업 윤리나 여가 활동 또는 직업, 나아가 거대한 사회를 조직하고 운영하는 최선의 방책에 대한 선호 등에서 기질적으로 같다고 간주하는 것은 크나큰 오해이다.

물론 글래드웰을 지나치게 비난하거나 그의 주장을 지나치게 비약해서는 안 된다. 글래드웰 역시 보통 사람처럼 개인의 기질이 다르다는 점은 인정한다. 그러나 열심히 노력하면 내면 깊이 내재한 성향을 상쇄할 수 있다는 이야기는 매력적으로 들리겠지만, 이는 잘못된 생각이다. 따라서 인간관의 이해에 목표를 두고 있다면, 일단 불편하더라도 몇 가지 사실을 직시하는 것이 중요하다. 그중에서도 정치적 태도나 다양한 활동에서의 능력 차이가 부분적으로는 생물학적, 인지적 성향에 따라 형성된다는 사실이 중요하다.

태도가 단순히 환경이나 상황의 산물이 아닌, 생물학적으로 타고난 성향의 결과로 여기려면 상당한 적응 과정이 필요할 수도 있겠다. 그러나 태도가 사람의 생각과 느낌을 토대로 한다는 사실은 부정할 수 없으며, 그것이 물리적 과정이라는 점 또한 마찬가지다. 사람이 특정 이미지를 자극적으로 바라보는가의 문제 또한 생물학적 패턴에서 바로 파악할 수 있다. 마비 환자의 대뇌 운동 피질에 전극을 삽입하면 생각에서 비롯된 물리적 신호를 감지하여 팔을 들어 올리는 등의 물리적 행동으로 변환할 수 있다. 심지어 신경과학자는 최근 뇌 영상을 통해 사람들이 생각하는 자흐 칼리피아나키스Zach Galifianakis

와 윌 페럴Will Ferrell을 비롯한 영화배우를 알아맞히는 단계에까지 이르렀다.*127 이는 물리적 과정이 생각과 감정에까지 연결됨을 보여 준다.

따라서 위의 물리적 과정이 사람마다 유의미한 방식으로 차이를 보인다는 사실을 인정하기란 그리 특별하지 않다. 요컨대 행동에 큰 영향을 미치는 요소에는 상황의 차이뿐 아니라 동일한 상황이나 환경에서의 자극에도 사람마다 다른 생각과 감정을 유도하는 물리적 과정의 차이도 있다.*128 이는 다음에 살펴볼 내용과 같이 개인적 변이의 상당수에 중대한 함의가 숨어 있기에 잠재적인 중요성을 지닌다.

이분법의 시대는 끝났다

《정신 장애 진단 및 통계 편람(Diagnostic and Statistical Manual of Mental Disorders, 이하 DSM)》은 정신의학과 심리학의 바이블로 여겨지며, 그 지침은 사회적으로 막대한 영향을 미친다. 이 책은 일반적인 정신 장애뿐 아니라 비교적 드문 질환까지 증상을 나열, 설명함으로써 그것을 유형화한다. 엄밀하

127　Suthana and Fried. "Percepts to Recollections: Insights from Single Neuron Recordings in the Human Brain."

128　우리는 이러한 점을 강조하기 위해 개인차에 대한 관심 부족을 과장하기는 했지만, 그 정도는 크지 않다. 대부분의 사회과학 연구, 정치 이론화, 대중적이고 희망적인 글쓰기, 행동주의, 진화심리학, 고전 미시경제학이라는 거대 학문 운동은 모두 인간 존재의 보편성을 강조하는 반면, 개인차는 거의 언급하지 않는다. 그러나 많은 연구자들이 그 개념을 진지하게 다뤄 왔다는 사실만큼은 인정해야 한다. 이러한 관심은 분야를 초월하며, 그 결과로 '국제 개인차 학회(International Society for the Study of Individual Differences, ISSID)'라는 학술 단체와 자체 발간 학술지《성격과 개인차(Personality and Individual Differences)》가 존재한다. 그러나 이러한 종류의 학술 단체는 여전히 예외적인 경우가 많다. 이는 우리가 개인차 연구의 황금기를 만든 연구 기법인 뇌 스캔, 유전자 염기 서열 분석, 호르몬 검사, 생리적 및 인지적 측정 기술이 제공되는 시대에 살고 있다는 점에서 안타까움을 더한다.

게는 DSM을 통해 인정하기 전까지는 누구든 우울증이나 조현병, 자폐증 등으로 진단하지 않는다. 그 이유는 보험회사나 학교, 사회복지 단체를 비롯한 기관에서는 보상이나 약물 처방, 특별 교육 등을 승인하기 전에 진단을 요구하기 때문이다. 이때 진단을 내리고 타당성을 부여하는 표준으로 인정받는 것이 바로 DSM이다.

DSM은 지난 수십 년 동안 위와 같은 목적으로 활용되었으며, 1952년 초판 출간 이후 제5판에 이르기까지 다섯 차례의 개정 외에도 여러 차례의 작은 수정을 거쳤다. 최근까지 기본적인 진단 과정은 대체로 DSM을 토대로 특정 장애와 관련된 증상 목록을 제시하고, 담당 전문가가 그 증상을 검사한다. 검사에서 일정 수 이상의 증상이 양성으로 판명되면 해당 장애로 진단받고, 그렇지 않으면 진단이 미확정된다. 한마디로 '있다/없다' 같은 처리 방식이다.

예컨대 DSM 제4판의 '자폐성 장애 진단 기준'을 살펴보면, 세 가지 범주인 사회적 상호 작용 장애, 의사소통 장애, 반복적이고 고정된 행동 양식에서 총 12기지 증상이 구분되어 있었다. 자폐 진단을 받으려면 그 증상 중 최소 여섯 가지가 나타나야 했고, 그중 사회적 상호 작용 장애에서 최소 두 가지, 나머지 범주에서 각각 한 가지씩은 나와야 했다. 그리고 비정상적 기능은 3세 이전에 감지할 수 있어야 했으며, 이와 같은 기준을 충족한 사람은 자폐성 장애로 진단받았다. 그러나 다섯 가지 증상만 있거나, 증상이 여섯 가지라도 분포가 적절하지 않다면 자폐성 장애로 진단받을 수 없었다.

그 대신 자폐성 장애 진단 기준을 충족하지 못한 환자는 아스퍼거 장애를 진단받을 수는 있었다. 아스퍼거 장애의 증상 목록은 기본적으로 자폐성 장애와 동일하다. 다만 아스퍼거 장애는 진단에 필요한 증상의 수가 적었으며, '3세 이전'이라는 규정도 없었다. 그럼에도 DSM 제4판 지침에서도 진단은 여전히 이분법적이었다. 환자에게 아스퍼거 장애를 '있다/없다'로 구분하는 식이었다. 이러한 접근법은 세상을 심리학적 병리가 있는 사람과 없는 사람으로 구분하며, 정상과 비정상 외의 다른 변이는 존재하지 않았다.

이상의 모든 내용은 다분히 자의적으로 보인다. 자폐성 장애를 진단하는 적정 증상 수를 판단하는 기준이 다섯 가지가 아닌 여섯 가지라고 확신하는 근거는 무엇인가? 'A 항목에서 두 가지, B와 C 항목에서 각각 한 가지씩'이라는 접근 방식이 과연 적절한가? 그리고 자폐 증상이 실제로 12가지인가? 어쩌면 우리가 놓친 증상이 있거나, 제시된 두 증상이 사실은 같을 수도 있다. 따라서 모든 사람을 자폐의 유무로 분류할 검증 가능한 기준을 객관적으로 수립하는 일은 불가능에 가까울 정도로 어렵다.

보험 청구와 특수교육 명칭에 사용할 목적으로 사람을 진단과 진단 미확정의 범주로 구분하는 것은 실용적인 측면에서 납득할 만하겠지만, 개인의 실제 차이를 파악하려는 데는 전혀 합리적이지 않다. 사회성 기술(social skill)이나 정치 성향에 반영되는 심리적 차이는 종류가 아닌 정도의 차이를 의미한다. 따라서 사람에 대한 이분법적 진단은 다양하고 유의미한 변이를 은폐한다.

최근에 DSM을 지지하는 전문가도 그에 동의하는 듯하며, 이후에 발표된 DSM 제5판에서는 다양한 기능 장애의 미세한 차이를 인정하는 중요한 개념적 전환이 포함되어 있다. 정신 장애 또한 별개의 상태가 아니라 스펙트럼의 극단적 상태로 간주한다. 과거에 아스퍼거로 진단받은 일부 개인들이 낙담하기는 했지만, 자폐와 아스퍼거 증후군, 소아기 붕괴성 장애는 자폐 스펙트럼 장애(Autism Spectrum Disorder, ASD)라는 하나의 범주로 통합되었다. 그렇게 단순히 자폐 스펙트럼 장애 여부를 진단하는 것을 넘어 그 심각도의 등급도 부여할 수 있게 되었다.

위에서 소개한 임상심리학의 중요한 변화는 우리의 생각과 맥을 같이한다. 다른 것이 있다면, 임상심리의 기본 개념 자체를 장애를 진단받은 사람으로 한정해서는 안 된다는 것이다. 자폐 스펙트럼 장애 진단을 받은 사람 사이에도 차이는 있지만, 그렇지 않은 사람도 기본 심리 성향에서 서로 다른 점이 있다. 자폐 스펙트럼 장애로 진단받은 사람을 제외한 나머지는 사회성 기술과 반복 행동 기질 등에서 정확히 같다는 사실을 누가 믿겠는가?

우리는 학자로서 공학과 문학 연구를 포함한 다양한 분야의 전문가와 교류한다. 이에 따라 임상적으로 자폐 스펙트럼 장애로 진단받지 않은 모든 사람이 타인의 감정을 분별하는 능력이나, 개인사보다는 분석 체계를 선호한다는 점, 그리고 사회 상황을 쉽게 파악하거나 사회관계에 능숙한가 등의 측면에서 동일한 성향을 타고났다는 발상에 더욱 강한 회의를 품게 되었다. 장황하고 일방적인 대화, 반복적인 행동, 시선 회피가 두드러지는 사람도 자폐 스펙트럼 장애 진단을 받지 않을 수 있다. 어쩌면 사회 생활에 서투른 허풍쟁이일 수도 있고, 그중 몇몇은 어찌어찌하여 대학 교수 자리에 올랐을 것이다.

정신 장애 진단을 받지 않았더라도 곧바로 정상 판정을 내리지는 않는다. 우리는 대부분의 심리 기능이나 지향성에 연속체가 존재한다고 본다. 그 연속체의 어느 지점에서는 진단이 정당화될 수 있겠지만, 경계선 아래에서 변이가 멈추고 모두가 정상 범주로 통합되는 것은 아니다. 자폐증 연구자 사이먼 배런-코헨Simon Baron-Cohen은 오래전부터 다음 척도로 그러한 상황을 지적했다.

① 체계화 능력 척도(systemizing scale) 내 현재 위치를 평가하는 항목
  • 예: 내가 지금 보고 있는 건물이 정확히 어떻게 지어졌는지 궁금하다.
② 공감 척도(empathizing scale) 내 평가 항목
  • 예: 니는 디인이 느낄 감정을 잘 예측할 수 있디.
③ 자폐 스펙트럼 지수(autism spectrum quotient) 내 평가 항목
  • 예: 나는 무언가를 동일한 방식으로 끊임없이 반복하기를 좋아한다.

위의 평가 항목은 각 범주마다 최소 50문항으로 구성되며, 항목별로 매우 동의함(3점), 약간 동의함(2점), 약간 동의하지 않음(1점), 매우 동의하지 않음(0점)으로 응답할 수 있다. 따라서 이론적으로 0점(0×50)에서 150점(3×50)까지의 점수를 받을 수 있다. 이들 척도는 공감 능력이나 체계적 사고 수준에서의 폭넓은 차이를 포착한다.*[129]

어느 두 사람이 모두 장애 진단 기준을 충족하지 않는다고 해서 그들이 서로 같다거나, 우리의 관심을 받을 자격이 없다는 뜻은 아니다. 이처럼 변이의 폭넓은 범위를 이해한다면, 신경과학계에서도 인정하는 바와 같이 진정

---

129   Baron-Cohen. *The Essential Difference: Men, Women, and the Extreme Male Brain.*

으로 신경전형적(neurotypical)*130, 즉 정상은 없다는 결론에 도달한다. 행동의 전체적인 범위를 폭넓게 인정하면 '정상/비정상' 또는 '자폐/비자폐'와 같은 제한적인 이분법보다 인간관을 더욱 건강하고 정확하게 이해할 수 있다.

모든 사람이 공식적인 DSM 진단을 받을 정도는 아니라는 점에서 생리인지적(physiocognitively)으로 동일하다는 근거 없는 전제는 문제가 된다. 이는 임의적으로 설정된 경계선에서 가까스로 장애 범주에 속하는 사람에게 낙인을 찍는 결과를 불러온다. 그러나 사람들의 행동과 연관된 성향이 꽤 다양하다는 사실을 인정한다면, 장애라는 꼬리표를 다는 것도 큰 문제는 되지 않을 것이다. 때로는 주변을 곤혹스럽게 할 만큼 체계적인 사고의 소유자라도 자폐 진단을 받을 정도까지는 아니다.

우리는 모두 각자의 행동 스펙트럼에서 고유의 위치를 차지한다. 이제는 다양성을 말로만 논할 것이 아니라, 이 다양성을 행동과 연관된 생물학적 차이까지 포함하는 개념으로 확장하여 인정할 때이다. 정상이라는 개념은 폐기되어야 하지만, 막상 그러기는 쉽지 않다. 정상을 폐기했다가는 자칫 사회적으로 큰 파장을 일으킬 수도 있다. 그 예로 법체계에 미치는 영향을 살펴보기로 하자.

행동의 생물학

1813년 글래스고에서 사생아로 태어난 대니얼 맥노튼Daniel M'Naughton은 당시 사생아들이 마주할 수밖에 없었던 사회적 멸시와 경제적 어려움을 겪어야 했다. 어머니를 여읜 뒤, 어린 맥노튼은 아버지 밑에서 견습 목수로 일했다. 그러나 아버지의 사업을 물려받을 기미가 전혀 보이지 않자, 그는 아버지를 떠나 연기 활동에 도전했다가 1835년에 목공소를 차렸다.

그러나 맥노튼은 간혹 급진적인 정치 활동에 참여한 것을 제외하면 모범

---

130   발달 장애 및 다양한 정신 장애가 없는 상태. 옮긴이.

적인 시민처럼 보였다. 사업도 성공적이었고, 검소하고 근면하며 절제된 생활을 하면서 지적 호기심도 많은 사람으로 여겨졌다. 그러던 그가 극단으로 치닫기 시작했다.

1840년에 그는 가게를 매각한 뒤, 런던에서 많은 시간을 보내기 시작했지만, 정확히 무슨 일을 했는지는 아무도 알지 못했다. 그는 먼저 아버지에게, 그다음에는 지역 경찰에게, 마지막에는 어느 의회 의원에게 불만을 토로하기 시작했다. 보수 성향의 토리당 정치인들이 자신을 박해하고 감시하고 있으며, 이 모두는 자신을 파멸시키려는 로버트 필Robert Peel*131의 음모라고 주장했다.

1843년 1월 20일, 맥노튼은 다우닝 거리를 걷던 행인을 로버트 필로 착각하고 뒤에서 몰래 접근하여 가까운 곳에서 총을 쏘았다. 이후 그는 곧바로 경찰에 체포되었다. 실제로 맥노튼이 쏜 사람은 필의 비서였던 에드워드 드러먼드Edward Drummond였으며, 부상 후 합병증으로 5일 뒤에 사망했다.

드러먼드의 변호인과 검찰은 재판 과정에서 맥노튼이 심각한 망상에 시달리고 있음에 동의했다. 의료계 증인 또한 맥노튼의 상태를 증언했고, 글래스고 출신의 지인도 짐짐 더 기이해지는 그의 행동을 언급했다. 그 결과 배심원단은 변호인 측의 손을 들어 주었고, 맥노튼은 교수형을 당하는 대신, 베들렘 병원의 정신 이상 범죄자 병동으로 이송되었다.

그 판결에 대중의 분노가 빗발쳤다. 대중의 정서라면 맥노튼을 교수형에 처해야 마땅했다. 판결이 달갑지 않은 것은 빅토리아 여왕도 마찬가지였다. 여러 차례의 암살 미수 피해자이기도 했던 그녀는 해당 판결에 깊은 유감을 표했다. 그리고 빅토리아 여왕의 탄원으로 상원에서 12명의 항소법원 판사에게 정신 이상 변호의 이론과 실무에 관한 질문에 답변을 촉구했다. 판사들은 그 요청에 응하여 몇 가지 기준을 제시했고, 이 내용은 오늘날에도 여러 국가에서 법적 책임을 고려할 때 참고하고 있다.*132

일명 '맥노튼 규칙M'Naughton Rule'이라고 하는 기준의 핵심은 '정신 장애로 이

---

131   당시 영국 총리.

132   Moran. *Knowing Right from Wrong: The Insanity Defense of Daniel Mc-Naughtan.*

성적 결함이 생겨… 자신이 하는 일이 잘못되었다는 것을 인지하지 못하는 경우', 그 개인은 전적으로 법적 책임을 져서는 안 된다는 것이다. 따라서 옳고 그름을 분별하는 능력이 정신 이상을 판단하는 중요한 시금석이 되었고, 대부분의 서구 국가와 미국의 4개 주[133]를 제외한 모든 주에서 정신 이상 변론이 허용되었다.

요컨대 옳고 그름을 분별하는 능력이 개인의 법적 책임 유무를 결정하는 열쇠라는 맥노튼 규칙의 주장은 여전히 표준적인 법적 기준으로 남아 있다. 반면 해당 규칙을 토대로 한 구분은 완전히 불가능하고, 전적으로 작위적이며 부적절한 기준이라는 인식도 여전하다. 옳고 그름을 분별할 수 있는 사람과 그렇지 못한 사람으로 세상을 나누는 것은 사람들의 자폐 유무를 단정하는 일만큼이나 터무니없다.

심리학자들은 검사법을 개발하고, 피고는 연기력을 갈고닦으며, 말싸움의 대가인 심리학 전문가 증인은 "범행 당시 피고인은 옳고 그름을 분별할 수 없었어요.", "아니요, 충분히 분별할 수 있었어요."와 같은 말로 두둑한 돈을 벌어들인다. 법원에서는 정신 장애가 있는 사람과 그렇지 않은 사람을 구별하는 방법은 사실상 알지 못한다. 지적 장애에 대한 공식적인 기준은 '지적 기능과 적응 행동 모두에 걸친 상당한 제약'이다. 그러나 이 정의 자체가 모호하기 때문에 법원은 임의로 연령이나 지능 지수 기준치에 의존하기도 한다.

미국 대법원에서는 17세 미만에게 사형죄를 적용할 수 없다고 판결했다. 18세 이상이면서 지능 지수가 70 이하인 사람들 역시 지적 장애인으로 간주하여 종종 극형에서 제외된다. 그러나 지능 지수가 69인 사람과 71인 사람 사이에 생사를 가를 정도의 차이가 있을까? 그리고 지적 능력을 측정하는 우리의 역량을 그토록 자신할 수 있는가? 이뿐 아니라 18번째 생일이 돌아오면 마법 같은 일이 일어나 지적 장애를 거둬 가는 것일까? 누군가는 신경학적, 그 외의 측면에서 다른 사람보다 더 늦게 성숙할 가능성도 있지 않을까?

위와 같이 선을 그어 사람을 구분하려는 욕심 때문에 웃지 못할 상황과 차

---

133   아이다호주, 캔자스주, 몬태나주, 유타주.

별이 만들어진다. 이를테면 피고가 느닷없이 스스로 완전히 미쳤다면서 배심원을 설득하는 데 열을 올리는 상황처럼 말이다. 사실 누군가는 옳고 그름을 분명히 알지만, 다른 이는 전혀 알지 못한다. 한편으로는 어느 정도 알지만, 그 내용이 정확하지는 않은 이도 있다.

그런가 하면 자동증(automatism)*134에 관한 법적인 문제는 더욱 흥미롭다. 이는 옳고 그름을 완벽하게 구분할 수 있더라도 스스로 잘못된 행동을 멈출 수 없다는 가능성을 제기한다. 그 예로 아만다 클라크Amanda Clarke는 법을 준수하는 시민임에도 절도 혐의로 붙잡혔다.

그녀는 쇼핑 카트에 많은 물건을 담고 계산을 마친 뒤 가게를 나갔다. 그런데 장바구니에 담긴 버터와 커피, 다진 고기는 계산을 하지 않았고, 보안요원이 그 사실을 발견하자 그녀는 매우 당황했다. 그녀는 계산도 되지 않은 물건이 장바구니에 들어 있는 이유를 전혀 기억하지 못했음에도 기소되었다.

재판에서 변호인은 당시 58세였던 클라크의 건강에 심각한 문제가 있었고, 만성적인 건망증과 심한 우울증을 겪고 있다고 지적했다. 한마디로 의식석으로 하시 않은 행동에 어떻게 책임을 질 수 있겠냐는 주장이다. 그러나 법원은 그 어떤 것도 받아들이지 않았고, 짧은 순간의 넋 나간 상태는 이성적 결함이나 정신 장애에 해당하지 않는다고 판결했다. 물론 이러한 구분은 정신 장애의 정의에 관한 의문이 들게 하며, 법원에서도 이를 명확히 밝히는 데 실패했다. 아만다 클라크의 만성 우울증만으로는 충분하지 않았던 듯하다.

그런데 몽유병 도중에 저지른 범죄는 종종 자동증의 사례로 간주할 때가 있기는 하다. 간질 발작 중인 사람에게 책임을 묻지 않는 것은 쉽게 이해되지만, 증상이 그다지 심하지 않거나 극단적이지 않다면 어떨까? 당뇨병 환자의 경우, 영국에서는 고혈당증은 변호에 활용할 수 있어도 저혈당증은 허용하지 않는다.

자발적으로 알코올이나 정신에 영향을 주는 약물을 가까이하는 사람들은 또 다른 문제를 제기한다. 고의로 판단력을 저하하여 올바르게 행동할 능력

134　무의식적으로 일어나며 자발성이나 과실이 없는 행동.

을 교란했다면, 그 사람에게 전적인 책임이 있을까? 아니면 모르는 사이에 약물을 투여받고 끔찍한 범죄를 저지른 경우라면 어떠할까? 만성 중독자는 가끔 투여하는 사람과 다르다고 할 수 있을까?

행복한 결혼 생활을 하던 40세 남성이 갑자기 아동 포르노에 집착하는 상황을 가정해 보자. 남자는 포르노 웹 사이트와 페이지를 검색하느라 하루를 대부분 허비했으며, 의붓딸을 포함하여 나이 어린 여자를 유혹하기 시작했다. 그러던 중에 그의 두통이 점점 극심해졌다. 그는 아내의 권유대로 신경과 전문의를 찾아가 진찰을 받은 결과, 안와 전두 피질(Orbitofrontal Cortex, OFC)에서 커다란 종양이 발견되었다.

수술로 종양을 제거한 뒤 아동 포르노를 향한 집착이 사라진 듯했지만, 몇 달이 지나고 증상이 다시 나타났다. 신경과 의사를 다시 찾아가 확인한 결과, 종양의 일부가 다시 자라고 있어 한 번 더 수술을 받았더니 아동 포르노에 대한 집착이 영구적으로 사라졌다. 이 남자는 분명히 법을 위반했고, 그가 저지른 일이 여러 면에서 잘못되었음을 알고 있었다. 그러나 안와 전두 피질에서 비롯된 신체적 압박에 대항할 능력이 전혀 없었다. 그렇다면 법원에서는 이 사람을 어떻게 바라보아야 할까?[135]

옳고 그름을 분별하더라도 전두 피질의 구조 때문에 올바른 행동이 불가능한 사람도 있다.[136] 이처럼 중대한 생물학적 변이가 행동에 영향을 미친다는 사실을 인정한다면, 사소한 변이 또한 그것을 부정할 수 없다. 안와 전두 피질의 종양까지는 아니더라도, 사람에 따라서 뇌의 주요 부위 내 화학 수용체의 밀도나 신경 기관의 형태 차이, 시냅스에서의 신경 전달 물질 수준이 매우 가변적일 수 있다. 이에 리탈린Ritalin과 프로작Prozac과 같은 약물의 효과를 보면 판단과 실행이 생물학적으로 이루어짐을 분명하게 보여 준다. 뇌내 화학 물질 수준을 인위적으로 조정하여 태도와 행동에 영향을 미친다면, 자연적으로 발생하는 변화도 동일할 것이다.

---

135   Burns and Swerdlow. "Right Orbitofrontal Tumor with Pedophilia Symptom and Constructional Apraxia Sign."

136   Eagleman. *Incognito: The Secret Lives of the Brain.*

그럼에도 법원에서는 위에서 설명한 변이를 인정하지 않는다. 마치 열심히 일하지 않는 원인이 게으름 때문이라고 여기듯, 옳고 그름을 분별할 지적 능력이 있는 사람이 올바른 행동을 하지 않는 이유도 범죄에 대한 무절제를 원인으로 간주한다. 이러한 사고방식은 비록 '지적 장애'라는 꼬리표를 달지는 않았더라도 자신의 통제 범위를 벗어난 상황에서 바르고 합리적으로 행동하기 위해 노력해야 한다는, 최근에 부상하고 있는 신경학적 증거를 무시하는 처사다.

그 내용은 신경과학자 안토니오 다마지오Antonio Damasio의 유명한 연구에서 입증되었다. 그는 연구에 카드를 활용하였는데, 카드 뒷면에는 양수 또는 음수의 보상액이 표시되어 있었다. 카드는 여러 벌로 구성되어 있었으며, 몇 벌은 전부 뒤집었을 때 돈을 받을 수 있는 결과를 가져왔다. 반면 상대적인 순손실이 발생할 정도로 덜 유리한 카드도 있었다.

물론 유리하지 못한 카드에도 개별적으로 상당히 큰 보상액이 적힌 카드가 있기는 했다. 이 때문인지 복내측 전두 피질(ventromedial prefrontal cortex) 병변처럼 특징 조건을 지닌 사람들은 결과가 너 나빠질 것을 알면서도 불운을 가져다주는 카드 선택을 자제하지 못했다.*[137] 가끔 터지는 큰 보상의 유혹에 압도당한 것이다. 무엇을 해야 하는지를 아는 것과 이를 실행하는 것은 다르다. 이처럼 타고난 성향은 앎과 행동 모두에 영향을 미친다.

사회가 작동하는 유일한 방법은 법체계일 것이다. 이는 터무니없는 경우를 제외하고 일부에게는 생물학적 차원에서 올바른 행동이 더 어렵다는 주장을 부인한다. 그리고 정신 장애가 없는 사람은 모두 옳고 그름을 구분하는 능력이 같음을 역설해야 한다는 의미이다. 그러나 모든 사람이 실제로 그 점을 애써 수긍해야 한다는 뜻은 아니다. 행동을 결정하는 중요한 생물학적 성향이 모두가 같으리라는 가정은 지적으로 솔직하지 못하며, 다수의 실증적 증거와도 모순된다. 따라서 우리는 사람들이 이분법으로 분류하지 못하는 방식으로 다양하게 존재함을 강조하고자 한다.

---

137   Damasio. "The Somatic Marker Hypothesis and the Possible Functions of the Prefrontal Cortex [and Discussion]."

지금까지 설명한 바와 같이 사람의 성향은 다양하다. 그리고 이러한 이유로 사람마다 미세한 차이를 보일 수밖에 없다는 압도적인 증거도 존재한다. 그럼에도 이를 진지하게 받아들이는 경우는 드물다. 마지막 장에서 논의하겠지만, 사람 간의 성향을 진심으로 수용할 수 있다면 그 사회는 중요한 방식으로, 아마도 더 나은 방향으로 나아갈 것이다.

차이의 세계

사람마다 각자의 차이는 크다. 모두가 같은 선상에서 태어나지 않는다. 누구나 저마다 많은 것을 가지고 세상에 태어나며, 우리가 마주하는 환경은 각자의 독특함을 더한다. 학계의 견해나 사회적 통념에서는 이러한 개별성이 특별히 지속적이거나 생물학적이지 않다고 본다. 그러나 대다수는 스스로 성찰하는 과정에서 오래된 선입견과 타고난 성향이 존재함을 인정한다. 따라서 우리는 타고난 성향을 생물학적으로 측정할 수 있으며, 다양하면서 일반적인 심리 및 인지 패턴과 연결되어 있다.

타고난 성향의 차이를 인정하는 것은 모든 사람이 근본적으로 같다는 가정에 의문을 제기한다. 물론 트라우마나 질병으로 온전하지 못한 상태이거나, 장애로 옳고 그름을 분별할 수 없는 경우를 제외하고 말이다. 타고난 성향의 차이는 무작위로 배정한 두 집단을 서로 다른 자극에 노출하여 각 집단의 평균적인 행동 차이를 계산하는 것과 같다. 이러한 결과는 사람을 너그럽게 하거나 권력자에게 복종하게 만드는 것은 상황이라고 주장하는 전통적인 학문적 관행이 중요한 부분을 놓치고 있음을 시사한다. 즉 그 평균을 중심으로 존재하는 놀라운 차이를 무시한다는 뜻이다. 이는 다음에 열거하는 집단에서도 마찬가지다.

행동주의자

진화심리학자

고전 미시경제학자

실험적 사회심리학자

정치 이론가

공산주의자

사회공학자

대중 평론가

일반사회학자

법적 권위자

진단 전문가

고결한 야만인 관념의 지지자

그렇다면 정치 성향은 행동과 연관된 생물학적 성향의 영향력에 저항할 수 있을까? 사실 정치가 감정의 지배를 받는다는 점을 고려하면, 삶의 다른 요소보다 타고난 성향의 영향을 더 많이 받는다고 볼 수 있다. 동성애자와 이성애지의 성적 지향에 생물학이 큰 역할을 하듯, 보수와 진보 가운데 일부의 정치적 선호 역시 타인보다 생물학적 성향과 훨씬 긴밀하게 연결된다.

물론 타고난 성향 중심의 접근법은 모든 사람이 정확히 두 진영으로 나뉠 수는 없다는 사실을 설명하는 데도 도움이 된다. 양성애자나 무성애자도 있듯, 정치적으로 중도이거나 정치에 완전히 관심이 없는 사람도 있다. 또한 정치적으로 진보주의자가 모두 동일하지는 않듯, 보수주의자도 마찬가지다.

정치는 모든 대규모 사회 구조에서 공통으로 발생하는 근본 쟁점을 다루며, 인간관에 중심적인 역할을 한다. 사람은 행동과 연결되는 독특한 성향을 타고나며, 이 성향은 정치 문제에 선호하는 해결책 등 삶의 모든 영역에서 태도와 행동에 영향을 미친다. 이처럼 정치와 연관된 성향은 상호 연결된 심리적 지향과 취향, 인지 패턴, 생리 반응, 유전적 특징으로 네 가지가 있다. 이처럼 개별적이면서도 서로 연결된 층위는 앞으로 이어질 내용을 통해 각 차원의 실증적 증거를 탐구한다. 따라서 이 장에서는 정치적 취향을 예술과 음식, 유머, 사회상, 심리 구조 등 더 광범위한 취향의 맥락에서 살피도록 하겠다.

정치 성향은 어떻게 결정되는가

제4장

선호의 정치학

•

정치적 쟁점은 식탁에서 결정된다.

루시앙 탕드레(Lucien Tendret)

●

일부 곤충이 맥주를 좋아하는 이유는 무엇일까? 이는 생물학에서 가장 큰 수수께끼에 속한다. 예컨대 초파리 종류의 상당수가 맥주를 좋아한다. 왜 그 럴까? 무더운 여름에 달콤한 음료를 마셔 본 사람이라면 파리가 달짝지근한 액체를 좋아하는 것을 잘 안다. 초파리는 주로 상한 과일에서 영양분을 얻지 만, 저작 활동이 불가능하다. 따라서 빨대처럼 주둥이로 음식물의 영양소를 빨아들인다. 과일 주스는 당분이 많으며, 이처럼 달콤한 맛이 나는 음식물은 초파리에게 뷔페나 마찬가지다.

그런데 맥주는 달콤하지 않다. 맥주를 양조할 때는 효모가 설탕을 에탄올 과 이산화탄소로 분해하는 발효 과정이 일어난다. 이후 맥주에는 미량의 당 분만 남는데, 이것만으로는 파리를 끌어들일 수는 없다. 그렇다면 기본적으 로 당분이 많은 액체를 섭취하여 생존하는 곤충이 맥주를 좋아하는 이유는 무엇일까?

캘리포니아 대학교 리버사이드의 한 연구진은 초파리가 맥주를 좋아하는 이유가 약 1L낭 1~2g, 즉 1%의 농도로 힘유된 글리세롤 때문이라는 가설 을 세웠다. 연구진은 대학원생인 제브 위소츠키Zev Wisotsky에게 맥주 가운데 당 분이 적고 글리세롤 함량은 높은 페일 에일Pale Ale을 슈퍼마켓에서 사 오도록 했다. 그리고 위소츠키는 통제된 실험에서 맥주와 설탕물만 준비하여 초파 리의 선택을 지켜보았다.

실험 결과, 일부의 예외를 제외하면 다수의 초파리가 맥주를 선택했다. 이 는 글리세롤이 당분은 아니어도 단맛이 있기 때문으로 추정한다.*[138] 그런데 연구진들은 여기에서 멈추지 않았다. 그들은 한 걸음 더 나아가 유전자 변형 을 통해 설탕물을 맥주보다 더 좋아하거나, 이와 반대인 초파리를 번식시켰 다. 이를 통해 야생 초파리의 음료 선호 차이가 부분적으로 유전적 요인에 기 인한다는 사실을 증명했다.

취향과 선호도에서는 인간과 초파리가 크게 다르지 않다. 먼저 개체별로

138　Wisotsky et al. "Evolutionary Differences in Food Preference Rely on Gr64e, a Receptor for Glycerol."

큰 차이를 보인다. 설탕물을 좋아하는 파리와 맥주를 좋아하는 파리가 있는 것처럼, 사람에 따라 쿨에이드Kool-Aid*139나 맥주에 대한 선호가 갈리기도 한다. 또한 누군가는 짭짤한 음식을 좋아하는 데 반해 다른 사람은 단것을 좋아하며, 일부에게는 맛있다고 느끼는 식감과 향이 다른 이에게는 역겨운 것으로 간주되기도 한다. 이러한 취향과 선호도의 차이는 음식에만 국한되지 않는다.

사람은 음악에서 패션, 예술, 유머, 심지어는 말하기 방식에 이르기까지 모든 면에서 차별화된 모습을 보인다. 그러므로 사람들은 맛있고 즐거우면서 만족감을 주며, 재미있다고 느끼는 자극에 이끌리는 반면, 역겹고 불쾌하며 지루하다고 생각되는 자극을 회피하려는 것은 당연하다. 따라서 같은 자극이라도 누군가를 즐겁게 만들지만, 다른 이에게는 그렇지 않을 수 있음에 주목할 필요가 있다.

또한 취향과 선호도의 차이는 태도와 행동에서 보이는 개인차와 연관된다. 같은 파티라도 음악을 좋아하는 사람이 있는 반면, 누군가는 그렇지 않다. 어떤 사람은 땅콩을 게걸스레 씹어 먹는 와중에 다른 이는 채소를 찾는다. 한편 주최자의 이야기가 재미있다고 말하는 방문객이 있다면, 이를 달갑게 여기지 않는 사람도 있다.

한편 일부는 현재 유행하는 옷을 입고 온 사람에게 진심으로 감탄하면서도 다른 방문객은 그리 충격적인 모양새로 사람들 앞에 나선 일을 후회할 것이라 생각한다. 그리고 누군가는 파티 게임에 적극적으로 참여하며, 다른 이는 사람들 앞에서 꼴사나운 모습을 보일까 주춤한다. 또한 파티에는 금주주의자와 술고래가 모두 존재한다.

이상에서 소개한 내용 모두가 이 책의 주제와 관련된다. 취향과 선호도의 차이, 더 나아가 무엇을 즐기고 무엇을 불쾌하게 여기는가에 영향을 미치는 성향과 가치관의 차이는 정치 성향과도 연관된다고 볼 수 있기 때문이다. 우리는 사람들이 예술, 운동 및 지적 활동, 사회 관계, 직업 선호도와 정치 등의

---

139   미국의 분말주스 브랜드.

측면에서 전혀 다른 성향을 타고났다고 생각지 않는다. 그 대신 우리는 성격 특성과 도덕적 가치에서 자동차 모델과 애견 품종에 대한 선호도에 이르기까지 모든 측면에서 드러나는 광범위하고 깊은 성향을 타고났음을 확신한다.[140]

물론 예외도 많다. 예컨대 일부 진보주의자는 나스카NASCAR[141] 대회를 좋아하고, 여자 축구를 좋아하는 보수주의자도 있을 것이다. 그러나 우리는 정치와 다른 다양한 요소를 향한 지향성 사이에 놀라운 공통점이 존재한다고 추정한다. 이 생각이 과연 옳을지는 모르겠다. 그러므로 이 장에서는 보수와 진보를 구분하는 취향과 선호도를 다룬다. 그리고 이러한 차이의 원인과 함께 정치와의 연관성을 비판적으로 조명하고자 한다.

취향은 이념적이다

2008년 미국 대통령 선거에서 공화당과 민주당 후보를 갈라놓은 쟁점 중 하나는 향기로우면서 알싸한 맛의 샐러드 채소에 대한 상반된 시각이었다. 이 채소 논쟁은 민주당 후보였던 버락 오바마가 아이오와주 예비선거 운동 중에 한 발언에서 시작되었다. 오바마는 식료품 가격이 오르고 있는데도 농부들의 수입이 늘어나지 않는 점을 강조하며, "최근 홀 푸드 마켓Whole Foods Market에 가서 루콜라Rucola[142] 가격이 얼마인지 보신 분 있나요?"라는 질문을 던졌다.[143]

그 발언은 도리어 오바마를 두고두고 괴롭히는데, 그의 본 선거 상대였던 공화당의 존 매케인이 이 발언을 이용하여 유권자들의 분명한 선택을 강조했

---

140   Hetherington and Weiler. *Prius or Pickup?* chp. 4.

141   미국 스톡 카 경주 협회.

142   원문에서는 '아루굴라(Arugula)'라 불리는 배추과 채소로, 이 외에도 '로켓(Rocket/Roquette)'이라는 이름도 갖고 있다. 번역본에서는 한국에 앞의 두 명칭보다 일반적으로 알려진 '루콜라'라는 명칭을 사용하기로 한다.

143   Zeleny. "Obama's Down on the Farm."

기 때문이다. 와인을 즐기는 한 후보는 아이비리그에서 공부하며 값비싼 고급 샐러드를 즐기는 진보주의자로, 다른 후보는 고기와 그레이비 소스 같은 일반 식품을 더 좋아하는 전형적인 미국인으로 묘사되었다. 사실 매케인은 채소를 그리 즐기지 않는다고 고백한 적 있기는 했지만 말이다.

레시피뿐 아니라 정책 의견을 내놓을 때도 진보적인 음식 허세꾼과 고기와 감자를 즐기는 보수주의자라니, 이 모두가 우스꽝스러워 보일 것이다. 지구상에서 가장 강력한 행정직에 도전하는 두 후보가 각자 좋아하는 음식으로 유권자의 마음을 움직이려는 모습이 꼭 코미디 같지 않은가. 그런데도 매케인은 무언가를 감지했다. 정치적 차이는 저녁 식탁에서 표출되는 것이 아니라, 그 식탁에 무엇이 놓였는지와도 밀접한 관련이 있다는 사실을 말이다.

미국 온라인 커뮤니티 헌치닷컴(Hunch.com)에서 시행한 몇 차례의 대규모 조사에서 그 증거를 찾아볼 수 있다. 2014년에 사이트를 폐쇄하기 전, 헌치닷컴에서는 자사를 '모든 주제에 걸친 훌륭한 조언을 발견하고 공유하는 맞춤형 온라인 서비스'라고 설명했다. 이는 본질적인 집단 지성에 근거한 의사 결정 서비스로, 수백만 웹사이트 이용자의 의견을 활용하여 사람들이 좋아할 만한 것을 안내하는 추천 엔진이었다.

헌치닷컴은 이용자가 자신과 관련된 여러 질문에 응답한 내용을 토대로 패턴을 찾아내는 방식으로 작동했다. 예를 들어 과거 헌치닷컴에서는 아이폰 사용자가 라이스 크리스피Rice Krispies 시리얼과 BBC 텔레비전 방송, 그리고 PC보다 맥 컴퓨터를 선호하고 있음을 발견했다. 반면 안드로이드 스마트폰 사용자는 브룩스 브라더스Brooks Brothers 브랜드 의류와 허니 넛 치리오스Honey Nut Cheerios 시리얼, PC를 더 많이 이용하는 경향을 보였다.

어느 날에는 헌치닷컴에서 보수와 진보 진영 정치인 가운데 어느 쪽을 지지하는가를 이용자에게 질문한 적이 있었다. 2009년, 해당 웹사이트에서는 정치적 선호를 표현한 6만 4천 명의 이용자를 대상으로 음식에 대한 선호를 분석했다. 이를 통해 얻은 결과는 매케인과 오바마 사이에 벌어진 샐러드 논쟁에 실증적 증거를 제공한다. 즉 진보 성향의 응답자가 루콜라를 샐러드 채소로 선택한 비율이 보수 성향보다 2배 이상 높았다.

그로부터 몇 년이 지나고, 정치적 질문에 대한 40만여 개의 응답을 토대로 이 연구를 업데이트했는데, 정치 성향에 따른 음식 선호에서 여전히 일관된 차이가 발견되었다. 헌치닷컴의 조사 결과 가운데 진보 성향을 지닌 사람은 보수주의자로 판단되는 사람보다 베이컨 치즈버거를 역겹다고 생각할 가능성이 29% 높았다. 그리고 그것을 맛있다고 여길 가능성은 14% 낮다는 내용도 있었다.*144

그러나 위와 같은 유형의 조사는 무작위 표본에 근거하지 않았으므로, 확실하게 결론짓기에 유의할 필요가 있다. 다시 말해 위의 결과는 헌치닷컴의 이용자 중 정치 선호도 질문에 응답한 사람에게만 적용된다고 볼 수 있다. 이러한 이용자 집단으로는 미국의 성인 인구를 대표하기 어려우며, 대체로 진보를 지지하는 경향이 있다. 그러한 한계에도 수십만 명으로 구성된 한 집단에서 보수와 진보의 음식 취향에 뚜렷한 차이가 있다고 말할 수는 있다. 또한 그 결과는 대표적 표본에서 도출한 결과에 부합한다는 사실도 고무적이다.

정치 성향에 따른 차이는 헌치닷컴의 이용자만이 밝혀낸 것은 아니다. 이따금 두 진영의 차이를 규명하여 알리는 웹 사이트인 뉴로폴리틱스(neuropolitics.org)에서는 독자를 대상으로 음식 취향을 포함한 다양한 주제로 주기적인 조사를 시행했다. 이 사이트에서도 헌치닷컴과 유사한 결과가 나타났다. 이를테면 보수주의자는 소고기를 좋아하고, 진보주의자는 채식주의자가 될 가능성이 더 크다. 그리고 보수주의자의 체중이 상대적으로 무거운 것으로 드러났는데, 그들의 식사량이 그리 가볍지 않은 것을 보면 그리 놀랄 일도 아니다.*145 이러한 결과 역시 헌치닷컴과 마찬가지로 한계가 있지만, 최소한 음식 취향에서 진보와 보수 사이에 근본적인 차이가 반복됨을 보여 준다.

이상의 차이를 뒷받침하는 일화도 수없이 많다. 채소 이야기에 인상을 찌푸린 공화당 대선 주자는 매케인 뿐만이 아니었다. 조지 H. W. 부시 대통

---

144   Hunch.com. "How Food Preferences Vary by Political Ideology"; and Hunch. "You Vote What You Eat: How Liberals and Conservatives Eat Differently."

145   해당 설문 조사는 뉴로폴리틱스 홈페이지에서 모두 확인할 수 있다.

령은 브로콜리를 싫어한 것으로 유명하며, 그의 아들 조지 W. 부시는 대통령 재임 중 간식으로 담백한 프레첼을 즐겼다. 이와 관련하여 그는 2002년에 백악관에서 텔레비전 방송을 시청하면서 프레첼을 먹다가 목이 막힌 적도 있었다. 한편 민주당 정치인의 경우, 오바마 가족은 프레첼처럼 가공된 고탄수화물에 고나트륨 간식 대신 유기농을 강조하며 백악관 뒤뜰에 텃밭을 가꾸기 시작했다.*146

지금까지 소개한 사례는 모두 일반적인 하나의 패턴을 뒷받침하는 듯하다. 진보주의자는 새롭고 이국적인 음식을 추구하는 경향이 조금 더 강한 반면, 보수파는 익숙하고 검증된 것을 고집하는 편이다. 그러나 이러한 증거는 체계적이지 못하므로 우리는 이 가설을 직접 연구해 보고 싶었다.

우리는 연구를 위해 미국 중서부의 특정 도시 인근에 거주하는 약 350명의 성인 표본을 무작위로 추출하였다. 그리고 표본의 취향과 선호도를 포함하여 여러 항목이 담겨 있는 긴 분량의 설문지를 응답자에게 건넸다. 설문에 포함된 질문을 예로 들면 다음과 같다.

> 당신이 좋아하는 음식과 지금껏 한 번도 경험하지 못한
> 새롭고 이국적인 음식 가운데 하나를 선택해야 한다면,
> 무엇을 선택하겠습니까?

좋아하는 음식   새로운 음식

위 질문의 응답 결과, 자신을 보수주의자라고 밝힌 사람의 평균 점수는

---

146   1992년부터 《패밀리 서클(Family Circle)》 잡지에서는 주요 정당 대선 후보의 배우자에게 쿠키 레시피를 제공받은 뒤, 독자를 대상으로 가장 선호하는 레시피에 투표하도록 하였다. 이 콘테스트의 우승자는 다섯 번 중 대통령 당선자를 네 번이나 예측하였다. 예외적으로 2008년에는 신디 매케인의 오트밀 버터스카치 쿠키가 미셸 오바마의 쇼트브레드를 누르고 승리했다. 그러나 매케인의 우승 레시피 표절 의혹이 불거지면서 논란에 휩싸였다.

2.5점이었고, 진보주의자의 경우는 약 3.0점이었다. 점수차가 그리 커 보이지는 않지만, 통계적으로는 유의미한 수준이었다. 다시 말해 이 결과는 일반적인 패턴을 뒷받침하며, 그동안의 비공식적 조사와 정치계에서 자주 반복되어 나타나는 일화가 실질적인 상관관계에 근거하고 있음을 체계적으로 입증한다. [그림 2]를 보자.

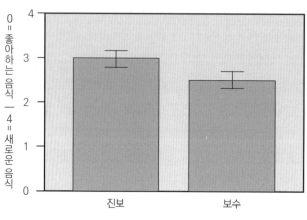

[그림 2] 정치 성향과 음식 취향

정치를 제외한 보수와 진보의 차이가 음식에만 국한된다면 그저 재미있는 이야깃거리에 지나지 않았을 것이다. 그러나 이러한 일반적 패턴은 음식 취향을 넘어 여러 영역으로 확장된다는 점에서 흥미롭다. 이뿐 아니라 우리는 조사 응답자의 호불호와 관련된 다른 질문도 했다. 구체적인 내용은 다음과 같다.

> 무엇에 재미를 느끼는 편인가?
> 어떠한 장르의 소설을 좋아하는가?
> 어떠한 장르의 예술 감상을 선호하는가?
> 새로운 음악에 얼마나 관심이 있는가?

예상대로 우리는 위의 항목 대부분에서 보수주의자와 진보주의자 사이에 통계적으로 유의미한 차이를 발견했다. 진보 진영에 속하는 사람은 다양한

정치 성향은 어떻게 결정되는가

주제에서 일관적으로 새로운 경험과 추상적이고 비순응적인 것을 선호했다. 이와 대조적으로 보수주의자는 현실적이고 예측 가능한 패턴의 전통적인 경험을 일관되게 선호했다.

예컨대 보수주의자는 시에 운율이 있어야 하며, 명확한 결말의 소설을 선호했다. 한편 진보주의자는 소설을 쓰고, 그림을 그리거나 음악 콘서트에 참석하는 경향이 더 강했다. 실험적이고 운율이 없는 시구, 모호한 줄거리, 애매한 결말은 다수의 보수주의자에게 별 감흥을 주지 못한다. 따라서 보수 성향을 지닌 사람은 연예인이 될 가능성도 적다. 이는 특히 코미디언이나 록스타, 할리우드 배우 등 소속 정당을 살펴본다면 더욱 분명하게 드러난다.

그뿐 아니라 정치 성향에 따라 예술 취향의 차이도 뚜렷하다. 보수주의자는 상대적으로 화려하고 추상적인 미술 작품보다 실제에 가까운 풍경을 선호하는 경향이 있다. 수십 년 전 심리학자 글렌 윌슨Glenn Wilson의 연구에서도 보수주의자는 추상적이고 복잡한 예술을 덜 선호한다는 결론을 도출함으로써 우리가 발견한 내용과 맞아떨어진다.[147] 또 다른 연구에서 보수주의자는 예술 활동에 참여하는 경향이 낮다는 사실을 확인했으며, 시문학 취향에서 두 진영의 체계적인 차이를 보고한 연구 사례도 우리 외에 하나 이상 존재한다.[148]

그런가 하면 유머 취향에서 정치적 차이를 발견한 연구 사례도 있다. 윌슨은 영국의 사례를 바탕으로, 모순적인 요소를 제거하지 못한 유머는 보수주의자에게 웃음을 주기 어렵다는 결론을 내렸다.[149] 우리 또한 다음과 같이 최근 미국에서도 윌슨의 결론과 유사한 패턴을 발견했다.

① 진보 성향의 참가자가 선호하는 유머
  • 초능력자 여자친구가 거의 생길 뻔했는데, 만나기도 전에 그녀가 떠나

---

147   Wilson et al. "Conservatism and Art Preferences; and Dollinger. Creativity and Conservatism."

148   Gillies and Campbell. "Conservatism and Poetry Preferences."

149   Wilson. "Ideology and Humor Preferences"; and Wilson and Patterson. "Conservatism as a Predictor of Humor Preferences."

버렸어.

- 새 모이를 뿌렸더니, 새가 생겨났어. 이제 새에게 뭘 먹여야 할지 모르겠어.

② 보수 성향의 참가자가 선호하는 유머

- 관제탑에 '5분 뒤 돌아오겠음.'이라는 메모가 붙어 있다면 문제가 생겼다는 거죠.

컬럼비아 대학교 소속의 심리학자 다나 카니Dana Carney와 동료들은 보수주의자와 진보주의자를 대상으로 정치 성향 이상의 차이를 보여 주는 흥미로운 연구를 시행했다. 연구진은 참가자의 동의하에 약 150명의 침실과 사무 공간에 있는 물건을 체계적으로 조사했다. 그 결과 취향과 선호도가 정치 성향과 연관될 뿐 아니라 개인적인 생활 공간에서도 그 차이가 드러남을 발견했다.

예를 들어 보수주의자는 빨래 바구니와 우표, 행사 달력과 같은 정리 정돈 및 청결과 관련된 물건을 많이 보유하는 경향이 있었다. 진보주의자는 방 안에 미술 용품이나 문구류 또는 음반을 더 많이 두었음이 발견되었다.[150] 이처럼 광범위한 카니의 연구에서는 정치 성향이 행동 양식과 여행지 선택에서 벽을 장식하고 몸과 집을 청결하게 유지하며, 여가를 보내는 방식에 이르기까지 생활 전반에 영향을 미친다는 결론을 내렸다.[151]

다른 연구에서도 특정한 여가 활동이나 직업 진로도 정치 성향에 따라 매력을 느끼는 것이 다를 수 있음을 보여 준다. 프로 레슬링 팬들이 보수 성향을 보이며, 학계는 진보 성향이 강한 것으로 알려져 있다.[152]

---

150   이 연구는 대다수 사람들이 일정 관리나 음악 감상에 휴대폰을 사용하기 이전에 시행되었다.

151   Carney et al. "The Secret Lives of Liberals and Conservatives: Personality Profiles, Interaction Styles, and the Things They Leave Behind."

152   이에 대한 사례는 Rothman et al. "Politics and Professional Advancement among College Faculty."를 참조하라.

정치 성향과 취향 및 선호도 사이의 관계를 밝힌 것은 사회학자나 웹 사이트뿐만이 아니다. 미국 공화당 전국위원회에서는 정치 메시지를 더 효과적으로 전달하기 위해 시장조사 기관을 고용하여 당파적 소비 패턴을 분석했다. 이 연구 결과로 사람들이 소유한 자동차에서도 그 차이가 명확하게 드러났다.[*153]

상류층에서는 공화주의자가 포르쉐를 선호하는 경향이 있고[*154], 민주주의자는 볼보를 선호한다. 하류층의 경우 공화주의자는 미국산 자동차를, 민주주의자는 현대 차를 선호한다. 그리고 공화주의자는 특정 자동차 브랜드에 충성하며, 민주주의자는 더 다양한 브랜드를 살펴보는 경향이 있다. 즉 공화주의자는 전통적이고 확고한 자동차 브랜드를 선호하고 충성하는 편이다. 이와 다르게 민주주의자는 브랜드 충성도가 약하며, 더 다양한 대안을 모색하는 경향이 있다.[*155]

한편 책임정치센터(Center of Reponsive Politics, CRP)에서는 국회의원의 주식 투자 현황을 조사하면서 투자 패턴의 뚜렷한 차이를 발견하였다. 공화당 의원은 BP나 액손Exxon 등 산업 및 자원 개발 부문 기업을, 민주당 의원은 하이테크 주식을 선호하는 경향을 보였다.[*156] 결과적으로 민주주의자는 창의성과 신사고에 근거하는 기업의 주식을, 공화주의자는 실재하는 것을 취급하는 기업을 선호하는 경향이 있다. 물론 선거 기부금의 출처와 같은 다른 요인도 정치인의 투자 결정에 영향을 미칠 수는 있지만, 이러한 조사 결과도 지금까지 주로 다룬 이야기와 맥을 같이한다.

보수주의자와 진보주의자를 구분하는 요소는 음식 취향뿐 아니라 만족이나 좌절, 흥미나 지루함, 고통이나 기쁨을 느끼게 하는 경험에 대한 선호까지를 포함한다. 다만 이와 같은 유형의 차이를 일반화하지 말고 확률적으로 생각해야 한다.

---

153   Tierney, "Your Car: Politics on Wheels."

154   실제로 포르쉐 차주의 약 60%가 공화주의자이다.

155   이 외에도 Hetherington and Weiler. *Prius or Pickup?*을 참고하라.

156   Leder. "What Makes a Stock Republican?"

햄버거를 먹으면서 포르쉐를 타고 시를 지으며, 코미디언 제프 폭스워디 Jeff Foxworthy를 좋아하는 진보 성향의 목장주도 있을 법하다. 마찬가지로 현대차를 타고 록 콘서트를 즐기며, 루콜라를 좋아하는 보수주의자 소설가도 어딘가에는 존재할 것이다. 그럼에도 일반적인 패턴은 사람들의 취향과 선호도가 정치 성향의 차이와 연결된다고 시사할 정도의 일관성과 지속성을 보인다.

권위주의적 정치 성향

지난 한 세기 동안 사회학자는 정치 성향이 성격과 연관되어 있음을 의심해 왔다. 그러나 실상은 성격 특성이 이념에 영향을 미치는가보다 이념이 성격 특성의 일부인가 대한 논쟁이 더 활발했다. 성격은 생각과 감정, 사회적 행동에 접근하는 방식으로 생각할 수 있다. 성격은 언뜻 자신과 타인에게서 인식하는 단순하고 직관적인 개념처럼 보인다.

예를 들어 조니는 조용하고 의심이 많으며 다혈질인 데 비해 제인은 사교적이고 호기심이 많으며 차분한 성격이다. 이처럼 다양한 성격 특성을 통합하는 방식에 따라 각기 다른 개인으로 규정되는데, 이를 통틀어 성격이라고 부른다. 성격은 우리가 입는 옷과 구매하는 차, 읽는 책, 추구하는 직업, 좋아하는 음악, 실내 장식, 정리 정돈 수준, 규칙 준수 여부, 심지어 이국적인 음식이나 자유시를 향한 열정으로 표출된다는 주장은 전혀 새롭지 않다. 지금까지 살펴본 바와 같이 성격 특성 또한 마찬가지로 정치적 태도와 행동이 다양한 취향과 삶의 선호와 상관관계가 있다는 사실은 이미 연구를 통해 밝혀졌다.

보수주의자와 진보주의자가 문학이나 샐러드처럼 정치를 벗어난 광범위한 영역의 취향에서 차이를 보이는 이유는 특정한 성격 특성의 소유자에게 남다른 취향과 선호가 내재한 것과 같은 맥락일 것이다. 어쩌면 보수와 진보는 사람의 생각과 감정, 행동을 주도하는 독특한 특징의 집합을 설명하는 편의적인 용어에 지나지 않아 보이기도 한다. 물론 여기에서는 보수와 진보를 일관성 있게 구분할 성격 특성을 찾아내는 일이 가장 중요하지만 말이다.

그러한 성격 특성이 실제로 존재한다면, 이는 비교적 안정적이고 견고할 것이다. 성격은 장기적인 특질로 여겨지며, 우리가 주변 탐색 및 상호 작용에 도움을 주는 일종의 심리적 나침반에 해당한다. 다시 말해 이는 최신 유행이나 파티 게임 참여 여부, 최근의 정치 쟁점 등을 선호하거나 거부하는 경향이 있음을 의미한다. 물론 상황이 중요하다는 데는 의심의 여지가 없다.

누구도 파티에서 트위스터Twister*157 게임을 제안하지 않는다면, 누가 내향적이고 외향적인가를 알 수가 없다. 그러나 일단 자극이 주어진다면 사람들의 반응을 예측할 수 있다. 누구보다 먼저 회전판을 돌려 오른손을 노란 발판 위에 올려놓는 사람도 있고, 멀찌감치 떨어져서 친구들의 팔다리가 꼬여 가는 과정을 흐뭇하게 지켜보는 이도 있다. 이처럼 성격의 경향은 상황과 시간이 다양할수록 보다 분명하게 드러난다.

물론 이 책에서는 외향성의 차이가 파티 게임에 미치는 영향보다는 특정한 성격 특성과 정치적 자극 간의 체계적인 상관관계 여부에 주목한다. 사람들을 특정한 이념적 주장이나 시민 참여 활동으로 이끄는 성격 특성의 조합이 존재할까? 성격과 관련된 특성이 정치적 성향과도 상관관계가 있다면, 성격과 정치도 서로 연관성이 있을 것이다.

사회학자는 그 가능성을 조사하면서 성격 특성과 정치적 선호 사이의 연관성을 연구해 왔다. 그들은 독특한 정치적 성격 유형을 구성할 가능성이 큰 성격 특성의 조합을 찾고자 노력해 왔다. 후자에 해당하는 접근법은 권위주의 성향을 성격 특성으로 규정 가능한가를 75년에 걸쳐 조사한 연구에서 살필 수 있다. 이 연구는 논란도 많았는데, 훌륭한 나치를 표상하는 특성에 대한 고민에서 본격적으로 시작되었기 때문이다.

제2차 세계대전이 발발하기 전, 독일의 심리학자 에리히 옌슈Erich Jaensch는 실제가 아님에도 실재하는 듯 인식되는 현상인 직관상(eidetic imagery) 연구

---

157   회전판을 돌려 바늘이 가리키는 색의 발판에 두 손과 발을 올려놓는 보드게임의 명칭.

로 잘 알려진 인물이다. 그는 사람을 직관적 능력에 따라 분류하기 시작했다. 그 후에는 불길한 예감이 사실로 적중하듯 직관적 능력에 문화적 의미를 부여하는 데 이른다. 이 과정에서 옌슈의 연구는 나치 이념을 뒷받침하는 혐오스러운 인종적 요소를 정당화하는 학문적 근거를 제공하는 방향으로 변질되었다. 직관적인 사람이 그렇지 않은 사람보다 특정한 특성을 더 많이 포함한다는 그의 주장에 특별한 사회적 함의는 그리 크지 않아 보인다. 그러나 옌슈는 이를 바탕으로 성격을 두 가지로 유형화하는 체계를 개발하기 시작했으며, 이는 정치적으로 크나큰 파장을 불러왔다.

직관상에 근거한 옌슈의 성격 유형에 따르면 J형은 운동을 좋아하고, 실용적이며 결단력이 있다. 한편 S형은 개인주의적이고 자기중심적이며, 진보주의 성향으로 알려져 있다. 옌슈는 J형이 충직한 나치에 어울리며, S형은 유대인과 집시에 가깝다고 주장했다. 그는 이상의 성격 유형이 생물학적, 즉 인종적으로 근거가 있다고 말한다. 이는 단순한 세계관의 차이가 아니라, 문화적 갈등 속에서 서로 다른 편으로 끌리는 인간의 다양한 형태를 나타낸다고 보았다. 이러한 갈등 속에서 옌슈가 누구를 '좋은 사람'으로 보았을지는 굳이 언급할 필요도 없다.*158

자신은 물론 타인까지 피로 얼룩진 세계전쟁으로 몰아넣고도 패배한 J형은 이제 실용적이고 결단력 있는 존재가 아닌, 인류를 향한 실존적 위협으로 간주하기에 이른다. 제2차 세계대전 도중과 직후, 다수의 사회학자는 J형의 내면이 작용하는 방식을 연구했다. 이에 누구도 옌슈의 연쇄 추론 방식을 신뢰하지 않았는데, 그가 도출한 결론은 도덕적으로 혐오스러울 뿐 아니라 실증적 근거조차 없었기 때문이다.

그러나 권위주의적 성격 유형이라는 개념은 학계에서 꽤 오랫동안 떠돌아왔다. 지금이야 인류를 생물학적으로 J형과 S형으로 구분함으로써 문화 지배를 위한 세계 투쟁에서 충돌할 운명에 처해 있지는 않다. 그러나 특정한 성격 특성이 권위적인 사회 구조를 더 쉽게 수용한다는 개념은 일리가 있어 보인

---

158   Diamond. "The Co-Ordination of Erich Jaensch."

다. 그 가능성은 권위주의적 이념 체제가 설득과 강압으로 공격적인 자가 복제에 나섰던 20세기 중반에 매우 중대한 사안이었다.

파시즘과 공산주의처럼 민주주의를 위협하던 거대한 이념은 평범해 보이는 수많은 사람의 수용을 넘어 열렬한 지지를 받았다. 이들 정권에서 허황된 사상을 조장했다는 명백한 사실에도 뜨거운 지지를 보낸 것이다. 직관적 능력에서 나치의 인종 순수성을 정당화하는 옌슈의 연쇄 추론뿐 아니라, 소련의 사이비 과학자 트로핌 리센코Trofim Lysenko의 사례도 유명하다.

리센코는 기존의 멘델 유전학을 거부하고, 식물과 동물의 건강이 유전이 아니라 전적으로 환경 조건에 달렸다는 한물간 믿음에 의거한 반부르주아 농업경제학을 지지하였다. 이에 리센코는 스탈린과 다른 지도자들의 환심을 샀다. 그는 잡초의 씨앗을 밀로 바꾸고 싶다면, 심기 전에 따뜻하고 습한 환경에 보관하면 된다고 주장하였다. 물론 말도 안 되는 소리였지만, 성공과 생존을 바라는 과학자들은 리센코의 황당한 이론에 맞추어 데이터를 조작해야 했다. 그 결과 수백만 명이 굶주렸고, 소련의 과학은 수십 년 동안 퇴보하고 말았다.

또한 정당성이 부여된 정책은 도덕적 참사를 초래하기도 했다. 가스실과 강제 수용소, 전쟁과 대학살, 인위적 기근, 인간의 권리와 존엄성을 총체적으로 무시하는 태도 등이 그것이다. 그 정책은 이념을 신봉하던 사람뿐 아니라 평범한 사람에 의해 수용, 실행되었다는 점에서 사회학자에게 혼란을 안겨준다. 물론 많은 이들이 가족을 보호하기 위해 어쩔 수 없이 따라야 했으며, 일부는 무자비한 대가를 치르면서까지 적극적으로 저항하였다. 그러나 권위주의 정권에서는 정책 집행에 시민이 필요했고, 실제로 많은 시민이 그들에게 호응했다. 그 이유는 무엇일까?

1940년대와 1950년대 심리학자는 사회 질서를 비롯하여 명확하고 보편적인 규칙 및 규정을 향한 욕구 등 특정한 선호를 보이는 사람이 권위주의 정권을 지지할 가능성이 크다는 가설을 세우기 시작했다. 그들은 이러한 선호가 내면의 깊은 곳에 자리하는가, 즉 하나의 성격 유형으로 구분할 수 있을 만큼 독특하면서 식별 가능한 성격 특성의 조합을 구성하는가에 의문을 품었다. 이에 '권위주의적 성격'이라는 개념이 탄생했다.

권위주의적 성격을 연구하던 사람들은 옌슈의 성격 유형 가운데 J형의 개념을 부분적으로 수용하면서도, 그 유형을 사회의 기반이 아닌 위협으로 간주했다. 그간 권위주의적 성격 개념의 정립과 검증의 바탕을 이루는 데 관여한 연구자는 많지만, 가장 저명한 인물은 권위주의를 뼈저리게 경험한 독일의 철학자 테오도어 아도르노Theodor Adorno이다.

지금도 음악 및 문화 비평가로 기억될 정도로 여러 분야에 관심이 많았던 아도르노는 철학과 심리학, 사회학을 공부하여 1924년에 철학 박사 학위를 받았다. 학술적으로 여러 분야에서 새롭게 떠오르는 별이었던 아도르노는 히틀러가 정권을 잡던 시기에 교수 자격을 상실한 뒤 도망쳤다. 그의 아버지는 유대인으로 태어나 훗날 개신교로 개종했지만, 나치 독일에서는 여전히 위험한 혈통이었다.[*159]

독일에서 도망친 아도르노는 결국 캘리포니아에 정착한다. 이곳에서 그는 오스트리아 출신의 심리학자이자 히틀러 정권의 유대인 대학살을 피해 도망친 난민인 엘세 프렌켈-브룬스비크Else Frenkel-Brunswik, 그리고 반이민주의를 연구한 심리학자 대니얼 레빈슨Daniel Revinson과 네비트 샌포드Nevitt Sanford와 함께 공동 연구를 시작했다. 이 일련의 연구는 《권위주의적 성격(The Authoritarian Personality)》이라는 저서로 이어진다.

권위주의 이론은 1950년에 이 책이 출판되기 전에도 10년이 넘는 시간 동안 학계의 관심사였다.[*160] 그러나 해당 책은 권위주의 정치에 기원한 성격 유형의 존재를 체계적이고 실증적으로 조사한 최초의 연구로 여겨진다. 저

159　아도르노의 전기 가운데 최고라 여겨지는 것은 슈테판 뮐러 둠(Stefan Müller-Doohm)의 《아도르노 전기(Adorno: A biography)》이다.

160　이러한 유형의 이론화는 옌슈를 비롯한 나치 지지자만 시도한 것은 아니었다. 파시즘이 민주주의의 자유를 전 세계적으로 위협한다고 여긴 사람들은 다른 이들이 권위주의 정권을 따르고 지지하는 이유를 공개적으로 추측했다. 그 사례는 1941년에 처음 출간된 에리히 프롬(Erich Fromm)의 《자유로부터의 도피(Escape from Freedom)》를 참고하라.

자가 말한 바와 같이 주된 전제는 "개인의 정치적, 경제적, 사회적 신념은 마치 '정신'이나 '마음'으로 묶여 있는 듯한 넓고 일관된 패턴을 형성하며, 이 패턴은 그 사람의 성격에 깊이 내재하는 경향의 표현"이라는 것이다.[161] 그들은 노골적이거나 확고한 이념을 지닌 사람보다 파시즘이 주류 사회 운동으로 정착했을 때, 이를 지지할 성향을 지닌 사람인 잠재적 파시스트에 큰 관심을 두고 있었다.

그들은 결국 F-척도를 개발했다.[162] 이 척도는 아홉 가지 특성 또는 개인의 주요 경향에 주목했고, 고용 할당제에 대한 선호와 같이 특정한 정책 쟁점은 무시했다. 이들 특성의 예는 다음과 같은 것들이 있다.

① 전통적 중산층 가치에 집착하는 인습주의(conventionalism)
② 개인의 운명을 결정짓는 신비한 요소에 대한 믿음에 고정된 범주에서 생각하는 성향이 더해져 만들어진 미신(superstition)과 정형 행동(stereotype)
③ 주관적이거나 상상의 것을 거부하는 반직관성(anti-intraception)[163]

이상의 특성을 파악하기 위해 그들이 활용한 질문의 일부는 현재 보수와 진보를 구분하기 위해 사용하는 비정치적 항목까지 반영했다는 점에서 선견지명이 있었다. 예컨대 반직관성 관련 항목에는 사람들의 생각과 감정을 담은 소설이나 이야기가 주로 액션과 로맨스, 모험을 내용으로 한 것보다 더욱 흥미로운가에 관한 질문이 있었다. 인습주의 항목의 경우, 예술적이고 심미적인 사람과 단정하고 예의 바른 사람 중 누가 더 나은가에 대한 응답을 유도하는 것도 있었다.[164]

당시 정치적 신념의 기저를 이루는 심리를 탐구하기 위해 비정치적인 질문을 사용하려는 시도만큼은 혁신적이었다. 그러나 정치적 성격을 측정하는

---

161   Adorno et al. *The Authoritarian Personality*. 1.
162   'F'는 파시스트(Fascist)를 뜻한다.
163   Adorno et al. *The Authoritarian Personality*. 222.
164   같은 책, 228.

신뢰할 만한 수단이라는 측면에서 F-척도는 사실상 실패작이었다. 해당 척도에서 산출한 점수로 많은 것을 예측할 수 있었으나, 실제로 측정하려는 바가 불분명한 데다 연구 절차에 대한 우려도 있었다.

F-척도의 방법론적 문제로는 주로 프로이트 심리학에 근거한 비실증적 접근법, 특성 및 문항을 선택할 때의 매우 느슨한 접근법도 한몫한다. 특히 가장 우려스러운 점은 F-척도가 연구원의 동기에 좌우된다는 점이었다. 현대의 여러 연구자에 따르면 F-척도가 피검사자의 성격보다 검사자인 연구진의 성격에 대해 더 많은 것을 말해 준다고 본다.*165

신뢰성 있는 척도 개발의 측면에서 F-척도는 실패로 평가되지만,《권위주의적 성격》은 정치적 성격 유형이라는 개념에 폭넓은 관심을 불러일으켰다는 점에서 중요한 학술적 성과로 간주된다. 일부 사회학자는 F-척도의 허점을 신속하게 까발리면서도, 정치를 인간 성격의 연장으로 바라본 아도르노와 동료들의 시도만큼은 인정했다. 이후 F-척도를 개선한 연구들이 등장하기 시작했다.

《권위주의적 성격》에 이어 몇 년 뒤인 1954년에 출간된《정치심리학(The Psychology of Politics)》의 저자 한스 아이젠크Hans Eysenck는 성격이 사회적 태도에 투영될 수 있음을 주장했다. 그는 해당 저서에서 이념이 기본적인 두 층위의 산물이라고 강조했다. 그중 하나는 정치와 사회 쟁점에 대한 기본적인 좌우 관념이었고, 다른 하나는 유연함(Tendermindedness)과 완고함(Tough-mindedness)이었다.

다시 말해 이념은 단순히 특정 쟁점에 대한 선호뿐 아니라 본질적인 성격까지 좌우한다는 것이 아이젠크의 생각이었다. 권위주의자라면 보수와 진보를 가리지 않고 완고한 성향일 가능성이 크다. 이에 그는 공산주의자와 파시스트 모두를 해당 범주에 포함하였다. 두 집단 모두 타인의 선호나 이해관계에 전혀 개의치 않고 자기만의 정치 신념을 추구하려는 경향이 강했기 때

---

165 그 예는 Martin. "The Authoritarian Personality, 50 Years Later: What Questions Are There for Political Psychology?"를 참고하라.

문이다.[166]

아이젠크의 균형적인 접근에도 불구하고, 이러한 연구 동향은 점차 정치 스펙트럼의 한 측면을 향한 관심을 잃은 채 보수 성향의 정치적 관점에만 치중하게 된다. 그 예로 1960년대에 글렌 윌슨과 동료들은 영국, 뉴질랜드, 호주에서 보수주의의 기본 개념이 변화를 거부하고 전통을 고수하는 성격 층위를 반영한다고 믿었다.

그 결과로 윌슨-패터슨 지수The Wilson-Patterson index로도 널리 알려진 C-척도[167]가 등장했고, 이 책에서도 해당 척도를 활용한다. 윌슨을 필두로 한 연구진은 교복에서 사형 제도에 이르는 제반 사항에 대한 태도를 조사하는 질문으로 보수성을 측정했다. C-척도는 예상 가능한 정치 성향뿐 아니라 취향 및 선호와도 폭넓은 상관관계가 있음을 발견했다.[168]

최근 들어 권위주의적 성격을 다룬 연구는 우익 권위주의(Right-Wing Authoritarianism, RWA) 척도로 더욱 확장된다. 이 척도는 1970년대와 1980년대 캐나다의 심리학자 로버트 알테마이어Robert Altemeyer가 개발하였다. 그는 기존 권위에 대체로 순종하는 사람을 권위주의적이라고 부르는 것이 과학적으로 유용한가를 고민했다.[169] 이에 알테마이어는 단호하게 유용하다고 결론지은 이후, 수십 년에 걸쳐 우익 권위주의 성격 검사를 개선했다.

여러 차례의 개선을 거치며 해당 검사에는 정치적 함의가 명확한 질문도 포함되었지만, 알테마이어는 자녀 양육과 음악 및 영화, 개인위생 등과 관련된 것도 수록했다. 우익 권위주의 척도는 F-척도보다 심리 측정 측면에서 훨씬 탁월했다. 알테마이어는 검사에서 높은 점수를 받은 사람들이 개인의 자유에 대한 통제와 가혹한 처벌을 지지한다고 말한다. 또한 동성애자와 페미니스트를 비롯한 소수자에 적대적이면서 이들 집단에 대한 박해를 지지할 가

---

166   Eysenck. *The Psychology of Politics.*

167   'C'는 보수주의(conservatism)를 뜻한다.

168   Wilson. *The Psychology of Conservatism.*

169   Altemeyer. *Right-Wing Authoritarianism.* 7.

능성이 크다고 지속적으로 보고했다.*170

학계에서는 권위주의의 선호와 관련된 성격 특성을 측정하기 위해 반세기 넘게 노력해 왔지만, 전반적인 결과는 엇갈릴 뿐이었다.*171 이에 비평가들은 두 가지 문제를 일관적으로 제기했다. 첫번째는 기술적인 문제로, 지금까지 소개한 모든 척도의 통계적, 심리적 측정의 타당성과 관련된다. 이와 관련한 의문은 두 가지가 있다. 하나는 그 척도가 실제로 식별 가능한 성격 유형을 구성하는, 비교적 견고하면서 안정적인 특성의 집합을 측정할 수 있는가이다. 다른 하나는 통계적으로 일관적이지 못한 일반적인 쟁점에 대한 태도의 대리 지표에 불과한지에 대한 의문이다.*172

두 번째 비판은 이념적 편향 가능성과 연결된다. 모든 수학과 심리학 이론의 기저에는 민주주의와 인간의 품위에 실존적 위협이 될 만한 성격 유형

170　이와 관련한 것으로는 '사회적 지배 지향성(Social Dominance Orientation, 이하 SDO)'이라는 개념과 설문 도구가 있다. 이는 사회 집단 간 불평등에 대한 개인의 선호도를 반영하는 성격 특성을 나타낸다고 주장한 심리학자 짐 시다니우스(Jim Sidanius)와 펠리시아 프라토(Felicia Pratto)가 개발한 것이나. SDO 점수가 높은 사람은 대체로 목표 지향적이며, 능력주의적이고 강인한 성향을 보인다. 그러나 공감과 관용 수준이 낮고, 집단 기반 불평등을 심화하는 정책을 강하게 지지하는 경향이 있다. 사회적 지배 지향성은 여러 표본을 대상으로 한 연구에서 민족주의, 애국심, 보수주의 및 인종 차별과 상관관계를 보이는 것으로 나타났다. 출처는 다음과 같다.

Pratto et al. Social Dominance Orientation: A Personality Variable Predicting Social and Political Attitudes.

171　스탠리 펠드먼(Stanley Feldman)은 해당 분야에서 〈사회적 순응의 강제: 권위주의 이론(Enforcing Social Conformity: A Theory of Authoritarianism)〉이라는 선구적인 연구를 수행하였다. 이 외에 중요한 연구로는 카렌 스테너(Karen Stenner)의 《권위주의의 역학(The Authoritarian Dynamic)》이 있다. 특히 마크 헤더링턴(Mark Hetherington)과 조너선 와일러(Jonathan Weiler)는 저서 《미국 정치의 권위주의와 분극화(Authoritarian-ism and Polarization in American Politics)》에서 권위주의가 현재 미국 정치의 분극화를 설명하는 데 설득력 있는 이론을 제공한다고 주장한다.

172　윌슨의 C-척도를 포함한 권위주의적 성격의 초기 연구를 대상으로 한 가장 혹독한 비판은 1981년, 약 100쪽 분량에 걸쳐 해당 연구를 철저히 해체한 알테마이어의 저서에서 나타난다.

을 찾아내려는 진보 성향의 연구자가 숨어 있다는 의심이 존재한다. 이러한 예상대로 그러한 성격 유형은 보수 지향적 정치 선호와 상관관계를 보인다.

이따금 아이젠크의 연구와 같이 좌익 권위주의에 관심을 보이기는 하지만, 주된 목표는 보수적인 정치 성향과 연관된 성격 유형을 규명하는 것이었다. 일부에서는 이와 같은 현상을 학계 심리학자가 보수주의를 하나의 병리 현상으로 간주하는 증거로 본다. 이 연구를 가장 끈질기게 비판한 심리학자 J. J. 레이J. J. Ray였다. 그는 해당 연구의 기술적 측면을 비판하는 수많은 논문을 발표하여 기존의 권위에 저항했다. 레이도 일부 보수주의자와 같이 "진보 성향의 정치 신념은… 현대 심리학의 연구 문화를 일부 형성하고 있다. 따라서 심리학자가 이념을 연구할 때, 해당 신념에 부합하는 결론이 도출되는 경향을 당연히 예상할 수 있다."라고 믿었다.*173

이상의 연구에서 제시하는 결론은 기본적으로 소설의 장르나 파자마 파티의 선호 여부를 아는 것만으로도 그 사람의 정치 성향을 어느 정도 파악할 수 있다는 점이다. 그 척도에 포함된 항목 가운데 종교적 전통 유지와 사회 관습에 대한 존중 등 명백히 정치적인 항목조차도 정치학자가 선호하는 특정 쟁점 중심의 이념 접근법과는 구별된다. 그럼에도 해당 척도는 다양한 시대와 사회에서 특정 쟁점에 대한 태도를 신뢰성 있게 예측한다.

지금까지 소개한 척도는 서로 다른 시대와 사회에서도 정당 정체성과 이념 스펙트럼에서의 위치 사이에 폭넓은 상관관계를 보이는 경향이 있다. 권위주의 성격이라는 것이 존재하지 않더라도 정치의 기저에는 심오한 심리학적 기반이 존재한다. 정치적 태도와 연관된 특성은 주로 참신하고 추상적인 것 등에 대한 매력이나, 의무감과 질서, 충성도 등과 연관되는 경향이 있다.

---

173   Ray. "The Scientific Study of Ideology Is Too Often More Ideological Than Scientific."

특정한 정치적 성격 유형이 아닌 일반적 개념으로서의 성격에 주목한 연구에서도 근본적으로 동일한 결론이 도출되었다. 보편적으로 동의하는 바는 아니지만, 현대 심리학에서는 인간의 성격을 다음 다섯 가지 기본 특성으로 구분한다.

① 개방성(openness to experience)
② 성실성(conscientiousness)
③ 외향성(extroversion)
④ 우호성(agreeableness)
⑤ 신경증(neuroticism)

아도르노가 촉발한 성격 연구와 달리 빅5Big5 모델은 정치와 연관된 특질을 규명하려는 목적이 아니라, 성격이라는 광범위한 개념을 분류하기 위한 수단으로 만들어졌다. 독립적으로 연구해 온 심리학 연구진들은 수십 년에 걸쳐 특정한 특성을 묘사하는 데 함께 쓰이는 수식어군을 정리하면서 다섯 가지 범주로 구성된 성격 분류 체계를 도출해 냈다. 이 연구는 루이스 골드버그Lewis Goldberg, 폴 코스타Paul Costa, 로버트 맥크레이Robert McCrae 등의 연구자에 따라 표준화된 성격 검사로 정립되었다. 이 검사는 다섯 가지 핵심 성격 특성을 측정하며, 그 결과로 등장한 빅5 모델은 다양한 표본과 여러 사회에서 검증된 바 있다.[174]

빅5 성격 검사에는 정치적인 내용이 명시적으로 포함되지는 않았다. 그러나 몇 가지 항목은 권위주의 척도에 포함된 비정치적 질문과 유사하며, 취향

---

174 Goldberg. "The Structure of Phenotypic Personality Traits"; and Costa and McCrae. *NEO PI-R: Professional Manual.* 이 외에도 빅5 모델로 이어진 성격 발달의 연구사에 대한 상세한 설명은 Digman. "Personality Structure: Emergence of the Five-Factor Model."을 참고하라.

과 선호도를 활용하는 것도 있다. 이에 따라 개방성과 성실성 특성은 정치 성향과 일관성 있게 연결된다.

개방성은 새로운 경험을 편안하게 받아들이는 성격 범주이다. 따라서 호기심이 많고 창의적이며 예술적인 성격, 즉 새로운 경험을 즐기고 추구하며, 틀에 박히지 않은 신념을 채택하려는 경향을 보이는 성격 특성을 말한다. 한편 성실성은 신뢰감을 주고 의무감이 강하며, 자제력이 있는 성향을 뜻한다.

표준 빅5 성격 검사에서 개방성은 추상적인 아이디어에 대한 관심도나 생생한 상상력의 유무를 묻는 항목으로 측정한다. 그리고 성실성은 세밀한 부분까지 주의를 집중하거나, 깔끔한 집안일 능력 등과 관련된 평가 항목으로 산출한다. 이에 따른 다수의 연구를 통해 앞의 두 범주와 정치 성향을 확실하게 구분하는 취향과 선호의 차이에 상관관계가 있음을 발견했다.

예컨대 개방성 점수가 높은 사람은 파격적인 음악이나 추상 예술을 선호할 가능성이 크다. 또 성실성 점수가 높은 사람은 체계적이고 신뢰감을 주며, 충직한 경향이 있다. 이처럼 방대한 연구를 검토한 한 연구에서는 70년간 이어진 성격 연구에서 그러한 차이가 지속적으로 나타났음을 강조한다. 다만 해당 연구 역시 성격 특성과 정치 성향 사이의 일관적인 연관성을 보여준다는 점에서 중요하다.

새로운 경험에 개방적인 사람은 잭슨 폴록Jackson Pollock[175]의 작품이 벽에 걸린 어수선한 방에 드러누워 실험적인 재즈 밴드가 바흐를 테크노 팝으로 재해석한 음악을 듣는 데 그치지 않는다. 이러한 유형에 속하는 사람은 자신을 진보주의자로 여길 가능성이 크다. 반면 성실성 점수가 높은 사람은 정돈된 사무실에 애국심을 고취하는 포스터를 걸어 두고 감미로운 음악을 들으며, 보수적인 성향을 지닐 것이다. 이러한 상관관계는 시간과 사회, 그리고 다양한 개념적, 방법론적 접근 방식을 적용한 연구에서 일관적으로 나타난다.[176]

---

175 미국의 추상표현주의 화가. 옮긴이.

176 해당 연구 결과의 요점은 Carney et al.(2008)의 816쪽에 수록된 'Table 1'에서 확인할 수 있다. 이 범주에 포함되지는 않지만, 서로 다른 시기에 다양한 국가의 표본을 대상으로 여러 방법으로 같은 요점을 강조한 연구는 다음과 같다.

보수주의와 성실성 사이의 연관성은 '인지적 종결(cognitive closure)*177' 욕구가 강한 사람들이 정치적으로 보수적인 경향이 크다는 연구 결과와 일치한다. 연구자들을 지난 20년 동안 다음과 같은 다양한 설문 항목을 통해 이 관계를 연구했다.

① 직장에서 성공하려면 명확한 규칙과 질서가 있어야 한다고 생각한다.
② 불확실한 상황을 좋아하지 않는다.
③ 예측할 수 없는 친구를 좋아한다.(역문항)
④ 무언가에 대해 결정한 후에도 항상 다른 의견을 기꺼이 고려한다.(역문항)*178

설문 점수가 높을수록 인지적 종결을 향한 선호도가 높다. 위의 설문 항목에 따르면 불확실한 상황을 싫어하고, 대안적 관점을 수용하고 싶어 하지 않는 것 말이다. 항목별 점수와 정치 성향을 비교하면, 대다수 국가에서 인지적 종결을 선호하는 사람이 자신을 보수적으로 인식한다. 그리고 그들은 정동성이 있는 정당에 투표하며, 사회 경제적 문제에서 보수주의적 입장을 선

Neiman. "Political Ideology, Personality, and the Correlations with Tastes and Preferences for Music, Art, Literature, and Food"; Feist and Brady. "Openness to Experience, Non-Conformity, and the Preference for Abstract Art"; Rawlings et al. "Personality and Aesthetic Preference in Spain and England: Two Studies Relating Sensation Seeking and Openness to Experience to Liking for Paintings and Music"; Furnham and Walker. "The Influence of Personality Traits, Previous Experience of Art, and Demographic Variables on Artistic Preference"; Furnham and Avison. "Personality and Preferences for Surreal Art"; Mondak et al. "Personality and Civic Engagement"; Gerber et al. "Personality and Political Attitudes"; and Mondak. Personality and the Foundations of Political Behavior.

177   정보를 접할 때 불확실성을 피하면서 확고부동한 결론을 얻고자 하는 욕구. 옮긴이.

178   Kruglanski et al. "Motivated Resistance and Openness to Persuasion in the Presence or Absence of Prior Information."

호하는 경향이 있음을 알 수 있다.[*179] 이러한 성향은 종교적 근본주의와도 밀접한 관련이 있다.[*180]

물론 성실성과 권력 구조, 그리고 명확한 답변에 대한 선호가 성격 결함으로 이어진다는 의미는 아니다. 오히려 설문에서 자신을 표현할 기회가 주어졌을 때, 다수가 자신의 성실성을 과장하려는 경향을 보인다. 수많은 사람은 도덕적으로 타락한 권력 구조를 보고 인식하는 상태에서도 여전히 그러한 특징이 나타난다.

우리는 개방성을 특징으로 하는 성격이 바로 진보 성향으로 결정되는 것은 아니며, 성실성이 보수 성향을 결정하는 것도 아니라는 점을 기억해야 한다. 따라서 확률적으로 생각해야 한다. 핵심은 개방성과 성실성에 관한 설문 항목이 정치적 질문을 포함하지 않음에도 지속적으로 정치 성향과 상관관계를 보인다는 점이다. 이는 인간 심리의 깊은 곳에 사람의 생각과 감정, 행동에서 좋고 싫음을 결정하는 요소가 있음을 시사한다. 이러한 경향성은 음악, 예술, 명확성, 샐러드 채소, 정치, 도덕을 비롯한 모든 취향에서도 마찬가지로 나타난다.

179　그 예로 다음 연구를 참조할 수 있다.

Golec. "Need for Cognitive Closure and Political Conservatism: Studies on the Nature of the Relationship"; Kossowska and van Hiel. "The Relationship between Need for Closure and Conservative Beliefs in Western and Eastern Europe"; Chirumbolo et al. "Need for Cognitive Closure and Politics: Voting, Political Attitudes and Attributional Style"; Federico et al. "The Relationship between the Need for Closure and Support for Military Action against Iraq: Moderating Effects of National Attachment"; and Jost and Kruglanski. "Effects of Epistemic Motivation on Conservatism, Intolerance, and Other System Justifying Attitudes."

180　Linesch. "Right-Wing Religion: Christian Conservatism as a Political Movement"; and Streyffeler and McNally. "Fundamentalists and Liberals: Personality Characteristics of Protestant Christians."

도덕 기반 이론(Moral Foundations Theory, MFT)은 사회심리학자들의 연구 프로젝트로, 도덕적 규범이 문화에 따라 다르면서도 여전히 인간의 보편성을 반영하는 이유를 찾는다. 모든 문화권에는 저마다 옳고 그름에 대한 독특한 개념이 있으며, 동시에 보편적인 윤리의 존재를 보여 주는 명확한 증거도 있다. 일부다처제, 영아 살해, 인종 차별, 성차별에 대한 도덕성은 시대와 문화에 따라 달라지지만, 근친상간과 살인에 대한 도덕성은 그렇지 않다. 이러한 차이는 무엇을 의미할까?

심리학자 조너선 하이트Jonathan Haidt와 제시 그레이엄Jesse Graham이 주도적으로 정립한 도덕 기반 이론은 도덕적 보편성이 '직관적 윤리관(intuitive ethics)'에 뿌리를 두고 있다고 주장한다. 이는 물리적, 심리적, 사회적 환경 속에 우리가 마주하는 상황에서, 감정에 근거한 도덕적 반응을 자동으로 촉발하는 내재적 심리 기제를 갖추고 있다는 뜻이다. 여기에서 학술 용어를 걷어낸 핵심 개념은 주지하고 있을 것이다.

대다수는 윤리적 딜레마에 직면했을 때 본능적으로 반응한다. 마치 점원이 거스름돈을 너무 많이 주었는데 다시 가서 말할까, 비품 캐비닛에서 물건을 훔치는 사람을 보았는데 고발해야 할까를 고민하는 것처럼 말이다. 이러한 상황을 마주했을 때, 우리의 마음속에서는 '잔액이 맞지 않으면 문제가 될 테니, 점원에게 가서 바로잡아야 해.'라는 목소리를 낸다. 하이트와 그레이엄은 이러한 윤리적 직관이 문화권 전반에서 도덕적 판단을 대부분 설명하는 다섯 가지 보편적 체계인 '도덕 기반'에 근거한다고 말한다. 연구진은 사람들에게 옳고 그름을 판단하는 저마다의 근거를 성찰하도록 하면서 도덕 기반을 정립했다.

그중 두 가지는 개인에 대한 부당한 대우와 관련이 있다. 이것이 구체적으로 타인의 고통인가, 아니면 부당한 대우인가에 따라 각각 '해악(harm)'과 '공정(fairness)'으로 불린다. 나머지는 개인보다 집단이나 공동체에 주목하는데, 충성과 배신, 권위 존중, 혐오스럽고 역겨운 것을 피하려는 욕구와 관련된다. 이들은 각각 '충성(loyalty)', '권위(authority)', '정결(purity)'이라 불린다.[181] 이상의 도덕 기반 가운데 특별히 중시하는 유형에 따라 개인적, 사회적으로 다양한 윤리 체계를 구축한다.

도덕 기반 이론은 개인의 개성을 형성하는 속성 연구와는 대조적으로, 보편적인 윤리를 탐구하는 특성 기반의 성격 연구와는 출발점이 다르다. 그러나 적어도 정치적 측면에서는 종점이 거의 비슷하다. 그 이유는 옳고 그름의 판단에 적용되는 도덕 기반이 개인의 정치적 신념을 비교적 정확하게 예측하기 때문이다. 하이트와 그레이엄을 비롯한 여러 동료와 독립 연구자는 도덕 기반이 문화 전반에서 확인되며, 정치 기질과도 연관된다는 증거를 속속 찾아내고 있다.

요컨대 진보주의자는 개인에 대한 부당한 대우와 관련된 도덕 기반인 해악과 공정 유형을 더 중요시한다. 이와 다르게 보수주의자는 충성, 권위, 정결에 관심을 두는 경향이 있다. 즉 도덕적으로 올바른 행동 방향을 결정할 때, 진보주의자는 개인의 대우에 특히 민감한 한편, 보수주의자는 집단의 목적과 이익을 보다 중시하는 경향이 있다.

또한 진보주의자는 누군가 사회적으로 배척을 받는 상황을 도덕적 잘못으로 여기는 경향이 있다. 그러나 보수주의자는 도덕적 판단을 집단의 관점에 의존한다. 말하자면 다음과 같다.

"그 사람은 우리와 달라서 배척받는가? 아니면 의리가 없어서인가? 또는 규칙을 위반했거나, 통상적인 방식을 거부해서인가? 그것도 아니라면 모두가 역겹다고 느끼는 일을 해서인가?"

위 질문에 '예'라고 답한다면, 어쩌면 그 사람은 사회에서 배척받을 만한 행동을 했기에 괄시받는다고 여길 것이다. 도덕 기반 이론에서는 보수와 진보의 의견이 엇갈리는 이유가 쟁점별로 서로 다른 입장을 합리적으로 분석

---

181   Haidt and Graham. "When Morality Opposes Justice: Conservatives Have Moral Intuitions That Liberals May Not Recognize."

해서가 아니라고 본다. 오히려 사회적, 심리적, 물리적 환경에서 벌어지는 상황에 대한 반사적 반응이 서로 다르기 때문이라는 함의를 시사한다. 이러한 반응은 옳고 그름을 감정에 근거하여 도출한 신호이다. 우리는 감정에서 비롯된 반사적 반응을 '타고난 성향'이라 부른다.[182]

하이트와 그레이엄은 도덕 기반을 '도덕 감각의 미각 수용체'[183]라고 설명하며, 이것이 성격 연구와 어떻게 부합하는가에 주목할 필요가 있다. 해악과 공정, 성격 특성 가운데 개방성은 진보 성향과 긍정적으로 연관되고, 우익 권위주의에 부정적이다.[184] 이는 개방성이 높은 사람이 개인의 표현과 자유의 제한에 더 민감한 경향이 있다고 이해할 수 있다.

위와 대조적으로 성실성과 우익 권위주의 영역의 점수가 높은 사람은 집단 중심의 규칙과 규정 위반에 예민한 편이다. 성격과 마찬가지로 도덕 기반도 보편적인 요소, 즉 물리적, 사회적, 심리적 환경에서 상황에 대한 반응을 이끄는 일련의 성향을 포착하는 것으로 보인다. 무엇보다 이러한 성향은 정치적 입장에도 분명한 영향을 미친다.

도덕 기반 이론은 보수 또는 진보 성향 시시사가 정치와 선혀 무관해 보이는 취향과 선호에 차이가 나타나는 이유를 설명하는 데 도움을 준다. 이와 관련하여 하이트와 그레이엄은 사람들에게 어떠한 성격의 반려견을 좋아하는지 물었다. 진보주의자는 온순하고 주인과 동등한 관계를 맺는 개를, 보수주의자는 충성스럽고 순종적인 개를 선호했다. 이러한 반려동물 선호도는 기본적인 도덕 기반의 차이와 직결된다. 진보 성향의 개인은 공정한 대우와 관련

---

182   하이트의 주장의 생물학적 기반은 우리보다 약하지만. 정치적 태도와 행동이 반사적인 감정적 반응에 토대를 둔다는 일반적인 개념은 우리가 제시하는 성향의 개념과 양립할 수 있다고 본다. 우리에게는 이러한 성향이 생물학적으로 내재된 기본값으로 작용하여 정치적 기질에 영향을 미치며, 이는 종종 우리의 의식적 인식 밖에서 발생한다. 이에 관하여 하이트의 저서 《바른 마음(The Righteous Mind)》을 참고하기를 바란다.

183   Haidt et al. "Above and below Left-Right: Ideological Narratives and Moral Foundations."

184   같은 논문.

된 특성을, 보수파는 충성과 권위를 반영하는 특성을 강조했다.[185]

도덕 기반 이론과 마찬가지로 가치 이론(values theory)도 성격 특성 연구에서 도출된 일반적인 결론을 뒷받침한다. 가치 이론은 인간 심리의 광범위하고 보편적인 측면을 탐구하기 위해 만들어졌다. 여기에서 가치는 지속적인 목표이자 믿음과 행동에 동기를 부여하는 요소를 의미한다.

심리학자와 문화인류학자는 인간이 핵심적, 보편적인 가치 체계를 공유하리라는 가능성에 오랫동안 주목해 왔다. 이러한 관념을 포괄하는 가치 이론은 히브리 대학교의 심리학자 샬롬 슈워츠Shalom Schwartz가 개발했다. 가치 이론의 기본 전제는 모든 사회의 구성원이 다음 세 가지에 반응해야 한다는 것이다.

① 생리적 욕구: 식욕 등
② 사회적 욕구: 타인과의 의사소통 욕구 등
③ 집단적 욕구: 집단의 복지와 생존 욕구 등

사람은 시간과 장소에 상관없이 위의 욕구를 충족하기 위해 해야 할 행동을 이해하며, 사회적 동물로서 그 중요한 실행 목록을 집단의 차원에서 조율할 수 있어야 한다.[186] 세 가지 기본 욕구는 가치 체계의 기초를 형성하며, 슈워츠는 이들 욕구에서 열 가지 보편적 가치를 추출했다. 각 가치는 욕구 가운데 하나와 연결된 '중심 동기 목표(central motivation goal)'로 구분된다.

예컨대 핵심 가치 중 하나인 '쾌락(hedonism)'은 개인의 쾌락과 만족, 즉 먹고 마시며 성생활을 즐기는 것 등을 목표로 삼으며, 명백히 생존을 독려한다. 이와 대조적인 '순응(conformity)'이라는 가치는 사회 유지라는 목표를 반영한다. 구체적으로 단순히 처벌을 피하기 위해서뿐 아니라 사회 질서 유지라는 더 큰 목표를 지향하며, 배우자를 비롯한 타인에게 폐를 끼치지 않음을

185   Haidt. *The Righteous Mind.* 187-188.

186   Schwartz and Bilsky. "Toward a Universal Psychological Structure of Human Values."

말한다. 연구자들은 70개 이상의 독특한 문화 집단에서 열 가지 핵심 가치를 발견하고, 그 동기의 내용까지 검증했다.[187]

물론 열 가지 가치가 항상 조화를 이루지는 않는다. 쾌락은 개인주의적이고, 순응은 공동체적이다. 하이트가 입증한 대로 사람의 신념 체계는 매우 다양하다. 집단의 복지를 개인보다 강조하는 사람이 있는가 하면, 그 반대인 사람도 있다. 이에 슈워츠와 연구진은 다양한 사회와 문화에서도 열 가지 핵심 가치를 규명할 수 있을 뿐 아니라, 이들 가치가 대부분 두 가지 차원에서 쌍을 이룬다는 흥미로운 주장을 한다.

그중 첫 번째 차원은 성취와 권력으로 대표되는 '개인 복지'와 보편과 박애라는 '집단 복지'의 쌍을 나타낸다. 그리고 두 번째는 안정, 순응, 전통을 포함한 '집단 충성도'와 쾌락, 새로움, 흥분, 독립적 사고를 나타내는 '자기만의 삶'의 쌍이다. 두 차원을 겹쳐 놓으면 각각 '자기 향상', '자기 초월', '변화에 대한 개방성', '유지'라는 네 가지 영역으로 분할되며, 2차원 공간에서 각 가치의 위치는 서로 이론적, 통계적 관계를 반영한다.

---

187 Schwartz. "Universals in the Content and Structure of Values: Theoretical Advances and Empirical Tests in 20 Countries"; and Schwarz and Boehnke. "Evaluating the Structure of Human Values with Confirmatory Factor Analysis."

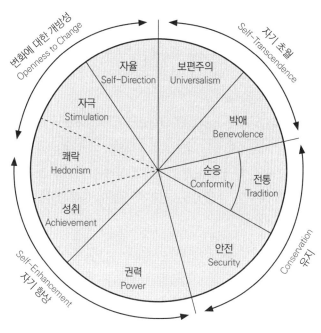

[그림 3] 슈워츠의 보편적 가치 유형

위에서 제시한 파이 모양의 도표를 오래 응시하지 않아도, 열 가지 기본 가치가 하나의 이념적 연속체를 형성하고 있음을 알 수 있다. 첫 번째는 개인적 차원으로, 새로움과 창의성, 의지에 따라 자유롭게 행동할 자유와 연관된 동기 목표가 나타나 있다. 두 번째는 집단적 차원에서 자신이 속한 집단뿐 아니라 전 세계의 모든 사람을 신경 쓰는 요소와 관련된다. 세 번째는 개인이 열심히 일하고 발전해 나가는 동기 목표가 위치한다. 네 번째는 집단의 전통, 안정, 순응을 중요시하는 가치가 자리이다.

파이 조각처럼 나뉘는 네 영역은 단순히 정치 기질의 차이와의 연관성을 예측하는 것에만 그치지 않고, 그 차이가 존재하는 이유까지 설명한다. 가치 이론에 따르면 정치 성향은 가치 분류의 기반이 되는 다양한 동기적 편향(motivational biases)에서 비롯된다. 이 가설을 실증적으로 뒷받침하는 연구 사례도 여러 가지이다.

예컨대 한 연구에서는 20개국을 대상으로 정치 성향을 조사했더니 자기 초월 영역에 해당하는 보편과 박애가 진보 성향과, 유지 영역에 속하는 순응과 전통은 보수 성향과 연관됨을 발견했다.[188] 이러한 가치 차원은 예상대로 빅5 성격 특성과 관련이 있으며, 특히 개방성과 성실성을 핵심 요소로 더욱 두드러지게 나타났다.[189]

요컨대 도덕성과 가치 측면에서 진보주의자와 보수주의자는 다음과 같은 차이를 보인다. 진보주의자는 새로움과 참신함, 자기 표현에 대한 열의, 차이에 대한 너그러움, 자극에 대한 관심이 특징적이다. 한편 보수주의자는 질서, 가족과 집단 모두의 안전 추구, 전통과 집단에 대한 충성 또는 애국을 위한 헌신이 두드러진다.

정치와 성격의 상관관계

일상적인 취향과 선호가 정치 성향뿐 아니라 성격 특성과도 연관된다는 또 다른 증거가 있다. 그 종류는 꽤 인상적인 편이다. 직업 선호도에서 여가 활동, 혐오 민감성, 도덕 기반, 개인 가치관, 식성, 음악, 예술, 자동차, 반려 동물, 유머, 시, 소설, 깔끔함에 이르기까지 다양하다.[190]

물론 정치 성향과 성격 특징, 그중에서도 개방성과 성실성이 앞서 언급한 모든 일상적 취향과 선호와 연관되기는 한다. 이러한 점을 감안하면 정치 성향과 성격 특징 사이에도 연관성이 있다는 사실은 전혀 새롭지 않다. 그렇더라도 상관관계가 곧바로 인과관계를 의미하지는 않는다. 즉 표면으로 드러

188　Olver. "Personality Traits and Personal Values: A Conceptual and Empirical Integration."

189　Jang et al. "Heritability of the Big Five Personality Dimensions and Their Facets: A Twin Study."

190　더 자세한 내용은 Hetherington and Weiler, *Prius or Pickup?* 3장과 4장을 참조하기를 바란다.

나는 관계 중 어느 것도 수면 아래에서 작용하는 근본 기제를 설명하지 못한다는 것이다. 보다 심층적인 이론적 관점에서 볼 때, 정치와 성격이 서로 연관되는 이유는 무엇일까?

다수의 사회학자, 특히 '대중 속에 이념은 실재하지 않는다.'라는 생각을 신봉하는 연구자에게 지금까지의 모든 상관관계는 우연일 뿐, 유기적이지 않다. 구체적으로 말하자면 현재 세상이 작동하는 방식에 따라 진보 진영에서는 자녀들이 이국적인 음식과 예술적 참신함을 갈망하도록 장려한다. 보수 진영 역시 다른 보수주의자가 깔끔하고, 질서 있으며, 운율이 있는 시를 즐기고, 결말이 분명한 소설을 읽는 모습을 보고 따라 한다. 결과적으로 앞의 모든 일은 우연의 결과에 지나지 않는다.

만약 역사를 되돌려 모든 것을 다시 시작할 수 있다면, 그러한 상관관계가 완전히 뒤바뀔 가능성도 있다. 즉 진보주의자가 보수주의자보다 사실주의 미술을 즐겨 감상하고, 방을 깨끗하게 정리하며, 저녁 식사로 고기와 감자 요리를 생각할지도 모른다. 그러나 우리는 이에 회의적이다. 먼저 우연성과 경로 의존성(path dependency)*191을 운운하는 것은 성급한 일반화의 전형일 뿐이다.

다음으로 그러한 설명으로는 동일한 정치 성향이 문화와 시대에 따라 동일한 개인적 선호와 성격 특성, 도덕 기반, 개인 가치관과 합치하는 이유를 규명하지 못한다. 이러한 패턴은 다양한 사회 단위 사이에서 매우 일관되게 나타나므로 단순한 우연으로 치부할 수 없다.

마지막으로 선사 시대에 길을 어슬렁거리다가 우연히 루콜라의 맛에 빠진 어느 진보 성향의 원시인을 생각해 보자. 그가 여러 원시 진보주의 모임에서 루콜라를 소개하면서 전 세계적으로 진보주의자 사이에서 샐러드 채소를 숭배하는 문화가 생겨났다는 주장을 믿을 수 있겠는가? 이는 사회 단위 간 상호 작용이 어느 정도는 있었더라도 믿을 수 없는 일이다.

다른 시각에서는 성격과 도덕 기반, 기본 가치를 비롯하여 폭넓은 삶의 지

191　역사적으로 경로가 한 번 정해지면, 이후로도 비판 없이 따르려는 경향. 옮긴이.

향성이 선행하여 정치 신념을 유기적으로 형성한다고 주장한다. 사실 이 관점은 자주 명시되지는 않았지만, 앞서 논의한 여러 연구의 기본 전제이다. 성격 특성, 도덕 기반, 개인 가치관은 사람들을 당파 소속, 이념 지향, 쟁점에 대한 입장 등에 상응하는 정치적 선호로 이끄는 원동력이라 할 수 있다.

이상의 사고방식은 부인할 수 없는 매력으로 다가온다. 인간은 분명히 성격적 기질을 타고나는 듯해 보이며, 이 우연한 발견을 체계적인 증거로 뒷받침한다.[192] 그리고 기본 가치관과 도덕 기반은 문자 그대로 기본적이고 기초적인 것으로 여겨지며, 우리의 삶에서 일찌감치 형성, 지속되어 정체성을 나타내는 주된 특징이 된다.

그와 대조적으로 정치 성향은 우리의 발달 과정에서 더 늦게, 더러는 그보다 훨씬 늦게 나타나는 것으로 보이며, 주요 정체성에서 부차적인 요소로 여겨 왔다. 그러나 결과는 원인보다 앞설 수는 없으므로, 인과관계의 방향은 개인에서 정치로 흐를 뿐, 그 반대일 수는 없다. 결과적으로 우리에게는 일상적인 상호 작용에서 드러나는 개인적 성향이 사회 단위를 조직하고 관리하는 방식에 대한 선호보다 더 가깝다.

지금까지의 모든 설명이 논리적일 수는 있겠지만, 우리는 정치 성향이 일반적으로 가정하는 것보다 훨씬 근본적일 수 있음을 고려해 주기를 바란다. 우리는 인간관에 대한 인식의 대전환을 요구하고 있음을 인정하며, 필수적인 변화라고 여긴다. 본질적으로 인간은 사회적 피조물이다. 그러므로 사회 구조에 대한 선호도, 즉 사회적 삶의 근본 딜레마에 대해 원하는 해결책이야말로 우리가 누구인지를 드러내는 더없이 근본적인 요소이다.

외집단으로부터 자신을 보호할 필요성, 새로운 생활 양식의 위험성, 규범 위반자의 위협을 인식하는 것이 내향성과 외향성에 좌우될 필요는 없다. 이러한 인식은 다른 요소에서 비롯될 이유가 없다. 이는 결국 인간이라는 한 종, 그리고 개인으로서 우리의 본성에서 비롯되기 때문이다. 그러니 정치를 더는 인간관에 부가된 불필요한 요소로, 즉 제대로 기능하는 사회 단위에서

---

192   이 분야에 대한 연구 가운데 이해하기 쉬운 것은 Henig. "Understanding the Anxious Mind."가 있다.

정치 성향은 어떻게 결정되는가

사라져야 할 것으로 생각해서는 안 된다.*193

그리고 정치가 더 근본적인 요소에서 비롯되어야 한다는 생각도 버려야 한다. 정치보다 근본적인 것은 없다. 따라서 생리적, 심리적 성향이 정치와 연결된다고 한다면, 이러한 상관관계가 기본 가치와 도덕 기반, 성격 특질을 통해 작용할 가능성은 적다.

그런가 하면 원인보다 선행하는 결과로 외관상 오해를 불러일으키는 상황도 발생할 수 있다. 남성형 탈모와 여성의 가슴 크기는 유전성이 매우 강하다. 다시 말하면 수정 시점부터 유전자에 내재한다는 뜻이다. 그러나 이러한 특징은 곧바로 발현되지는 않는다. 가슴 크기는 사춘기에, 탈모는 중년 이후에나 나타나는 경우가 많기 때문이다. 이와 유사하게 정치적 관점이 청소년기 후반이나 성인기 초반에 드러난다고 해서 정치적 관점의 근원이 처음부터 우리와 함께하지 않았다고 착각해서는 안 된다.

유전학에 대해서는 이어지는 장에서 자세히 논의하겠지만, 이 장에서는 정치적 선호의 유전성이 유의미하게 입증되었음에도 다섯 가지 도덕 기반이 특별히 시간상 안정적이거나 유전적이라는 증거는 거의 없다는 점에 주목해야 한다.*194 또한 성격의 차원에서 성격 특성은 유전적이다. 방법론적으로 어려운 과제이기는 하지만, 이러한 요인이 성격을 통해 정치 성향으로 흐르는지, 또는 그 역인지를 규명하고자 집중적으로 연구하였다. 그 결과 성격 특성이 아니라 오히려 정치 성향이 실질적인 원동력이라는 결론에 이르렀다.*195

---

193   이에 대한 내용은 마르크스에 관련된 부분을 참고하라.

194   정치적 선호의 유전은 Martin et al. "Transmission of Social Values; and Alford et al. Are Political Orientations Genetically Transmitted?"을, 도덕 기반이 유전되지 않음을 주장하는 연구는 Smith et al. "Intuitive Ethics and Political Orientations; and Hatemi et al. Ideology Justifies Morality: Political Beliefs Predict Moral Foundations."을 참고하기를 바란다.

195   Verhulst et al. "Correlation Not Causation: The Relationship between Personality Traits and Political Ideologies."

아리스토텔레스가 어떤 의미로 사용한 표현이든 간에, 인간은 분명히 정치적 동물이다. 정치는 부차적 요소가 아니다. 사회 단위가 구체적으로 구조화되는 방식에 따라 우리의 생존과 만족에 절대적인 영향을 미치기 때문이다. 정치 성향이 우리의 취향과 가치관 및 성격의 형성에 중요한 역할을 할 수도, 그렇지 않을 수도 있다. 그러나 정치 성향이 단순히 그 부산물에 그치지 않는다는 점만큼은 분명하다.

우리는 삶의 모든 흐름이 환경적으로 매개된 광범위한 생리적, 심리적 성향에서 비롯된다고 믿는다. 이 공통적인 근원에 따라 정치와 성격, 예술적 취향을 비롯하여 어느 영역에서나 개인의 다양한 지향에서 저마다 다른 성향이 모습을 드러낸다.

다시 정치에 초점을 맞추어 보면, 서로 다른 성향 탓에 보수와 진보가 주변 세상을 경험하고 반응하는 방식에 근본적인 차이가 존재한다. 즉 개인이 세상을 경험하는 방식은 그 경험을 관장하는 생리적, 심리적 기제에 따라 형성된다. 이들 기제는 사람마다 다른 감각과 인식, 정보 처리 체계로 구성된다. 따라서 우리는 같은 것도 다르게 인식한다. 같은 그림을 다르게 보고, 같은 농담이라도 다르게 듣고, 같은 얼굴도 다르게 인식한다. 그리고 우리 자신뿐 아니라 우리가 속한 집단을 향한 위협 또한 저마다 생각이 다르다.

이상과 같이 세상을 경험하고 반응하는 과정의 첫 단계는 인식에서 온다. 대다수 사람이 주변 세상을 인식할 때 가장 중요한 정보의 원천이 되는 감각이 바로 시각이다. 따라서 다음 장에서는 시각적 인식을 중심 주제로 다루도록 하겠다.

제5장

엇갈리는 시선

•

당신이 무엇에 관심이 있는지를 알려 준다면,

당신이 어떠한 사람인지 말해 줄게요.

호세 오르테가 이 가세트(Jose Ortega y Gasset)

'진보주의자'가 뭐가 아니라 앞을 내다보는 사람이라는 뜻이라면…

스스로 진보주의자라고 말할 수 있어 자랑스럽습니다.

존 F. 케네디(John F. kennedy)

●

1918년, 스위스 헤리자우의 한 정신병원에서 근무하던 젊은 정신과 의사
가 있었다. 그의 이름은 헤르만 로르샤흐Hermann Rorschach였다. 정신병원 의사라
는 직업에는 때때로 깨달음의 순간이 존재한다. 그의 연구 관심 대상자 가운
데 자신의 성기를 신성시하며 추종자의 숭배를 받아 마땅하다고 믿는 작은
종교 집단의 지도자가 있었다. 남근 중심 예언자에 대한 로르샤흐의 관심은
곧 잉크 얼룩에 대한 호기심으로 전환되었다.

그러한 관심은 취리히에서 보낸 그의 성장기에서 비롯된 듯하다. 당시에
는 아이들 사이에서 '클렉소그래피klecksography'라는 놀이가 유행했다. 클렉소
그래피는 종이에 잉크 한 방울을 떨어뜨린 뒤 반으로 접었다가 펼치는 미
술 활동으로, 종이를 펴면 번진 잉크가 나비 날개와 같은 사물의 형태를 띤
다. 여기에서 로르샤흐의 관심은 사람들이 잉크를 활용하여 어떠한 그림을
만드냐가 아니라, 잉크 얼룩으로 만들어진 형태에서 사람들이 무엇을 보는
가에 있었다.[196]

로르샤흐가 심리학에 가장 크게 공헌한 바는 그의 이름을 딴 검사법으로,
지금도 전 세계의 수많은 사람에게 시행되고 있다. '투사 검사(projective test)'
로 알려진 기법이 바로 그것이다. 이 검사의 기본 개념은 피검사자에게 잉크
얼룩 같은 모호한 자극을 제시한 뒤, 그 사람이 반응하는 과정에서 내면 심리
의 단서가 드러난다는 것이다.

1921년이 되어 로르샤흐가 자신의 주장과 연구 결과를 처음 발표한 이후,
심리학자들은 분석 및 진단 도구로서 로르샤흐 검사의 의미와 타당성에 심각
한 의문을 제기했다. 그럼에도 많은 사람이 잉크 얼룩을 저마다 다르게 본다
는 점만큼은 틀림없는 사실이다. 더불어 정신과 의사가 그 차이를 개인의 성
격 특성, 인지 처리 패턴, 세상을 인식하는 지향성을 나타내는 것으로 간주해
왔다는 사실에는 의심의 여지가 없다.

로르샤흐 검사는 종종 프로이트의 정신분석과도 연관되지만, 이를 염려

---

196   Pichot. "Centenary of the Birth of Hermann Rorschach."이 외에도 '
후네임드잇닷컴(whonamedit.com)'에서 로르샤흐의 약력도 참고하기를 바란다.

할 필요는 없다. 여기서 우리는 보수주의자의 엄격한 배변 훈련이나 진보주의에서 어머니의 심리적 영향력을 거론할 생각은 전혀 없다. 우리는 오로지 로르샤흐 검사에서 도출된 수백만 건의 중요한 실증적 발견에만 관심이 있을 뿐이다. 즉 시각적으로 동일한 자극을 제시할 때, 피검사자의 반응은 제각기 다르다는 사실이다.

사람은 저마다 다른 것을 본다. 물론 주목하는 바도 천차만별이다. 이처럼 상반된 인식을 통해 걸러진 정보는 처한 환경에 따라 서로 다른 결론과 믿음으로 처리된다. 심리학자들은 일련의 창의적인 실험 속에서 그 기본적인 사실을 자세하게 밝혀냈다. 실험에서는 사람마다 주의와 정보 처리, 의사 결정의 패턴이 다르다는 사실을 설득력 있게 입증해 냈다.

따라서 우리는 위와 같은 개인차가 정치 기질과 어떻게 체계적으로 연관되는가에 궁금함을 느꼈다. 결론부터 말하자면, 우리의 궁금함은 실제로 그러하다고 밝혀지기도 했다. 정치 기질의 차이는 자극이 유발하는 다양한 인식 및 처리 패턴의 차이와 관련이 있다. 즉 보수와 진보는 문자 그대로 세상을 다르게 본다는 뜻이다.

시선과 사회적 반응

당신이 어느 사회학 실험에 참여했다고 상상해 보자. 당신은 평범한 컴퓨터 화면을 마주 보며 앉아 있고, 그 앞에는 평범한 컴퓨터 키보드가 놓여 있다. 지시 사항은 간단하다.

> 화면에 커다란 검은 점이 등장하면 즉시 키보드의 스페이스 바를 누르세요.
> 화면에 나타나는 시각 요소는 점의 위치와 전혀 상관없으니 무시하세요.

점이 나타나기 전, 화면 한복판에 둥근 얼굴 그림이 나타난다. 이 얼굴 그림의 눈은 오른쪽, 즉 당신의 왼쪽을 바라보고 있다. 그리고 얼굴 그림의 시선이 향하는 화면의 어느 지점에 큰 점이 모습을 보인다. 당신은 지시대로 스페이스 바를 누른다. 이번에는 얼굴 그림의 시선과 반대 방향인 오른쪽에 점이 등장한 것만 다르고, 나머지는 동일하게 반복된다. 다시 스페이스 바를 누른다. 이 과정은 한동안 계속된다.

때로는 얼굴 그림의 눈이 오른쪽을, 때로는 왼쪽을 바라본다. 점이 나타난 방향을 바라보면서도 그렇지 않기도 한다. [그림 4]는 전체 과정을 개괄적으로 표현한 것이다. 이 모든 과정이 너무나 따분한 나머지, 차라리 제3장으로 돌아가 달러 나누기 게임을 하는 것이 낫겠다는 생각이 들 것이다.

그러나 지금쯤 당신은 상당히 흥미로운 패턴을 보였을 것이다. 검은 점에 반응해야 하는 과제임을 알고 있고, 얼굴 그림과 눈은 검은 점이 등장하는 위치에 어떠한 단서도 제공하지 않는다고 들었을 것이다. 그럼에도 얼굴 그림의 시선이 당신의 시선에 영향을 미치는 것이다.

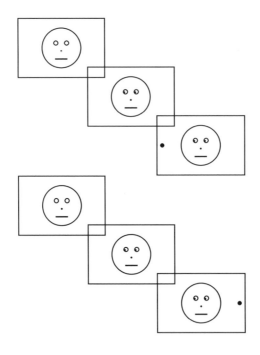

[그림 4] 시선 단서 검사의 개요도

정치 성향은 어떻게 결정되는가

다수의 연구에서 사람들은 대체로 얼굴 그림이 바라보는 방향에 검은 점이 등장했을 때, 스페이스 바를 더 빠르게 누른다는 결과가 나타났다.[197] 사람들은 분명히 시선에서 단서를 얻으며, 그들의 주의도 그림과 같은 방향으로 이동한다. 이 패턴은 그림뿐 아니라 실제 상황에서 단서를 제공할 때도 나타난다.[198] 다시 말하면 사람들은 평균적으로 시선의 방향과 같은 사회적 단서에 영향을 받을 수밖에 없다.[199]

'평균적'이라는 단어와 관련하여, 앞으로 이 표현이 등장할 때마다 개인차에 대해 생각해 보기를 바란다. 그렇다면 평균에 속하지 않은 이는 누구이고, 이러한 이유는 무엇일까? 그리고 '단서 제공 효과'가 가장 크거나, 가장 적은 사람은 누구일까? 그 효과에 더 많은 영향을 받는 사람의 유형이 존재할까?

전형적인 사회학 연구가 그렇듯, 시선 단서 연구에서도 개인차에 큰 관심을 기울이지 않았다.[200] 실로 유감스러운 일이다. 시선 단서에 반응하는 민감도는 사회적 단서에 대한 개인의 민감성과 사고방식에 중요한 정보를 제공한다. 보통 개인차를 연구할 때는 임상 집단과 비임상 집단을 대조한다.

---

197   Friesen and Kingstone. "The Eyes Have It! Reflexive Orienting Is Triggered by Nonpredictive Gaze"; and Driver et al. "New Approaches to the Study of Human Brain Networks Underlying Spatial Attention."

198   Friesen et al. "Attentional Effects of Counterpredictive Gaze and Arrow Cues"; and Bayliss and Tipper. "Gaze and Arrow Cueing of Attention Reveals Individual Differences along the Autism Spectrum as a Function of Target Context."

199   흥미롭게도 동물의 세계 또한 이러한 신호에 대한 민감성은 정신적 능력보다 '길들임(domestication)'과 밀접하게 관련된 것으로 보인다. 예를 들어, 개는 일부 원숭이 종보다 사람의 손짓이나 시선 신호를 더 잘 따라간다(Miklósi et al., 1998). 그러나 이러한 순응의 태도에 단점도 있다. 침팬지는 인간 영아보다 주어진 과제 수행에 불필요한 지시를 무시하는 능력이 더 뛰어나다(Horner and Whiten, 2005).

200   당연하게도 시선 단서 효과(cuing effect)는 얼굴이 나타난 후 점이 보일 때까지의 시간 간격에 따라 달라진다. 이 효과는 약 0.5초 정도의 지연 시간에서 가장 크게 나타난다. 이는 참가자가 신호를 인지하기에 충분하지만, 정보가 익숙해져 무뎌질 만큼 길지는 않은 시간이다(Dodd et al., 2011).

예를 들어 자폐 성향이 있는 개인은 시선 단서에 거의 영향을 받지 않는다. 이러한 결과는 자폐인이 보통 눈 맞춤을 피하고 '마음 이론(Theory of Mind)'에 결핍이 있다는 데이터에 속한다.[201] 반면 특정 질병이나 장애로 진단받지 않은 피실험자 집단에서 나타나는 차이를 설명하는 연구 사례는 훨씬 적다. 《정신 장애 진단 및 통계 편람》의 기준에 부합하지 않는 사람의 일부는 다른 일부와 다르게 단서 효과에 훨씬 민감하다는 사실을 데이터에서 알 수 있다. 우리는 이처럼 거의 밝혀지지 않은 차이에 더욱 호기심을 느꼈다. 특히 진보주의자가 시선 단서 효과에 대한 민감성 측면에서 보수주의자와 체계적인 차이가 있는가를 알고 싶었다.

우리는 심리학자이자 시각 전문가인 마이크 도드Mike Dodd와의 공동 연구로 위 질문에 대한 해답을 구할 수 있었다. 우리는 학부생 다수에게 학점 제공을 약속하며 마이크의 실험실로 초대한 뒤, 앞선 [그림 4]와 같은 시선 단서 실험을 수행하도록 했다. 이후 실험 결과를 모두 집계하여 평균을 낸 결과, 예상대로 시선 단서 효과가 나타났다. 대체로 얼굴 그림의 시선 방향과 반대편에 점이 나타났을 때 스페이스 바를 누르는 속도가 느렸다. 그러나 우리의 수된 관심사는 그 평균 주변에서 나타나는 편차였다.

과연 진보주의자가 보수주의자보다 시선 단서 효과에 민감하게 반응하는 체계적인 이유가 있을까? 우리는 그러할 것이라고 예상했으며, 그 추측은 옳았다. 데이터에 따르면 주요 정치 쟁점에서 진보주의에 치우친 참여자 표본의 절반은 시선이 달랐을 때 스페이스 바를 누르는 속도가 훨씬 느렸다. 실제로도 그러했다.[202]

한편 나머지 보수 성향의 참여자 표본에는 시선의 방향이 거의 영향을 미

201   Bayliss and Tipper. "Gaze and Arrow Cueing of Attention Reveals Individual Differences along the Autism Spectrum as a Function of Target Context." 이 외에도 성 차이는 다음 연구에서도 나타났다.
Bayliss et al. "Sex Differences in Eye Gaze and Symbolic Cueing of Attention."
    202   여기서는 기본 정신 과정의 속도를 측정하는 방식을 말하고 있으며, 이러한 맥락에서 '훨씬 느리다.'라는 표현은 '22ms 더 느리다.'라는 뜻이다.

치지 않았다. 그들은 고작 3ms 정도 느렸는데, 이 수치는 진보주의자 표본에서 관찰된 것의 약 1/7에 불과했다. 해당 참여자의 경우, 이 정도의 효과는 통계적으로 유의미하지 않다. 따라서 우리는 어떤 의도와 목적에서든 사실상 시선 단서가 그들에게 영향을 미치지 않았다고 결론지을 수 있다.

예상을 빗나간 결과였기에 우리는 표본이 잘못되지 않았는가를 의심했다. 따라서 우리는 학생이 아닌 일반인을 표본으로 선정하여 같은 연구를 반복했다. 이로써 정치 성향의 차이가 여전히 통계적으로 유의미하며, 방향성도 동일하다는 결론에 도달했다. 시선 단서는 보수주의자보다 중도에서 진보 성향을 지닌 사람에게 훨씬 많은 영향을 미치는 것으로 보인다. 이러한 결과는 시선 단서 효과의 평균값만 본다면 그 차이가 드러나지 않을 정도이다.*203

우리의 연구 결과는 진보주의자가 사회적 단서에 더 큰 영향을 받는다는 것을 시사한다. 이는 심지어 단서를 확실하게 무시하라는 지시를 받았을 때도 마찬가지다. 이와는 다르게 보수주의자는 '실험 감독관이 시선을 무시하라고 했으니, 시킨 대로 시선을 무시해야겠어.'와 같이 단서를 무시하고 상황을 지배하는 규칙을 따르려는 의지나 능력이 더 강한 것으로 보인다. 여기에는 분명한 차이가 있는데, 이러한 차이가 규범적 의미에서 암시하는 바를 알고 싶어질 것이다.

사회적 단서에 영향을 받는 경향은 성격의 결함일까, 아니면 자신감의 표현일까? 외부에서 오는 정보를 무시하는 사람은 칭찬받아야 할까, 아니면 안타까워해야 할까? 정치 스펙트럼에서 진보주의로 기울어 있는 사람이 보수주의자보다 나은가, 아니면 그 반대인가?

위의 질문은 우리의 관심사 밖인 데다 우리가 대답할 만한 것도 아니다. 객관적인 답을 내릴 수 없는 질문이기 때문이다. 한편으로는 상황에 따라서는 사회적 정보를 무시하는 편이 나을 수 있다. 주변에서 제공하는 행동 단서가 전혀 쓸모없거나, 심지어 위험을 초래할 수도 있기 때문이다. 이는 부모가 흔히 집에서 아이에게 "친구가 혼잡한 도로에서 놀자고 해서 무조건 따라

203   Dodd et al. "The Politics of Attention: Gaze-Cueing Effects Are Moderated by Political Temperament."

노는 것은 좋은 생각이 아니야."라고 단호하게 이르는 것과 같은 맥락이다.

반대로 주변 사람과 소통하는 것이 인간관에서 핵심적이며 매력적인 요소라고 호소할 수도 있다. 공동 주의(joint attention)[204]는 상호작용의 중요 요소이다.[205] 이는 이해와 공감의 과정에서 유익하고 자연스러우며, 결속력을 강화하는 필수적인 단계이다. 바꾸어 말하면 두 가지 주의 방식 모두 장단점이 있다는 뜻이다.

어느 하나가 나머지보다 더 낫다고 단언하는 것은 합리적이지 않다. 바람직한 행동 양식의 기준은 사람마다 다르기 때문이다. 실제로 우리는 보수주의자와 진보주의자가 시선 단서 실험에서 서로 다르게 행동한 바와 관련하여, 이러한 유형의 사회적 신호에 가장 적절한 행동 반응에 대한 의견도 서로 다를 것으로 추측했다. 따라서 우리는 행동 실험을 시작하기 전, 참여자에게 다음과 같이 다소 엉뚱한 질문을 던졌다.

"누군가는 타인이 바라보는 곳을 자연스럽게 따라서 바라보는 경향이 있는 반면, 누가 어디를 보더라도 전혀 영향을 받지 않는 사람도 있습니다. 모든 조건이 동일한 환경에서 전자와 후자 가운데 어느 쪽이 더 나은 행동 양식이라고 생각하십니까?"

참가자의 반응은 거의 대등하게 나뉘었다. 55%는 전자를 택했고, 45%에 해당하는 참여자는 후자가 더 낫다고 응답했다. 이를 보수성 척도와 연계했더니, 보수주의자는 타인이 바라보는 곳에 영향을 받지 않는 것이 더 낫다고 믿는 경향이 있었고, 진보주의자는 그 반대의 반응을 보였다. 예상대로 상관계수는 크지 않았으며(r=0.14), 이는 정치 성향에 따라 응답 결과와 같은 경향을 보임을 의미한다. 이러한 상관관계는 통계적으로 유의미하므로, 이 패턴을 어느 정도 신뢰할 수 있다. 진보주의자와 비교하자면, 보수주의자는 시선 단서에 다르게 반응할 뿐만 아니라 타인 또한 그러해야 한다고 여긴다.

204　서로의 주의를 공유하고 상호 작용하는 능력. 옮긴이.

205　Moore and Dunham. *Joint Attention: Its Origins and Role in Development.*

어떠한 행동이 더 나은가를 판단하는 기준은 사람과 정치 이념에 따라 다르다. 이처럼 특정한 시선 단서에 반응하는 더 나은 방식 역시 보편적으로 판단하기는 어렵다. 따라서 보수와 진보가 중요하게 여기는 방식을 바라보는 시각이 서로 다르므로, 각자가 적절하다고 생각하는 방식으로 행동한다는 단순한 결론이 오히려 합리적이다.

세상을 담는 기준

기린은 동물원에 있는 동물인가, 농장에서 사육하는 동물인가? 그렇다면 돼지는 어떠한가? 이 물음에 대한 답은 비교적 분명해 보이지만, 분류하기가 꽤 어려운 동물도 있다. 예컨대 들소와 라마는 농장과 동물원 모두에서 볼 수 있다. 이와 다르게 거위는 양쪽 모두에서 찾기가 쉽지 않다. 거위나 버팔로를 농장 또는 동물원에서 사육하는 동물로 분류하는 방식은 명확하지도, 쉽지도 않다. 따라서 합리적인 사람이라면 다른 분류 방식을 찾을 것이다.

그렇다면 바비 인형은 장난감인가, 아닌가? 아니면 잔디깎이는? 당연하게도 바비 인형과 잔디깎이를 장난감으로 분류할지 말지를 판단하기는 쉬워 보인다. 그러나 트램펄린과 물풍선, 고성능 공기총의 경우는 그렇지 않다. 아이들이 앞의 세 물건을 가지고 노는 것은 분명하기에 그것들을 장난감으로 분류할 수도 있다. 하지만 트램펄린은 체조 장비, 물풍선은 짓궂은 장난을 치는 데 쓰는 물건, 공기총은 무기에 해당할 수도 있다. 물론 이 책을 쓴 우리의 어머니는 하나같이 참새잡이용 177구경의 펌프식 공기총을 두고 장난감이 아니라고 강조하셨다.

에버렛 영Everett Young은 박사 학위 논문에서 상당히 창의적인 내용의 범주화 과제(categorization task)를 다수 고안했다. 그는 연구 참가자에게 컴퓨터 앞에 앉아 마우스를 클릭하여, 순차적으로 제시되는 목표물을 '동물원 동물'과 '농장 동물'로 각자 명명된 큰 사각형에 배치하도록 했다. 만약 목표물이 두 범주에 모두 속하거나, 중간에 해당한다고 느낄 때는 해당 목표물을 두 범주

사이의 사각형에 놓도록 추가적인 선택권도 부여했다.

해당 연구에서 영의 관심은 버팔로가 어느 곳에서 사육되는 동물인지에 대한 최근의 대중적 합의가 아니었다. 바로 사람들이 목표물을 애매한 중간 지대가 아니라 정확하게 구분된 범주에 제대로 배치하는가를 확인하는 데 있었다. 그는 제공된 범주에 따라 대상을 확실하게 구분하는 참여자를 '엄격한 분류자(hard categorizers)'로, 중간 지대를 선택하는 참여자를 '유연한 분류자(soft categorizers)'라 불렀다.

영의 연구에서 발견한 흥미로운 점은 동물을 엄격하게 분류하는 참여자가 장난감과 가전제품, 건강한 음식과 그렇지 않은 것까지 엄격하게 분류하는 경향이 있었다는 점이다. 이러한 맥락이 일관적이라면, 동물을 범주화하는 데에도 유연한 분류자인 사람은 그 밖의 영역에서도 마찬가지로 행동함을 뜻한다.

영은 동물과 사물 분류에서 보이는 개별적 경향이 정치 기질을 예측할 때도 매우 유용하다는 사실을 발견했다. 이를 정신세계에 비유하면, 우리가 바라보는 깃을 명확하게 구분하여 이름까지 붙인 정신적 상자에 정리하는 경향과, 그에 반해 잡동사니로 가득한 주방 서랍처럼 이것저것 모아 두는 경향이 있듯이 말이다. 여기에서 진보주의자는 유연한 분류자를, 보수주의자는 엄격한 분류자를 더 선호하는 경향을 보인다.

위와 같은 패턴은 참가자가 스스로 정치 성향을 표현하는 방식이나 사회, 경제 문제에 대한 선호에서도 일관성 있게 나타난다. 여기에서도 상관계수는 0.10~0.20 이내로 아주 강하지는 않지만, 일관적이며 통계적으로 유의미하다. 영은 그 결과에 자부심을 느끼며, 범주화 과제의 추상성이 이념적 사고에 선행하는 실제 인지 과정에 대한 설문 항목보다 나은 증거를 제시한다고 주장한다.[206] 범주화 과제에서 나타나는 편차는 사람이 정보를 처리하는 방식과 그 정보를 구조화하여 의사 결정을 내리는 방식의 차이가 정치 성향과 밀접하게 연결되어 있음을 보여 준다.

---

206 Young. "Why We're Liberal; Why We're Conservative." 331.

범주화 과제의 결과는 보수주의자가 지시 사항에 부합하도록 과제를 확실하게 완료하는 경향이 있음을 시사한다. 이는 시선 단서(gaze cuing), 성실성, 새로운 경험에 대한 개방성, 권위주의, 인지적 종결의 선호를 보이는 결과와 같다. 대조적으로 진보주의자는 주의가 쉽게 산만해지고 모호한 태도를 보이며, 심지어 연구자가 의도한 바와 다르게 과제를 정확히 수행하지 않을 만큼 유연하게 행동하는 경향이 있다.

그렇다면 보수주의자와 진보주의자는 인지 지향성에서도 차이가 있을까? 분명히 그렇다. 그렇다면 둘 중 어느 쪽의 인지 지향성이 더 바람직할까? 그 해답은 아마도 당신의 정치 성향에 따라 다를 것이다.

집중 속에 답이 있다

사람이 무엇에 주의를 집중하는지는 내면의 문제처럼 보인다. 우리는 지식을 가르치는 사람으로서 학생이 다른 생각에 빠져 있는지, 아니면 수업에 집중하는지를 알아볼 수 있다. 하지만 생각이란 대부분 그 생각을 하는 당사자만이 알 수 있다. 이는 심리학자들에게 대단히 중요한 쟁점이다. 내면 세계를 탐구하며, 그 안에서 벌어지는 일을 파악하고 대가를 받는 직업이기 때문이다.

따라서 심리학자는 사람들이 정보를 말로 직접 제공하지 않더라도, 그 사람이 무엇에 주의를 집중하는지 알아내는 기발한 방법을 몇 가지 고안했다. 이러한 유형의 작업에 심리학자들이 흔하게 활용하는 연구 방법은 세 가지로, 스트루프 과제Stroop Task, 점 탐지 과제인 도트 프로브 과제Dot-Probe Task, 수반 자극 과제인 플랭커 과제Flanker Task가 있다.

스트루프 과제는 많은 사람에게 익숙하다. 연구 참가자에게 한 번에 하나의 단어를 제시하고, 각 단어의 글자 색깔을 응답하도록 요청한다. 그런데 대상 단어를 읽다 보면 자연스럽게 글자의 색깔보다는 단어 자체에 집중하게 되며, 특히 그 단어의 뜻이 색깔을 의미할 때는 더더욱 그렇다.

예컨대 '파랑'이라는 단어가 빨간색 글자로 제시되었다고 가정해 보자. 이때 참여자는 단어 '파랑'을 읽고 있으므로, 단어의 색인 '빨강'을 대답하는 데 시간이 지연된다. 더 흥미로운 점은 스트루프 과제를 약간만 변형하면 사람마다 어느 단어 유형에 자연스럽게 이끌리는가를 파악할 수 있다.

일단 대상 단어를 무작위로 제시하되 일부 단어는 빨간색으로, 다른 일부는 파란색 글자로 표시한다. 각 단어는 색깔별로 최소 두 번 이상 등장한다. 참여자는 연구 절차와 같이 대상 단어는 무시하고 글자의 색깔만 가능한 한 빨리 응답한다. 글자의 색깔을 응답하는 데 시간이 오래 걸릴수록 그 단어가 참여자의 주의를 더 많이 끌고 있다는 뜻이다.

이상과 같이 스트루프 과제는 사람이 특정한 단어 범주에 주목하는 양상을 파악하는 데 활용된다. 누군가는 행동 또는 사물을 가리키는 단어에 주목할 것이다. 나아가 인간관계나 기능 경쟁, 성, 식품 등 사람마다 주의를 집중하는 단어의 범주도 제각각이다.

이탈리아의 루치아나 카라로Luciana Carraro가 이끄는 연구진은 일부 사람이 긍정적인 단어보다 부정직인 단어에 더 주목하는가를 살피고자 했다. 이에 연구진은 파도바 대학교 학부생을 대상으로 스트루프 과제를 시행했다. 아래 표와 같이 대상 단어 가운데 긍정적인 단어를 첫 번째 줄에, 두 번째 줄에는 부정적 단어를 제시했다. 카라로의 연구진은 참여자의 일부가 긍정적 단어보다 부정적 단어의 글자 색깔을 응답하는 속도가 훨씬 느리다는 사실을 발견했고, 이러한 편차가 발생한 이유를 궁금해했다.

즐거움	낙원	멋짐	자유	안전	행복	기쁨
질병	공포	고통	경멸	괴로움	악	더러움

정치 성향은 어떻게 결정되는가

몇 주 전, 연구진은 학생들에게 이탈리아에서 정치적으로 논란이 되는 여섯 가지 쟁점[207]에 어느 정도 동의하는지 응답하도록 하였다.[208] 이후 응답을 재조정하여 높은 점수에 보수 성향을 나타내도록 하고, 여섯 가지 항목을 합산하여 학생들의 정치적 선호를 측정했다. 그리고 그 측정값을 부정-긍정 스트루프 과제에서의 반응 시간 차이와 비교했다. 상관관계는 상당히 큰 값으로(r=0.38), 통계적으로 유의미함을 나타냈다. 즉 보수적인 사람일수록 긍정적 자극보다 부정적 자극에 무의식적으로 더 강하게 경계하는 경향이 있음을 시사한다.[209]

보수와 진보 성향의 이탈리아 학생 모두 대상 단어 전체의 글자 색을 응답하는 데 걸린 시간과 정확성에서 큰 차이는 없었다. 그러나 단어를 범주로 구분하여 분석했을 때는 차이가 있었다. 진보 성향의 참가자는 단어의 의미와 상관없이 거의 같은 시간이 걸린 반면, 보수 성향의 경우 부정적인 단어가 제시되었을 때의 반응이 현저히 느려졌다.

이러한 결과는 보수주의자가 부정적 자극에 더 주의를 집중한다는 사실을 다시금 시사한다. 그리고 참여자에게 긍정적인 단어와 부정적인 단어를 7점 척도[210]로 평가하도록 요청했는데, 학생들 모두 정치 성향과 관계없이 평가에 별 차이가 없었다. 따라서 연구진은 정치 이념이 자극에 대한 명시적인 평가와는 관련이 없지만, '주의 자원의 자동 할당(automatic allocation of attentional resources)'[211]과는 연관성이 있다는 결론을 내렸다.

부정적 자극에 대한 주의력 차이는 단어뿐 아니라 이미지에서도 똑같이 나타나는데, 이 역시 같은 이탈리아 연구진의 도트 프로브 과제를 통해 증명

207　이민 감소, 낙태, 의료 지원을 받은 출산, 동성 결혼, 정당방위를 위한 무기 사용, 동성 커플의 입양.

208　7점 척도로, 1점은 전혀 동의하지 않음을, 7점은 전적으로 동의함을 나타낸다.

209　Carraro et al. "The Automatic Conservative: Ideology-Based Attentional Asymmetries in the Processing of Valenced Information."

210　1점이 매우 긍정적임을, 7점이 매우 부정적임을 나타낸다.

211　한정된 주의를 효율적으로 배치하려는 경향. 옮긴이.

되었다. 해당 연구에서는 서로 다른 두 이미지를 컴퓨터 화면의 좌•우측에 동시에 제시한다. 약 0.5초 후에는 두 이미지 가운데 한쪽에 회색 점이 나타나는데, 참여자들은 그 점의 위치를 가능한 한 빨리 응답하라는 지시를 받는다. 이때 연구진은 참여자가 점의 위치를 확인하는 데 걸리는 시간을 측정함으로써 점이 나타나기 전부터 어느 이미지에 집중하고 있었는가를 파악할 수 있다.

도트 프로브 과제의 기본 논리는 간단하다. 예컨대 화면에 뱀과 꽃 이미지가 화면에 제시되었다고 가정해 보자. 이때 회색 점이 뱀 이미지에 나타난 직후 참여자가 그 위치를 더 빨리 알아차린다면, 점이 나타나기 전부터 참여자의 주의가 뱀 이미지 쪽으로 쏠렸을 가능성이 크다.

연구진은 우리 프로젝트와 아무런 관련이 없는 이용자들이 이미 평가한 거대 이미지 데이터 시스템*212인 국제정서사진체계(International Affective Picture System, 이하 IAPS)에서 긍정적인 이미지와 부정적인 이미지를 각각 8개씩 선정했다.*213 이들 이미지 중 과일 바구니, 행복한 사람들, 포근한 동물과 같은 이미지는 위험한 동물, 사고/재해, 배설물 이미지보다 훨씬 긍정적인 평가를 받는다.

연구진은 스트루프 과제와 다른 이탈리아인 학부생으로 구성된 참가자에게 부정적인 이미지와 긍정적인 이미지로 이루어진 쌍을 제시하고, 두 유형의 이미지에 같은 빈도로 회색 점이 나타나도록 실험을 설계했다. 이를 통하여 참여자가 긍정적 이미지와 부정적 이미지에서 회색 점을 찾는 시간의 길이를 분석함으로써 어떠한 유형의 이미지에 더 많이 집중했는가를 측정할 수 있었다.

연구 결과 진보 성향의 학생은 긍정적인 이미지에 회색 점이 나타났을 때, 보수주의자 학생은 부정적인 이미지의 경우에 조금 더 빠르게 반응했다. 실제로 반응 속도 차이와 정치 성향 간 상관관계는 상당했다($r=0.36$). 그러나 이

---

212 평가 척도는 '호의적/비호의적', '자극적/비자극적'이다.

213 Bradley and Lang. "The International Affective Picture System (IAPS) in the Study of Emotion and Attention."

상의 연구에도 다른 연구와 같이 몇 가지 한계가 있었다.

　연구 참여자들은 모두 학부생이었으며, 정치 기질을 평가하기 위해 사용된 특정 정치 쟁점이 주로 동성애와 이민 문제, 총기 규제와 같은 사회적 문제에 초점을 맞추어져 있다. 다른 쟁점에는 보수적인 입장을 보이는 대학생이라도 그러한 유형의 쟁점에는 비교적 진보적인 성향으로 기우는 경향이 있다. 하지만 이러한 한계는 참여자가 미국인이 아니라는 사실로 충분히 상쇄된다. 정치 성향의 차이를 살핀 연구는 대부분 미국에서 이루어졌고, 이에 따라 특히 정치에는 문화 간 공통점이 없다고 믿는 일부는 다른 문화권에서도 같은 결과가 나타나지 않을 것이라 의심한다.

　그러나 이탈리아에서 수행된 연구 결과는 미국이 아닌 인구 집단에서 보수주의자가 긍정적인 단어나 이미지보다 부정적인 것에 주의를 집중하는 경향이 있음을 명확히 보여 준다. 따라서 이탈리아에서 발견한 이러한 패턴이 다른 문화권에서도 공통적으로 나타나는가에 의문이 생긴다. 이를테면 보수주의자가 부정적인 자극에 더 많은 주의를 집중하는 경향이 미국인 참여자에게도 동일하게 적용될 것인가?

　그 문제를 두고 우리는 심리학자와 예비 연구를 진행했는데, 그 답은 '그렇다'로 보인다.[214] 이 결과는 심리학에서 사용하는 또 다른 과제인 플랭커 과제를 통해 도출하였다. 해당 실험에서는 참여자에게 화면 중앙에 등장하는 색상이나 쾌적함의 정도 등 대상 이미지의 특징을 식별하도록 지시한다.

　그러나 그 실험에는 함정이 있다. 바로 대상 이미지가 등장할 때 양옆으로 두 개의 또 다른 이미지가 나타난다는 것이다. 이 연구에서는 좌•우측에 수반된 두 이미지가 색상이나 쾌적함의 측면에서 대상 이미지와 알맞지 않을 때, 참가자가 주어진 과제를 수행하는 데 더 오랜 시간이 걸린다는 일관된 결과가 나타났다. 참여자가 대상 이미지에 얼마나 주의를 집중했는가는 기존 이미지와 불일치한 수반 이미지에 얼마나 방해받았는가를 측정함으로써 평가할 수 있다. 요컨대 참가자가 방해 요소에도 수행 속도가 덜 느려질수록 대상

214　McLean et al. "Applying the Flanker Task to Political Psychology."

제5장_엇갈리는 시선　　　　　　　　　　　　　　　　　　　　　　　**167**

이미지에 더 많이 주의를 집중했을 가능성이 크다.

플랭커 과제에서 우리가 주로 사용한 변형 이미지는 분노나 행복을 드러내는 표정이었다. 참여자가 본 이미지는 다음과 같이 네 가지 범주였다.

① 화난 표정의 대상 이미지와 수반 이미지
② 화난 표정의 대상 이미지와 행복한 표정의 수반 이미지
③ 행복한 표정의 대상 이미지와 수반 이미지
④ 행복한 표정의 대상 이미지와 화난 표정의 수반 이미지

우리는 실험 참가자에게 수반 이미지를 무시하고, 대상 이미지가 등장하는 대로 최대한 빠른 속도로 분노와 행복을 나타내는 두 개의 키 가운데 하나를 누르도록 지시했다. 우리도 이탈리아 연구진과 마찬가지로 연구 참여자로 학부생을 동원했고, 쟁점별로 더 다양해진 입장을 바탕으로 보수성 지수를 만들었다.

우리는 참가자가 이전에 수행한 수십 선의 연구에서 입증된 일반적인 '플랭커 효과(수반 자극 효과, flanker effects)'와 동일한 경향을 보인다는 사실을 밝혀냈다. 예컨대 학생들은 대체로 수반 이미지의 표정과 상관없이 행복한 표정보다 화난 표정에 더 빠르게 반응했다. 화난 표정에 대한 주의 편향 (attentional bias)은 이미 오래전부터 연구되어 온 주제이다. 이는 화난 표정에 민감한 사람이 화를 표출하는 방식을 잘 감지하는 못하는 사람보다 생존할 가능성이 크다는 진화적 관점의 산물일 것이다.[215]

주변에 있는 행복한 사람들에게 주목하는 것도 좋지만, 진화론적 관점에서는 화가 난 사람을 알아보는 것이 훨씬 필수적이다. 행복한 사람은 당신의 등을 토닥여 줄 수 있지만, 화난 사람들은 등 뒤를 찌를 수도 있기 때문이다. 또한 참가자는 수반 이미지의 특징이 대상 이미지와 일치할 때 더 빨리 식별하였다. 이는 곧 가장 일반적이면서 폭넓게 재현된 플랭커 효과를 보였

---

215   Van Honk et al. "Selective Attention to Unmasked and Masked Threatening Words: Relationships to Trait Anger and Anxiety."

다는 것이다.

그러나 그 결과는 모두 평균적인 효과일 뿐이다. 우리의 연구에서 가장 핵심적인 문제는 플랭커 효과의 편차가 정치 성향과 상관관계가 있는가였다. 특히 보수주의자가 화난 표정의 이미지를 대할 때 플랭커 효과가 줄어드는가를 확인하는 것이 가장 중요했다. 물론 우리는 실제로 그러한 경향을 발견했다.

대상 이미지가 화난 표정일 때, 보수 성향의 참가자는 표적에 과도하게 집중하는 바람에 수반 이미지가 같든 다르든 크게 개의치 않았다. 그러나 행복한 표정이 대상 이미지로 제시되었을 때는 그러한 현상이 나타나지 않았다. 이 상황에서 참여자들은 정치 성향에 관계없이 전통적인 플랭커 효과를 보였다. 다시 말해 수반 이미지가 화난 얼굴일 때, 참가자는 대상 이미지의 행복한 표정을 식별하는 속도가 느렸다. 오로지 대상 이미지가 화난 얼굴일 때만 플랭커 효과가 거의 사라졌고, 이는 보수주의 참가자에게만 해당한다. 결국 보수주의자는 부정적인 자극에만 더 쉽게 주의를 고정하는 경향이 있는 듯하다.

연구 방식을 조금 변경하면 화난 표정과 행복한 표정에 대한 반응 차이를 시험할 수도 있다. 40개 정도의 작은 이미지가 바둑판 모양으로 컴퓨터 화면을 가득 채운 모습을 상상해 보자. 이때 하나를 제외한 나머지는 모두 같은 이미지이다. 이 이미지는 약간 붉은 머리를 한 20대 백인 여성의 얼굴 사진으로, 카메라를 정면으로 바라보며 무표정한 얼굴을 하고 있다. 다른 이미지도 동일인물이지만, 누가 보아도 화가 나 있고 이마에도 주름이 깊게 패어 있어 찌푸린 표정이다.

연구진은 '군중 속의 얼굴(face in the crowd)' 패러다임으로 불리는 연구 참가자를 실험실로 안내한 후, 화면에서 다른 표정을 발견하면 즉시 스페이스 바를 누르도록 지시했다. 화면에 이미지가 많이 나열되어 있어 특이한 표정의 이미지를 찾는 데는 시간이 다소 걸리는 경우가 많다. 참여자가 준비를 마치면 잠시 후에 여성이 아닌 남성의 얼굴이나 노인의 이미지가 등장한다. 이 과정에서 참여자는 동일한 얼굴로 구성된 작은 이미지들을 수백 번 바라본다. 여기에서 공통적인 점은 이미지에 묘사된 특징이 무엇이라도, 그중 다르게 표현된 것이 하나 있다는 것이다.

해당 실험을 설계할 때의 핵심 요소는 이미지 속 인물의 인구 통계학적 특징이 아니라 컴퓨터 화면에 제시된 것과 다른 이미지에서 표출되는 감정에 있다. 앞의 실험에서는 특이한 이미지로 화난 표정을 설정했지만, 지금은 화면 왼쪽의 절반을 화난 표정으로 채우고, 나머지 절반에는 무표정한 얼굴 가운데 하나만 다른 표정을 삽입했다. 편안하고 즐거우며, 환한 미소로 가득한 표정 말이다.

우리는 실험 참여자에게 거의 동일한 이미지로 구성된 여러 자극을 보고 반응하도록 하였다. 그리고 특이한 이미지가 나타나는 화면의 위치를 무작위로 변경했다. 무엇보다 그 이미지가 보여 주는 표정과 상관없이 수시로 변화를 주면, 각 참여자가 특이한 이미지를 발견하는 데 걸리는 평균 시간, 즉 반응 시간을 그리 어렵지 않게 측정할 수 있다.

여러 연구진이 위와 동일한 절차에 따라 연구를 진행했는데, 인간은 대체로 행복한 표정보다 화난 표정에 더 민감하다는 결과를 입었다. 즉 내나수 연구에서 특이한 이미지가 화난 얼굴일 때 행복한 얼굴보다 평균 반응 시간이 유의미하게 짧다는 사실을 논리적으로 해석하는 사례에 해당한다.[216] 인지적 관점에 따르면 어떠한 표정이라도 과제의 난이도는 동일하지만, 화난 표정은 행복한 표정과 다른 방식으로 우리의 시선을 사로잡는다.

그런데 흥미로운 부분은 평균적으로 인간이 화난 표정을 우선시하는 경향이 있더라도, 그 개별적인 양상은 동일하지 않다는 것이다. 이 책에서는 다양성이라는 주제를 반복적으로 내보이고 있다. 그렇다면 같은 종류의 분노를 감지하고 인식하는 과정이 상대적으로 느린 사람도 있을까? 그렇다면 그것에 유난히 민감한 사람도 있을까?

우리 연구진은 화난 표정에 대한 민감성과 관련된 요소를 조사했으나, 독자가 예상할 수 있는 여러 가설을 지지할 만한 어떠한 근거도 발견하지 못했

---

216 Hansen and Hansen. "Finding the Face in the Crowd"; Horstmann and Bauland. "Search Asymmetries with Real Faces."

다. 이를테면 분노나 행복을 드러내는 표정을 식별하는 상대적 속도는 여성이 남성보다 빠르며, 나이 든 참여자와 젊은 참여자 사이에 상당한 차이를 보인다는 유의미한 증거를 찾지 못했다.

그러고 나서 우리는 진짜 관심사, 즉 반응 시간의 편차가 정치 성향과 연관이 있는지를 조사했다. 우리는 보수주의자가 진보주의자에 비해 행복한 표정보다 화난 표정을 더 빨리 인식하는가를 궁금했다.[217] 플랭커 과제의 결과뿐 아니라 타인의 신체적 위협에 보수주의자가 훨씬 민감하게 반응한다는 다른 연구에서의 결과와 같은 맥락에서 말이다.

우리는 서로 다른 집단의 연구 참여자를 대상으로 위와 같은 예측을 검증했다. 수십 가지 정치적 쟁점에 대한 입장을 종합하여 측정했더니, 실제로 진보주의자보다 보수주의자가 행복한 표정에 비해 화난 표정을 훨씬 더 빨리 알아차리는 경향이 있음을 발견했다.[218] 또한 인상적이면서 신뢰할 만한 또 하나의 중요한 발견은 그 차이가 정치 성향이 극단적인 사람에게서 주로 나타난다는 점이다.

다시 말해 쟁점별 입장이 중도에서 진보 성향을 띠는 사람과 중도 보수파에 해당하는 사람을 비교했을 때, 후자의 사람에게서 화난 얼굴을 상대적으로 빠르게 인식하는 경향을 보이지 않았다. 그러나 정치 성향이 확실한 참가자라면, 그중 보수주의자가 화난 표정에 더 높은 민감도를 보인다는 사실이 명확하게 드러났다.

이상의 결과는 보수주의자가 화난 사람이나 그 외의 요소를 더 두려워함을 의미하지는 않는다. 다만 진보주의자보다 보수주의자가 타인의 위협에 더욱 민감하고 예민하며, 적극적으로 경계하는 경향을 뒷받침하는 증거가 점점 축적되고 있다는 것은 맞다. 이 연구의 맥락에서 다음으로 의미 있는 단계는 화난 표정을 짓는 사람이 인종적, 민족적, 문화적으로 명백한 외부자일 때, 보수주의자의 경계심이 얼마나 더 두드러지는지를 확인하는 것이다. 우리의 추측은 아래와 같다.

---

217   Hibbing. *The Securitarian Personality.*

218   Mills et al. "The Politics of the Face-in-the-Crowd."

진보 성향의 참가자와 비교했을 때, 중도 보수를 포함한 보수 성향의 참가자가 행복한 표정보다 화난 표정을 훨씬 빠르게 알아볼 가능성이 크다. 특히 실험에 활용한 인물의 이미지가 역사적으로 해당 국가의 핵심 인구 집단과 다른 외부인이라면 그 경향은 더욱 두드러질 것이다. 반면 내부인으로 보인다면 각 참여자 간에 두 표정을 식별하는 반응 시간의 차이는 훨씬 줄어들 것이다. 이러한 패턴은 보수주의자가 실제로 두려움을 느끼는가와 상관없이 외부인을 두드러지게 의식하는 것을 넘어 경계까지 할 수도 있음을 시사한다.

지금까지 우리는 미국과 이탈리아에서 시도된 다양한 연구 패러다임과 표본, 단어와 이미지, 표정을 비롯한 여러 유형의 시각적 자극을 토대로 중도 진보주의자에 비해 보수주의자가 특정 유형의 부정적 자극에 집중하는 경향이 있음을 발견했다. 그러나 우리는 아직 그에 대한 철칙이 존재한다고 선언할 준비까지는 되지 않았다. 이를 위해서는 여러 차례의 반복 연구를 시행하면서 미묘한 차이를 조사하고 찾아내야 할 것이다. 또한 반응 시간을 바탕으로 추론하기보다는 사람들이 실제로 무엇을 보고 있는지를 직접 측정할 수 있다면 좋을 것이다. 그리고 그 작업은 실제로도 가능하다.

눈길이 머무는 곳에

정확한 시선 추적 기술은 꽤 오래전부터 존재했다. 19세기의 연구자는 독서 과정을 더 잘 이해하기 위해 글을 읽을 때 눈의 움직임을 관찰했다. 그러나 에드먼드 휴이Edmund Huey는 그 기법의 정밀도에 만족하지 못했다. 20세기 초에 그는 시선을 따라 움직이는 구조의 가벼운 알루미늄 포인터를 콘택트 렌즈에 부착했다. 원시적인 방법이었지만, 휴이가 고안한 시선 추적 장치는 사람들이 문장을 읽을 때 시선이 모든 단어에 고정되지는 않는다는 사실을 입증하는 데 도움을 주었다.[219] 그로부터 몇십 년 후, 가이 버스웰Guy Buswell

---

219   Huey. *The Psychology and Pedagogy of Reading.*

은 눈에 반사된 빛을 촬영하는 방식으로 최초의 비침습적 시선 추적 장치를 개발했다.[220]

시선 추적 기술은 지난 100년 동안 크게 발전해 왔다. 오늘날의 시선 추적 장치는 대부분 눈에 반사된 적외선을 활용하며, 이를 광학 센서가 포착하는 방식으로 작동한다. 이 기술은 시선의 이동에 따른 정확한 데이터를 수집하며, 비교적 쉽고도 비침습적인 방법으로 상업적 가치도 상당한 영역이다. 광고주, 웹 디자이너, 마케터 및 제품 개발 전문가 등은 시선 추적 패턴에 대한 다양한 지식을 바탕으로 사람들을 더 효과적으로 이용할 수 있다.

장애인의 경우, 시선 추적 기술은 눈만 움직임으로써 이메일, 문자 메시지 전송과 인터넷 검색을 지원하는 등 실용적이고 이타적인 용도로도 활용할 수 있다. 또한 해당 기술은 모든 종류의 훈련 시뮬레이터에 적용하여 초보 운전자나 군인, 민간 조종사의 훈련에 도움이 된다. 그리고 더욱 안전한 도로와 하늘을 만드는 피로 감지 장비의 일부는 시선 추적 기술을 기반으로 한다.

한편 노인을 대상으로 시선 추적 장치를 활용한 연구에서는 노년기 보행 문제의 원인이 대부분 시력 때문이라는 사실도 밝혀냈다. 운동선수와 청소년을 위한 다양한 훈련 기법도 시선 추적 기술의 도움을 받고 있다.

이상과 같이 시선의 움직임은 기본적인 주의와 인지 과정에 대해 많은 것을 알려 준다. 따라서 학계에서도 시선 추적 기술을 적극적으로 연구하고 있다. 이에 심리학자 알프레드 야르부스Alfred Yarbus는 "시선의 움직임은 인간의 사고 과정을 반영한다."라고 말한 바 있다.[221] 흥미로운 표현이지 않은가.

때마침 시선 단서 실험을 함께한 동료 마이크 도드가 시선 추적 실험실을 운영하고 있었다. 우리는 그의 도움을 받아 정치 성향이 제각기 다른 사람이 동일한 이미지를 바라볼 때, 시선 추적 패턴이 달라지는가를 확인하는 실험을 진행하기로 했다. 이를 위해 76명의 학부생에게 IAPS 데이터베이스에서 가져온 4개의 이미지를 컴퓨터 화면의 각 사분면에 하나씩 배치하여 콜라주 형태로 보여 주었다.

---

220   Buswell. *How Adults Read.*

221   Yarbus. *Eye Movement and Vision.* 190.

실험에 사용한 이미지는 별도의 평가 집단에서 선정했다. 이미지의 일부
는 긍정적이고, 나머지는 부정적으로 분류했다. 이 가운데 긍정적인 이미지
의 예로는 즐겁게 스키를 타는 사람, 아름다운 일몰, 행복해하는 아이, 화면
에 가득 담긴 과일, 귀여운 토끼, 비치 볼 등이 있었다. 반면 부정적으로 평가
된 이미지에는 입에 벌레를 가득 문 사람, 몸에 난 상처, 이빨을 드러낸 상어,
부서진 자동차, 불타는 집 등이 포함되었다.[222]

각 콜라주 화면에는 긍정적 이미지와 부정적 이미지를 혼합했다. 해당 연
구에서는 3개의 부정적 이미지와 1개의 긍정적 이미지로 구성한 6개의 콜라
주와, 그 반대 방식으로 구성한 같은 수의 콜라주를 비교했다. [그림 5]는 3개
의 부정적 이미지와 1개의 긍정적 이미지로 구성한 콜라주의 예이다.

[그림 5] 시선 추적 실험에 활용한 이미지 콜라주의 예

---

222   부정적 이미지와 긍정적 이미지 모두 상위 20%로 사전 평가된 것만 사용했
다. 다만 [그림 5]에 제시된 이미지는 연구에 실제 사용된 것이 아니다. IAPS 사용자는 향
후 연구자를 위해서는 물론, 이미지의 가치를 보존할 목적으로 이미지를 공개하지 않는
데 동의해야 한다.

정치 성향은 어떻게 결정되는가

우리는 참가자에게 같은 유형의 콜라주를 하나당 8초 동안 보여 주었다. 그리고 참가자는 화면 내에서 원하는 곳을 자유롭게 볼 수 있었으며[223], 스페이스 바를 누르거나, 점을 찾거나, 색상을 확인할 필요가 없었다. 우리는 오로지 참가자가 콜라주에서 특정 이미지에 얼마나 오래 집중하는가만 관찰했다.[224] 그리고 우리가 가장 기대한 바는 해당 실험에서 보수 성향을 지닌 사람들이 잠재적으로 위협적일 가능성이 있는 부정적 자극에 시선이 더 오랫동안 머무르리라는 것이었다.

우리는 참가자에게 지지 정당과 쟁점별 입장, 리더십에 대한 일반적 태도, 외집단에 대한 처우, 전통적 행동 규범 준수, 그리고 사회 질서 유지와 관련된 여러 질문을 통해 정치 성향을 측정했다. 이들 질문은 우리의 이념 측정에서 중요한 쟁점에 해당한다. 이처럼 다각적인 측정치를 합산하여 각 참가자가 이념 스펙트럼에서 어느 위치에 있는가를 종합적으로 파악했다. 그리고 연구 결과 제시의 편의를 위해 지표의 중간 지점에서 참가자를 상위 38명(보수)과 하위 38명(진보)으로 나누어 평균을 제시했다.

이 연구에서는 대체로 긍정적 이미지보다 부정적 이미지를 더 오랫동안 응시한다는 결과를 보였다. 이는 이전의 연구 결과와 일치한다. 그리고 수풀에 열린 열매에 정신이 팔려 근처에 곰이 있다는 사실조차 알아차리지 못하는 어리석은 이들을 자연 선택이 도태시켰다는 '진화적 선택 압력(evolutionary selection pressures)'과도 맥을 같이한다. 그러나 우리가 정말로 관심을 두는 것은 진보주의자보다 보수주의자가 부정적인 이미지를 더 오래 바라보는 경향이 있는가이다. 이는 실제로도 그러하다.

[그림 6]은 두 집단에 속한 참가자의 응시 시간에 나타나는 차이를 보여 준다. 결론적으로 진보주의자는 부정적 이미지보다 긍정적 이미지를 보는 데 400ms 또는 0.4초 미만으로 더 많은 시간을 들였다. 그러나 보수주의자는 긍정적 이미지보다 부정적 이미지를 보는 데 1.5초보다 살짝 긴 정도로 훨씬 많은 시간이 소요되었다. 8초 동안의 자유 주시 실험에서 이 정도의 '차이

---

223   우리는 이를 '프리뷰(freeview)'라고 부른다.

224   학계에서는 이를 '응시 시간(dwell time)'이라고 부른다.

속 차이'는 매우 크다고 할 수 있으며, 실제로 한 시각 전문가는 그 차이를 '영원'에 빗댈 정도였다.

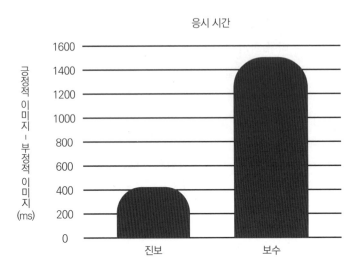

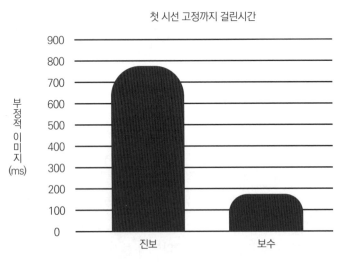

[그림 6] 시선 추적 결과와 정치 이념의 연관성

정치 성향은 어떻게 결정되는가

총 응시 시간은 시선 추적 데이터에서 도출할 수 있는 유용한 측정값의 일부일 뿐이다. 이 외에도 중요한 지표는 첫 시선 고정까지 걸린 시간이다. 우리는 각 콜라주가 제시되기 전에 참가자에게 화면 중앙의 목표 지점 'X'를 바라보도록 지시했다. 이후 4개의 이미지로 구성된 콜라주가 나타나면 참가자는 보통 화면 전체를 훑어본 다음, 한 이미지에 시선을 고정한다. 따라서 콜라주가 화면에 등장하면 참가자가 두 이미지 가운데 어느 쪽에 더 빨리 시선을 고정하는가를 정확하게 측정할 수 있다. 콜라주가 등장하고 첫 시선 고정까지 걸린 시간 측정 결과를 기록한 것이 [그림 6]의 두 번째 그래프이다.

시선을 고정하는 시간이 빠를수록 부정적인 이미지를 향한 주의 편향이 커진다는 점을 기억하자. 보수주의자가 부정적 이미지에 시선이 고정되는 시간은 평균 약 165ms로 무척 빨랐다. 반면에 진보 성향의 참가자는 부정적 이미지에 시선을 고정하기까지 0.5초 이상 더 걸렸다. 다시 말하건대, 상황과 의식적 처리 과정의 속도를 고려하면 그 정도는 상당히 큰 차이이다.

한편 긍정적인 이미지에 시선을 고정하기까지 걸리는 시간도 정치 성향에 따라 차이를 보였다. 진보주의자는 주변 환경에서도 긍정적인 자극에 더 빨리 집중하는 경향이 있었다. 그러나 이는 보수주의자가 부정적 이미지에 집중하는 데서 발견한 사실보다는 훨씬 약한 수준이다. 이러한 결과를 통해 보수주의자가 긍정적 이미지에 집중하는 속도가 느리기는 하지만, 그 차이는 크지 않다는 결론에 도달했다.[225]

대학 학부생은 대표성이 약할 수도 있음을 우려한 우리는 100명 이상의 성인을 무작위 표본으로 선정하여 연구를 반복했다. 그 결과는 근본적으로 동일하거나 조금 덜하게 나타났다. 결론적으로 우리가 시선 추적 연구를 통해 얻은 결과는 스트루프, 도트 프로브, 플랭커 과제와 '군중 속의 얼굴'과 같은 시간 반응 실험에서 얻은 기본 추론과 같은 맥락이었다. 즉 부정적인 자극에 주의를 더 많이 기울이는 사람은 보수적인 정치 성향을 지니는 경향이

225　Dodd et al. "The Political Left Rolls with the Good and the Political Right Confronts the Bad: Connecting Physiology and Cognition to Preferences."

존재한다고 할 것이다.

인식의 차이

정치적으로 보수와 진보 진영에 속한 사람이 지시에 따라 같은 대상을 바라볼 때, 서로가 대상의 다른 측면에 주목한다. 그러나 그들이 이미지 자체를 다르게 인식한다고 시사하는 근거는 없다. 이는 보수주의자가 부정적 이미지에 집중한다고 해서 부정적 이미지를 더욱 부정적으로 인식한다는 뜻은 아니다. 적어도 이탈리아 연구진이 내린 결론은 그러했다.

연구원들은 IAPS에서 가져온 긍정적, 부정적 이미지, 특히 주로 도트-프루브 과제에 사용된 이미지를 참가자에게 제시하고, 그 이미지를 7점 척도로 평가하도록 요청했다.[226] 이때 진보 성향의 참가자는 반대되는 참가자와 거의 같은 방식으로 이미지를 평가했다. 스트루프 과제에서 사용된 단어도 마찬가지로 차이가 거의 없었다. 그렇다면 서로 다른 정치 성향을 지닌 사람들은 실제로 같은 세상을 바라보면서도 서로 다른 것에 집중할까? 물론 우리도 확신할 수는 없다.

보수주의자와 진보주의자가 서로 다른 정치 선호도를 지니고 있다는 사실은 누구나 주지하는 바이다. 이는 두말할 것도 없이 언제 어느 곳에서 시행한 조사에서도 명확하게 드러난다. 보수 성향의 응답자는 특정 정책을 지지하는 반면, 진보주의자는 그 반대를 선호하는 것처럼 말이다. 그러나 여기에서 묻고자 하는 것은 바로 '어떠한 정책을 선호하는가?'이다.

따라서 우리는 조금 다른 각도에서 접근을 시도했다. 우리는 한 조사에서 무작위로 선정한 응답자를 대상으로 그들의 선호도와 상관없이 최근의 공공 정책을 어떻게 인식하는지를 물었다. 구체적으로는 최근 여섯 가지 정책 영역과 관련한 응답자의 견해를 10점 척도로 평가하도록 하였다. 자세한 내용

---

226 1점은 '매우 긍정적', 7점은 '매우 부정적'을 나타낸다. 나머지 점수는 중간을 의미한다.

은 다음과 같다.

① 전통적인 생활 양식보다 새로운 생활 양식을 용인하는 수준
② 신중하며 이의를 수용하는 리더보다 결단력 있고 단호한 리더를 용인하는 수준
③ 외부의 위협에서 보호하기 위해 가능한 모든 수단을 동원하는 정책을 용인하는 수준
④ 규범 위반자에게 자비보다 엄격하게 처벌하는 정책을 용인하는 수준
⑤ 빈곤층보다 부유층에 혜택을 주는 정책을 용인하는 수준
⑥ 생활에서 거의 모든 측면에 개입하는 정부보다 그렇지 않은 정부를 용인하는 수준

우리는 위에서 소개한 내용에 따라 정치 성향별로 미국의 국가 운영 정책 및 관행을 서로 다르게 인식하고 있음을 발견했다. 예상대로 보수주의자는 진보주의자와 달리 미국을 새로운 생활 양식을 용인하는 정책을 펴고 있고, 외부 위협에 대한 보호가 부족하며, 범죄자에게 지나치게 너그럽고, 노력하지 않더라도 빈곤층이라면 혜택을 주는 나라라 인식하는 경향이 있었다. 특히 최근 빈곤층과 부유층을 향한 처우에서 인식 차이가 매우 크게 벌어졌다. 다시 말해 보수와 진보는 서로 다른 정책을 선호하는 것이 아닌, 현재 시행 중인 정책을 다르게 보고 있음을 의미한다.

위와 다르게 진보주의자는 현재의 정책이 부당하게도 부유층에게 혜택을 준다고 본다. 그러나 보수주의자는 그들과 같은 정책과 상황을 보고 있음에도 자격 없는 빈곤층이 국가 지원에 과도하게 의존한다고 인식한다. 다른 설문에서도 이와 같은 기본적인 차이를 확인할 수 있다.[*227] 이는 보수와 진보가 같은 창문을 통해 세상을 바라보면서도 인식하는 바는 서로 다르다는 사실을 나타낸다는 점에서 중요한 문제이다. 우리는 이처럼 서로 다른 인식이

---

227   Mitchell et al. "Side by Side, Worlds Apart: Liberals' and Conservatives' Distinct Perceptions of Political Reality."

제5장_엇갈리는 시선   **179**

야말로 정책 선호의 차이뿐 아니라 정치 갈등도 일으키는 주요 근원이라고 생각한다.

2012년 공화당 대선후보였던 미트 롬니Mitt Romney는 '소득세를 내지 않는 47%는 절대 공화당에 투표하지 않을 것'이라 발언한 바 있다. 이 발언은 보수주의자가 널리 공유하는 인식이다. 그의 발언이 알려지자마자 진보주의자는 그 '47%'에 대한 자신들의 인식이 롬니와 상당한 차이가 있다고 항변했다.

이러한 인식의 차이는 비단 정치에만 국한되지 않는다. 우리는 성인 미국인 표본을 대상으로 IAPS에서 제공하는 이미지에 호의적인가를 9점 척도로 평가하도록 요청했다. 해당 척도에서 점수가 낮을수록 호의적이며, 높을수록 비호의적이다.

이미지는 긍정적, 부정적인 것을 제시했다. 전자에 해당하는 이미지는 귀여운 아기, 나이아가라 폭포의 장관, 야외 스포츠를 즐기는 사람들 등이 포함되었다. 부정적 이미지는 위협적이거나 혐오스러운 요소를 포함한 것으로, 위협적인 이미지에는 길과 총으로 무장한 사람이 힘없는 사람을 공격하는 장면 등이 있었다. 혐오스러운 이미지는 더러운 화장실, 상처, 구토, 쇠약해진 신체를 촬영한 사진이 포함되었다.

이탈리아 연구진의 결론과 달리 우리의 데이터는 보수주의자가 대체로 진보주의자보다 부정적 이미지를 더욱 부정적으로 인식한다는 점을 보여 준다. 혐오스러운 이미지를 전체적으로 고려했을 때, 비호의적인 평가와 보수적인 시각 사이의 상관관계는 유의미하다. 위협적인 이미지의 경우도 동일한 패턴이 나타나지만, 그 상관관계는 상대적으로 빈약하다. 결과적으로 보수는 진보에 비해 부정적인 이미지를 더욱 비호의적으로 평가하는 경향이 있다.[228]

그런데 긍정적인 이미지들을 분석했을 때, 놀라운 반전이 나타난다. 정치 쟁점에 보수적 견해를 지닌 사람은 긍정적 이미지를 진보주의자보다 더욱 긍정적으로 평가하는 경향이 있다. 따라서 보수적인 사람이라도 모든 것

---

228 혐오스러운 이미지와 쟁점에 대한 보수주의자의 입장 간 상관관계는 r=0.12, p⟨0.05였다. 위협적인 이미지의 경우, r=0.12, p⟨0.05의 상관관계를 보였다.

을 부정적으로 인식한다고 볼 수는 없다.*[229] 그리고 보수주의자가 진보주의자보다 제시된 자극에서 감성적으로 더 큰 영향을 받는다. 따라서 긍정적인 이미지는 더욱 긍정적으로, 부정적인 이미지는 더욱 부정적으로 평가한다는 해석이 더 정확하다.

그와 관련된 연구 결과는 심리학자 제이콥 비질Jacob Vigil의 표정 처리에 관한 연구에서 찾을 수 있다.*[230] 비질은 미국의 공화당과 같이 일반적으로 국내외 갈등에 지배적인 대응을 추구하는 정당을 지지하는 사람은 다양한 자극을 위협으로 해석하는 경향이 있다고 추론했다. 얼굴 표정은 가장 오래된 사회적 소통 방식의 하나이므로, 그는 무표정한 얼굴이라는 모호한 자극을 민주주의자보다 공화주의자가 더욱 위협적, 지배적으로 인식할 것이라는 가설을 세웠다.

위협적인 표정에는 분노와 두려움, 혐오가, 비위협적인 표정에는 기쁨, 슬픔, 놀람이 포함된다. 그리고 지배적인 표정에는 보통 기쁨, 분노, 혐오가, 순종적인 표정에는 슬픔, 두려움, 놀람이 속해 있다. 일반적으로 용인되는 분류 체계에 따르면 위협적인 표정은 대체로 지배적이며, 비위협적인 표정은 순종적인 편이지만 모두가 항상 그렇지는 않다는 점에 유의할 필요가 있다. 이 패턴에 예외가 있다면, 기쁨은 지배적이지만 비위협적이고, 공포는 위협적이지만 순종적이라는 점이다.

비질은 가설을 검증하기 위해 두 명의 남녀 배우에게 다섯 가지 모호한 표정을 연기하도록 했다. 연구 참가자는 800명 이상의 플로리다 대학교 학부생으로, 슬픔, 기쁨, 혐오, 놀람, 두려움 또는 분노가 드러난 표정을 식별하라고 요청했다. 비질은 민주당을 지지하는 학생보다 공화당을 지지하는 학생이 제시된 표정을 위협적, 지배적인 감정 표현으로 해석할 가능성이 더 크다는 점을 발견했다.*[231] 이 관계는 표준 인구 통계학적 변수와 함께 신뢰, 삶

---

229   실제 상관관계는 r=-0.15, p<0.01이었다.

230   Vigil. "Political Leanings Vary with Facial Expression Processing and Psychosocial Functioning." 550.

231   같은 논문, 552쪽.

의 만족도, 공격성 같은 심리 사회적 변수를 통계적으로 통제한 후에도 지속되는 것으로 나타났다.

정치 성향에 따른 인식 차이의 결과는 주의 패턴보다 다소 명확하지 않을 수는 있다. 그러나 보수주의자는 혐오스러운 이미지와 위협적인 이미지를 더 부정적으로 인식하고, 긍정적인 이미지를 더 긍정적으로 인식한다는 증거가 있다. 비질의 연구도 마찬가지로 공화주의자 학부생이 민주주의자 학부생보다 감정적으로 모호한 얼굴을 위협적이거나 지배적으로 보는 경향이 있음을 시사한다.

따라서 보수와 진보는 자극을 정확히 같은 방식으로 인식하지 않는다는 결론에 도달한다. 이것이 사실이라면 그 차이가 주의와 인식을 넘어 사람들이 정보를 획득하고 활용하는 방식에까지 확장되어 있는가를 확인하는 것이 중요한 과제로 남는다.

정보의 획득과 활용

심리학자 러셀 파지오Russell Fazio와 동료들은 사람들이 정보를 습득하고 사용하는 방식에 관심이 있었다. 이 과정을 조사하여 이해하기 위해 그들은 빈페스트BeanFest라는 이름의 게임을 개발했다. 이 게임의 내용은 다음과 같다.

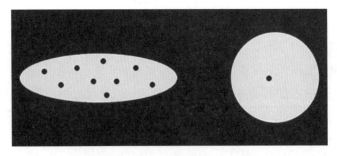

[그림 7] 빈페스트 실험의 콩 유형 예시

정치 성향은 어떻게 결정되는가

지금부터 빈페스트의 진행 방식을 설명하겠다. 컴퓨터 앞에 앉은 참가자에게 콩 그림을 보여 준다. 이어서 다른 콩이 나오고, 또 다른 콩이 나온다. 콩의 모양은 원형에서 타원형까지 다양하며, 콩에 찍힌 점의 개수도 하나에서 여러 개까지 천차만별이다. 화면에 콩이 제시되었을 때, 참가자는 그 콩을 가져갈지 거부할지를 결정해야 한다.

콩은 유형에 따라 10점이나 -10점의 점수를 지닌다. 그러나 참여자가 처음 콩을 접할 때는 점수를 알지 못한다. 예컨대 가운데에 2개의 점이 가까이 붙어 있는 타원형 콩은 -10점이고, 3개의 점이 삼각형 모양으로 찍힌 둥근 콩은 10점이다. 이때 참여자가 콩을 선택하면 콩의 점수가 공개되면서 그 점수에 따라 참가자의 총점수를 계산한다.

반면 콩을 거부하면 참여자의 총점수는 그대로 유지된다. 그리고 선택하지 않은 콩의 점수는 알 수 없다. 점수를 모르는 콩은 정보 부족을 의미하며, 그 콩이 나중에 다시 제시되었을 때 참가자가 내릴 결정에 영향을 미친다. 참가자는 처음에 50점으로 시작하며, 100점에 도달하는 것을 목표로 한다. 그리고 약간의 동기 부여를 위해 100점을 달성하면 참가자에게 금전적 보상을 약속했다.

그로부터 얼마 지나지 않아 연구진은 참가자의 게임 진행 방식이 매우 다양하다는 사실을 알게 되었다. 일부 참가자는 숙고 없이 콩을 무작정 가져가기도 했다. 이는 많은 득점과 실점을 반복하면서 다양한 콩의 점수에 대한 정보를 상당량 수집하였음을 의미한다. 이와는 다르게 훨씬 신중한 태도로 초기에 몇 개의 콩만 선택하다가, 게임이 진행될수록 좋은 유형으로 알고 있는 콩만을 가져가는 참가자도 있었다. 이러한 참가자는 다른 참가자보다 훨씬 탐구적인 경향을 보였다.

그렇다면 이와 같은 개인차를 무엇으로 설명할 수 있을까? 이에 연구진은 처음에 심리적, 성격적 특성을 의심하였다. 그들은 새로운 경험에 개방적이면서 깊이 생각하기를 좋아하는 사람은 탐구적인 경향이 많으며, 신중하면서 완성도를 중시하는 사람은 회피적일 것이라 추정했다.

그 예상은 대체로 맞았지만, 내용상으로는 전통적인 심리학 이론과 다르지 않았기에 신선함은 없었다. 그러던 중 파지오와 공동 저자인 나탈리 슈크Natalie Shook는 빈페스트 참여자의 일부가 과거에 정치 이념을 측정하는 다른 연구에 참여한 적이 있다는 사실을 우연히 알게 되었다. 이에 호기심을 느낀 연구진은 접근 행동(approach behavior)*232과 정치 이념 사이의 상관관계를 확인했다.

연구 결과, 그들은 비교적 강한 양의 상관관계(r=0.25)를 발견하였다. 이 정도라면 정치와 빈페스트의 연관성에 대한 연구를 독립적으로 수행할 가치가 충분했다. 해당 연구에서는 보수를 자처한 참가자가 진보 성향의 참가자보다 콩을 선택한 횟수가 적음을 확인했다. 실제로 이 상관관계는 우연이라기에 상당히 높은 수준(r=0.30)이었다.

빈페스트 게임에서 가상의 콩을 뒤집어 점수를 확인하는 사람과 그렇지 않은 사람을 가려내는 것은 "이런 것도 돈 받고 하는 연구인가?"라는 반응을 자아내는, 그저 그런 사회학 연구처럼 보일 수도 있다. 이는 자칫하면 손가락질을 받을 수도 있는 일이었다. 그러나 이 연구의 함의는 잠재적으로 매우 큰 파급효과를 지닌다. 각자의 정치 성향에 따라 단순히 선호하는 바가 다양하고 사물도 다르게 바라볼 뿐 아니라, 본 것을 처리하는 방식에서도 차이가 있음을 시사한다.

슈크와 파지오는 그 결과가 데이터 수집 전략과 학습 방식의 차이를 나타내는 것으로 해석하였다. 새롭지만 잠재적으로 불편할 수 있는 정보를 획득할 기회가 주어졌을 때, 일부는 이를 거부한다. 이러한 사람은 보수적인 경향이 있다. 반면 진보주의자는 결과에 상관없이 꿋꿋이 진행하려는 성향을 보인다.

빈페스트 게임에서 드러난 보수와 진보의 차이점은 새 콩의 선택과 거부 의사를 결정하는 것에 그치지 않고, 학습의 차이로까지 확장된다. 슈크와 파지오는 빈페스트라는 경험 자체에 중요한 후속 조치를 덧붙이는 선견지명을 발휘했다. 두 연구자는 참가자가 콩에 대한 결정을 내린 뒤, 최종 점수까지

232　빈페스트 게임에서는 새로운 종류의 콩을 선택하는 행위를 의미한다.

집계하고 나서 마지막 시험을 치르도록 했다. 마지막 시험에서는 콩을 유형에 따라 차례로 제시하고 나서 그 콩이 좋은 것(10점)인지 나쁜 것(-10점)인지를 평가하도록 했다.

보수 성향의 참가자는 다양한 콩 유형을 학습할 기회를 더 많이 거절했으므로 진보주의자보다 정보를 덜 획득했다. 그러나 놀랍게도 성적은 특별히 나쁘지 않았다. 다만 두 참가자의 학습에는 중요한 차이점이 있었다. 이 차이는 긍정적인 정보와 부정적인 정보를 구분하여 분석할 때 더 두드러진다.

진보 성향의 참여자는 나쁜 콩을 기억하는 것이 좋은 콩보다는 조금 더 나았지만, 반대 성향의 참여자에게는 대략적인 균형조차 없었다. 그러나 보수주의자 참여자는 제시된 콩을 보자마자, 심지어 보지 않고도 나쁜 콩임을 알아챘다. 이처럼 그들은 나쁜 콩을 정확히 식별하는 데 훨씬 능숙했지만, 좋은 콩을 나쁜 콩으로 잘못 분류할 가능성도 더 컸다. 이는 잠재적으로 보수와 진보가 평균적으로 시험에서 같은 점수를 받더라도 학습한 내용은 크게 다를 수 있음을 시사하는 중요한 문제이다.

이상의 발견은 우리의 주장을 뒷받침하는 주요 논점을 연결하는 데 도움을 준다. 보수주의자가 새롭고 낯선 것에 상대적으로 불편을 느낀다는 사실은 자체 평가에서 그치지 않는다. 이는 새롭지만 잠재적으로 위험한 정보의 습득을 꺼리는 행동 양식에서도 나타난다. 이처럼 주저하는 행동에는 장단점이 있다.

그러한 행동으로 보수주의자는 부정적인 상황을 모면할 수 있지만, 동시에 그릇된 부정적 태도를 바로잡기도 어렵다. '한 번도 본 적이 없는 콩이니 분명히 나쁜 콩일 거야.'라는 생각처럼 말이다. 이와 같은 경향은 세상이 상당히 가혹한 곳이라는 인상을 강화하기도 한다.*[233] 그리고 이러한 인지 과정에서 만들어진 인식은 새로운 상황을 탐험하는 데 제약을 유발하는 고전적 피드백의 순환을 형성한다. 반면 진보주의자는 특정한 초점 없이 너무 많은 정보를 수집하려다 그 정보를 제대로 처리하고 기억하는 과정이 어려워

---

[233]   Shook and Fazio. "Political Ideology, Exploration of Novel Stimuli, and Attitude Formation." 3.

질 수 있다.

슈크와 파지오는 위와 같이 서로 다른 표본화 행동이 학습 비대칭의 원인이라고 여긴다. 새 콩이 나타났을 때 진보주의자는 "그까짓 거, 한번 선택해 보지 뭐."라고 말하지만, 보수주의자는 "일단 그냥 넘어가는 게 낫겠어."라며 회피한다. 물론 콩만을 이야기하자는 것은 아니다. 두 연구자는 이러한 패턴이 안정적이면서 일반화가 가능하다고 말하며, 실험실의 컴퓨터 게임에만 국한되지 않는다고 주장한다. 이것이 사실이라면, 보수와 진보라는 서로 다른 세계관의 핵심에는 새로운 대상이나 상황을 탐험하려는 의지의 편차가 존재한다는 뜻이다.

우리는 진보 성향의 참여자가 게임에서 반드시 더 자주 승리하거나 마지막 시험에서 더 높은 점수를 받지 않는다는 점을 강조하고자 한다. 보수와 진보는 매우 다르다. 보수주의자는 적절한 결론을 내리는 데 필요한 정보를 충분히 습득했다면 그것으로 끝이다. 그러나 진보주의자는 자신이 발견한 정보가 마음에 들지 않거나, 수집한 정보를 완전히 소화하지 못하더라도 새로운 정보를 계속해서 모으려 한다. 이처럼 싱빈된 전략은 서로 다른 학습 방식으로 이어지며, 이는 보수와 진보의 세계관을 형성하거나 강화하는 데 영향을 미친다. 이러한 사고방식은 이탈리아 연구진이 수집한 추가적인 증거와 일치한다.[234]

이탈리아 연구진은 "제임스가 친구에게서 CD를 빌리고 일부러 돌려주지 않았어."와 같이 소규모 집단에서 낯선 사람에 대한 부정적인 정보를 제공하면, 보수주의자가 더욱 부정적인 인상을 형성할 가능성이 크다는 사실을 발견했다. 다시 말하면 이념 스펙트럼의 위치에 따라 부정적인 정보를 학습하고 평가하는 방식이 달라진다. 이는 낯선 집단에 대한 개인의 인식 차이에 영향을 미친다.

이상의 증거는 모두 슈크와 파지오가 내린 결론과 마찬가지로 서로 다른 이념을 지닌 개인이 사회라는 세계에 접근하여 정보를 습득하고, 태도를 형

---

234 Castelli and Carraro. "Ideology Is Related to Basic Cognitive Processes Involved in Attitude Formation."

정치 성향은 어떻게 결정되는가

성하는 방식에 근본적인 차이가 있음을 가리킨다.[235] 여전히 광범위한 심리적, 인지적 경향이 상대적으로 좁은 정치적 태도의 형성에 큰 영향을 미칠 수 있다는 사실을 이해하기 어렵다면, 탐색 행동의 편차를 유심히 살필 필요가 있다. 새로운 정보를 적극적으로 탐색하는 사람은 그 정보에서 비롯되는 위험과 불확실성을 회피하는 데 익숙한 사람과 다른 정치적 결론에 도달할 가능성이 크다.

이처럼 새로운 정보를 두고 엇갈리는 지향성은 과학과 종교를 대하는 태도에서도 다르게 나타나기 쉽다. 진보주의자는 지구 온난화처럼 불안감을 조성하는 내용이라도 더 많은 정보를 수용하려는 반면, 보수주의자는 이미 알고 있는 지식에 만족하는 경향이 있다. 이러한 관점에서 미루어 보면, 과학을 향한 공격이 보수파에서 더 많이 일어나는 것도 놀라운 일은 아니다.[236]

한편 과학적 절차의 본질이 보수적인 사고방식에 더 불편할 수 있다는 점이 여러 연구에서 드러났다. 보수적인 관점에서 새로운 발견과 주장을 그저 이론일 뿐이라 치부하는 것은 큰 실수이다. 이러한 태도는 확실하지 않으면 불편함을 의미한다. 특히 누군가 논란의 여지가 있는 추측에 기반하여 대규모 또는 비용이 많이 드는 변화를 제안할 때 더 그러하다.

진보주의자는 이견이 있거나 세부적으로 완벽하게 마무리되지 못한 이론이라도 가치 있게 받아들인다. 오늘날 과학적 증거가 지닌 무게만으로도 그들에게는 충분히 만족스러우며, 향후 새로운 발견으로 지식의 수정이 이루어질 가능성이 크기 때문이다. "과학이 위대한 것은, 옳아서가 아니라 틀릴 수 있기 때문이다."라는 격언에 고개를 끄덕이든, 틀릴 가능성이 있는데도 어떻게 유익할 수 있는지 의아해하든, 이는 지식 습득과 정치의 근본 딜레마를 향한 태도에 많은 것을 시사한다.

235　Shook and Fazio. "Political Ideology, Exploration of Novel Stimuli, and Attitude Formation." 2.

236　Mooney. *The Republican War on Science.*

개인의 선택을 주도하는 다양한 전략은 각자의 특성과 취향, 성격 및 일반적 선호에 비추어 일관적인 상관관계를 보인다. 예측할 수 없는 낯선 상황에 불편함을 느끼는 사람은 가 본 적 없는 곳을 여행하거나 새로운 사람이 많은 파티에 참석하기를 꺼리는 경향이 있다. 성격 특성은 거주지 선택 등 일상의 다양한 상황에도 영향을 미친다. 새로운 경험, 색다른 광경, 독특한 음식, 왁자지껄한 소리, 다양한 사람을 원하는 이는 동질성과 조용함, 안전함을 추구하는 사람과 다른 동네에서 살 가능성이 높다. 사람들도 대체로 행동 양식과 성격 특성의 연관성에 수긍하는 편이다. 그러므로 정치적 특성과의 연관성 또한 받아들이는 것이 마땅하다.

이 장에서 요약한 인지 과제의 결과대로라면 보수파는 화가 난 사람처럼 잠재적 위험이 되는 자극에 주의하고, 출처가 완전히 허위가 아닌 이상은 지시를 따른다. 또한 낯선 사물이나 경험을 피하고 익숙한 것을 선호하며, 단순하고 기본직이고 명확한 것을 추구하는 행동 양식을 선호한다.

이와 다르게 진보 정책을 선호하는 사람들은 주변 세상을 탐색하고 인식하며 이해하는 과정에서 서로 다른 지침을 따른다. 마음에 들지 않더라도 새로운 정보를 탐색하고, 선택의 여지가 없을 때만 지시에 따른다. 그리고 행복한 사람에게 주의를 기울이고, 복잡성을 포용하며, 위험이 따르더라도 새로운 경험에 뛰어든다. 그렇다면 정치 성향이 이처럼 삶의 다양한 측면과 연결되는 이유는 무엇일까?

현대 사회에서 정치 체제는 사람들의 생활 양식에 지대한 영향을 미친다. 정부의 결정은 내부와 외부의 안전, 허용 가능한 일상의 선택권, 인구의 다양성 등을 좌우한다. 이에 보수주의자는 특정 범주의 위험 요소를 줄이는 공공 정책을 더 지지하는 경향이 있다. 이는 그들의 인지 패턴이 특정 범주의 위험 요소에 더 민감하기 때문이다. 그런데도 거주하는 곳, 일하는 곳, 여가 활동에 대한 개인의 선택은 정치보다 그들이 처한 환경에서의 인지적 지향성 및 심리적 선호와 관련이 크다는 사실에는 여전히 변함이 없다.

한편으로 정치적 선택은 개인적 선택과 큰 차이가 있다. 정치란 개인보다 집단적 결정과 관련되기 때문이다. 거주지와 직업, 경험에 대한 선택은 개인의 결정을 따른다. 그러나 2023년 도브스Dobbs 판결 이후의 낙태 정책, 우크라이나를 위한 미국의 집속탄 지원 또는 코로나19로 전교생의 교내 마스크 착용 정책을 혼자서 제정할 수는 없다.

사실 사람들이 정치에 반감을 느끼는 이유는 정치가 삶의 일부를 자신의 통제 범위 밖으로 밀어 내기 때문일 것이다. 정부와 같은 강력한 존재에 휘둘리는 것은 오히려 보수주의자에게 더 불편한 상황이다. 이는 마스크 착용, 검사, 백신 접종과 같은 정부의 코로나19 방역 조치에 전 세계의 보수주의자가 보인 극도의 부정적인 반응에서 분명하게 나타났다.

사람들은 자신의 심리적, 인지적 스타일에 맞게 주변 환경을 조성하려 하지만, 정치의 집단적 속성으로 제약을 받는다. 이러한 상황에 누구나 어느 정도는 불편을 느끼지만, 보수주의자의 상당수는 사소한 문제를 넘어 심각한 우려로 인식한다. 마치 그들의 자유를 침범당하는 것처럼!

이제 이 장을 마무리하며 우리가 중요하게 여기는 유의 사항을 다시금 상기하고자 한다. 구체적인 내용은 다음과 같다.

첫째로 특정한 정치 신념을 지닌 사람에게 일반적인 수식어를 적용하는 것은 그 표현을 사용하는 사람이 보편적인 사고가 가능할 때만 의미가 있다. 상관계수 0.15나 0.20 또는 0.30이나 0.35가 무엇을 의미하는지 제대로 이해하지 못한다면, 우리가 전달하려는 메시지를 제대로 파악하기 어렵다.

우리가 파악한 패턴에는 수많은 예외가 존재한다. 이 장에서 소개한 연구의 상관계수 가운데 1.0이나 0.75, 심지어 0.50에 근접한 것은 하나도 없다. 대다수의 자연과학 연구는 물론이고 사회학 연구에서의 유의미한 결과에도 예외는 많으며, 우리가 내세우는 결과도 이와 다르지 않다.

비록 상관계수가 크지는 않더라도 다양한 표본과 연구 설계, 과제에서 발견한 놀라운 일관성은 충분히 유의미하다. 이러한 반복성과 일관성 속에서 그동안 우리가 제시한 포괄적인 결론이 탄탄한 근거에 기반한다고 자신할 수 있다. 대체로 보수주의자는 안전과 예측 가능성, 권위를 더 선호한다. 그렇더라도 니키 헤일리와 수잔 콜린스, 아인 랜드, 리시 수낙, 벨린다 숙모를 비롯하여 당신도 반드시 그러리라는 법은 없다.

이와 마찬가지로 진보주의자는 참신함과 세밀함, 복잡함에 익숙하다고 알려져 있다. 그러나 조 바이든과 찰스 슈머, 레이철 매도, 에마뉘엘 마크롱, 루이 삼촌과 당신도 그에 반드시 해당한다는 보장도 없다. 일반적인 패턴에 예외를 찾는다고 해서 그 패턴이 현실적이지 않다는 의미는 아니다. 그러려면 그 패턴이 적용되는 사람보다 예외가 더 많아야 한다. 물론 그러할 가능성도 완전히 배제할 수는 없지만, 이를 상쇄할 만한 결과를 얻고자 한다면 상당한 양의 체계적 연구가 필요할 것이다.

둘째로 어떠한 인지 패턴이 최선인가에 대한 판단은 주관적이라는 점을 특별히 강조하고자 한다. 이 장에서 다룬 내용 가운데 어느 것도 객관적으로 더 나은 삶의 전략을 가리키지는 않는다. 우리가 확인한 전략은 저마다 장단점이 있다. 삶에 접근하는 방식 중 어느 것이 더 나은가에 대한 해답은 새로운 상황과 경험이 얼마나 위험한지에 따라 달렸다. 그리고 지금까지 살펴본 바와 같이 그 답 또한 지극히 주관적이다. 따라서 이 상에서 다룬 결과를 바탕으로 추론할 때는 반드시 신중하기를 바란다.

물론 보수주의자를 비관론자로, 진보주의자를 낙관론자로 묘사하는 것처럼 보일 수도 있다. 그러나 비관론자가 아니라도 얼마든지 부정적 측면을 주시할 수 있다. 실제로 보수주의자는 소득과 사회적 지위를 감안하더라도 진보주의자보다 낙관적이라는 연구 결과가 있다.[237] 이와 비슷하게 진보주의자는 쾌락주의와 감각 추구 지표에서 점수가 높지만, 보수주의자보다 공감 능력이 높은 편이다.[238] 그러므로 여기에서 얻은 결과에 실제보다 많은 의미를 부여해서는 안 된다.

우리는 이 책에서 정치 스펙트럼 전반에 걸친 편차를 형성하는 근본적인

---

237   Napier and Jost. "Why are Conservatives Happier Than Liberals?"

238   Mondak. "Personality and the Foundations of Political Behavior"; and Hirsch et al. "Compassionate Liberals and Polite Conservatives: Associations of Agreeableness with Political Ideology and Moral Values."

차이를 파악하는 과정을 지나오고 있다. 이에 제4장에서는 보수와 진보가 독특한 성격 및 심리적 경향을 보이며, 취향 또한 예술과 스포츠, 성격 특성, 직업에 대한 선호에 이르기까지 다양하다는 점을 확인하였다. 그리고 이 장에서는 보수주의자가 지시에 더 많은 주의를 기울이고, 주변 사람의 행동에 영향을 덜 받으며, 화난 표정을 더 잘 인식한다. 이뿐 아니라 명확성과 엄격한 범주화에 더 익숙하며, 탐색 행동을 회피하여 부정적 결과를 최소화하고, 특정한 위협적 자극에 더 집중하는바, 특히 화난 표정에 민감하게 반응한다는 사실을 알 수 있었다.

이제 이상의 차이가 설문 항목에 응답하는 방식을 비롯하여 다양한 범주의 사건과 자극을 향한 집중 양상뿐 아니라 신체적 차이로까지 확장되는가를 더욱 깊이 살펴볼 시간이다. 사람의 정치 성향에 따라 자극에 대한 신경 해부학적, 생리적 반응에도 차이가 있을까? 생물학적 차이에 대한 연구는 심리적, 인지적 차이를 다룬 연구만큼 광범위하거나 명쾌하지는 않다. 그럼에도 우리는 제6장에서 현존하는 연구 사례를 모두 소개하고자 한다.

제6장

우리의 본성은 운명인가?

•

사람들의 정치적 견해를 듣다 보면, 마치 반사 작용으로 나오는 소리
를 듣는 것 같다… 이미 만들어진 본성에서 나오는 소리를 듣는 것처
럼 말이다.

콜린 퍼스(Colin Firth)

사람이 자기 본성을 떠나 어울리지 않는 짓을 할 때는 모든 것이 혐
오스럽다.

소포클레스(Sophocles)

●

1848년 9월 13일 수요일, 러틀랜드&벌링턴 철도회사 소속의 건설 팀이 버몬트주 캐번디시 외곽에서 새로운 선로를 만들기 위한 바위 발파 작업에 여념이 없었다. 이 일은 암반에 구멍을 뚫고 폭발물을 넣어 터뜨려야 했으므로, 폭약이 든 구멍 근처에 서 있는 것은 절대 금물이었다. 따라서 심약한 사람에게 적합한 일은 아니었다.

그중에서도 정말로 위험한 작업은 폭약을 제대로 채우기 위해 쇠막대기로 폭발물을 눌러 다지는 것이었다. 이 작업은 대단히 신중하고 정확하게 이루어져야 했다. 그러나 이처럼 특별한 날의 늦은 오후, 25세의 작업반장인 한 남자가 중요한 작업을 망치고 말았다. 폭발물을 다지는 쇠막대기를 너무 과하게 놀리는 바람에 폭약이 폭발하면서 약 6.1kg 무게의 날카로운 금속 막대가 그의 얼굴로 날아들었다. 쇠막대기는 그의 왼뺨을 뚫고 들어가 왼쪽 측두엽을 관통한 뒤 두개골 윗부분을 뚫고 나와 짧은 포물선을 그리며 약 23m 뒤에 떨어졌다. 이 불운한 남자의 이름은 피니어스 게이지Phineas Gage였다.

믿기 어렵겠지만, 두개골을 관통하는 치명상을 입었는데도 그는 죽지 않았다. 게다가 사고 직후의 증상도 놀랍도록 미미했다.[239] 그는 사고 후 몇 분만에 또렷하게 말을 했고, 도움을 거의 받지 않고도 걸을 수 있었으며, 이후로도 12년을 더 살았다. 그러나 게이지는 완전히 회복되지는 않았다. 이러한 유형의 부상은 당연히 신체에 흉터를 남기지만, 피니어스 게이지의 이야기가 계속 사람들의 관심을 끈 이유는 그의 부상이 성격에 극적인 변화를 일으켰기 때문이다.

이야기를 종합하면, 사고 이전의 게이지는 근면하고 성실한 사람이었으나, 사고 이후로는 변덕스럽고 지저분하며 호전적인 데다 방탕한 사람으로 묘사되었다. 물론 그의 성격 변화가 과장되었다는 논란이 있기는 하다. 그럼에도 게이지의 성격과 심리가 실제로 변한 것은 거의 확실하다.[240]

게이지의 이야기는 뇌 손상이 사회적 태도와 행동에 어떠한 변화를 일으

---

239   Macmillan. "Phineas Gage—Unravelling the Myth."

240   같은 논문.

키는가를 보여 주는 표준 사례로 학계에 널리 알려져 있다. 그러나 그 사례는 게이지뿐만이 아니다. 의사이자 신경과학자, 그리고 《아내를 모자로 착각한 남자(The Man Who Mistook His Wife for a Hat)》의 저자 올리버 색스_Oliver Sacks_를 비롯한 연구자는 신경해부학적 손상이나 이상으로 사회적 행동의 근본적인 변화 양상을 다룬 책을 쓴다.*[241] 외상성 뇌 손상(Traumatic Brain Injuries, TBI)이 신경 구조와 기능을 변화시켜 기분과 성격, 인지 방식을 어떻게 변화시키는지를 전문적으로 설명하는 문헌도 있다.*[242] 특히 이라크와 아프가니스탄 전쟁에 참전한 군인들이 겪은 외상성 뇌 손상의 심리학적 영향을 다룬 연구 문헌은 무서운 속도로 늘어나고 있다.

　이상의 연구는 모두 생물학과 심리학이 불가분의 관계임을 명확하고 논리적으로 입증한다. 생물학적 변화는 성격과 취향, 선호, 인식, 주의, 정서적 경험, 감정으로 촉발되는 태도와 행동, 나아가 정치와 연관된 태도와 행동까지 변화시킬 수 있다. 우리의 뇌는 매우 정교한 기관이다. 무언가가 두개골을 제대로 관통하면, 그 사람의 성격이나 인지 기능 또는 인격을 형성하는 중요한 심리적 차원이 뒤섞일 가능성이 있다. 이름과 외모는 그대로라도 피니어스는 사고가 일어나기 전의 피니어스가 아니었다.

　의사들은 뇌의 생물학적 특성이 우리의 심리와 행동을 형성한다는 사실을 수 세기 전부터 알고 있었다. 그리고 그 지식을 임상에 적용하여 심리학적 장애를 외과적으로 치료해 왔다. 예를 들어 20세기 미국에서는 거의 5만 명이 전전두 피질(prefrontal cortex)과의 연결을 외과적으로 잘라 내는 수술인 전두엽 절제술(prefrontal lobotomy)을 받았다.

　전두엽 절제술은 한때 만성 불안증에서 조현병에 이르는 다양한 질환의 주된 치료법으로 알려졌다. 이 수술의 긍정적 효과는 주로 불안 감소였으며, 수술을 받은 환자는 걱정을 덜 하는 정도를 넘어 전체적인 감정을 제대로 느끼지 못하는 듯해 보였다. 그러나 전두엽에 뜨개질바늘을 찔러 넣는 수술 방법은 치명적인 부작용을 불러오기도 했다. 1941년 여름에 전두엽 절제술을

241　Sacks. *The Man Who Mistook His Wife for a Hat.*

242　Silver et al. *Textbook of Traumatic Brain Injury.*

받은 존 F. 케네디 대통령의 여동생 로즈메리를 비롯한 몇몇 환자는 정상적인 생활이 불가능할 정도로 완전히 무력해졌다.[243]

그런데 우리의 연구 목적에 비추어 볼 때 흥미로운 점이 하나 있다. 바로 환자의 변화가 수술 이후에 일어나지 않았다는 것이다. 즉 환자의 상태는 수술 전부터 이미 달랐다. 병적으로 판단되는 행동이나 심리 증상은 신경 회로에서 일어난 문제에서 비롯되며, 이를 치료하는 방법은 회로로 들어가 뒤얽힌 신경 몇 가닥을 잘라 내는 것이었다. 따라서 전두엽 절제술을 시술한 의사들은 치료하려는 심리학적 병리 현상이 생물학적 기반 위에서 이루어진다고 인식했다. 시술 방식이 워낙 잔인하여 윤리적 비난을 받을 만하기는 했지만 말이다.

한편으로는 지금까지의 내용 모두가 당연해 보일 수도 있겠다. 사람의 뇌가 극적으로 변화하면, 심리적 결과도 그에 따라 달라질 수밖에 없다. 그러나 피니어스 게이지와 전두엽 절제술 피해자가 보여 준 중요한 원리는 미세한 변이에도 적용된다. 생물학적 차이가 심리적 차이로 이어지는 원리 말이다. 현대의 연구자는 뇌의 구조와 기능, 처리 과정에서의 미묘한 차이가 병리적 차원이 아닌 심리적 변이와도 연관이 있다는 사실을 점차 깨닫고 있다. 실제로 사람들은 생물학적 차이로 말미암아 성격, 취향 및 성향, 주의 집중 패턴 등에서 일정 수준으로 다른 모습을 보인다.

행동과 연관된 생물학적 차이는 뇌나 중추신경계에만 국한되지 않는다. 호르몬과 신경 전달 물질 수치를 포함한 생물학적 측면이 취향과 선호도, 태도, 행동과 연관된다. 도파민은 뇌의 특정 부분에서 신호를 전달하는 중요한 화학 물질이다. 평범한 사람의 도파민계에서 발생하는 미세한 차이는 상당한 행동 차이를 유발한다. 이는 도파민계를 인위적으로 조작하면 행동도 현저하게 달라진다는 사실을 통해 알 수 있다.

예컨대 파킨슨병 환자에게 처방되기도 하는 프라미펙솔Pramipexole과 같은 도파민 관련 약물은 도박, 과식 및 기타 중독 행동을 유발할 수 있다. 그러나 약

---

243   National Public Radio. "Frequently Asked Questions about Lobotomies."

물 복용량을 줄이면 그러한 행동은 사라진다. 이처럼 도파민계의 인위적 조작으로 앞의 영향을 유발한다면, 도파민계의 자연 발생적 변이로도 비슷한 행동적 결과를 낳을 수 있을 것이다. 이 외에도 행동과 연관된 다른 체계도 미세한 화학적 변화에 민감하게 반응한다.

생물학적 차이는 임상적으로 문제가 없는 평범한 사람에게서도 쉽게 관찰할 수 있다. 이러한 차이는 다시 개인의 선호와 관심 있는 대상과 상황의 유형에 차이를 만든다. 지금까지 취향, 경향, 인지 유형, 정치 성향을 살펴본 바를 고려한다면, 이처럼 측정 가능한 생물학적 차이의 일부가 정치 성향이나 기질과 체계적으로 연관되지 않을까?

따라서 이 장에서는 위의 질문을 깊이 탐구하고자 한다. 그 질문에 긍정의 답을 내놓는, 점자 양적으로 확장 중인 증거를 살펴보도록 하겠다.

인체의 정보 처리 체계

"뇌는 그저 근육이 더듬는 것을 되살릴 뿐, 그 이상도 이하도 아니에요."

윌리엄 포크너William Faulkner의 《압살롬, 압살롬!Absalom, Absalom!》의 등장인물인 로사 콜드필드의 말이다.[244] 포크너는 로사의 말을 통해 우리의 정신과 신체가 어떤 식으로든 연결되어 있다는 생각을 표현하려 했다. 이러한 직관적인 연결은 일상 언어에도 반영되어 있다. 육감이란 본능적인 느낌(feel in one's gut)을 말하고, 짝사랑은 마음을 아프게(heart ache) 한다. 슬픔은 우울한 표정(long face)을 짓게 하고, 쓰레기를 내다 버리지 않는 10대는 우리를 짜증나게(pain in the ass) 한다. 이처럼 정신과 신체의 연결은 이미 과학적으로도 입증된 현상이다.

늘 그렇듯 심리 상태와 생물학적 상태 간 연관성을 연구하는 학문은 연구

---

244   Faulkner. *Absalom, Absalom!*

자의 학구적 창의력으로 '심리생리학'이라 명명되었다. 이 분야는 인간의 생리적 상태에 따라 세상을 경험한다는 오랜 관념에 근거한다. 어찌 보면 우리의 생리적 상태는 단순한 정보 처리 체계의 집합이라 볼 수 있다. 우리는 이 체계를 통해 세상을 경험한다.

구체적으로 우리 몸의 정보 처리 체계에서는 날씨와 기온, 음식의 맛, 기분을 알려 준다. 그리고 앞의 정보를 토대로 환경에 맞추어 신체 상태를 조절한다. 예를 들어 날씨가 너무 더우면 땀을 흘리고, 즐겁고 안전한 곳에 있으면 근육이 이완되며, 곰이 다가오면 소화 기능을 멈추고 아드레날린을 분비하여 심장 박동을 높이고 폐 기능을 활성화한다.

정보 처리 체계는 단순히 신체 상태뿐 아니라 심리 상태도 변화시킨다. 생리 변화는 우리가 두려움과 주의, 기쁨, 슬픔, 혐오감 등을 느끼도록 한다. 심리 상태는 보통 감정의 형태로 경험하며, 심리생리학자에게 감정은 '행동 성향', 즉 행동의 동기나 조짐을 의미한다.[245]

더운 어느 날, 누나와 매형이 당신의 집을 방문한다고 생각해 보자. 당신을 짜증 나게 하는 환경운동가인 매형은 들어오자마자 에어컨을 끄더니 온실가스와 지구 온난화를 주제로 일장 연설을 시작한다. 당신이 에어컨을 다시 켜면 매형이 또 끈다. 결국 당신은 그의 얼굴에 주먹질한다. 그러자 누나는 동생이 남편을 때렸다고 화를 내며 다시는 말 한 마디도 섞지 않겠다고 선언하고는 집을 박차고 나가 버린다.

위와 같이 한 가정에서 벌어진 소동에서 일련의 감정이 행동을 유발했음을 분명히 알 수 있다. 매형은 이기적인 태도로 지구의 건강을 무시하는 당신이 혐오스러웠고, 당신은 매형의 교만한 모습에 화를 주체할 수 없다. 그리고 누나는 남편과 동생의 갈등에서 불안과 스트레스를 경험한다.

사회적 상황에서 개인의 행동은 타인의 감정이나 느낌과 같은 심리 상태를 유발하며, 이는 그 사람의 행동을 유도하는 동기로 작용한다. 그러나 감정은 행동의 동기나 요인일 뿐 행동 자체를 결정하지는 않는다. 당신은 굳이

---

245   Lang. "The Emotion Probe: Studies of Motivation and Attention."

매형을 때릴 필요는 없었다. 마음속으로 열까지 세고 충동을 억누르면서 그의 생각을 받아들일 수도 있었다. 이처럼 감정은 특정 행동을 더욱 개연성 있게 만들 뿐이다.

모든 감정은 생리적 상태를 동반한다. 분노는 당신의 투쟁-도피(fight of flight) 장치를 활성화하여, 주로 의식적인 통제나 자각을 벗어난 상태에서 신체를 전투 준비 상태로 만든다. 따라서 동공이 커지고 심장 박동이 빨라지며 영양분이 근육으로 공급된다. 누나의 스트레스는 그녀의 '시상하부-뇌하수체-부신(Hypothalamic-Pituitary-Adrenal, HPA)' 축을 활성화하여 스트레스 호르몬인 코르티솔cortisol 수치를 높인다.

당신의 주먹이 매형의 얼굴로 날아들 때, 매형은 반사적으로 눈을 감고 고개를 숙이고 근육을 긴장시키며 방어 자세를 취한다. 이상에서 제시한 모든 내용은 생리적, 심리적 상태가 상호 연관되어 있음을 보여 주는바, 이것이 바로 심리생리학의 본질이다. 즉 마음속에 물리적 기질이 실제로 존재한다는 뜻이다. 따라서 이러한 물리적 기질을 측정하면 사람들이 원치 않거나, 심지어 자기 상태를 스스로 인식하지 못하더라도 그 사람의 심리 상태에 대한 정보를 얻을 수 있다.

생리적 측정으로 심리 상태에 접근하는 개념은 거짓말 탐지기로 알려진 폴리그래프polygraph 덕분에 이미 수많은 사람에게 익숙하다. 거짓말을 하는 사람은 잠재의식의 기저에 묻혀 있는 감정에서도 긴장감이나 죄책감이 발현된다는 것이 거짓말 탐지기의 기본 전제이다. 감정은 혈압, 심장 박동 수, 호흡, 피부 전기 반응의 차이와 같이 미세하지만, 측정 가능한 생물학적 변화를 유발하므로 얼마든지 감지할 수 있다. 그러나 생리적 기능은 사법기관에서 범죄자를 추궁하는 데만 그치지 않고, 우리가 의식하지 못하는 사이에 행동을 유발하는 환경 요소를 파악하는 데 도움을 주기도 한다. 흔히들 경험하는 "뭔가 괜찮은/잘못된 것 같아."라는 느낌도 그저 신비로운 영감이 아닌, 우리 몸속의 생화학적 장치가 심리적 온도계를 조절한다는 것이다.

여기에서 우리가 이야기하는 특정한 생물학적 기제는 신경계이다. 심리생리학자는 신경계가 통제하는 기관을 측정하여 신경계의 작용을 파악한다. 이

정치 성향은 어떻게 결정되는가

것이 측정 가능한 이유는 신경계가 주로 신경세포인 '뉴런neuron'이라는 특수 세포로 구성된 데다 샘(gland)과 근육이 많은 도움을 주기 때문이다. 신경계가 활성화될 때 생성되는 전기 화학 신호는 심리생리학자가 몸에 부착한 센서를 통해 감지할 수 있으며, 뇌부터 심장, 근육에 이르는 모든 기관의 움직임을 파악할 수 있다. 이 신호는 개인의 심리 상태에 많은 정보를 제공하며, 정치 기질의 생물학적 기반을 조사하는 유망한 접근법이기도 하다.

인간의 신경계는 매우 복잡하며,[246] 빛과 압력, 온도 등을 감지하는 뉴런에 의존하는 감각 체계와 이동에서 코 후비기까지 모든 움직임을 가능케 하는 운동 체계를 포함한다. 신경계는 신경 세포로 구성되며, 우리는 신경계의 세 가지 체계를 중점적으로 살펴본다.

첫 번째는 중추신경계(Central Nervous System, CNS)로, 전문적으로는 뼈에 둘러싸인 모든 신경 세포와 기관으로 구성되어 있다. 기본적으로 우리의 귀사이나 척추를 따라 이어진 신경계이다.

두 번째는 자율신경계(Autonomic Nervous System, ANS)로, 생명 유지에 필수적인 장기 활동의 통제, 조정 및 조율을 돕는 역할을 수행하는 체계로 생각할 수 있다.[247] 자율신경계는 상호 연결된 두 가지 하위 체계로 나뉘는데, 교감신경계(Sympathetic Nervous System, SNS)와 부교감신경계(Parasympathetic Nervous System, PNS)가 바로 그것이다.

교감신경계는 투쟁-도피 반응에 작용하는 체계 정도로 생각할 수 있으며, 위협이나 스트레스 또는 각성에 반응하여 신체를 일깨운다. 교감신경계가 활성화되면 심장 박동 수가 증가하고, 혈액이 수의근(voluntary muscle)으로 흘러든다. 이는 우리가 곰에게서 도망치거나 사랑하는 사람과 함께하기 위해 건넌방으로 향하게 한다.

반면에 부교감신경계는 교감신경계와 대응되지만, 다소 느긋해 보인다.

---

246   인간 신경계의 생물학적 기초를 알기 쉽게 다룬 심리생리학 입문서로는 Stern et al. *Psychophysiological Recording.*이 있다.

247   Noback and Demarest. *The Human Nervous System: Basic Principles of Neurobiology.*

교감신경계가 투쟁-도피 반응 장치라면, 부교감신경계는 휴식 및 소화 장치라고 볼 수 있다. 부교감신경계가 활성화되면 심장 박동 수가 느려지고, 혈액은 소화처럼 의식과 거리가 있는 활동으로 집중된다. 따라서 이 장에서는 교감신경계에 대해서 주로 설명하도록 하겠다. 그 이유는 부교감신경계가 중요하지 않아서가 아니라 측정이 어렵기 때문이다.

생리적 특성은 시간이 지나면서 저마다 안정적으로 유지될 뿐 아니라 상당한 차이를 보이는 경향이 있다. 깜짝 놀라는 상황을 예로 들자면, 충격으로 안절부절못하는 사람이나 비교적 느긋한 사람이나 그 경향은 꾸준히 유지된다. 어느 시점에서 한 생리적 특성이 두드러진 사람은 시간이 지난 뒤에도 여전히 소속된 집단에서 높은 수준을 유지하는 경향이 있다.

우리는 연구실에서 동일한 참가자를 몇 년 간격으로 조사한 바 있다. 참가자의 건강 상태나 약물 복용 양상에 큰 변화가 없는 한 기본적인 생리적 상태와 일반적인 수준의 자극에 대한 반응은 매우 유사했다. 어두운 방과 소음은 일부 사람의 심장 박동 수를 급격히 증가시키기도 하지만, 동일한 자극에도 심장 반응이 거의 감지되지 않는 사람도 있다. 더 중요한 것은, 이러한 생리적 차이는 개인마다 시간이 지나도 비교적 안정적으로 유지되며, 정치 기질의 차이와 상관관계가 있는 것으로 보인다.

정치와 뇌

콜린 퍼스는 할리우드의 A급 영화배우 스타로서도 매우 보기 드문 영예를 누렸다. 오스카상이나 골든 글로브상 수상을 말하는 것이 아니다. 우리가 알기로 그는 저명한 학술지인 《커런트 바이올로지Current Biology》에 논문을 게재한 유일한 틴셀타운Tinseltown[248]의 거물이다.[249] 이와 같은 업적은 연구자들 사

---

248   할리우드의 별칭.

249   Kanai et al. "Political Orientations Are Correlated with Brain Structure in Young Adults."

이에서 영화 〈킹스 스피치King's Speech〉에서의 수상 소식보다 훨씬 더 큰 화제를 불러 모았다.

그렇다면 퍼스가 신경해부학적 차이를 조사하는 연구에서 공저자로 이름을 올린 이유는 무엇일까? 이는 뚜렷하게 진보적인 그의 정치 성향과 관련이 있다. BBC에서는 유명인과 과학자가 함께 관심 대상에 관한 의문을 탐구할 기회를 제공하는 시리즈 방송에 퍼스를 초대했다. 그때 퍼스는 다소 농담 섞인 어조로 "나와 생각이 다른 사람은 생물학적으로 무엇이 잘못되었는지 알고 싶었을 뿐이에요."라고 말했다.*250 퍼스 자신도 놀랐겠지만, BBC에서 위촉한 과학자들은 실제로 그 의문에 해답을 찾아냈다.

그 화제의 연구는 유니버시티 칼리지 런던University College London, UCL의 료타 카나이Ryota Kanai와 저레인트 리스Geraint Rees가 수행했다. 이 연구에서는 특정한 정치 신념을 지닌 사람에게서 생물학적으로 잘못된 점을 발견하지는 않았다. 하지만 적어도 보수와 진보에 속한 사람이 생물학적으로 차이가 있다는 사실은 확인했다.

연구진은 런던 도심에 거주하는 90명의 성인 청년층에게 자신의 정치적 관점을 보수에서 진보까지 5단계로 평가하도록 한 뒤, 그들을 자기 공명 영상 장치(Magnetic Resonance Imager, MRI)로 분석했다. MRI는 강력한 자석으로 둘러싸인 튜브로, 이 자석이 연조직 세포의 원자핵을 마치 철 가루처럼 정렬한다. 혈액에도 철분이 포함되어 있으므로, 자석을 통해 혈류가 증가하는 뇌의 활동 영역을 확인할 수 있다. 카나이와 리스가 특히 주목한 뇌 영역은 전대상 피질(Anterior Cingulate Cortex, ACC)과 편도체였다. 두 연구자가 이들 영역에 주목한 데는 그만한 이유가 있었다.

전대상 피질은 대부분의 영역이 그러하듯 다중 작업을 수행한다. 그리고 지속적으로 활성화하는 작업으로는 오류 탐지, 동기 부여, 의사 결정, 갈등 해결 등이 포함된다. 전대상 피질은 정치 기질과의 생물학적 연관성을 찾는 사람들에게 특히 흥미로운 연구 대상이다. 해당 영역은 보수와 진보를 구분

250　BBC Radio Four. "Colin Firth: An Opportunity to Explore."

하는 사고방식이나 인지 유형과 관련되기 때문이다.

예컨대 제5장에서 소개한 러셀 파지오와 나탈리 슈크의 연구에서 참여자는 '빈페스트'라는 컴퓨터 게임을 했다. 이 게임에서 진보 지향적인 참가자는 불확실함과 새로운 것을 포용하는 인지 유형을 보였다. 달리 말하면 "어, 새로운 콩이네? 한번 확인해 보자."와 같은 접근 방식을 취한 것이다. 반면 보수주의자는 훨씬 더 체계적이고 일관된 태도를 보였다. 마치 "좋은 콩임을 확인했으면 선택하고, 본 적 없는 콩은 피해야겠다."처럼 말이다.

연구진은 그러한 인지 유형이 인지 과정을 가능하게 하는 기관인 뇌에서 일어난다고 추정했다. 이 내용은 실제로 몇 년 전에 뇌파 검사(electroencephalography, EEG) 기술을 활용한 연구에서 입증되었다. 뇌파 검사 기술은 센서가 부착된 머리 망 형태의 장비를 착용한 참가자의 뇌에서 일어나는 뉴런 발화의 전기 반응을 감지한다. 쉽게 말해 뇌의 전기적 파동을 측정하는 장치이다.

해당 기술은 뇌 활동 타이밍을 기능 자기 공명 영상(functional Magnetic Resonance Imager, fMRI)보다 정확하게 측정할 수 있다. 또한 실험실에서 통제하는 자극에 대한 뇌의 반응을 실시간으로 측정할 수 있으므로 신경과학자에게 더욱 매력적이다. 타이밍뿐 아니라 이러한 변화를 감지하는 특정 센서를 찾아내어 뇌 활동이 일어난 대략적인 위치를 파악할 수 있다. 이를 사건 관련 전위(Event-Related Potential, ERP)라고 부른다.

그 연구 방법은 2007년 뉴욕 대학교의 심리학자 데이비드 아모디오David Amodio가 이끄는 연구진이 참가자를 대상으로 기본적인 '계속/중지(go/no-go)' 과제를 주고 뇌파를 기록하는 연구를 수행하면서 채택했다. '계속/중지' 과제는 문자 그대로이다. 참가자는 '계속(go)' 자극이 등장하면 컴퓨터의 해당 키를 누르고, 다른 자극이 나타나면 키를 누르지 말라는 지시를 받는다. 이때 '계속' 자극을 연속적으로 제시하여 참가자가 해당 키를 누르는 것이 습관화되도록(habituated) 한다. 이에 가끔 '중지' 자극이 나타나면 갈등이 생긴다. '계속' 키를 누를 준비가 되어 있는 뇌가 '중지' 키에 올바르게 반응하려면 그

동안 습관화된 반응을 무시하고 아무 행동도 취하지 않아야 한다.*251

아모디오 연구진의 기본 목표는 오류 탐지/갈등 시나리오에서 정치 성향과 전대상 피질의 신경 인지 활동과의 상관관계를 살펴보는 것이었다. 연구진은 오류 탐지와 관련된 특정 뇌파 요소를 측정한 결과, 그 파동의 진폭이 참가자가 스스로 밝힌 이념과 연관성이 있음을 발견했다. 본질적으로 정치 스펙트럼에서 진보 성향에 속하는 사람은 익숙하지 않은 '중지' 자극이 나타났을 때, 전대상 피질이 뚜렷하게 반응했다. 그러나 그 반대 성향을 지닌 사람의 반응은 훨씬 덜했다. 따라서 이 연구의 주된 결론은 '계속/중지' 과제에서 발생하는 내적 갈등에 대한 신경 인지적 민감도가 정치 이념에 따라 다르다는 점이다.

따라서 오스카 수상 배우가 정치적으로 다른 견해를 지닌 사람과 자신의 뇌가 어떻게 다른지 알고 싶다고 할 때, 앞서 소개한 연구는 전대상 피질이 훌륭한 출발점일 수 있음을 시사한다. BBC 연구 팀은 진보주의자의 전대상 피질이 특정 조건에서 전기 계측기를 2배의 속도로 돌릴 뿐 아니라, 보수주의자와 비교하였을 때 신체적 차이도 있음을 발견했다.

그 예로 90명의 참여자를 대상으로 한 연구에서 카나이와 리즈는 전대상 피질을 구성하는 회백질 부피와 정치 성향 사이에 강한 상관관계가 있음을 발견했다. 실제로 이념과 전대상 피질의 회백질 부피 사이의 상관계수는 −0.27로, 이는 우리가 조사하는 관계 유형 가운데 상당히 유의미한 수치이다. 이념 척도에서 높은 값으로 입력된 보수 성향일수록 전대상 피질의 회백질 부피는 작았다.

카나이와 리즈가 전대상 피질에 주목한 것이 우연이 아니었던 것처럼, 그들이 정치 기질을 구분하는 잠재 요소로 편도체를 연구한 것도 그만한 이유가 있었다. 편도체는 일반적으로 감정 조절에 중요한 역할을 하는 뇌 조직의 집합체인 변연계의 일부로 간주한다. 편도체의 역할은 감정에 대한 주의력을 조절하는 것으로 보인다. 또한 편도체는 사회적 인지나 타인에 대한 정보

Amodio et al. "Neurocognitive Correlates of Liberalism and Conservatism."

를 처리, 저장, 활용하는 방식에서도 중요한 역할을 한다. 예를 들어 다수의 뇌 스캔 연구에서는 편도체가 얼굴을 보고 그 사람을 신뢰할 수 있는지를 판단하는 등 얼굴을 평가하는 데도 관여한다는 사실을 밝혀냈다.[252]

이상의 내용은 보수주의자가 진보주의자보다 특정 유형의 얼굴, 특히 위협적이거나 화난 얼굴에 더 주의한다는 선행 연구의 맥락과 관련하여서도 흥미롭다. 그리고 보수주의자가 부정적인 자극을 더 빨리 발견하고 주의한다는 내용과 함께 주의 패턴에서도 일관된 차이가 있다는 연구 사례도 소개한 바 있다. 이처럼 일관된 패턴이 생물학에 근거한다면, 이를 탐구하기에 편도체가 적절한 대상으로 보인다.

카나이와 리즈의 스캐닝 결과는 정치 성향과 전대상 피질의 크기 사이의 관계처럼 정치 성향과 편도체 크기 사이의 관계에도 일정한 관계가 있음을 보여 주었다. 예상대로 이 관계는 역전되었다. 편도체의 회백질 부피와 정치 성향 사이의 상관계수는 +0.23으로, 피실험자가 보수적일수록 편도체의 회백질 밀도가 더 높았다.

우리는 저명한 신경과학자 리드 몬태규Read Montague와 함께 보수와 진보에 해당하는 사람의 신경학적 차이를 발견했다.[253] 우리는 참가자가 뇌 스캐너 안에 있는 동안 정서적으로 자극적인 이미지를 보여 주면서 뇌 활동을 측정했다. 이때 사용한 이미지는 신체 훼손 장면이었다. 쟁점에 대한 입장과 스스로 밝힌 이념적 태도로 판단한 보수 성향의 참가자의 신경 패턴은 진보주의자와 크게 달랐다.

구체적으로 보수주의자는 편도체 활성화 수준이 현저히 높았고, 체성감각 2(S2)로 알려진 영역의 경우는 크게 줄어들었다. 편도체에 대해서는 앞서 설명했지만, S2는 뇌에서 통증과 관련된 영역이자 타인의 고통을 인식하는 것과도 관련된 영역이다. 이 결과에 대하여 가능한 해석 하나를 제시하자면, 진

---

252   Rule et al. "Face Value: Amygdala Response Reflects the Validity of First Impressions."

253   Ahn et al. "Non-political Images Evoke Neural Predictors of Political Ideology."

보 성향의 참여자는 훼손된 신체를 보았을 때 그 사람의 고통을 인식한다. 반면 보수주의자는 주로 편도체와 관련된 부정적 감정으로 반응한다는 것이다.

여기에서 유의할 것이 하나 있다. 뇌의 구조와 처리 방식이 인지 패턴과 연결되는 방식은 신경과학자의 부단한 노력에도 불구하고 여전히 불분명하다는 점이다.[254] 물론 일부 연구에서는 뇌 영상 장치를 통해 사람의 생각을 들여다볼 수 있다고 주장하기도 한다.

예를 들어 2008년 대선을 앞두고 20명의 유권자를 대상으로 한 연구에서는 뇌 스캔 데이터를 사용해 어떤 후보가 더 많은 공감을 불러일으키고 어떤 정당이 불안을 더 많이 불러오는가에 대한 결론을 도출했다.[255] 그러나 해당 연구는 《뉴욕 타임스》의 칼럼난에 실렸다. 이러한 점에서 전문가 검토 없이 연구가 발표된 점을 우려하며, 뇌 스캔으로 할 수 있는 것과 없는 것에 오해의 소지를 남겼다고 지적한 인지신경과학자에게서 강한 비판을 받았다.[256]

이 연구 분야에서 사용하는 기술과 기법이 완벽하지 않다는 점도 문제이다. 예컨대 많은 연구에서 기능 자기 공명 영상을 사용한다. 이 기술은 회백질 밀도와 같은 신경 구조뿐 아니라 특정 자극에 반응하는 신경 활동의 변화를 파악할 수 있게 해 준다. 무엇보다 이러한 정보를 추출하고 정확히 해석하는 과정에서는 과학과 복잡한 통계 지식뿐 아니라 수준 높은 판단력도 필요하다.

기능 자기 공명 영상에서 발생하는 문제는 '거짓 양성(false positive)'의 위험성이다. 쉽게 설명하자면, 기능 자기 공명 영상 스캐닝에서는 뇌내에 분석해야 할 '복셀voxel'[257] 또는 작은 영역이 너무나 많기에 그만큼의 판독값을 생성한다. 그리고 그중 일부가 단순한 우연으로 연구 중인 내용과 연관될 가능성이 있다. 그 위험성을 보여 주는 사례로 어느 심리학자 집단에서는 '사후 대서양 연어', 즉 죽은 물고기를 스캐너에 넣고, 사회적 포용이나 배제를 묘

254 Westen. *The Political Brain.*

255 Iacoboni et al. "This Is Your Brain on Politics."

256 Aaron et al. "Politics and the Brain."

257 3D 화소.

사한 장면으로 구성된 연속 이미지를 보여 준 것이 있다. 그리고 죽은 연어에게 그 이미지를 보며 느끼는 감정을 설명하도록 지시했다. 그 결과, 놀랍게도 연구진은 죽은 연어가 사회적 상황에 대해 특정한 관점을 취하고 있는 듯해 보이는 신경 활성 데이터를 얻는 데 성공했다.*258

어떤 연구 기법이든 신중한 접근이 필요하지만, 연어 실험 결과가 자주 언급된다고 해서 뇌 영상 연구 전반을 부정하겠다는 것은 아니다. 우리가 전하고자 하는 바는 어디를 보더라도 주의 깊게 살펴본다면 무언가라도 발견할 수 있다는 점이다. 우스갯소리처럼 언급되는 연어 연구자와는 다르게 뇌의 어느 부위에서 반응이 예상되는지 사전에 명확히 설정하는 연구자라면 신뢰할 만한 결과를 도출할 수도 있다. 이러한 성격을 지닌 유형을 '관심 영역(region of interest)' 연구라고 부른다. 한 가지 예를 들자면, 편도체는 감정적 판단이나 위협적인 자극으로 활성화된다는 점에서 기능 자기 공명 영상의 가치를 부정하기에는 너무나 많은 연구 사례가 존재한다.

중요한 점은 앞의 두 장에서 살펴본 것들, 즉 취향과 경향의 일관된 차이와 반복적으로 입증된 인지 유형의 독특한 패턴 등이 더 많은 연구를 통해 신경 구조 및 기능의 관찰 가능한 차이와 일치하고 있다는 것이다. 실제로 연구자는 정치 성향과 당파성의 요인으로서 정치학 이론에서 중시하는 것에 해당하는 환경 요인이나 사회화 패턴보다 특정 비정치적 상황에 반응하는 뇌 활성화 패턴을 활용한다. 이에 참가자가 공화주의자인지 민주주의자인지, 토리당 지지자인지 노동당 지지자인지, 보수주의자인지 진보주의자인지를 더 정확하게 예측하는 단계에 이르렀다.*259

따라서 구체적인 내용은 아직 연구 중이지만, 정치 성향에 따른 뇌의 차

258 Bennett et al. "Neural Correlates of Interspecies Perspective Taking in the PostMortem Atlantic Salmon: An Argument for Proper Multiple Comparisons Correction." 참고로 이 논문의 저자들은 해당 연구로 2012년 이그노벨상을 수상했다.

259 Schreiber et al. "Red Brain, Blue Brain: Evaluative Processes Differ in Democrats and Republicans."

이는 존재한다. 또한 이러한 차이는 정치 성향과 성격, 집중력, 인지 편향 등과의 연관성을 제시하는 기존 연구 결과와 대체로 일치한다는 것이 합리적인 결론이다.

손에 땀을 쥐는 정치

보수와 진보 사이의 생물학적 차이는 단순히 뇌에서만 발견되지는 않는다. 뇌 영상 기술의 비용과 복잡한 과정 없이도 일상 속에서 나타나는 현상을 통해 관찰할 수 있다. 그중 땀을 생각해 보자. 눅눅한 겨드랑이, 축축한 손바닥처럼 사회 생활을 불편하게 만드는 땀이 생성되는 과정은 무척 흥미롭다. 오랫동안 이 현상에 관심을 보였던 심리생리학자도 '피부 전기 반응(Extradermal Activity, EDA)'으로 알려진 현상을 연구하느라 많은 시간과 노력을 쏟았다.

땀이 흥미로운 이유는 발생하는 부위인 피부 때문이기도 하다. 신경과학이 사회적 태도와 행동의 생물학적 기초를 연구하는 데 중요한 분야이다. 그러나 피부 역시 감각 및 처리 기관이며, 그 규모도 상당하다. 인간의 78개 기관 중 피부의 규모는 총 체중에서 약 9~11kg를 차지할 정도로 가장 크다. 이와 다르게 뇌의 무게는 일반적으로 겨우 약 1.35kg에 불과하다.

피부는 단순히 세균을 차단하는 장벽이나 사회적으로 보기 좋은 외관을 제공하는 부드러운 표피의 역할만 수행하지는 않는다. 피부는 이른바 우리를 세상과 분리하는 거대한 수용체로,[260] 환경과의 상호 작용을 중재하는 중요한 역할을 한다.

피부는 신체 내부와 외부에서 발생하는 다양한 신호에 반응한다. 이 신호는 오랫동안 내면의 심리 상태에 따라 달라진다고 알려져 온 피부의 전기적 특성 변화를 측정하여 감지할 수 있다. 뇌의 전기적 활성 측정과 비교하면

---

260   Stern et al. Psychophysiological Recording. 206–207.

피부의 경우는 비교적 간단하며, 최근에는 그 정확도도 매우 높은 편이다.

이처럼 높은 정확도에도 개인이 진실을 말하는지 허풍을 떠는지는 완벽하게 파악할 수 없다. 결과적으로 거짓말 탐지기는 속일 수 있기에 때때로 무고한 사람을 거짓말쟁이로 몰 수 있다. 피부 전기 반응은 머스터드 대령Colonel Mustard이 도서관에서 촛대로 살인을 저질렀는가를 알려 주지는 않지만,[261] 자율신경계의 일반적인 활동 패턴에 중요한 정보를 제공한다. 우리가 이것을 아는 이유는 뇌의 일부 신비로운 과정과 다르게 땀을 흘리게 하는 원인은 과학자들이 상당히 잘 파악하고 있기 때문이다.

땀은 피부가 교감신경계에서 전달한 신호에 반응한 결과로 나타나는 것이다. 교감신경계는 신체를 활동 준비 상태에 돌입하도록 하며, 땀샘을 여는 것은 그 준비 과정의 일부이다. 교감신경계가 땀샘을 활성화하면, 마치 작은 빨대들이 액체를 빨아올리는 것처럼 수분이 피부 표면으로 이동한다.

무더운 방이나 설레는 데이트에 대한 기대 모두 땀을 흘리게 할 수 있다. 다만 전자는 외부 온도와 연관되는 반면, 후자는 내면의 심리 상태에 따른 반응이다. 우리가 주목하는 것은 바로 내면의 신호에 대한 반응이다. 이 주제를 효과적으로 연구할 수 있는 이유는 땀샘의 일종인 '에크린샘eccrine gland'이 심리 상태에 따라 생성되는 교감신경계의 신호에 특히 민감하기 때문이다.[262] 에크린샘은 손바닥에 밀집되어 있다. 두려움이나 각성과 같은 심리적 요인으로 교감신경계가 활성화되면, 손바닥 안팎에 분포된 수천 개의 작은 빨대들이 피부 표면으로 수분을 빨아올리기 시작한다.

교감신경계의 활성화는 피부의 전기적 특성으로 추론할 수 있다. 욕조의 한쪽 끝에서 맞은편 끝으로 전류를 가장 효율적으로 전달하는 방법이 물로 욕조를 채우는 것이듯, 열려 있는 에크린샘 근처의 피부는 수분이 적은 피부보다 전기를 더 빨리 전도한다. 이들 작은 빨대는 교감신경계에서 조절하는

---

261   추리 보드게임 클루(Clue)에 등장하는 인물로, 이 문장은 클루의 전형적인 범죄 시나리오이다. 진술의 형식은 인물의 이름, 범행 장소, 범행 도구, 범죄 행위를 포함하는데, 해당 문장에서는 서로 어울리지 않는 요소들로 웃음을 유발한다.

262   Stern et al. *Psychophysiological Recording*. 209.

전기 저항의 조밀한 배열로 생각할 수 있으며, 수분이 내부에서 아래위로 이동하면서 피부가 전류를 얼마나 효율적으로 전도할지를 조절한다. 따라서 전도도나 피부 전기 반응에서 저항의 변동으로 교감신경계의 활성화나 비활성화를 직접적으로 측정한다.

위와 같이 널리 알려진 현상 덕분에 피부 전기 반응은 교감신경계의 활성화를 측정하는 간단하고 직접적인 수단이며, '심리생리학 역사상 가장 널리 활용되는… 반응 체계의 하나'로 꼽힌다.[263] 피부 전기 반응을 측정하는 간단한 방법은 손가락 끝이나 손바닥에 2개의 센서를 부착하고, 그 사이에 소량의 전류를 흘려 그 변화를 측정하는 것이다. 특정 자극에 반응하여 전류가 급증하면, 이 자극이 피실험자의 교감신경계를 활성화하였다고 보아도 무방하다. 반대로 전류가 감소하면, 교감신경계가 비활성화되었다고 추정할 수 있다.

우리는 앞선 내용에서 교감신경계를 투쟁-도피 장치라고 언급했다. 여기까지는 정확한 표현이다. 교감신경계는 우리가 곰에게서 도망치거나 매형과의 싸움을 준비하도록 돕는다. 그러나 '투쟁-도피'만으로는 교감신경계의 기능을 완벽하게 설명하지 못한다. 베리 덤불에서 곰 모양의 그림자를 발견했을 때나 사랑하는 사람을 위한 조치가 필요한 상황에서 교감신경계는 우리에게 필요한 자원을 동원하도록 한다.

또한 교감신경계는 부분적으로 의식적 인식 바깥에서 작용한다는 점도 잊지 말아야 한다. 가까이에서 곰을 발견하면 곧바로 심장이 뛰는 것을 느낄 수 있지만, 덜 극적인 사건에 대한 생리적 변화는 의식적으로 인식하지 못하기도 한다. 이처럼 자극에 생리적으로 반응하는 방식은 의식적인 반응 방식과 다르다.

우리는 컴퓨터 화면에 제시된 시각적 자극에 참가자가 보인 생리적 반응을 측정했다. 그리고 참가자에게 반응 강도를 자체적으로 평가하도록 요청했는데, 그 내용과 생리적 측정치가 전혀 일치하지 않았다. 마찬가지로 교감

---

263   Dawson et al. "The Electrodermal System."

신경계가 덤불 속 곰 모양의 그림자에 특히 민감하게 반응하는 사람은 안전에 더 유의하면서 위험의 징후가 조금이라도 보인다면 곧바로 덤불에서 벗어나 도망칠 것이다.

이와 다르게 다른 이의 교감신경계는 곰 모양의 그림자일 뿐이라며 경종을 거의 울리지 않는다. 따라서 그 사람은 거리낌 없이 베리 열매를 따러 덤불에 들어갈 수도 있다. 이처럼 인간의 성향과 이에 따른 행동은 중대한 결과를 초래할 수 있다. 누군가는 베리 열매를 딸 수 없지만, 적어도 안전하다. 그러나 다른 사람은 베리 열매를 따더라도 곰의 먹잇감이 될 수 있다. 결과야 어떻든 그림자를 향한 태도와 행동은 특정 자극에 대한 교감신경계의 민감도에 근거한 생물학적 성향에 부분적으로 영향을 받는다는 점은 명백해 보인다.

우리의 또 다른 연구에서는 약 50명의 성인을 회당 1명씩 연구실로 데려와 컴퓨터 화면에 여러 개의 단일 이미지를 보여 주었다. 이들 이미지 가운데 세 가지는 실험과 무관한 관찰자에게서 특별히 불쾌하다는 평가를 받은 것들이었다. 앞의 세 이미지를 구체적으로 설명하자면 사람의 얼굴 위를 기어다니는 키다란 기미와 상처 위에 꼬물대는 구더기, 구타로 멍들고 피투성이가 되어 넋을 잃은 남자의 모습이 담긴 것이었다.

우리는 이미지에 대한 참가자의 피부 전기 반응을 측정한 결과, 특정 정책적 입장과 체계적인 상관관계가 있음을 발견했다. 우리는 이를 '사회 보호 정책'이라고 명명하였다. 그 이유는 해당 정책이 참가자와 그들이 속한 사회 집단을 위협에서 보호하기 위해 고안된 것으로 보였기 때문이다. 여기에서 거론된 쟁점에는 사형, 이민, 대외 원조, 총기 규제 등이 포함되었다. 우리는 위협적인 이미지에 대한 피부 전기 반응이 더 높은 사람이 사회 보호 정책에 더 보수적인 입장을 취하는 경향이 있음을 발견했다.[264]

이러한 결과는 개인의 생리적 차이가 특정한 정치 태도의 채택을 부추긴

264　Oxley et al. "Political Attitudes Vary with Physiological Traits."와 같은 연구의 초기 증거는 사회적 보호 정책을 지지하는 사람들은 놀람 반응이 증가하는 경향이 있음을 시사한다. 구체적으로 예기치 않은 청각적 자극에 근육이 훨씬 더 많이 움직였다.

다는 개념을 뒷받침하는 근거로 받아들일 수 있다. 이때 부정적인 자극에 더 민감한 생리적 반응을 보이는 사람은 사회의 현상 유지에 위협이 되는 요소를 줄이거나, 최소한이라도 해결하려는 정책을 지지할 가능성이 더 높았다.

각인된 혐오와 외집단

거미와 구타를 당한 사람 등, 이전 절에서 설명한 연구에서 활용한 부정적 이미지에는 여러 가지가 혼합되어 있다. 따라서 특정한 유형의 부정적 이미지에 초점을 맞추면 더 많은 식견을 얻을 수 있을 것이다. 이에 우리는 혐오스러운 이미지에 대한 피부 전기 반응을 분석하면서 그 평범한 발상을 검증하기로 했다.

혐오는 연구 대상으로서 특히 흥미로운 감정이다. 도덕 기반 이론을 주제로 논의한 내용을 떠올려 보자. 보수주의자가 도덕, 정치 지향의 바탕으로 순수성과 혐오를 유독 강조하는 경향이 있음을 알고 있을 것이다. 이에 연구자들은 참가자가 자체적으로 밝힌 혐오 민감도가 정치 신념과 관련이 있으며, 특히 동성 결혼 등 젠더 관련 쟁점에 혐오 민감도가 더 높다고 밝힌 사람일수록 보수적 입장을 취할 가능성도 더 클 것이라 추정했다.[265]

그렇다면 혐오 민감도가 동성 결혼에 대한 지지 여부와 어떻게 연결될까? 우선 혐오는 '모든 감정 가운데 가장 원초적'이라고 말할 정도로 강한 감정이라는 사실부터 인식해야 한다.[266] 이는 악취를 맡거나 극도로 불쾌한 장면을 보고 구역질을 한 경험이 있는 사람이라면 잘 알 것이다.

265　　Haidt and Hersh. "Sexual Morality: The Cultures of Conservatives and Liberals"; and Inbar et al. "Conservatives Are More Easily Disgusted Than Liberals"; Billingsley et al. "Sexual Disgust Trumps Pathogen Disgust in Predicting Voter Behavior during the 2016 U.S. Presidential Election."

266　　Harrison et al. "The Embodiment of Emotional Feelings in the Brain."

물론 혐오가 지배적인 행동 성향이 된 데는 진화적으로 타당한 근거도 있다. 혐오감은 사람들이 전염병의 원천을 회피하도록 하는바, 구토 반사(gag reflex)가 그 대표적인 사례이다. 썩은 사체는 허기보다 구역질을 유발하므로, 그것을 먹지 않음으로써 생존 가능성을 더 높일 수 있다. 하지만 혐오는 단순히 썩은 고기를 피하거나 더러운 것을 멀리하는 것에만 국한되지 않는다. 이 감정은 사회로도 전이되어 태도와 행동에 강한 영향을 미친다.

예컨대 대다수 문화권에 속하는 사람들은 근친상간을 혐오스럽게 여긴다. 이는 유전적으로 가까운 친척끼리 자손을 낳을 때 발생할 수 있는 열성 대립 유전자의 연결을 피하는 것이 진화적으로 유리하기 때문일 것이다. 요컨대 진화 과정에서 적합도 비용(fitness cost)을 회피하는 수단으로 혐오가 활용된 것이다.

그러나 혐오는 여기서 끝나지 않는다. 혐오는 도덕적 판단을 내리는 데도 중요하게 작용한다. 배신이나 외집단에 대한 지지와 같은 일부 사회적 행동도 혐오를 유발하기도 한다. 이것이 이 장의 도입부에서 소개한 소포클레스의 인용문에 내포된 통념이다. 세균, 짝짓기, 도덕성 등 어느 영역에 있는 것이라도 혐오스럽다고 여겨진다면, 우리는 그것을 피하거나 비난하려고 한다.

그러나 다른 요소와 마찬가지로 진화적, 사회적, 도덕적 영역에서의 혐오 민감도에도 개인차가 있다.[267] 타인이 아무렇지 않게 먹는 식품에도 구토 반사를 보이는 사람이 있듯, 특정한 사회적 행동이나 정치적 입장이 한편에서 열렬한 지지를 받는 것과 다르게 다른 편에는 혐오감을 줄 수 있다는 점은 전혀 놀랍지 않다. 특히 흥미로운 점은 단순히 동성 커플의 성적 관계에 혐오감을 느끼는 사람뿐 아니라 혐오의 원천이 세균과 짝짓기, 도덕성과 상관없이 혐오 민감도가 높은 사람이 동성 결혼에도 더 심하게 반대한다는 사실이다.

다시 말하면 혐오 민감도가 높은 사람은 도덕을 가장한 정치적 판단을 내릴 때 혐오/순수성을 중심으로 생각하는 경향이 있다. 따라서 혐오 민감도는

---

267   Tybur et al. "Microbes, Mating, and Morality: Individual Differences in Three Functional Domains of Disgust."

정치 성향은 어떻게 결정되는가

사람을 더 보수적으로 만들며, 특히 낙태와 동성 결혼 등 짝짓기와 도덕성이 결합된 쟁점에 더욱 보수적으로 반응한다.

혐오감에는 대표적인 생물학적 특징이 존재한다. 그중 하나가 바로 교감 신경계의 활성화로, 이 또한 피부 전기 반응으로 감지할 수 있다.[268] 우리가 수행한 연구에서는 참여자에게 변기에 든 대변이나 벌레를 먹는 사람 등 극도의 혐오감을 불러일으키는 이미지를 제시하였다. 이후 이들 이미지에 노출된 참가자의 전기 반응 신호 변화를 측정했다. 그리고 그 양상을 참가자의 정치적 태도와 비교한 결과 약 0.30의 상관관계가 도출되었다. 이 수치는 진보주의자보다 보수주의자의 전기 반응 신호가 더 크게 증가했음을 시사한다.

그러나 위와 같은 일반화된 결론은 오해의 소지가 있다. 그 상관관계를 구체적인 태도로 세분화했을 때, 성과 관련된 일부 태도만 두드러졌기 때문이다. 세금과 정부의 규모에 대한 보수적인 입장은 혐오 반응에 크게 영향을 받지 않는 것으로 보였지만, 다양한 사회적 태도와의 상관관계는 상대적으로 높았다. 그중에서도 특히 동성 결혼에 대한 태도는 0.44로 가장 높았다. 즉 생물학적 혐오 반응과 동성 결혼에 대한 태도의 관계는 매우 강력했다.[269] 따라서 성적 태도는 혐오 자극에 대한 생리적 반응의 영향을 받는 것으로 보인다. 그렇다면 다른 정책 부문에서의 쟁점별 입장도 개인의 생리적 특성에 영향을 받을까?

어떤 형태로든 인종적 소수자에게 특혜를 제공하거나, 그 집단의 권리를 인정하는 정책(affirmative action), 즉 소수집단 우대정책은 최소 1960년대부터 미국 정치계에서 격렬한 논쟁거리가 되어 왔다. 유럽에서도 인종과 종교가 다양한 이민자들이 전통적으로 백인 계통 중심의 인구 구조를 지닌 여러 국가에 물결치듯 다양한 피부색과 문화를 불어넣으며 그와 비슷한 논란이 벌어졌다.

---

268   Harrison et al. "The Embodiment of Emotional Feelings in the Brain."

269   Smith et al. "Disgust Sensitivity and the Neurophysiology of Left-Right Political Orientations."

소수집단 우대정책에 반대하려면 정당하면서 누구나 옹호할 수 있는 정치 원칙에 근거해야 할 것이다. 정부라면 모든 집단을 평등하게 대우해야 한다고 믿는 사람이 특정 집단만을 특별히 인정하거나 혜택을 주는 정부 아래에 있다면, 정치적 불만을 품는 것은 당연한 일이다. 이러한 점에 따라 정부가 모든 인종을 평등하게 대우하도록 요구하는 것은 인종 차별적 정치 태도와 무관하다.[270]

한편 소수집단 우대정책에 대한 반대는 인종 차별에서 비롯되기도 한다. 이 문제는 신나치주의자나 외국인 혐오자 등 예외적인 사례를 제외하고, 노골적인 인종 차별적 편견이 있는 사람이 존재한다는 점에서 해결하기 어렵다. 그들은 이러한 태도가 사회적으로 용인되지 않는다는 것을 인지하고 있으며, 이를 인정하기를 꺼린다. 또한 자신이 실제로 인종 차별주의자임을 스스로 고백하기보다는 원칙적인 보수주의를 방패 삼아 자신의 정책 태도를 정당화하는 경향이 있다. 사람은 자기 모습을 미화하려는 욕구가 있기에 일반적인 조사로는 소수집단 우대정책에 대한 태도의 실제 원인을 파악하기는 불가능에 가깝다. 따라서 잠재적으로 유용한 대안이 바로 피부 전기 반응이다.

정치적으로 연관된 외집단으로 교감신경계가 활성화된다는 사실에는 논란의 여지가 없다. 그렇다면 외집단에 더 강한 생리적 반응을 보이는 사람들은 이유를 정확하게 알지 못하더라도 소수집단 우대정책에 반대할 가능성이 더 클까? 50여 년 전의 연구자들은 백인 참가자가 흑인 실험 감독자를 상대할 때 피부 전기 반응이 급증하는 사실을 발견했다.[271] 이 발견은 인종적 태도와 생리적 상관관계를 밝히는 데 초점을 맞춘 지속적 연구 의제의 시발점이 되었다.

프랑스 블레즈파스칼 대학교 연구진은 대부분 백인인 프랑스 대학생에게 전형적인 프랑스인 '세바스티앙'과 전형적인 아랍인 '라시드'의 사진을 보여주었다. 그리고 학생들에게 '호감도'와 '똑똑함'을 기준으로 두 사람을 평가

---

270   Sniderman and Carmines. *Reaching beyond Race.*

271   Rankin and Campbell. "Galvanic Skin Response to Negro and White Experimenters."

할 것을 요청했다. 조사 항목을 분석한 결과, 연구진은 두 기준에서 통계적으로 유의미한 차이가 나타나지 않았으므로, 학생들이 세바스티앙과 라시드에게 똑같이 호감을 느끼는 것으로 보았다.

그러나 두 사진에 대한 피부 전기 반응 분석 결과는 위와 달랐다. 평균적으로 학생들이 라시드를 볼 때, 전기 반응이 더 크게 나타났다. 이는 교감신경계가 더 활발하게 활성화되었다는 뜻이다. 다시 말하면 참가자는 세바스티앙과 라시드를 동등하게 판단한다고 주장했지만, 실제로는 라시드를 볼 때 투쟁-도피 반응이 더 강하게 작용한 것이다.[272]

균형적인 관점에서 사람들은 내집단보다 외집단 구성원에게 생물학적으로 더 강하게 반응하는 경향이 있는 듯해 보인다. 그렇다면 외집단에 대한 생물학적 반응의 차이가 행동의 차이와 연관된다는 증거가 있을까? 한마디로 말하면 그렇다.

에모리 대학교의 연구자는 백인 학생들에게 장학금 신청서 검토를 요청했다. 참가자에게 제공한 자료에는 신청자의 사진까지 포함되어 있는데, 그중 두 명은 백인이고 한 명은 흑인이었다. 참가자는 자격 사항만을 기준으로 수혜자를 선택해야 했다. 그러나 결과적으로는 외집단 구성원인 흑인 신청자의 사진에 생물학적으로 더 강하게 반응한 학생이 백인 지원자를 더 적격으로 판단할 가능성이 크게 나타났다.[273]

외집단에 생리적으로 강한 반응을 보인 참여자는 자신의 장학생 추천 결과가 신청자의 인종과 무관하다고 진심으로 믿었을 것이다. 그런데도 생물학적 반응이 약했던 사람들에 비해 반응이 강했던 사람들이 백인 지원자를 선택할 가능성이 크다는 사실은 임계치 이하의 생리적 요인의 연관성을 시

272　Dambrun et al. "On the Multifaceted Nature of Prejudice: Psycho-physiological Responses to Ingroup and Outgroup Ethnic Stimuli."

273　Vanman et al. "Racial Discrimination by Low-Prejudiced Whites: Facial Movements as Implicit Measures of Attitudes Related to Behavior." 이러한 특정 연구에서는 피부 전기 반응이 아닌, 교감신경계 반응 측정법을 사용했다는 점에 유의해야 한다.

사한다. 여기에서는 태도가 아니라 실제 행동과 결정이라는 점에 주목할 필요가 있다.

이상의 연구는 모두 정치적 태도와 행동에 생물학적 연관성이 있다는 핵심적인 사실 하나를 뒷받침한다. 우리는 각자 특정한 정보 처리 체계를 형성하는 고유한 신경계가 내재해 있으며, 이는 특정 정치적 태도와 행동에 찬성 또는 반대하는 성향을 만들어 낸다.

얼굴 속 정치학

어느 사회학자의 연구 참여 요청에 동의했다고 가정해 보자. 아쉽게도 당신에게는 달러 나누기 게임에서의 20달러가 아니라 스무 장의 사진이 주어진다. 이들 사진은 백인 남성의 흑백 초상화로, 머리 모양이나 옷차림이 아닌 얼굴만 드러나 있다. 이에 사회학자는 당신에게 스무 장의 사진을 보수주의와 진보주의의 두 유형으로 분류할 것을 요청한다. 당신은 이 과제를 얼마나 정확하게 수행할 수 있을까?

언뜻 생각하면 얼굴만 보고 정치 성향을 체계적으로 식별하는 것은 불가능해 보인다. 사진 속 인물이 모두 보수와 진보에만 해당되며, 그 중간은 없다고 하더라도 그들의 이념을 정확하게 구분할 확률은 여전히 반반일 것이다. 추가적인 정보가 없다면, 우리가 구분한 두 유형은 그저 추측에 지나지 않는다. 그런데 다수의 연구 사례에서는 얼굴만 보고도 정치 성향을 파악하는 데 놀라울 정도로 능숙하다고 말한다.

그러한 사실은 1954년에 영국에서 시행된 연구에서 처음으로 입증되었다. 이 연구에서 참가자는 평의원의 초상화를 보고 노동당과 보수당 소속을 구분하는 과제를 수행했다. 연구 결과 참가자는 단순 추측보다 훨씬 높은 정확도로 소속 정당을 식별해 냈다.*[274] 이처럼 영국 정치계에서 서로 다른 정

---

274   Jahoda. "Political Attitudes and Judgments of Other People."

당 지지자를 정확히 식별하는 신비로운 능력은 이후 수십 년 동안에도 여러 번 재현되었다.[275]

그러나 얼굴에 정치색을 드러내는 것은 비단 영국인들만의 특징은 아니다. 최근 미국에서 시행된 한 연구에서는 참가자가 단순히 얼굴을 보는 것만으로 국회의원 후보자뿐 아니라 고등학교 졸업 앨범 사진을 통해서도 소속 정당을 상당히 정확하게 구별하는 것으로 나타났다.[276] 이는 아직 분명하게 이해할 수 없는 문화적 단서 같은 것을 통해 암호를 해독하는 차원이 아니다. 사람들은 자기 나라뿐 아니라 다른 나라 사람들의 이념적 성향까지 꽤 분명하게 판단할 수 있기 때문이다.[277]

그렇다면 얼굴에 그처럼 많은 것이 드러나는 이유는 무엇일까? 정치 기질이 생물학적으로 근거한다면, 얼굴을 통해 그것을 드러내는 일은 당연하다. 우리의 얼굴은 의식적인 입력이나 인식 없이도 감정과 사회적 의도를 세상에 끊임없이 전파한다. 얼굴은 우리 신경계의 시각적 SNS 계정으로서, 심리 상태에 대한 정보를 간결하면서 빠른 속도로 여러 사람에게 동시에 전달할 수 있다.

최소 다윈 이래 연구자들은 얼굴이 사회적 소통의 보편적 수단이라고 인식해 왔다. 우리는 상대방의 얼굴을 힐끔 쳐다보고도 그 사람이 행복한지, 슬픈지, 화가 났는지, 놀랐는지 등의 심리 상태를 빠르고 정확하게 평가할 수 있다. 이러한 형태의 사회적 소통은 인간성에서 매우 근본적인 부분이다. 이에 심리생리학자는 "표정이 없는 사람은 소통도, 친밀의 표현도, 번식도, 상호 작용도 하지 않는다. 한마디로 사회적이지 못하다."라고 주장한다.[278] 실제로 얼굴은 기쁠 때 무의식적으로 미소를 짓는 반면, 불만스러울 때는 찡

---

275   Bull and Hawkes. "Judging Politicians by Their Faces; and Bull et al. Evaluation of Politicians' Faces."

276   Rule and Ambady. "Democrats and Republicans Can Be Differentiated from Their Faces."

277   Samochowiec et al. "Political Ideology at Face Value."

278   Cacioppo et al. "Social Psychophysiology: A New Look."

그리고, 혐오스러울 때는 코에 주름을 잡는 등 내면의 심리 상태를 드러낸다고 한다.

인간은 모두가 같은 언어를 사용하지는 않지만, 표정에 대해서만큼은 보편적으로 능숙하다. 또 거짓된 표정도 꽤 잘 감지한다. 사람들은 대부분 미소가 정말로 기쁨의 표현인지, 아니면 단지 사회적 목적으로 의도된 것인지 구분할 수 있다.[279] 물론 배우처럼 꾸며낸 표정에 능숙한 사람도 있지만, 대다수는 상대방이 완전히 속아 넘어갈 정도의 거짓 표정을 짓기는 어렵다고 여긴다.

얼굴은 앞의 사례에서 처남이 매형에 대한 감정을 전달하는 것 이상의 역할을 한다. 얼굴은 사회적으로 의미 있는 집단에 속해 있음을 표시하며, 그중 일부는 상당히 직관적이다. 얼굴만으로도 쉽게 성별과 인종, 연령대를 구분할 수 있으니 말이다. 연구에 따르면 사람들은 얼굴에 드러난 정보만으로도 정치 성향뿐 아니라 성적 지향, 심지어 종교까지도 정확하게 예측할 수 있다고 한다. 단 몇 초 동안 얼굴을 쳐다보는 것만으로 그 모두가 가능하다고 한다.[280]

한편 일부 연구에서는 상대방의 얼굴만 보고도 그 사람이 지닌 권력의 강도와 또는 사회적 지위의 우월성 등을 인지하여 정치 성향을 예측할 수 있다고 주장한다. 게다가 보수적인 얼굴이 더 지적으로 보인다고 밝힌 연구 사례도 있다.[281] 그러나 이들 사례는 순전히 인식을 통한 판단일 뿐, 얼굴 자체를 실질적으로 측정한 연구는 아니다.

우리는 정치 지향을 암시하는 얼굴의 생물학적 특징이 정확히 무엇인가

---

279 Ekman et al. "The Duchenne Smile: Emotional Expression and Brain Physiology II."

280 Rule and Ambady. "Brief Exposures: Male Sexual Orientation Is Accurately Perceived at 50ms"; and Rule et al. "Female Sexual Orientation Is Perceived Accurately, Rapidly, and Automatically from the Face and Its Features."

281 Bull and Hawkes. "Judging Politicians by Their Faces."

정치 성향은 어떻게 결정되는가

가 궁금했다. 이는 어쩌면 얼굴의 감정 표현 정도와 연관될 수 있을 것으로 추측했다. 특정한 정치 성향을 지닌 사람을 구분하는 성격 측면에 해당하는 것이 바로 표현력이다. 일례로 심리학자 제임스 그로스James Gross와 올리버 존 Oliver John은 개인 정서 표현의 변이를 측정하기 위한 성격 검사 기법인 '버클리 정서 표현 척도(Berkeley Expressivity Questionnaire)'를 개발하였다. 연구 결과에 따르면 공화주의자보다 민주주의자가 정서 표현 항목에서 상당히 높은 점수를 받는 경향이 있었다.[*282]

또 다른 연구에서는 보수와 진보 성향을 지녔다고 알려진 사람들의 얼굴 특징과 표정을 과장하여 아바타를 만들었다. 진보주의자 아바타는 미소와 함께 추미근(corrugator)[*283]이 이완된 표정을 보였다. 이와 달리 보수주의 성향의 아바타는 미소가 덜했으며, 약간 찡그린 표정으로 표현되었다.[*284]

감정 상태를 암시하는 데 일차적이면서도 무시할 수 없는 수단이 표정이라면, 민주주의자는 상대적으로 풍부한 표정을 짓는 경향이 있다. 우리는 이 가설을 근전도 검사(electromyography, EMG) 기법으로 검증했다. 근전도 검사는 피부에 감지기를 부착하여 근육 수축으로 발생하는 전도 반응을 측정하는 기술을 말한다.

우리가 측정한 안면 근육은 눈썹 사이에 위치하여 미간을 찡그리게 하는 추미근이다. 이 근육은 우리가 인지하지 못하는 사이에도 작용하며, 혐오감과 분노, 두려움 등 부정적 감정을 지닐 때 활성화되고, 감정 상태가 긍정적일 때는 이완된다. 추미근의 활성화 여부는 주요 감정과 연관된 표정에 영향을 준다. 이에 따라 우리는 성인 참가자에게 그들의 이념적 성향을 먼저 묻고, 다양한 긍정적, 부정적 자극에 대한 반응으로 나타나는 추미근의 활성 여부를 기록함으로써 얼굴 표현성을 측정했다.

앞선 바와 같이 우리는 진보 성향의 참여자가 보수주의자보다 얼굴 표현

282　Gross and John. "Facets of Emotional Expressivity: Three Self-Report Factors and Their Correlates."

283　미간에 위치한 근육. 옮긴이.

284　Roberts et al. "Judging Political Affiliation from Faces of UK MPs."

이 더 풍부하리라는 가설을 세웠는데, 결과적으로는 절반만 옳았다. 다른 근전도 검사 사례에서와 마찬가지로, 우리 역시 정치 신념과 상관없이 여성이 남성보다 얼굴 표현이 풍부하다는 사실을 확인했다. 다만 다른 연구 사례와 구별되는 점은 진보주의자 남성의 감정 표현이 여성과 거의 동등한 수준이었다는 것이다. 게다가 가장 특이한 집단은 보수 성향의 남성이었다. 다른 집단에서는 모두 이미지에 반응하며 추미근이 활성화된 반면, 보수주의자 남성은 꿈쩍도 하지 않았다.[*285]

사람들이 이미지를 통해 정치 성향을 분별할 수 있는 이유는 다음과 같은 이유 때문일 것이다. 클린트 이스트우트Clint Eastwood처럼 금욕적이고 표현이 적어 보이는 얼굴이 보수주의와 연관된 특징을 암시하는 반면, 앨런 알다Alan Alda와 같이 감성적이면서 표현이 풍부한 듯한 얼굴이 진보주의자의 특성을 드러내는 것으로 생각한다. 이처럼 정치 기질이 생물학적으로 내재해 있다는 증거는 비단 뇌에서 나타나는 개인차나 자율신경계의 내부 구조에서만 발견되는 것은 아니다. 문자 그대로 정치성은 우리의 얼굴에서도 나타난다.

부정 편향과 보수주의

지금까지 살펴본 바와 같이 사람들이 정치와 연관된 생리적, 심리적 성향을 지닌다는 사실을 입증하는 것은 겨우 시작일 뿐이다.[*286] 이보다 더 어려운 과제는 특정 정치 성향을 형성하는 정확한 특징을 규명하는 것이다. 물론

285　Jacobs et al. "Carrying Your Heart (and Your Politics) on Your Face: Ideology and Facial Muscle Responses."

286　생리적 요인과 정치 성향의 연관성에 관한 연구 외에도 투표 성향의 변화와의 연관성을 다룬 연구로는 McDermott. "Hormones and Politics"; Waismel-Manor et al. "When Endocrinology and Democracy Collide: Emotions, Cortisol and Voting at National Elections"; French et al. "Cortisol and Politics: Variance in Voting Behavior is Predicted by Baseline Cortisol Levels."가 있다.

그 과제가 어려울 수 있겠지만, 우리는 그 필수적인 바탕을 이미 설명했다. 정치 쟁점에 대한 견해는 사람마다 다르다. 그 예는 다음과 같다.

의료 부문에서 정부의 역할
노동조합의 권리
학교에서의 합리적 교육 과정
권한의 중앙 집중 또는 지방 분산
소득 수준에 따른 세금 부담
농업 보조금
정부 차원의 야생 동물 보호
환경 보호 조치
안락사 허용

위의 상황에 대한 의견은 사람마다 다를 수 있다. 이들 쟁점의 다양성과 복잡성으로 특정한 정치적 선호에 대한 생리적, 심리적 특성의 다발을 논리적으로 일관성 있게 밝히기란 어렵다. 그렇다면 농업 보조금에 관한 입장이 그들 성향뿐 아니라 중앙 집권이나 지방 분권에 대한 신념과 연관되는 이유는 무엇일까?

정치적 차이를 설명하는 가장 유명한 생물학적 기제로는 우리가 앞에서도 다룬 바 있는 부정 편향(negativity bias)일 것이다.*[287] 심리학자와 생리학자는 사람들이 대체로 부정적인 자극에 더 민감하게 반응한다는 사실을 오래전부터 알고 있었다. 부정적인 정치 광고가 효과적인 이유도, 언론 매체에서 "자극적이어야 잘 팔린다."라는 격언을 따르는 것도 그래서이다.

---

287   Hibbing et al. "Negativity Bias."
부정 편향을 보다 일반적으로 다룬 논의는 Ito et al. "Negative Information Weighs More Heavily on the Brain."을 참고하라. 또한 이 연구를 적용한 사례에 해당하는 것은 Soroka, Fournier, and Nir. "Cross-national Evidence of a Negativity Bias in Psychophysiological Reactions to News."가 있다.

따라서 사람들은 긍정적인 것보다 부정적인 것을 더 쉽게 알아차린다. 자주 만나지 못했던, 사랑하는 사람을 우연히 만나는 긍정적인 상황보다 바로 앞에서 곰이 다가오는 부정적인 상황에서 교감신경계의 반응이 더 두드러진다.

그런데 늘 그렇듯, 평균 경향(mean tendency)에도 상당한 편차가 존재한다. 누군가는 다른 사람보다 부정 편향에 더 강하게 반응하기도 한다. 부정 편향이 강한 사람은 민감한 반응을 보이는 부정적 요소에서 보호받을 수 있는 공공 정책을 더욱 선호할 가능성이 크다는 정치적 연관성이 제기되고 있다. 이러한 보호 정책에는 범죄자를 감옥에 가두고 절대 풀어주지 말라는 접근 방식을 비롯하여 국방비 증액, 총기 소유권 강화 등과 같은 예가 명백히 포함된다.

그와 달리 상대적으로 명확성은 덜하지만, 기존 사회 단위의 본질을 보호한다는 목표와 연관된 정책도 있다. 그 예로 애국 행사를 장려하거나, 전통적 관습 및 종교, 언어, 인종/민족을 보호하는 정책 등이 있다. 이상의 내용이 모두 보수적인 정책 의제라고 보이는 것은 어찌 보면 당연한 일이다.

우리가 인용한 수많은 연구 사례는 부정 편향이 강할수록 정치적으로 보수적일 가능성이 크다는 가설과 일치하는 것으로 보인다. 실제로도 부정적인 상황에 더 민감한 사람들이 국방, 경찰, 총기, 전통 친화적인 가치관을 앞세우는 보호 정책을 추구하지 않을까?

타당성을 떠나 일반적인 부정 편향 가설은 지난 10년 동안의 정치적 사건으로 부각된 여러 문제와 직면하는 중이다. 무엇보다 부정 편향 가설이 항상 설득력 있게 들리는 것만은 아니다. 부정적인 것에 집착한다고 알려진 보수주의자가 실제로는 진보주의자보다 더욱 일관적으로 행복하다고 밝혀졌다.[288] 즉 보수주의자는 지진이나 홍수를 비롯하여 기괴한 모습의 광대, 높은 곳, 곤충, 파충류, 어둠, 사회적 굴욕감, 전력망 붕괴를 포함한 거의 모든 부정적 자

---

288   Napier and Jost. "Why are Conservatives Happier than Liberals; Schlenker et al. Conservatives are Happier than Liberals, but Why?"

극에 두려움을 덜 느낀다.[289] 또한 환경 파괴와 같은 특정한 부정적 상황에도 덜 민감하게 반응하는 것으로 나타났다.

그리고 코로나19를 대하는 반응 또한 매우 다양했다는 사실은 보수주의자가 부정적 상황을 항상 더 염려하는 것만은 아님을 강조한다. 진보주의자에 비해 보수주의자가 마스크 착용과 백신 접종 요청을 거부하는 등 코로나19에 더 대범하게 대처하는 경향이 강했다.[290] 이처럼 실증적으로 확인된 경향은 보수주의자의 부정 편향이 더 강하다는 일반적인 가설과 일치하지 않는다. 아울러 부정 편향 연구에서 발견한 핵심 중 보수주의자의 교감신경계가 진보주의자보다 부정적 자극에 더 뚜렷하게 반응한다는 주장마저 제대로 재현되지 않았다.[291] 이는 모두 부정 편향의 재고를 시사한다.

일반적인 부정 편향 가설의 문제는 기본적으로 지나치게 방대한 시각으로 접근한다는 점이다. 특정 유형의 보수주의자와 부정적 자극, 그리고 반응으로 초점을 좁힌다면 더 정확한 결론에 도달할 수 있을 것이다. 다행히 앞에서 다룬 내용이 더 세밀하고 정확한 가설을 수립하는 데 귀중한 지침이 되어 줄 것이다.

어떠한 유형의 보수주의자인가?

제2장에서 논의한 중심 내용은 인간의 사회 생활이 시작하면서부터 존재해 온 세 가지 근본 딜레마와, 원형적 이념(proto-ideology)을 비롯하여 각 쟁점을 둘러싼 다양한 입장이었다. 아래에 이 내용을 다시 언급하고자 한다.

---

289   Hibbing. *The Securitarian Personality.* 40–42.

290   Klein. "American Misperceptions of Foreign Aid."

291   Bakker et al. "Conservatives and Liberals have Similar Physiological Responses to Threat"; Knoll et al. "Physiological Responses and Political Behavior."

① 다른 사회 집단의 구성원을 대하는 태도

② 내집단 규범 위반자에 대한 태도

③ 새로운 아이디어와 생활 양식을 추구하는 사람에 대한 태도

위와 관련하여 보수주의자는 규범 위반자를 엄격하게 처벌한다. 또한 외부자와 새로운 접근 방식을 지지하는 사람과 거리를 두려 한다. 이와 달리 진보주의자는 규범 위반자에게 너그럽고, 외부자와 새로운 생활 양식을 실천하는 사람을 환영한다.

이상으로 세 딜레마의 중요성을 고려할 때, 정치적 차이의 생리적, 심리적 토대를 규명하려는 노력은 근본적이면서 진화의 중심에 있는, 즉 이념적 분열의 양극단 사이의 차이에 초점을 맞추어야 한다. 따라서 보수주의자를 연구할 때는 전체보다 개인과 집단의 안전을 갈망하는 사람에게 집중해야 한다. 이는 수많은 보수주의자 중에서도 특히 진보주의 성향을 지닌 사람은 안전과 보호에 큰 의미를 두지 않으므로, 그들이 부정적인 상황에 강하게 반응할 이유가 없기 때문이다.

어떠한 유형의 부정적 자극인가?

정치는 사회 생활을 구조화하는 것이다. 따라서 타인과의 상호 작용이 무엇보다 중요하다. 인류가 하나의 종으로 존재하는 동안 가장 큰 위협은 다른 인간이었다.[292]

따라서 정치와 깊게 연관된 부정적인 사건은 타인과 관련된 경우가 많다. 이에 파손된 차량이나 허리케인 피해 현장, 지저분한 화장실, 위험한 거미 등의 이미지보다 위협적인 자세를 취한 사람, 특히 외부자나 규범 위반자 같은 이미지에 부정 편향 연구의 초점을 맞추는 것이 적절할 것이다. 결과적으로 정치적으로 심각한 반응을 유발할 가능성이 큰 유형의 부정적 자극은 타인에서 비롯되는 위협과 관련된다.

---

292   Pinker. *The Better Angels of Our Nature.*

어떠한 유형의 반응인가?

이 장과 제5장에서 소개한 여러 연구 사례에서는 동일한 유형의 반응처럼 보여도 실제로는 매우 다른 반응에 초점을 맞추고 있다. 이에 세 가지 연구 사례의 결과를 상기해 보자.

군중 속 얼굴 패러다임을 사용한 연구에서는 보수주의자가 군중 속에서 화난 표정을, 진보주의자는 행복한 표정을 더 빨리 찾아내는 경향을 보였다. 시선 추적 연구에서는 보수주의자가 진보주의자보다 부정적인 이미지에 더 주의하는 경향을 보였다. 피부 전기 반응 연구의 경우, 보수주의자가 부정적 자극에 투쟁-도피 반응을 보일 가능성이 더 크다는 결과를 보였다.

이상의 연구 모두 같은 방향을 가리키는 듯해 보여도 실제로는 상당히 다르다. 부정적 이미지에 민감하고, 더욱 주의하며, 생물학적으로 반응하는 결과는 모두 같지 않다는 것이다. 이러한 결과를 고려할 때, 기존의 일반적인 부정 편향 가설은 더 새롭고 정교한 것으로 대체할 필요가 있다. 우리가 제안하는 가설은 다음과 같다.

① 기존 가설

보수주의자는 일반적으로 부정적인 상황에 특히 민감하게 반응한다.

② 새로운 가설

일반적인 보수주의자와 달리 반이민주의에 법과 질서를 중시하는 전통주의적 보수주의자는 모두가 부정적인 상황은 아니더라도 위협적인 자세를 취하는 다른 사람, 특히 외부자에게 반드시 생물학적으로 더 강하게 반응하지 않더라도 더욱 민감해하며 주의를 집중한다.

우리가 제시한 가설이 당장은 다소 복잡하고 떨떠름해 보일 수 있다. 자동차 범퍼 스티커로 쓰기에 너무나 긴 문장이기는 하지만, 앞에서 언급한 모든 우려 사항을 해결한다.

먼저 새로운 가설은 모든 보수주의자의 정책 우선순위와 욕구가 동일하지 않음을 인정한다. 또한 부정적 자극이라도 모두 같은 것은 아니며, 그 자극이 모든 사람에게 같은 방식으로 영향을 끼치지도 않는다는 점까지 수용한다. 나아가 해당 가설은 진보주의자와 비교할 때, 보수주의자는 실제로 전체가 아닌 훨씬 좁은 범위에 해당하는 범죄자, 이민자, 강력한 외국 세력, 테러리스트 등에 한하여 큰 위협을 느낀다는 사실과 맥을 같이한다.*293 이들 대상은 모두 외부자나 규범 위반자로부터의 위협을 의미한다는 점에도 유의하자.

다음으로 새로운 가설에서 가장 중요한 점은 기존의 가설로는 설명할 수 없었던 일관되지 못한 생리적 요소까지 보완한다는 것이다. 보수주의자는 스스로 부정적으로 인식하는 것에만 민감해하며 주의를 기울이더라도, 생리적 반응을 일으킬 정도의 위협을 느끼지 않을 수도 있다. 그들은 본능에 의거한 투쟁-도피 반응보다 상황을 파악하고 힘을 활용하는 전략적 대응을 선호한다.

마지막으로 새로운 가설은 최근 전 세계에서 벌어진 굵직한 정치적 사건을 통합적으로 설명한다. 그 사건을 유심히 관찰하는 사람이라면 전 세계 정치 지도자의 쟁점별 입장과 스타일이 유사하다는 점에 자주 주목한다. 미국의 도널드 트럼프 추종자가 가장 많은 주목을 받고 있지만, 이외에도 제1장에서 언급했듯, 다음과 같이 다양한 지도자가 있다. 이들 지지자 사이에서도 놀랍도록 유사한 특징을 발견할 수 있다.

레제프 에르도안(튀르키예)

로드리고 두테르테(필리핀)

마린 르펜(프랑스)

베냐민 네타냐후(이스라엘)

블라디미르 푸틴(러시아)

빅토르 오르반(헝가리)

사쿠라이 마코토(桜井誠, 일본)

야로스와프 카친스키(Jarosław Kaczyński, 폴란드)

---

293   Hibbing. *The Securitarian Personality.* 107-116.

임미 오케손(스웨덴)

자이르 보우소나루(브라질)

조르자 멜로니(이탈리아)

폴린 핸슨(Pauline Hanson, 호주)

하비에르 밀레이(Javier Milei, 아르헨티나)

헤이르트 빌더르스(Geert Wilders, 네덜란드)

이처럼 반이민주의적이고 법과 질서를 중시하는 사회 운동과 그 지도자들의 놀라운 유사성은 그들이 매우 다른 정치적 맥락에서 활동함에도, 근본적으로 정치에 타고난 성향이 존재한다는 결론을 뒷받침한다. 물론 그들과 끊임없이 대척점을 이루어 온 운동과의 유사성은 말할 것도 없다. 아직 실증적 검증이 충분히 이루어지지는 않았지만, 정치적으로 타고난 성향의 구체적인 본질에 관한 합리적인 운영 명제는 다음과 같다.

이는 정치 체제의 핵심적 분열이 외부자와 새로운 아이디어를 의심하는 사람과 환영하는 사람 사이에서 벌어진다는 점이다. 이러한 원초적 분열에서 한쪽은 어떠한 대가를 치르더라도 전통적인 내부자 문화를 보호하고자 한다. 한편 반대편에서는 그 문화에 결함이 있으니, 새로운 아이디어를 수혈하는 것이 도움이 되리라 믿는다. 이 차이는 심리적 성향에서도 엿볼 수 있는데, 반이민주의자는 자신과 대척점에 위치한 진보주의자에 비해 외부자에 훨씬 민감하면서 주의를 기울이는 경향이 있다. 이는 반드시 더욱 두려워한다는 뜻은 아니다.

진화와 생물학이 사람들에게 내집단과 외집단을 극단적으로 다르게 대우하는 방식을 타고났다는 주장은 조금 과장되어 보일 수 있다. 그러나 우리는 이것이 사실임을 잘 알고 있다. 그 예로 한 연구에서는 자연 발생 호르몬인 옥시토신의 수치를 높이면, 내집단 구성원에 대한 신뢰 행동이 강화되는 동시에 외집단 구성원의 경우는 감소하며 심지어 반이민주의적 태도가 강화된다는 결과를 보였다.*[294] 이뿐 아니라 신경 영상 연구 또한 참가자에게 내집

---

294 De Dreu et al. "Oxytocin Promotes Human Ethnocentrism."

단 또는 외집단 구성원 가운데 누구의 이미지를 제시하느냐에 따라 뇌 활성화 패턴이 크게 달라진다는 점도 확인했다.

정치적 차이의 뿌리

보수주의자가 트럼프 같은 후보, 군사비 지출 증대, 범죄자에 대한 가혹한 처벌, 엄격한 이민 정책 등을 지지하는 이유는 단순히 진보주의자를 분노케 하려는 것이 아니다. 바로 외부자와 규범 위반자, 새로운 위험으로 작용할 아이디어에 대한 너그러운 태도가 불러올 부정적 결과에 더욱 민감하면서 주의하기 때문이다. 보수주의자는 외부자에게서 안전을 갈망하는 반면, 그들과 상반되는 진보주의자는 규범 위반자에게 더 너그러우며 외부자를 포용하려는 성향을 타고났다.

이제 우리는 타고난 성향이 전적으로 단기적인 환경 요인에만 기인하는가, 아니면 더 깊숙한 곳에서 우리의 DNA에까지 영향을 미치는가를 살펴보도록 하겠다.

정치 성향은 어떻게 결정되는가

제7장

결국 환경은 무의미한가?

•

사회학자들이 밤낮으로 연구했다.

DNA를 확인하고, 또 확인하고, 또 확인하고…

과학자들은 오랜 연구 끝에 얻은 지식을 토대로, 우리가 그저 선천적

으로 결정된 존재일 것이라는 생각을 하게 되었다.

크리스틴 라빈(Christine Lavin)

●

　1953년 5월 3일, 오리건주 헤프너에 위치한 파이오니어 메모리얼 병원에서 케이 린 리드Kay Rene Reed와 디앤 앤젤DeeAnn Angell이라는 이름의 건강한 두 여자아이가 태어났다. 며칠 뒤 두 아이는 가까이 살던 가족의 집으로 향했다. 리드 가족은 콘돈 시에서, 앤젤 가족은 약 30km 남쪽에 있는 포실 마을에서 살았다. 두 사람은 50년 넘도록 지극히 평범한 삶을 살았고, 부모와 형제자매를 진심으로 사랑했다.

　케이 린은 자라서 소를 사육하는 목장주와 결혼했고, 은행에서 일하며 자녀와 손자까지 두었다. 디앤은 자동차 판매원과 결혼하여 전업주부로 살았고, 나중에는 워싱턴주 미드의 엘크 수렵 지역으로 이사했다. 그런데 두 사람의 평범해 보이는 인생사는 가슴 아픈 실수에서 비롯되었다. 바로 케이 린과 디앤의 출생이 병원의 실수로 바뀐 것이다.

　처음부터 미심쩍었다. 간호사들이 생후 하루 지난 마조리 앤젤Marjorie Angell의 딸을 목욕시킨 뒤 데리고 돌아왔을 때, 그녀는 "내 아기가 아니에요."라고 주장했다. 하지만 회기 난 간호사들은 마조리에게 "틀림없이 당신 아기예요!"라고 언성을 높이면서 일은 유야무야 마무리되었다. 그래도 마조리는 아기에게 애착을 느끼며 집으로 데려온 후, 다섯 남매와 함께 키우기 시작했다. 그중에는 두 살 된 쌍둥이 아들도 있었다.

　그러나 그녀의 의심은 사라지지 않았다. 특히 디앤이 자라면서 앤젤 가족과는 어울리지 않는 부분들이 있었기 때문이었다. 마조리는 이러한 의심을 큰딸인 후아니타 앤젤Juanita Angell과 친구인 이오나 로빈슨Iona Robinson에게 귀띔했다. 그 무렵 이오나 또한 후아니타가 아는 다른 가족의 딸인 케이 린 리드와 놀라울 정도로 닮았다는 사실을 알아챘다.

　케이 린은 도날다 리드Donalda Reed의 손에 자랐다. 도날다 역시 미심쩍음을 느꼈고, 이를 다른 아이들에게도 이야기했다. 하지만 누구도 그 의심에 아무 조치도 하지 않았다. 그렇게 2008년에 이르러 80대 후반이 되어 건강마저 악화된 상황이었던 이오나가 행동에 나서기로 결심했다.

　몇 달을 고민한 이오나는 케이 린의 오빠인 바비 리드Bobby Reed에게 전화를

　　　　　　　　　　　정치 성향은 어떻게 결정되는가

걸어 미안하지만 털어놓아야 할 일이 있다고 설명했다. 이오나는 바비에게 케이 린이 친누이가 아닐 가능성이 크다고 말했다. 이에 충격을 받은 바비는 어찌할 줄을 몰랐다. 그의 부모와 앤젤 부부는 모두 세상을 떠났기 때문에 의논할 상대도 없었다. 바비는 그로부터 9개월 동안 아무것도 하지 않다가, 결국 누이들에게 사실을 털어놓았다. 그들은 함께 디앤을 만나기로 약속했다.

바비가 처음 디앤을 본 순간, 엄마와 똑같이 닮았다고 생각했다. 그리고 2009년 3월, 남매들에게서 그 소식을 전해 들은 케이 린은 심한 충격을 받았다.

서로 만난 디앤과 케이 린은 그 우발적인 사고와 관련하여 유년기 시절부터 단서가 될 만한 것들을 모으기 시작했다. 언젠가 케이 린은 눈이 파란 두 부모에게서 갈색 눈의 아이가 태어나는 것은 유전적으로 불가능하다고 말한 고등학교 생물학 교사와 언쟁을 벌인 적이 있었다. 눈이 갈색인 케이 린은 부모가 모두 파란 눈이므로 그 말이 틀렸다고 주장했다. 한편 디앤은 흑갈색 머리의 가족 중에서 유일한 금발이었다. 이러한 이유로 그녀는 어려서부터 동네 아이들의 놀림을 받곤 했다.

생물학적 유전에 대한 진실은 DNA 검사에 달린 만큼, 두 사람은 문제를 해결하기 위한 절차에 착수했다. DNA 검사 보고서가 도착하기까지 3주가 걸렸는데, 케이 린은 그 시간을 암 검진 결과를 기다리는 심정 같았다고 했다. 그녀는 55년 동안 알고 지낸 유일한 가족인 리드 가족의 일원으로 계속 남고 싶었다.

그러나 결과는 명백했다. 케이 린과 다른 리드 남매들의 유전적 혈연관계는 0%에 수렴한 반면, 디앤은 친자 관계가 99.9% 성립했다. 결국 진실이 과학으로 확인되면서 케이 린은 또 한 번 큰 충격을 받았다. 디앤도 처음에는 이 소식을 비교적 담담하게 받아들였지만, 곧 감정적으로 무너지며 눈물을 쏟았고 어머니를 또다시 잃은 듯한 상실감에 빠졌다.

세월이 흐른 뒤, 일명 '뒤바뀐 자매들(swisters)'은 수많은 성찰의 시간을 보냈다. 케이 린은 '본성과 양육'의 세계에 많은 관심을 갖게 되었다고 토로했다. 그녀는 리드 가족 중에서 자기만 여드름이 나고, 시력이 나쁘며, 외모가 평범한 이유를 알게 되어 안도했다. 반면 디앤은 바비가 즉각 알아챈 것처럼 리드 가족의 여자들과 매우 닮았다. 하지만 외모는 이 이야기의 단편에 지나지 않는다.

케이 린과 디앤 모두 행동과 기질에서 친가족과 유사한 특징을 보였다. 케이 린은 끊임없이 손톱을 물어뜯는 버릇이 있었다. 리드 가족 중에서는 누구도 그렇지 않았지만, 케이 린의 생모인 마조리 앤젤만큼은 손톱을 물어뜯었다. 그리고 케이 린은 퉁명스럽고 쌀쌀맞은 성격인 데 반해 리드 남매들은 그렇지 않았다. 게다가 그녀는 생물학적 친남매 중 한 명과 비슷하게 껌을 딱딱거리며 씹는 습관도 있었다.

그녀와 달리 디앤은 스스로 '여성스러운 여자'임을 표현했다. "손톱 치장과 화장을 하지 않으면 우편함에도 나가지 않는다."라고 말할 정도였다. 디앤은 기질과 취향에서도 함께 자란 앤젤 가족과는 전혀 다름을 인정했다. 따라서 성장하면서 자신이 앤젤 가족의 일원이 아닌 듯한 느낌을 자주 받았다고 털어놓았다.[295]

디앤의 금발과 두드러진 외모가 앤젤 가족보다 생물학적 가족인 리드 가에 더 가깝다는 점은 당연한 사실이다. 이처럼 키나 머리 또는 눈동자 색, 체중, 얼굴형, 신체 대칭 등은 모두 유전된다고 널리 알려져 있다. 이는 체계적인 과학 연구 결과는 말할 것도 없거니와 육안으로 보아도 명확하게 드러난다.

그럼에도 행동과 자세, 태도까지 유전자와 관련된다는 사실을 받아들이기 어려워하는 사람도 많다. 손톱은 유전자의 영향을 받지만, 손톱을 물어뜯는 습관은 그렇지 않다는 통념까지 있을 정도이니 말이다. 이러한 생각도 어느 정도는 이해가 간다. 복잡한 사회적 행동이 유전자의 영향을 받을 수 있다는 관념은 사람들을 불편하게 한다. 우리의 행동과 동기를 의식적으로 통제하지 못한다는 인상을 주기 때문이다.

그렇다면 디앤과 케이 린의 행동이 서로의 생물학적 가족과 닮은 점에도

---

295 Barville. "Pair Were Switched at Birth"; and Ibanga. "Switched at Birth: Women Learn the Truth 56 Years Later."

정치 성향은 어떻게 결정되는가

다른 설명이 있어야 하지 않을까? 모든 것이 그저 우연으로 일어난 일일까? 아니면 옷을 고르는 취향에서 껌 씹는 습관, 손톱을 물어뜯는 버릇, 나아가 정치적 선호까지 유전자의 영향을 받는 것일까?

위의 질문에 답하고자 우리는 인간이 아닌 동물에 대한 연구 사례부터 살펴보도록 하겠다. 조직 구조와 신경계의 작용 방식이 인간과 유사한 다른 종을 연구함으로써 인간에 관한 귀중한 교훈을 얻을 수 있다. 이는 의료 분야에서 동물 모델이 인간의 건강 증진에 중요한 통찰을 제공하고 있으며, 이제는 인간의 행동 영역에서도 동일한 가치를 실현함으로써 입증하고 있다.

꿀벌, 은여우, 초파리, 들쥐 등 동물의 사례에는 다양한 사회적 행동이 유전에 따라 형성된다는 확실한 증거가 있다. 유전자의 영향을 받기에 인간의 행동 수준이 상당히 높다고 믿고 싶어 하는 사람들도 많을 것이다. 그러나 실상은 그렇지 않다.

유전자의 힘

미키 마우스는 포유류 가운데서도 설치류를 귀엽고 앙증맞고, 사회적으로 친근한 존재로 자리 잡도록 했다. 들쥐 또한 미키에 버금가는 역할을 하고 있다. 땅속에서 살아가는 햄스터만 한 들쥐는 사랑스럽게 생겼을 뿐 아니라 많은 깨달음을 주기도 한다.

한 세기 가까이 미니를 향한 구애에도 번식조차 못 한 미키와 달리, 들쥐는 우리에게 양육에 대해 소중한 교훈을 전한다. 들쥐는 개체 간 행동 차이가 크고, 생물학적으로도 인간을 포함한 다른 종과 유사한 부분이 많다. 따라서 부성 활동의 근원에 대한 현대적인 이해에 크게 기여하고 있다.

아버지 들쥐의 일부는 새끼의 초기 성장 단계에서 적극적으로 존재감을 드러낸다. 새끼를 핥고, 돌보고, 품어 주는 방식으로 말이다. 반면에 다른 개체는 성장하는 새끼들 가까이에 머물기는 하지만, 표현은 그리 열성적이지 않다. 그런가 하면 새끼가 태어나자마자 정서적으로나 물리적으로 완전히 떠나 버리는 개체도 있다. 이처럼 들쥐의 독특한 행동 양식은 연구자를 당혹스럽게 했다. 생존과 번식에 성공하려면 새끼의 양육 과정에서 부성의 역할이 무엇보다 중요함에도 개체에 따라 큰 차이를 보이는 이유는 무엇일까?

지금의 우리는 워드 클리버Ward Cleaver에서 돈 후안Don Juan에 이르기까지 다양한 유형의 아버지 들쥐가 존재하는 주된 이유가 유전자에 있음을 알고 있다. 이처럼 유전학의 역할이 중요한 증거는 유전자에서 생물학과 행동으로 이어지는 인과 경로를 추적하는 과학자들의 능력에서 비롯된다. 이 경로뿐 아니라 이 장에서 제시되는 내용의 상당수를 이해하려면 유전자의 본질과 기능부터 알아야 한다. 따라서 이 장에서는 유전의 기초부터 간략하게 살펴본다.

유전자는 유전의 기본 단위로, 특정 형태의 유전자를 한 세대에서 다음 세대로 전달한다. 유전자는 대다수 신체 세포의 핵에 있는 디옥시리보핵산Deoxiribonucleic Acid, DNA 분자에서 발견되며, 생물학적으로 유기체의 발달과 기능을 위한 설계도를 내포하고 있다.

DNA는 나선 계단처럼 꼬인 사다리 모양과 같다. 이 사다리의 가로대에는 아데닌Adenine, 티민Thymine, 사이토신Cytosine, 구아닌Guanine이 특정 방식으로 결합한 뉴클레오타이드nucleotide 염기쌍으로 구성된다.[296] DNA는 우리 몸의 46가지 염색체 가운데 하나에만 가로대가 수억 개일 정도로 매우 길다.

조건만 적절하게 형성된다면 사다리의 특정 부분인 뉴클레오타이드 염기쌍의 서열은 특정 아미노산을 생성하도록 지시한다. 이 아미노산은 서로 연결하고 겹치면서 단백질을 암호화(coding)한다. 이때 단백질은 유기체가 생명 활동을 수행하도록 돕는다. 여기에서 단백질을 암호화하는 사다리 부분을 유전자라고 하며, 유전학자는 이 부분을 분리할 때 고유한 식별명을 부여한다.

이야기가 자꾸만 복잡해지는 이유는 주어진 유전자의 구성이 사람에 따라 다르기 때문이다. 예를 들어 누군가는 특정 유전자 자리(gene locus)[297]에서의 뉴클레오타이드 서열이 ATCG이지만, 다른 사람의 경우 ATGC일 수도

---

296   아데닌은 티민과, 사이토신은 구아닌과 항상 결합한다.

297   염색체에서 각 유전자가 위치하는 자리. 옮긴이.

있다.*298 또 누군가는 GTCGTCGTC의 염기 서열을 지니는 데 반해 다른 사람은 GTC일 수도 있다.*299

어느 쪽에 속하더라도 사람에 따라 다른 아미노산 서열의 결과가 단백질은 물론, 궁극적으로 그 사람의 행동까지 영향을 미친다. 이처럼 독특한 유전자 유형을 '대립 유전자(allele)'라고 하며, 다양한 대립유전자를 지닌 유전자 영역을 '다형성 영역(polymorphic region)'*300이라고 한다.

DNA 사다리를 연장한 한 구간은 'AVPR1a'라는 흥미로운 이름으로 불리는데, 들쥐의 행동에 대해 알려 주는 내용이 담겨 있어 많은 주목을 받았다. AVPR1a는 뇌에서 바소프레신Vasopressin 수용체를 암호화한다. 특히 AVP라고도 불리는 바소프레신은 남성의 사회적 행동 조절 외에 여러 기능을 수행하는 펩타이드 호르몬이다.

바소프레신 수용체는 뇌의 주요 부위에서 바소프레신을 받아들이도록 한다. 뇌에 아무리 많은 양의 바소프레신이 떠돌아다녀도, 화학 수용체가 없다면 사회적 행동뿐 아니라 다른 기능도 제대로 조절할 수 없다. 기차에서 내린 승객이 역내로 들어가려면 반드시 출입구가 있어야 하듯, 바소프레신도 수용체가 있어야 뇌의 주요 부위를 활성화할 수 있다. 여러 종의 들쥐를 연구한 사례에서는 바소프레신 수용체의 밀도와 부성 행동 사이에 체계적인 관계가 있음을 발견했다. 즉 바소프레신 수용체가 많은 들쥐가 자손을 더 잘 돌보는 경향이 있다.

이 특별한 이야기에서 유전학이 등장하는 이유가 AVPR1a 유전자 자체의 변이 때문은 아니다. 유전자의 발현으로 실제로 의도한 단백질을 생산하려면 다양한 조건과 효소 및 기타 물질이 제대로 존재해야 한다. 화학 물질을 비롯한 여러 조건이 적합하지 않으면 유전자 발현은 급격하게 감소할 수 있다. 따라서 AVPR1a 유전자의 경우, 바소프레신 수용체가 줄어드는 결과

---

298   이는 단 하나의 뉴클레오타이드가 다르므로, '단일 뉴클레오타이드 다형성 (Single Neucleotide Polymorphism, SNP)'이라고 부른다.

299   이를 '가변수 반복(variable number repeat)'이라고 부른다.

300   다형성 영역은 중요한 용어라 추후에 다시 다루고자 한다.

를 낳는다.

AVPR1a 발현에 영향을 미치는 중요한 변수는 '측면 영역(flanking region)'이다. 측면 영역이라 불리는 곳은 실제 AVPR1a 유전자에서 상류 방향으로 약 500개 뉴클레오타이드만큼 떨어져 있는 뉴클레오타이드 서열과 관련이 있다.[301] 측면 영역에 해당하는 부분의 길이는 들쥐마다 710~760개 뉴클레오타이드 정도로 다양하다.

측면 영역은 그 길이가 길수록 더 많은 바소프레신 수용체가 생성된다는 점에서 중요하다. 들쥐의 양육 행동, 특히 새끼를 핥아 주는 행동은 측면 영역의 유전자 서열이 길이가 어떠한 유형에 속하는지를 알면 상당히 정확하게 예측할 수 있다. 이는 유전학이 사회적 행동에 미치는 영향을 보여 주는 사례이다.[302]

또 다른 사례는 초파리의 짝짓기에서 찾을 수 있다. 제4장에서 초파리의 식성이 유전적 영향을 받는다고 말한 바 있다. 초파리의 짝짓기 의식도 마찬가지이다. 초파리의 짝짓기 의식은 매우 규칙적이다.

수컷 초파리가 암컷에게 다가가 다리를 톡톡 치면서 노래를 부른다. 그리고 다리를 비비며 복부를 핥고는 암컷에게 올라타려 한다. 오직 수컷만이 이러한 행동을 한다. 이와 달리 야생의 암컷은 '두드리기 → 비비기 → 핥기 → 올라타기'의 절차와 무관하다. 하지만 그러한 유형의 수컷 유전자를 암컷에게 이식하면 짝짓기 의식을 한다. 이는 모든 종의 진화 과정에서 가장 중요한 사회적 행동인 번식을 단일 유전자가 어떻게 제어하는가를 보여 주는 사례이다.[303]

유전자가 행동을 좌우하는 또 다른 증거는 초파리와 같은 날벌레인 꿀벌

---

301 AVPR1a는 1,623개의 가로대, 즉 뉴클레오타이드 염기쌍을 지닌 비교적 작은 유전자이다.

302 Hammock and Young. "Microsatellite Instability Generates Diversity in Brain and Sociobehavioral Traits."

303 Demir and Dickson. "Fruitless Splicing Specifies Male Courtship Behavior in Drosophila."

에게서 찾을 수 있다. 그러나 꿀벌은 초파리와 달리 매우 사회적인 곤충으로, 고도로 발달된 분업 체계를 지닌 군체 생활을 한다는 점이 흥미롭다.[304] 여기에서 분업은 꿀벌의 행동 양식이 개체에 따라 서로 다름을 의미한다. 그렇다면 이러한 행동의 차이를 무엇으로 설명할 수 있을까?

일부는 꿀벌의 생애 주기에 따른 것이다. 갓 태어난 꿀벌은 날거나 침을 쏘는 능력이 없어 하루 종일 봉방 청소 또는 몸단장을 하거나, 하는 일 없이 시간을 보내기도 한다. 그러나 4일 정도가 지나면, 대부분의 개체는 어린 꿀벌을 돌보거나 여왕벌을 보살피는 보육 작업을 수행한다. 그리고 12일이 지났을 때는 중년에 접어들어 벌집을 짓고 보수하거나, 때로는 벌집 안에서 꿀을 운반하기도 한다. 중년 이후의 꿀벌은 벌집을 떠나 채집벌이 되어 벌집이 겨울을 나는 데 필요한 약 20kg의 꿀을 만들 꽃가루와 물, 꿀을 모은다. 채집벌 중 일부는 새로운 먹이원이나 새 벌집을 지을 곳을 찾기 위해 탐색에 나서는 정찰벌이 되기도 한다.

진 로빈슨Gene Robinson은 꿀벌의 정찰 활동에 특별히 관심이 많은 세계적인 꿀벌 행동 전문가이다. 꿀벌은 생애 주기에 따라 전형적인 작업 단계를 거치지만, 모든 작업에 동일한 수준으로 참여하지는 않는다. 일부는 다른 꿀벌보다 특정 작업을 상대적으로 일찍, 더 열정적으로 수행하기도 한다. 이러한 차이는 특히 정찰 활동에서 두드러진다.

먹이 정찰은 전체 채집벌의 약 5%~25%가 수행한다. 그런데 벌집 정찰의 경우 훨씬 더 드문데, 그 수치는 5% 미만에 불과하다. 이처럼 대다수의 채집벌은 정찰 활동을 하지 않는 반면, 일부는 거의 대부분 정찰 활동만 한다. 그 이유는 무엇일까?

로빈슨과 동료들은 벌집과 먹이 정찰 사이에 강하게 겹치는 부분이 있음을 처음으로 발표했다. 이는 꿀벌 사이에도 정찰 활동을 비롯한 작업의 특성상 위험을 감수하는 성격이 존재함을 시사한다. 연구진은 꿀벌을 위험한 정찰 활동에 나서게 하는 이유를 알고자 인간의 위험 감수 행동을 유발하는 분

---

304   Johnson. "Division of Labor in Honeybees."

자학적 기반 연구에서 실마리를 얻었다.

인간의 도파민Dopamine 보상 체계와 관한 유전적 변이는 새로움을 추구하거나 위험을 감수하는 성향과 연관된다. 꿀벌에게는 도파민이 없지만, 그와 유사한 물질인 옥토파민Octopamine이 있다. 이에 로빈슨과 연구진들은 다른 채집벌에 비해 정찰벌의 뇌에서 더 많은 옥토파민이 생성된다는 사실을 발견했다. 이는 정찰벌이 유전자 발현을 시작하는 데 필요한 효소인 DNA 또는 유전자 발현을 촉진 또는 억제하는 후성유전 인자(epigenetic factor)*305에 차이가 있다는 뜻이다. 어떤 식으로든 중요한 행동 변이를 유발하는 분자 기제가 발견된 것이다.*306

다시 논의의 방향을 곤충에서 포유류로 전환하면, 유전자가 행동에 영향을 미친다는 것을 입증하는 완전히 다른 접근이 가능해진다. 바로 인위적 선택이다. 인간은 수천 년에 걸쳐 특정한 형질을 개발할 목적으로 동물을 번식해 왔다. 인류가 원하던 형질에는 신체적인 것도 있었지만, 행동이나 기질과 관련된 것도 있었다.

찰스 다윈이 행동의 유전성과 관련하여 가장 좋아한 사례는 바로 품종마다 행동차가 큰 개였다. 견종 가운데 포인터는 사냥감의 위치를 알리고, 목양견은 양 떼를 몰고, 사냥개는 사냥을 한다. 이 모두는 원하는 작업을 수행하는 능력을 기준으로 번식할 품종을 선택함으로써 만들어진 선천적 행동에서 비롯된다.

다윈은 유전이 행동과 무관하다면, 앞선 선택적 번식의 효과도 무의미할 것이라고 추론했다. 즉 모든 견종은 유전적 배경과 상관없이 어떤 작업이든 동일하게 훈련 가능해야 한다. 이는 견종 가운데 임의로 선택한 바셋 하운드Basset hound를 소몰이가 가능하도록 훈련시킬 수 있어야 한다는 뜻이기도 하다. 물론 쉽지는 않겠지만 말이다.

구 소련의 유전학자 드미트리 벨랴예프Dmitri Belyaev는 동물 행동의 유전적 근

---

305   이 장의 뒤에서 설명하도록 하겠다.

306   Liang et al. "Molecular Determinants of Scouting Behavior in Honey Bees."

거를 가장 흥미롭게 설명한 연구자에 해당한다. 벨랴예프 또한 소련의 대다수 유전학자처럼 모스크바 관료사회가 후천적으로 획득된 형질도 유전될 수 있다는 낭설에 빠져들면서 당국의 관심에서 멀어졌다.[307] 1948년, 스탈린과 동료들은 고전 유전학을 사이비 과학이라고 규정하면서 벨랴예프는 모스크바 중앙연구소에서 해고당했다. 이후 그는 모스크바의 정치적 음모에서 비교적 멀리 떨어진 시베리아 남부의 노보시비르스크에 다시 나타났다. 이때도 그는 동물 생리학을 연구하고 있다고 주장했지만, 사실은 유전학 분야를 크게 발전시킨 연구 의제를 수행하고 있었다.

벨랴예프의 의제는 은여우에 초점을 맞추었다. 모피의 높은 상품성 탓에 수많은 대형 농장에서는 은여우를 교배했다. 하지만 벨랴예프의 관심사는 은여우의 모피가 아니라 행동에 있었다. 그는 은여우가 대부분 사람 앞에서 공격적이거나 불안해하지만, 몇몇은 그렇지 않음을 알게 되었다. 이에 그는 '도주 거리(flight distance)', 즉 인간이 다가갈 때 여우가 도망가기로 결정하는 거리를 체계적으로 기록하기 시작했다.

벨랴예프는 개체 간 도주 거리의 차이가 유전자에 근거하는가를 알고 싶어 했다. 따라서 도피 거리가 가장 짧은 개체를 이종교배했다. 이 과정에서 단 10세대의 선택적 교배로 벨랴예프는 놀라운 결과를 발견했다. 인간의 애정을 받아들이는 수준을 넘어 꼬리를 흔들고 손을 핥으며 적극적으로 애정을 표현하는 은여우를 만들어 낸 것이다.

흥미롭게도 벨랴예프는 오로지 행동을 기준으로 여우를 선택했다. 하지만 그의 교배 프로그램으로 탄생한 가축화된 여우는 곱슬곱슬한 꼬리, 얼굴과 가슴과 발에 난 흰 털, 쫑긋거리는 귀, 짧은 턱뼈, 푸른 눈 등 신체적 형질에서도 구분되었다. 이처럼 여러모로 개와 비슷한 특징을 지닌 여우는 곧 반려동물로 큰 인기를 끌었다.[308]

또한 벨랴예프가 운영한 프로그램이 훈련이 아닌 교배였다는 점에도 주

---

307   이 운동의 주역은 트로핌 리센코(Trophim Lysenko)라는 농업학자였다.

308   Trut. "Early Canid Domestication: The Farm-Fox Experiment; and Goldman. Man's New Best Friend."

목할 필요가 있다. 즉 특정한 방식으로 행동하도록 조건화한 것이 아니라 그저 타고난 기질의 결과로 여우가 가축화된 것이다. 이처럼 벨랴예프가 은여우 집단에서 선택적 교배를 통해 유도한 변화는 유전학이 행동에 미치는 영향을 명확하게 보여 주는 사례이다. 인위적 선택이 단 몇 세대 만에 행동을 극적으로 변화시킬 수 있다면, 수억 년에 걸친 자연 선택은 얼마나 많은 것을 가능케 하였을까?

더 많은 동물의 사례를 인용할 수 있지만, 어차피 결론은 명확하다. 이상에서 제시한 내용과 같이 유전자가 행동에 영향을 미칠 수 있다는 생각은 섣부른 추측이 아니며, 다양한 방법과 여러 종에서 반복적으로 입증되었다. 그렇다면 인간이라고 해서 다른 점이 있을까?

인간은 너무나 복잡한 존재이고 지능도 뛰어나서, 유전적 요인이 사회적 행동에 미치는 영향은 문화와 자유 의지에 비하면 미미한 수준이라 주장할 수도 있다. 이는 정치나 종교, 도덕과 같은 고차원적인 행동과의 비교에서도 마찬가지이다. 하지만 무엇보다도 최근의 정치 캠페인을 지켜본 사람이면 누구나 알 수 있듯, 정치는 고차원과는 거리가 멀다.

그리고 다소 역설적이기는 하지만, 진화한 인간의 높은 지능은 우리가 행동하는 방식과 정치 신념을 지니는 진정한 이유를 찾기보다 우리의 행동에 대한 유전적 영향을 본능적으로 무시하는 데 익숙하다. 다시 말하면 우리의 우수한 두뇌는 생물학적 영향력 자체를 부정하기보다 생물학적 영향과의 연관성을 부인하는 이야기를 지어내는 데 더 능숙하다.

이제 우리는 큰 두뇌로 그 문제에 주목할 때가 되었다. 인간의 정치적 행동은 우리의 생각과 다르게 들쥐, 파리, 꿀벌, 개, 여우와 훨씬 많은 공통점을 지니고 있다.

정치 성향은 어떻게 결정되는가

집 위버Jim Weaver는 1975년부터 1987년까지 미국 오리건주 제4지구 하원
의원을 지냈다. 위버 가문은 그의 할아버지인 제임스 K. 위버James K. Weaver가
1892년 대통령 선거에서 인민당 후보로 출마할 정도로 정치와 인연이 깊었
다. 의회에서 활동하던 젊은 위버는 예민하고 독불장군 같아도 입법 능력은
뛰어나다는 평가를 받았다. 특히 환경 보호를 끊임없이 주창하면서 핵 발전
과 벌목 산업을 반대했던 위버는 거의 혼자 힘으로 100만 ac*309 이상의 오리
건주 산림지대를 야생 보호 구역으로 지정했다.

그러나 그의 정치 이력은 1986년에 상원의원에 도전하면서 끝이 난다. 밥
팩우드Bob Packwood가 차지하고 있던 오리건주 상원의원 자리를 목표로 했던 위
버는 상품 투기와 관련하여 8만 달러의 선거 자금을 잃었다. 이후 하원 윤리
위원회에서 선거 자금을 사적으로 유용한 혐의로 고발당했다. 이에 그는 곧
바로 상원 선거와 공직에서 사퇴했다.

그렇게 정치 생활을 마무리한 위버는 자신이 '집착'이라고 부르던 관심사
에 집중할 수 있었다. 그의 관심사는 인류를 정치적으로 매우 다른 두 유형으
로 구분할 수 있다는 신념과도 관련되어 있었다. 위버는 이를 주제로 다룬 책
에서 해당 유형을 '진보주의적 민주주의자'와 '보수주의적 공화주의자'라고
명명하기도 했지만, 일반적으로는 '자민족 중심적 매파(ethnocentric hawks)'
와 '공감적 비둘기파(empathic doves)'라는 용어를 선호한다.*310

만약 위버가 도널드 트럼프 추종자와 반대자 사이의 갈등을 목격했다고
생각해 보자. 그렇다면 그는 전 세계적으로 나타나는 반이민주의자와 진보
주의자 사이의 분열 현상은 물론이고, 트럼프 열성 지지자의 자민족 중심주
의와 극렬 혐오자의 공감 성향에 특별히 주목했을 것이다. 위버는 이와 같은
정치 기질의 근본적 차이를 인류 역사와 서사 문학 전반에 걸쳐 나타나며, '
정치 초보자'도 쉽게 인식할 수 있는 '서로 다른 정서 체계'에서 비롯된 것으

---

309 약 4,047,000,000㎡의 면적.

310 Weaver. *Two Kinds: The Genetic Origin of Conservatives and Liberals.*

로 보았다.*311

우리도 위버의 견해에 전적으로 동의한다. 위버 자신도 정치인으로서 적대적 존재에 의해 망가진 경험이 있으므로, 그들이 누구이고 어떻게 그러한 존재가 되었는지 알아내려는 결심을 하기에 이른다. 제1장에서 설명한 정치의 중요한 기준점과 같은 맥락에서 위버는 자민족 중심적 매파와 공감적 비둘기파의 핵심적인 차이는 곧 외집단에 대한 태도라고 이론화했다. 그는 두 집단을 다음과 같이 묘사했다.

"한쪽은 공격적이고 애국적이며 타인의 어려움에 무신경한 반면, 다른 쪽은 사려 깊고 동정적이며 상상력이 풍부하다."

위버는 진보주의적 민주주의자였기에 어느 집단이 사려 깊고 무감각한가를 어렵지 않게 짐작할 수 있다. 가치 판단을 떠나 위버의 주요 관심사는 두 유형의 근원을 알아내는 것이었다. 위버는 부유층 가운데 일부는 공감적 비둘기파이지만, 다른 일부는 자민족 중심적 매파에 속한다는 점과 함께 경제적으로 어려운 사람들 사이에도 동일한 차이를 보인다는 점에 주목했다.

따라서 그러한 구분이 경제적 계층이나 개인의 지위에서 비롯된 것은 아니라는 결론에 도달했다. 그렇다면 결론은 과연 무엇일까? 위버는 그 해답이 유전에 있다고 확신했다. 이에 그는 "우리 안의 신비한 유전 구조가 누군가에게는 전쟁과 같은 행동 경향을… 다른 이에게는 공감과 동정심을 유발하는 듯하다."라고 주장했다.

위버의 주장은 실제 정치인의 주장이라는 점에서 흥미롭다. 정치 기질이 유전자에서 비롯된다는 결론은 그가 몸담았던 극도로 정치화된 세계를 오랫동안 관찰한 결과를 토대로 한다. 특히 우리는 가장 근본적인 정치적 기준점인 외집단에 대한 태도를 형성하는 유전이 영향을 미친다는 위버의 견해에는

---

311   그들은 정치 성향이 최소한 부분적으로 '직관적 윤리(intuitive ethics)'에 기반하고 있으며, 이는 옳고 그름에 대한 반사적 판단을 뜻한다는 점에서 하이트의 주장과 흡사하다. 자세한 내용은 하이트의 저서 《바른 마음》을 참조하기를 바란다.

전반적으로 동의한다. 그러나 이 기회를 빌려 몇 가지 이견도 제시하려 한다.

첫째로 반이민주의 진영과 반토착주의 진영이 뚜렷하게 구분될 수는 있으나, 정치 기질은 두 집단으로 명확하게 나뉘기보다 두 극단 사이의 수많은 지점에 걸쳐 분포할 가능성이 크다. 후자의 관점에서 바라보면 정치 성향의 유전적 기원을 살펴보는 데 중요한 시사점을 제공한다. 정치 기질이 유전적으로 근거하면서 '예/아니오'처럼 뚜렷한 이분법으로 사람을 나눈다면, 그 기저에는 단일 유전자가 존재함을 의미한다.

이분법은 단일 유전자가 특정한 형질을 발현할 때 나타난다. 예컨대 단일 유전자에 따른 질환으로 알려진 헌팅턴병Huntington's disease*312은 발병 확률이 50%인 셈이다. 그러나 키와 지능 지수처럼 사람마다 다양하게 나타나는 형질은 여러 유전자와 환경이 상호 작용한 결과이다. 이처럼 정치 신념이 다양한 스펙트럼에 걸쳐 존재한다는 점을 고려하면, 다양한 환경 요인과 더불어 여러 유전자가 정치 성향에 영향을 미친다는 사실에 의문을 제기할 사람은 거의 없을 것이다.

위버의 주장에서 핵심을 놓친 듯한 두 번째 특징은 정치 성향이 유전적이지만 가족 내에서는 유전되지 않는다고 본 그의 믿음에 있다. 이에 위버는 "당신이 공감형이라도, 형제나 자매는 자민족 중심주의자일 수 있다."라고 표현한 바 있다.*313 동일한 부모의 자녀라도 키나 피부색이 현저히 다를 수 있듯, 형제자매의 정치 성향이 매우 다를 수 있다는 점은 옳다. 그러나 정치 기질은 사실 가족 내에서도 상당히 일관적으로 나타나는 경향이 있는바,

---

312 신체가 불규칙하게 움찔거리는 이상 운동인 무도증(chorea), 정신 증상 및 치매가 주요 증상으로 나타나는 유전 질환.

313 이와 관련하여 데이비드 리켄(David Lykken)은 천재성이라는 특성이 유전적이기는 하지만, 가족 내에서 전해지지는 않는다고 말한다. 그러나 리켄의 논리는 위버와 다르다. 리켄은 천재성이 설정된 특성이라고 주장하며, 이는 대립 유전자의 정확한 조합이 필요하다고 설명한다. 그는 대립 유전자의 대부분이 고지능자에게 존재하지만, 진정한 천재성은 특정한 대립 유전자의 조합을 요구한다고 언급한다. 따라서 아인슈타인의 조상과 후손은 지능이 높을 가능성이 크지만, 천재는 아닐 것이라 추측한다. 이상의 내용은 Lykken. "The Genetics of Genius."에서 발췌했다.

완전히 무작위로 분포하지는 않는다. 다시 말하면 임의로 선택된 두 사람보다 생물학적 형제자매나 부모 자식의 관계에서 정치 신념을 공유할 가능성이 더 높다.

이처럼 유전적 인척 관계의 정치적 유사성은 순수한 사회화의 결과일 수도 있다. 즉 부모가 자녀에게 정치적으로 보수나 진보 진영에 속하도록 교육한 결과일 수도 있지만, 유전적인 영향력도 고려해야 한다.[314] 결과적으로 자녀는 부모의 유전자를 물려받으므로 정치 신념 또한 비슷할 가능성이 크다. 따라서 가족 내의 정치 신념에 긍정적인 상관관계가 존재한다. 하지만 그 원인이 유전자인지, 가정 환경인지, 아니면 이들이 총체적으로 발현된 결과인지는 불확실하다.[315]

정치 성향에 유전적 요소가 있는가를 판단할 수 있을까? 그렇다. 하지만 인간에게서 유전자의 역할을 평가하기란 여우나 개, 꿀벌, 들쥐보다 훨씬 어렵다. 인간에게는 법과 윤리, 도덕을 이유로 초파리나 은여우의 사례와 같은 유형의 실험을 수행할 수 없다. 유전학자나 사회학자를 위한 교양 및 오락의 차원에서의 유전자 접합이나 선택적 교배는 지적 호기심의 충족을 한참 넘어서는 행위이다.

따라서 유전학과 인간 행동에 관한 연구는 인위적으로 조작되지 않은 자연 발생적인 상황에 국한된다. 배우자 선택을 통제하거나 특정 대립 유전자를 인간의 DNA에 접합하여 정치 이념에 영향을 미치기보다는, 유전적으로 비슷한 사람 간 정치적 경향의 유사성을 확인하는 선에서 만족해야 한다.

314　Jennings and Niemi. "The Transmission of Political Values"; and Niemi and Jennings. "Issues and Inheritance in the Formation of Ideology."

315　정치와 유전에 대한 진일보한 논의는 다음을 참조하라. Jimenez. Red Genes, Blue Genes: Exposing Political Irrationality; and Haston. So You Married a Conservative.

　　　　　　　　　　　　　　　　　　정치 성향은 어떻게 결정되는가

이 장의 첫머리에서 언급한 케이 린 리드와 디앤 앤젤의 사례와 같이, 짐 스프링어Jim Springer와 짐 루이스Jim Lewis도 같은 날 같은 곳에서 태어났다. 이후 두 사람은 가족의 놀라운 비밀이 밝혀지고 난 뒤 성인이 되어 서로 만났으며, 과거에 이해할 수 없었던 상황도 DNA 덕분에 갑자기 해결되었다. 또 케이 린과 디앤처럼 두 남자도 가족이 아닌 서로에게서 많은 공통점을 발견했다.

일단 두 사람은 외모를 비롯하여 다리를 꼬는 방식 등의 몸짓 언어와 참을 성 있고 친절하며 진지한 성격도 닮았다. 그리고 학창 시절에는 수학을 좋아 했지만, 맞춤법은 싫어했다. 또한 휴양지로 플로리다의 파스 그릴 비치를 선 호했다. 그런가 하면 두 사람 모두 취미로 목공을 즐겼고, 사법기관에서 일한 경력이 있다. 정확히 같은 나이에 체중이 약 5kg씩 늘었지만, 그 외에는 안 정적으로 체중을 유지했다.

두 사람은 공통적으로 10대 시절부터 편두통으로 고생했고, 30대에는 심 각한 심장 문제를 겪었다. 전체 지능 지수에는 다소 차이가 있었지만, 비언 어적 지능 지수는 단 1점 차이를 보일 정도로 흡사한 면모를 보였다. 어느 심 리학자 연구진이 두 사람에게 23가지의 직업 성향 검사를 시행했을 때도 마 치 한 사람이 같은 시험을 두 번 응답한 것처럼 매우 유사한 결과를 보였다. 거의 쌍둥이처럼 말이다.[316]

그런데 두 사람은 사실 쌍둥이였다. 같은 날 한 어머니에게서 태어났지만, 생후 한 달 만에 서로 다른 가정에 입양된 것이다. 이에 두 사람은 모두 쌍둥 이라는 사실은 알고 있었지만, 다른 형제는 사망했다고 들었다.

몇 년 후, 짐 루이스의 어머니가 입양과 관련된 법적 서류를 작성하던 중 법원 직원에게서 아들의 형제가 살아 있다는 사실을 우연히 알게 된다. 그녀 는 이 사실을 양아들에게 전했지만, 아들은 별 반응을 보이지 않았다. 어머니 는 짐 루이스의 결정을 존중했다. 그러나 짐 루이스는 39세에 이르러 마음을

---

316   Segal. *Born Together—Reared Apart: The Landmark Minnesota Twin Study.*

바꾸었고, 마침내 상봉한 두 형제는 서로의 닮은 점을 발견하기 시작했다. 짐 형제는 보통의 쌍둥이가 아니라 특별한 유형의 쌍둥이였기에 서로에게서 나타난 유사성은 그리 놀라울 것도 없었다.

이 책이 플로리다주에서 금지되는 한이 있더라도[317] 잠시 성교육 시간이 필요할 듯하다. 수정은 정자가 난자 세포로 들어가 서로의 핵 DNA가 결합하여 하나의 수정란이 될 때 일어난다. 단세포인 수정란은 분열을 거듭하여 다세포 생물인 인간으로 성장하는 것이 일반적인 과정이다. 그러나 때로는 수정 후 몇 시간에서 몇 주 사이에 알 수 없는 이유로 하나의 수정란이 두 개의 배아로 분열하여 각각 완전한 인간으로 성장하기도 한다. 이렇게 태어난 쌍둥이는 하나의 수정란에서 분열했기에 유전적 형질은 사실상 같다.

일상적이고 지속적인 체세포 분열은 시간이 지나면서 어느 정도의 유전적 변이를 일으키지만, 단일 수정란에서 형성된 일란성 쌍둥이(monozygotic twin, MZ twin)는 기본적으로 유전적 복제인간과 같다. 이러한 이유로 짐 형제와 같은 일란성 쌍둥이는 여러 면에서 독특하다. 그 예로 일란성 쌍둥이는 친자식 못지않게 조카와도 유전적으로 밀접하다. 우리의 목적에 비추었을 때, 일란성 쌍둥이가 다양한 형질에서 유전의 역할을 평가하는 기준으로 활용할 수 있다는 사실이 중요하다. 이 유형의 연구를 '쌍둥이 연구(twin study)'라고 부른다.

쌍둥이 연구의 기본 개념은 일란성 쌍둥이를 완전히 다른 유형의 쌍둥이와 비교하는 것이며, 실제로 그러한 유형의 쌍둥이가 존재한다. 일란성 쌍둥이와 달리 이란성 쌍둥이(dizygotic twin, DZ twin)는 서로 다른 정자와 난자가 수정하여 만들어진다. 그 결과 처음부터 별개인 두 수정란이 동시에 같은 자궁에서 자란다.

이란성 쌍둥이는 유전적으로 다른 형제자매와 다를 바 없으며 유사성은 평균 50% 정도이다. 짐 형제와 같은 예외를 제외하면, 이란성 쌍둥이도 일란성 쌍둥이와 마찬가지로 같은 부모와 사회 경제적 계층 등 동일한 환경에서

---

317   플로리다주의 교육 정책은 강경한 보수주의 색채로 유명하다.

정치 성향은 어떻게 결정되는가

자라는 경향이 있다. 이처럼 일란성과 이란성 쌍둥이를 비교함으로써 유전적 영향의 정도를 파악할 수 있다는 점에서 분석적 가치가 있다.

만약 키와 같은 특정한 형질을 측정할 때 일란성 쌍둥이가 이란성 쌍둥이보다 더 유사하다면, 이는 유전적 영향이 있음을 시사한다. 일란성 쌍둥이 사이의 유사성을 형성하는 주요한 환경 요인이 이란성 쌍둥이에게도 똑같이 작용하기 때문이다. 이는 곧 동일한 가족의 형제자매라는 사실에 따라 공유하는 환경이 같다는 것이다.

그 기본적인 논리를 설명해 보겠다. 만약 키가 영양 상태나 운동 습관을 비롯한 환경적 영향의 전유물이라고 생각해 보자. 그렇다면 일란성과 이란성 쌍둥이의 상관관계가 대체로 비슷해야 한다. 이를 바꾸어 말하면, 일란성 쌍둥이가 이란성 쌍둥이보다 더 닮았다면 유전이 그 원인에 해당할 가능성이 크다는 것이다.

쌍둥이 연구는 일란성과 이란성 쌍둥이가 특정 형질에서의 유사도를 비교함으로써 유전적으로 해당 형질의 영향력이 어느 정도인가를 보여 준다. 그러나 쌍둥이 연구에서는 그 영향력을 유발하는 특정 유전자에 대해 아무것도 말해 주지 않는다. 그럼에도 해당 분야는 지난 수십 년 동안 의료 분야에서 유전적 요소가 있는 특정 질병과 상태를 규명하는 데 활용되어 왔다. 따라서 유전자 수준에서 추가적인 연구가 시행된다면 더 많은 것을 밝혀낼 수 있을 것이다.

예를 들어 유방암의 유전에 관한 초기 연구의 일부는 쌍둥이를 대상으로 이루어졌다. 이들 연구는 유방암 관련 유전자와 생물학적 체계를 규명하려는 연구의 근거가 되었다. 대다수 국가와 주에서 쌍둥이 등록제를 운영하는 이유도 앞선 바와 같은 건강 관련 연구에 기여할 수 있기 때문이다. 등록부에 등록된 쌍둥이는 과학 발전을 위한 조사나 연구에 참여해 달라는 요청을 자주 받는다.

이상과 같이 초기의 쌍둥이 연구는 주로 건강과 관련된 쟁점을 다루었다. 그러나 사회학자는 행동과 태도가 유전과 관련이 있는가를 검증하기 위하여 쌍둥이 연구를 활용하고 있다. 이러한 맥락에서 약 40년 전, 닉 마틴Nick Martin

과 린든 이브스Lindon Eaves는 획기적인 논문을 발표했다.[318] 두 연구자는 수천 쌍의 쌍둥이를 대상으로 보수주의 측정 지표인 윌슨-패터슨 지수로 조사하였다. 그 결과 일란성 쌍둥이의 사회적, 정치적 태도가 이란성 쌍둥이보다 유사하다는 사실을 밝혀냈다.

물론 정치 기질을 포함한 사회적 태도가 유전적 영향을 받는다는 연구 결과는 매우 중요한 시사점이라 할 수 있다. 마틴과 이브스 이전에는 정치적 태도야 말할 것도 없고, 사회적 태도 또한 유전될 수 없음을 당연하게 여겼다. 따라서 그 시기에는 쌍둥이의 태도에 관한 연구에 별 관심이 없었다.[319] 이러한 점에서 해당 연구 결과는 모든 정치 신념의 기반이 환경 요인이라는 생각이 주입된 사람들에게 정치와 정치적 태도에 대한 새로운 사고방식을 제시했다.

지난 수십 년 동안 정치학 분야에서는 행동 유전학의 연구 결과와 보조를 맞추어 왔다.[320] 이들 연구의 요지는 [그림 8]에 요약되어 있다. [그림 8]에는 각각 일란성 쌍둥이와 이란성 쌍둥이를 나타내는 두 개의 산점도가 제시되어 있다.

---

318   Martin et al. "The Transmission of Social Attitudes."

319   Bouchard and McGue. "Genetic and Environmental Influences on Human Psychological Differences."

320   같은 논문. 이 외에도 Alford et al. "Are Political Orientations Genetically Transmitted?"; Fowler et al. "Genetic Variation in Political Participation"; Hatemi et al. "The Genetics of Voting: An Australian Twin Study"; Klemmensen et al. "The Genetics of Political Participation, Civic Duty, and Political Efficacy across Cultures: Denmark and the United States"; and Bell et al. "The Origins of Political Attitudes and Behaviours: An Analysis Using Twins."

[그림 8] 일란성, 이란성 쌍둥이 간 쟁점별 입장의 유사성

[그림 8]의 각 그래프에는 다양한 정치적 쟁점에 대한 한 쌍둥이의 전반적인 입장을 나타내는 윌슨-패터슨 점수를 다른 쌍둥이의 점수와 비교하여 표시했다. 이 데이터는 우리가 2009년에 미네소타 대학교 연구진과 함께 시행한 쌍둥이 표본 조사에서 수집한 것이다. 점수가 양수일수록 쟁점별로 보수

적인 입장을, 음수는 그 정도가 덜함을 나타낸다.

데이터에서 일란성 쌍둥이의 상관계수는 0.62로, 상관관계가 명확하게 드러난다. 이란성 쌍둥이의 상관관계도 존재하기는 한다. 그러나 상관계수가 일란성 쌍둥이의 절반 수준인 0.35로, 상대적으로 느슨하다. 윌슨-패터슨 지수 외에도 자체 평가에 의한 이념 성향, 우익 권위주의, SWB 지수처럼 정치 기질을 측정하는 다양한 지표에서도 그 기본 패턴이 유지되는 것으로 나타났다. 요컨대 정치 기질은 적어도 유전의 영향을 부분적으로나마 받는다고 볼 수 있다.

세계 각국의 쌍둥이 등록부를 활용한 여러 연구에서도 결과는 비슷했다. 쌍둥이 연구에서 보고된 정치 기질의 유전적 영향에 대한 정확한 추정치는 표본마다 다를 수 있으므로 신중한 접근이 필요하다. 일반적으로 정치적 태도의 유전성 계수는 0.3~0.4 정도로, 정치적 태도에서 관찰되는 변이의 1/3이 유전적 영향으로 설명될 수 있다는 뜻이다. 이는 개인의 정치적 태도의 1/3 정도가 유전적으로 통제된다는 의미가 아니라, 사람들 사이에서 관찰되는 정치적 태도 차이의 상당 부분이 유전자의 영향을 받을 가능성이 크다는 것이다.

이와 같은 연구 결과가 여러 차례 반복적으로 도출되었음에도 여전히 논란의 여지는 있다. 정치학계에서는 유전의 역할을 과대평가한다는 점에서 쌍둥이 연구를 비판한다. 이러한 비판은 쌍둥이 연구가 시작된 이래로 계속되었으니, 그만큼 진지하게 고려할 필요가 있다. 그 주장은 다음과 같다.

일란성 쌍둥이는 주로 같은 옷을 입고, 같은 수업을 들으며, 같은 친구를 사귄다. 그리고 같은 방을 쓰면서 서로 더 자주 교류하고, 가끔 타인이 같은 사람으로 착각하는 등의 특징이 있다. 즉 일란성 쌍둥이는 이란성 쌍둥이보다 훨씬 유사한 환경에서 성장한다. 그렇다면 유전성 추정치 역시 유전 형질뿐 아니라 그 환경 요인까지 반영할 가능성이 크다.

위와 같이 잠재적인 환경적 변수를 다룬 상당한 연구가 이루어졌다. 이들 연구에서는 전반적으로 쌍둥이 모델의 기본 가정이 타당하다는 결론을 내린다. 우리 역시 그 유형의 연구를 직접 수행했다.

우리는 유사한 환경에서 자란 이란성 쌍둥이는 평균적인 일란성 쌍둥이만큼 형질이 비슷해야 한다는 가설을 세웠다. 마찬가지로 비판자들의 주장이 맞다면, 환경적 특성이 매우 다른 일란성 쌍둥이의 경우 평균적인 이란성 쌍둥이에 가까운 모습을 보여야 한다고 예상했다. 그러나 환경적 유사성의 차이는 적어도 정치적 태도에 큰 영향을 미치지 않았다. 매우 다른 환경에서 성장한 일란성 쌍둥이도 그 반대의 환경에서 자란 이란성 쌍둥이보다 정치적으로 훨씬 더 비슷했다.

이러한 유전적 영향은 서로 다른 두 가지 쌍둥이 데이터 집합으로 분석을 반복했을 때도 강한 일관성을 보였다. 결국 비슷한 환경에서의 성장 과정은 성인이 된 후 정치적 관점의 유사성에 미치는 독립적인 영향이 거의 없는 것으로 보인다. 여기에서 추정할 수 있는 결론은 일란성 쌍둥이의 환경적 유사성이 크다고 해서 정치적 태도에 대한 쌍둥이의 유전성에 크나큰 영향력을 발휘하지 않는다는 것이다.[*321]

그러나 우리의 주장을 곧이곧대로 믿을 필요는 없다. 태어나자마자 서로 다른 가정에 입양된 일란성 쌍둥이인 짐 스프링어와 짐 루이스를 기억할 것이다. 그러나 이 유형의 쌍둥이는 여러 쌍은 고사하고 한 쌍조차 찾기도 어렵다. 만약 우여곡절 끝에 서로 떨어져 자란 쌍둥이의 데이터 집합을 만들 수만 있다면, 유전성 연구에 훌륭한 기초 자료가 될 것이다.

떨어져 자란 쌍둥이들을 연구할 때의 기본 논리는 일란성 쌍둥이인 짐 형제의 사례처럼 특정 형질에서 유사성을 보인다면, 공통적인 특징에서 비롯될 가능성이 그렇지 않은 것보다 훨씬 크다는 것이다. 결국 짐 형제는 서로 다른 가정에서 자랐으므로, 확실히 공유하고 있는 것은 가정 환경이 아닌 유전적 배경이다. 이는 환경 영향의 동일성에 대한 가정을 요구하지 않는다. 따라서 연구 설계로서 유전적 영향을 살피는 데 매우 효과적이다.

그러나 위와 같은 유형의 연구는 데이터 수집이 어려워 상대적으로 드물다. 특히 정치 기질을 조사한 연구는 닭의 이빨만큼 찾아보기가 거의 어렵다.

---

321   Smith et al. "Biology, Ideology, and Epistemology: How Do We Know Political Attitudes Are Inherited and Why Should We Care?"

하지만 해당 연구를 통해 최근 정치학계에서 진행되는 쌍둥이 연구와 유사한 '정치 기질의 유전성 추정치'가 도출된다면, 이는 정치 기질에 유전적 영향이 있음을 강하게 입증하는 증거가 될 것이다.

실제로 이를 입증한 연구 사례가 하나 있기는 하다. 미네소타주에서 20년간 진행된 '떨어져 성장한 쌍둥이 연구'에서는 81쌍의 일란성 쌍둥이와 56쌍의 이란성 쌍둥이를 대상으로 폭넓은 검증을 진행했다. 이 연구의 책임자가운데 토마스 부샤드Thomas Bouchard는 쌍둥이에게 윌슨-패터슨 척도와 알테마이어의 우익 권위주의 척도에 기반하여 쟁점별 입장과 권위주의를 바라보는태도에 관해 질문했다. 이들 척도의 유전성 추정치는 기존 쌍둥이 연구보다훨씬 높았다. 그 예로 일반 보수주의에 대한 윌슨-패터슨 지수의 유전성은0.60으로 산정되었다.[322]

분자 수준의 유전학 지식이 없어도 유전적 영향을 파악할 수 있는 또 다른 연구 설계 방식은 입양 데이터를 활용하는 것이다. 이 방식의 기본 논리는 입양인이 양부모뿐 아니라 생부모와도 유사한 점이 있다면, 이는 생물학적 요인이 개입되었음을 말한다. 입양 연구는 입양인, 입양 가족, 양부모, 생물학적 가족에 대한 접근이 필요하다. 따라서 데이터 수집의 어려움으로 연구가 힘든 경우가 많다.

보수와 진보의 정치적 태도에 초점을 맞춘 입양 연구는 아직 알려진 바가없다. 그러나 정치 참여도를 분석하여 입양자와 생부모 사이의 유의미한 상관관계를 보고한 사례는 몇 건 있다. 이 외에도 정치적 기질과 마찬가지로 쌍둥이 연구에서도 정치 참여도가 유전적 영향을 받는다는 사실이 밝혀졌다.[323]

이상의 분야에서 수행된 연구의 요지는 설계 방식과 관계없이 유전이 외모나 음악, 스포츠, 수학에 대한 적성과 이들을 초월한 정치, 사회 생활의 근본 딜레마에 대한 태도의 형성에까지 영향을 미친다는 점이다. 우리는 이들

---

322   Bouchard et al. "Genetic Influence on Social Attitudes: Another Challenge to Psychology from Behavior Genetics."

323   Cesarini et al. "Pre-Birth Factors and Voting: Evidence from Swedish Adoption Data."

연구 가운데 어떠한 것도 유전자 자체가 이념을 결정한다고 주장하지는 않음에 주목할 필요가 있다. 만약 정치적 태도에서 나타나는 변이의 약 1/3이 유전으로 설명된다는 추정이 맞다면, 나머지에 해당하는 2/3은 환경 요인에서 비롯된다. 따라서 사회화, 문화, 독특한 삶의 경험이 주된 영향을 미칠 여지가 충분히 있다.

정치 기질 연구가 건강 연구와 같은 길을 따른다면, 지금쯤 혁신적인 연구자들이 분자 유전학을 활용하여 정치적 관점을 형성하는 유전자를 찾는 연구에 돌입했을 것이다. 그리고 실제로도 정치적 관점과 상관관계가 존재할 가능성이 있는 DNA 변이를 탐색하려는 시도가 이루어지고 있다.

정치 신념의 유전적 편차

그동안 특정 유전자와 형질 사이의 연관성을 조사하기 위해 주로 두 가지 접근법이 활용되었다. 첫째는 유전적 변이가 자주 나타나는 것으로 알려진 수십만 개의 부위, 즉 다형성 영역을 스캔하는 것이다. 이 방법은 모든 단일 뉴클레오타이드인 유전체(genome) 전부를 포괄하지는 않는다. 대신 유전체 전반에 걸쳐 흩어진 특정 부위인 전장 유전체(genome-wide)를 포함한다.

그러나 각 부위에서의 대립 유전자 변이가 관심 형질과 연관성이 있는지 여부가 문제이다. 일반적으로 전장 유전체 연관 분석은 특정 형질에 따라 달라지는 유전자보다는 해당 유전자가 발견될 가능성이 높으면서 비교적 작은 유전체 영역을 밝혀낸다. 이러한 점에서 전장 유전체 연관성 연구는 조사 대상의 범위를 크게 줄여 주는 매우 진일보한 연구 기법이다.

피트 하테미Pete Hatemi는 정치 기질에 대한 유전적 영향을 전문적으로 연구하는 정치학자이다. 하테미는 정치적 태도와 행동에 초점을 맞춘 최초의 전장 유전체 연구를 주도했다. 그와 동료들은 이념과 연관된 것으로 보이는 염색체 영역을 네 군데 발견했다. 각 영역에는 사회적 행동의 조절과 관련된 여러 유전자가 포함되었다고 알려져 있다. 정치 또한 사회적 행동의 한 형태임

을 고려하면 충분히 이해가 가는 부분이다.[324]

흥미롭게도 하테미의 연구에서 발견된 일부 영역은 후각과 관련이 있다. 다소 엉뚱한 내용에 고개를 갸웃거릴 것이다. 그러나 혐오스러운 냄새 등 특정 냄새에 대한 민감성, 후각과 미각과의 연관성에 따른 특정 음식에 대한 선호도가 정치 신념의 편차와 관련이 있음을 암시하는 예비 징후라는 점을 상기해 보자.

둘째는 사전에 규명된 단일 부위의 유전적 변이가 정치 기질과 연관되는가를 검증하는 것이다. 이를 '후보 유전자 연관성 연구(candidate gene association study)'라고도 하는바, 정치 기질의 변이를 조사한 사례는 소수에 불과하다. 그마저도 이념의 유전자 자리를 확인하려던 시도는 단 하나뿐이다. 이 연구는 캘리포니아 대학교 샌디에이고 캠퍼스의 제임스 파울러James Fowler 연구실에서 하이메 세틀Jaime Settle을 주 저자로 수행했다.[325]

위 연구에서 특정된 후보 유전자는 도파민 보상 체계의 핵심적 구성 요소인 D4 도파민 수용체 계열과 연관된 것으로 알려진바, 'DRD4'라고 부른다. 바소프레신 수용체가 들쥐의 행동과 관련이 있는 것처럼, 도파민 수용체는 인간의 행동과 관련이 있다고 밝혀졌다. 구체적으로 특정 뉴클레오타이드 서열이 일곱 번 반복되는 DRD4 대립 유전자[326]가 기존 연구에서 탐색 행동, 감각 추구, 나아가 ADHD와 연관이 있는 것으로 밝혀졌다. 이는 위험을 감수하는 정찰벌의 보상 체계 내 분자의 특징 연구와 유사하다.

세틀과 동료 연구진은 과거 연구에서 진보주의자가 보수주의자보다 새로운 경험을 더 많이 추구하는 경향을 반복적으로 확인하였다. 따라서 진보주

324 Hatemi et al. "A Genome-Wide Analysis of Liberal and Conservative Political Attitudes."

325 Settle et al. "Friendships Moderate an Association between a Dopamine Gene Variant and Ideology."

326 인간에게서 가장 흔한 유형은 네 번 반복되므로, '긴 대립유전자'라고 부른다.

정치 성향은 어떻게 결정되는가

의자가 긴 DRD4를 보유할 가능성이 더 클 것이라고 추론했다.[327] 초기 검증에서는 연구진이 예측한 상관관계가 드러나지 않았다.

그러나 추가 분석 결과, 어렸을 때 친구가 많았다고 응답한 참가자에게서 그 패턴을 구체적으로 발견하였다. 이에 세틀과 동료들은 유전자가 환경 조건에 따라 달라지는 유전자와 환경의 상호 작용 가능성을 제기했다. 그들은 긴 DRD4가 제공하는 활동 경향이 실제 새로운 경험으로 전환되고, 궁극적으로 진보 성향의 선호로 이어지려면 친구가 필요하기에 해당 연구가 타당하다고 주장한다.[328]

물론 정치 기질을 분자 수준에서 유전학과 연결하려는 연구에도 시사하는 바가 있기는 하다. 그러나 연구 관계자들은 그 결과를 잠정적인 것으로 받아들여야 한다고 말한다. 정치적 태도와 행동처럼 복잡한 대상에 미치는 단일 유전자의 영향은 매우 미미할 가능성이 크기 때문이다. 그리고 그 영향마저도 DRD4의 사례와 같이 다른 유전자와 환경 조건과의 상호 작용에 크게 좌우될 것이다.

또한 전장 유전체 연관성 연구에서는 수많은 상관관계를 확인한다는 점에서 거짓 양성으로 오판하는 일을 피하는 것이 특히 중요하다. 그중 일부는 우연임에도 대단한 결과가 도출된 것처럼 보일 수 있다. 이는 결국 관심 형질이 약물 중독, 유방암, 성격 등 어느 것이라도 분자 유전학의 연구 결과를 재현해 내기 어려운 원인으로 작용하는 듯하다.[329]

---

327   제4장 참조.

328   이를 설명하는 또 다른 흥미로운 연구 분야는 다양한 유전자 자리와 정치 참여 사이의 연관성을 분석하는 것이다. 제임스 파울러(James Fowler)와 크리스토퍼 도스(Christopher Dawes)의 논문 〈유권자 참여율을 예측하는 두 가지 유전자(Two Genes Predict Voter Turnout)〉에서는 세로토닌 및 모노아민 산화효소 A(Monoamine Oxidase A, MAOA) 관련 유전자가 유권자 참여율 변이와 연관될 가능성이 있음을 발견했다. 그러나 후속 연구에서는 그 관계의 타당성에 의문을 제기한다. 자세한 내용은 Charney and English. "Candidate Genes and Political Behavior; and Deppe et al. Candidate Genes and Voter Turnout."을 참고하기를 바란다.

329   Goldstein. "Common Genetic Variation and Human Traits."

해당 분야의 연구자들은 저마다 발표하는 결과에 유의 사항을 덧붙이며 신중함으로 일관한다. 그러나 미디어와 블로그에서는 그것을 무시하는 경향이 있다. 예를 들어 세틀과 동료들의 연구를 생각해 보자. DRD4는 다른 여러 유전자와 마찬가지로 특정 유형의 도파민 수용체와 연관된다. 결과적으로 DRD4는 다양한 행동과 상태에 영향을 미치는 유전자라는 설명이 더 적절함에도 굳이 '진보주의 유전자'를 발견했다는 식의 표제를 붙인다.

실제로 도파민 보상 체계는 근육 운동을 통제하고, 유기체를 즐거운 상황으로 유인하는 핵심 요소이다.[330] 해당 연구에서는 DRD4 대립 유전자 변이가 특정 환경 요인과 상호 작용할 때, 다른 변수와 더불어 정치적 관점과도 연관될 수 있음을 발견했다. 이는 "과학자들이 진보주의 유전자를 발견했다."라는 말만큼 매력적이지는 않더라도, 연구의 실제 내용을 훨씬 더 잘 반영하는 설명이다. 물론 향후의 연구에서 재현되어야 할 것이지만 말이다.

유전학자 피터 비셔Peter Visscher와 동료들의 연구 또한 분자 유전학의 가치를 보여 주는 사례이다. 비셔는 쌍둥이와 입양인 또는 환경적 유사성에 대한 의심스러운 가정이 필요 없는 유전성 추성 방법을 개발했다. 이 기법은 일란성 쌍둥이가 아닌 형제자매 쌍은 평균적으로 50%의 유전적 배경을 공유한다. 어디까지나 '평균적'이라는 말이 중요하다. 일부 형제자매는 38%만 공유하는 반면, 62%까지 공유하는 형제자매도 있는 것으로 밝혀졌기 때문이다. 이는 매우 닮았거나, 그렇지 않은 형제자매가 있다는 육안상의 관찰을 재확인하는 결과이다.

마찬가지로 평균보다 훨씬 낮은 수준이지만, 무작위로 선택된 쌍둥이에서도 다양한 수준의 유전적 일치도가 감지된다. 비셔의 기법은 전장 유전체 스캔을 활용하여 한 쌍의 유전적 유사도를 정량화한다. 이를 토대로 관심 형질이 유전적으로 다른 쌍보다 비슷한 쌍에서 더 많은 유사성을 보인다면, 그 형질이 유전에 근거할 가능성이 크다고 추론한다.

비셔는 그 기법을 유전의 영향이 크다고 알려진 형질인 키에 적용했다. 그

---

330   전자는 파킨슨병의 요인에 해당하고, 후자는 중독성 행동과 관련이 있다.

는 쌍둥이 연구에서 얻은 결과와 거의 일치하는 유전성 계수인 0.8보다 살짝 낮은 결과를 얻었다.[331] 흥미롭게도 비셔의 기법을 정치적 태도에 적용했을 때의 유전성 계수는 약 0.2로, 쌍둥이 연구에서 일반적으로 보고되는 수치인 0.3~0.4보다 약간 낮았다. 그럼에도 이 추정치는 여전히 0보다 훨씬 유의미한 수준이다.

비셔가 개발한 기법은 쌍둥이를 활용하지 않았다는 점에서 쌍둥이 연구의 가정이 의심스럽다는 일반적인 비판을 불식시키기에 충분하다.[332] 물론 0.2는 1.0과 차이가 크다. 이는 정치 신념이 단일 뉴클레오타이드 다형성뿐 아니라 다른 요인에서도 비롯됨을 의미한다. 그렇다면 그 요인에는 무엇이 있을까?

후성유전적 변화

런던은 세계에서 가장 크고 복잡한 대도시에 속한다. 런던에는 잉글랜드 남동부의 약 1,572㎢ 면적에 영국 총인구의 13%를 살짝 웃도는 약 900만 명이 거주한다. 복잡하게 얽혀 있는 데다 이름도 자주 바뀌는 런던의 거리는 가히 전설적이다. 그곳에서 단순하면서 질서 있게 배열된 격자형 구조는 찾아볼 수조차 없다. 간선도로와 지선도로, 골목길, 차도와 인도로 뒤얽힌 런던은 이들과 함께 진화하는 집합체라 할 수 있다.

그만큼 런던에 있는 거리의 수를 일일이 셀 엄두도 나지 않을 것이다. 그중에는 '불록스 테라스Bullocks Terrace', '버드-인-더-부시 로드Bird-in-the-bush Road', '숄더 오브 머튼 앨리Shoulder of Mutton Alley' 같은 독특한 이름의 거리도 있다. 그러나 '하이 스트리트High Street'라는 이름의 거리는 너무 흔한 탓에 런던 인구의

331 Visscher et al. "Assumption-Free Estimation of Heritability from Genome-Wide Identity- by-Descent Sharing between Full Siblings."

332 Benjamin et al. "The Genetic Architecture of Economic and Political Preferences."

2/3는 그중 한 곳에서 도보로 5분 거리 이내에 거주한다. 이처럼 복잡하고도 혼잡한 거미줄 같은 도로에서 택시를 운전하려면 보통을 뛰어넘는 기억력과 공간 지각 능력, 방향 감각이 필요하다.

신경과학자 엘리너 맥과이어Eleanor McGuire와 연구진은 런던 택시 운전사의 정신적 능력이 해부학적 구조와 연관되는지 궁금해했다. 그녀는 16명의 택시 운전사를 한 명씩 뇌 스캐너로 검사했다. 연구진은 택시 운전사와 사회 인구학적으로 비슷하지만, 직업은 다른 런던 시민으로 대규모의 대조군을 만들어 비교하였다. 그 결과 택시 운전사의 해마(hippocampus) 뒷부분의 부피가 대조군보다 현저히 크다는 사실을 발견했다. 이는 후위 해마가 공간 지각과 방향 감각을 담당하는 역할임을 고려한다면 납득할 만하다.

그런데 여기에서 궁금한 점이 하나 있다. 복잡한 길을 기억하고 찾아내는데 최적화된 뇌와 특정 과제를 수행하도록 뇌를 발달시키는 상황 중 무엇이 먼저인가 하는 점이다. 즉 런던의 택시 운전사는 자신의 정신적 능력에 적합한 직업을 찾은 것일까, 아니면 직업이 정신적 능력을 계발한 것일까? 확답하기 어려운 질문이다. 엄밀하게 확인하려면 개인의 신경 데이터를 오랜 시간에 걸쳐 관찰해야 하기 때문이다.

그럼에도 맥과이어와 연구진은 가능한 수준에서 최선을 다했다. 그들은 경력이 오래된 택시 운전사와 신입 운전사의 해마를 비교했다. 결과적으로 그들은 나이를 통제하더라도 운전 경력이 긴 개인의 후위 해마의 부피가 더 크다는 사실을 확인했다. 이러한 결과는 환경에 따른 상황과 경험이 생물학적 구조에 명확하면서 측정 가능한 영향을 미침을 시사한다.*333

별안간 환경의 영향을 입증하는 맥과이어의 연구 결과를 소개하는 것이 조금 의아할 수도 있겠다. 그러나 유전의 역할을 제대로 이해하려면 환경 요인과의 관계도 고려해야 한다. 그리고 지금이야말로 생물학적 특성이 반드시 유전적인 것만이 아니라는 사실을 독자에게 상기시켜야 할 시점이기도 하다.

매우 제한적이기는 하지만, 신경계에는 가소성이 있다. 따라서 개별 신경

333   Maguire et al. "London Taxi Drivers and Bus Drivers: A Structural MRI and Neuropsychological Analysis."

세포나 해마의 형태와 같은 물리적 특질도 기능하는 환경에 따라 달라질 수 있다. 우리가 부모에게서 물려받은 유전 물질은 매우 중요하지만, 런던 택시 운전사의 사례와 같이 결정적인 요소는 아니다. 택시 운전사의 DNA는 오랜 운전에도 변하지 않았지만, 신경해부학적 구조는 달라진 듯해 보였다. 뇌의 외형과 특징보다 더 생물학적인 것은 없듯, 택시 운전사의 해마 형태 변화는 분명 생물학적이다. 그러나 이는 유전자가 아닌 경험의 결과이다.

환경도 중요하다는 또 다른 사례가 필요하다면 염려할 필요 없다. 이 장의 앞부분에서 소개한 초파리와 들쥐의 사례에는 환경 요인의 위력을 보여 주는 뒷이야기가 있다. 그중 초파리의 수컷 대립 유전자 하나를 접합하여 암컷 초파리가 수컷의 구애 행동을 따라 하도록 한 실험을 기억할 것이다. 그때도 우리는 야생의 암컷이 구애 행동을 하지 않는다고 설명했다.

그런데 놀랍게도 유전적 조작 없이도 유전자 접합이 없는 야생의 암컷은 과학자에 의해 수컷의 유전자가 접합된 암컷의 구애 행동을 관찰하더니, 그 행동을 따라 하기 시작했다. 이때 유전자가 접합된 암컷 초파리는 야생 암컷의 행동에 영향을 미치는 환경 요인이 되었다.[334] 초파리가 말을 할 수 있다면, 아마 다음과 같은 대화가 오가지 않았을까.

　　모　　드: 도대체 벳시에게 무슨 일이 생긴 거지?
　　도로시: 나도 몰라. 전에는 그렇지 않았는데, 여자애들 보기 민망하지도 않
　　　　　　나?
　　모　　드: 내 말이. 그래도 재미있어 보이긴 하네.
　　도로시: 음, 그렇긴 해. 우리도 한번 해 볼까?
　　　※ '모드(Maude)'는 암컷 초파리에게 붙이는 전형적인 이름이다.

이제 들쥐 이야기로 돌아가 보자. 들쥐의 사례는 유전자와 측면 영역 위주였던 듯하나, 비유전적 생물학과 발달의 중요성도 보여 준다. 바소프레신

334　Demir and Dickson. "Fruitless Splicing Specifies Male Courtship Behavior in Drosophila."

수용체의 수는 AVPR1a 측면 영역의 길이뿐 아니라 사회 환경의 영향에 따라서도 결정된다.

예컨대 자상한 아버지 들쥐와 양육에 무심한 들쥐가 낳은 새끼를 함께 두면, 아버지 들쥐는 보통 새끼를 핥는 반응을 보인다. 이 행위가 적절한 발달 단계에서 이루어질 때, 유전적으로 AVPR1a와 연관된 경향과 별개로 새끼의 바소프레신 수용체 수가 늘어날 것이다. 그러한 새끼들이 성숙했을 때는 더 자상한 아버지가 될 가능성이 커진다. 그리고 이들이 새끼를 핥는 행동은 그다음 세대의 새끼에게서 더 많은 바소프레신 수용체의 증가를 유도한다.

이처럼 적절한 시기의 새끼 핥기는 행동과 연관된 생물학적 변화를 일으킨다. 또한 그 효과는 세대를 거쳐 이어진다. 그저 한 마리 새끼의 중요한 발달 시기에 핥기만 했을 뿐인데도 자상한 아버지의 계보가 형성되었다. 이러한 일이 가능한 이유는 과연 무엇일까?

들쥐처럼 세대 간에 전해지는 행동은 학습된 것도, 멘델식 유전 방식으로 유전된 것도 아니다. 그 행위가 단순히 학습된 것이라면, 발달 후기의 애정 표현이 초기에 이루어지는 것만큼 동일하거나 너 상한 효과가 나타났을 것이다. 전통적 의미에서의 유전이었다면, 자상하지 않은 아버지의 자손 역시 자상하지 않았을 것이다. 그리고 그들의 자상한 양아버지와 비슷한 바소프레신 수용체 패턴도 형성되지 못했을 것이다.

왜일까? 여기에서 우리는 후성유전학(epigenetics)이라는 흥미로운 개념을 소개하기 이전에 유전학(genetics)과 유전체학(genomics)을 구분할 필요가 있다.

유전자는 적절한 상황에서 생명에 필수적인 특정 단백질을 생성할 수 있는 DNA 서열이다. 이 단백질 생성 영역을 활성화하는 기제는 매우 복잡하지만, 우리의 존재를 형성하는 데 절대적으로 필요하다. 이러한 기제의 한 요소는 유전자의 바로 위에 있는 DNA 분자 내부의 뉴클레오타이드 서열이다. 이를 프로모터 영역promoter region 또는 촉진 유전자 영역이라고 부르기도 한다. 그러나 활성화에 관여하는 또 다른 요소는 DNA 분자의 바로 바깥에 존재하는 화학 물질이다.

'유전체학'이라는 용어는 DNA 서열 자체뿐 아니라 DNA 주변의 화학 물질 등 여러 가지를 포함한다. 그리고 유전자 발현에 영향을 미치는 DNA를 화학적 맥락에서 연구하는 분야를 '후성유전학'이라고 한다. 메틸기_{methyl group}로 대표되는 특정 화학 물질이 유전자의 시작 지점 근처에 존재하면, 그 유전자가 관련 단백질을 생성하는 능력을 억제할 수 있다. 무슨 문제가 있는 것처럼 보이겠지만, 우리가 실제로 건강을 유지하려면 단백질 생성을 조절하기 위한 후성유전적 표지(epigenetic marker)가 필요하다.

후성유전적 표지는 부모에게서 물려받지만, 삶 속에서 우리의 경험에 따라 수정될 수 있다. 그리고 그 내용이 자손에까지 전달된다는 특징을 지닌다는 점에서 흥미롭다. 어느 유명한 연구에서는 특정 냄새를 맡은 직후에 전기 충격을 가하는 방식으로 생쥐들이 특정 냄새에 공포를 느끼도록 조건화했다. 이것만으로는 고전적 조건 형성에 불과하지만, 그 생쥐의 자손 또한 전기 충격을 받은 적이 없음에도 같은 냄새에 공포를 느꼈다.

그 이유는 무엇일까? 답은 후성유전적 변화, 즉 DNA 자체가 아닌 DNA 주변의 화학적 패턴의 변화가 그 냄새와 연관된 후각 체계에 새로우면서 유전 가능한 생물학적 상태를 만들어 냈기 때문이다.[335]

후성유전적 변화는 세대 간 형질 전달과는 근본적으로 다른 흐름을 형성한다. 학습된 형질은 후대에 전달되지 않으면 사라지고 만다. 반면에 부모에게서 받은 DNA 뉴클레오타이드로 생성된 형질은 무작위 돌연변이를 제외하면 수천 세대가 지나도 이어질 것이다. 이처럼 다윈식 진화는 답답할 정도로 느린 과정이라 할 것이다.

하지만 후성유전에 의한 세대 간 전달은 학습과 DNA라는 두 극단 사이의 어딘가에 위치한다. 후성유전은 몇 세대에 걸쳐 전달되더라도, 그 수가 얼마나 될지는 불확실하다. 더군다나 전통적인 멘델 유전에 비하면 전달되는 세대의 수는 훨씬 적어진다. 우리는 정치적 근본 딜레마에 대한 입장 중에서도 특히 외집단을 바라보는 관점이 대물림되는 원인의 상당 부분이 후성유

---

335   Dias and Ressler. "Parental Olfactory Experience Influences Behavior and Neural Structure in Subsequent Generations."

전에 있다고 의심한다.

더 중요한 점은 우리가 이 책을 통해 논의해 온 타고난 성향이 전통적인 의미에서의 유전과 상관없이 심리적, 생리적, 그리고 어쩌면 후성유전적 패턴으로 구체화된다는 것이다. 이러한 생물학적 특징은 변화하기는 하지만, 빠르게 이루어지지 않는다. 오랫동안 런던에서 택시 운전사로 일한 사람이 운전에서 손을 떼고 안락한 삶을 누리기로 마음먹더라도 해마의 크기가 바로 줄어들지는 않을 것이다. 점진적인 변화를 겪으며 작아질 것이다.

행동과 연관된 생물학적 성향이 완전히 선천적인 것은 아니다. 본성과 양육에 대한 논란은 오해의 소지가 있을 뿐 아니라, 다수의 교양 과학 서적에서 지적하는 바와 같이 핵심을 벗어나 있다. 유전자와 환경은 모두 중요하다. 어느 한쪽을 승자로 선언할 필요도, 그러할 수도 없다. 나아가 후성유전학의 중요성을 고려할 때, 때로는 본성과 양육을 분리할 수 없는 개념임이 분명해진다.

불편한 진실

손톱을 물어뜯는 케이 린 리드, 양을 모는 보더 콜리, 다리를 비비는 초파리, 외집단에 공감하는 짐 위버 등의 행동은 어떻게 유전자에 암호화될까? 유전자는 관련된 특성이 행동이나 신체적인 것이라도 거의 같은 방식으로 작동한다. 관심 형질이 행동이든 외모든, 유전자의 메커니즘은 동일하며, 주로 화학 물질과 그 수용체가 관여한다.

그 예로 유아의 신체 성장 과정은 뇌하수체에서 성장 호르몬 분비를 조절하는 시상하부에서 시작된다. 성장 호르몬은 혈류로 들어가서 간으로 이동하여 '인슐린 유사 성장 인자-1(Insulin-like Growth Factor-1, IGF-1)'을 자극함으로써 다양한 조직의 성장을 유도한다. 이때 성장의 전 단계에서 유전자는 단백질 생성과 직결된다는 점에서 중요한 역할을 수행한다.

유전자가 생성하는 단백질은 성장 인자 자체일 수도 있고, 성장 인자가 간

정치 성향은 어떻게 결정되는가

으로 이동하는 경로를 안내하는 단백질일 수도 있다. 또한 필수 물질을 뇌하수체나 간으로 들여보내는 화학 수용체이거나, 이 호르몬과 수용체의 생성을 유도하는 유전자의 활성화를 돕는 전사 인자(transcription factor)일 수도 있다. 이들 유전자 가운데 하나라도 성장 호르몬의 생성과 운반 및 흡수를 방해한다면, 일반적으로 예상되는 키보다 작을 가능성이 크다.

행동 유전자 또한 작동 방식은 같다. 다만 작용하는 단백질과 수용체의 위치가 다를 뿐이며, 행동을 조절하는 요소들이 간으로 이동하는 대신 뇌에 남는다는 차이가 있다.

그 예로 도파민 체계가 행동에 미치는 영향은 성장 호르몬 체계가 키에 미치는 영향과 유사하다. DRD4 대립 유전자 변이는 특정 유형의 도파민 수용체에 영향을 미치며, 결과적으로 위험 감수 및 ADHD와 연관된 행동을 조절하는 신경 전달 물질의 처리에 영향을 미친다고 알려져 있다.[336] 마찬가지로 뇌하수체 수용체의 유전적 변이가 키에 관여하는 것처럼, 선조체(striatum)[337]에 있는 도파민 수용체의 유전적 변이는 행동과 관련이 있다.

유전자의 영향을 받는 신경 전달 물질과 수용체가 행동과 연관된다는 더 많은 증거가 필요하다면, 다음의 예를 생각해 보자. 코카인은 도파민 수용체, 특히 뇌의 도파민 보상 체계의 일부인 측좌핵(nucleus accumbens)에서 도파민 수용체를 활성화함으로써 작용한다. LSD나 메스칼린mescaline 같은 환각제는 세로토닌을 비롯한 여러 수용체를 활성화한다. 이처럼 약물에 따라 인위적으로 유도된 신경 전달 물질 체계의 변화가 행동에 영향을 미친다는 사실을 부정할 사람은 없을 것이다. 그렇다면 동일한 신경 전달 물질 체계에서 유전적으로 형성된 자연 발생적 변이가 행동에 영향을 미친다는 점을 쉽게 이해할 것이다.

유전자는 신체적 형질과 같은 방식으로 행동을 형성한다. 따라서 유전자

---

336   Kunen and Chiao. "Genetic Determinants of Financial Risk Taking"; and Dreber et al. "The 7R Polymorphism in the Dopamine Receptor D4 Gene Is Associated with Financial Risk Taking in Men."

337   뇌의 도파민 보상 체계의 일부.

가 우리의 신체와 외모에 영향을 주면서 뇌와 행동 및 태도에는 그렇지 않다고 주장하는 것은 억지에 불과하다. 유전이 뇌하수체에 영향을 미치는 신경 전달 물질에 영향을 줄 수 있다면, 편도체에 영향을 미치는 신경 전달 물질도 조절이 가능하다. 전자는 신체적 특징을, 후자는 감정적 성향을 형성한다. 결국 행동은 일반적으로 환경에 의해 시작되고, 유전자에 의해 형성되는 신체 과정의 결과물이다.

사람들이 상황에 따라 뇌의 다른 부분을 사용하여, 이를테면 편도체에서 비롯되는 충동을 완화할 수 있다고 해도 다른 사람보다 편도체가 더욱 민감한 사람이 존재하는 법이다. 장기적으로 충분한 시간을 두고 관찰하다 보면, 편도체 반응성이 다른 두 집단의 평균적인 행동 차이를 보인다는 사실은 달라지지 않는다. 그 예로 케이 린이 한 달 동안 손톱에 테이프를 붙이거나 손톱을 물어뜯지 않는다고 하더라도, 유전적으로 형성된 행동 성향이 존재한다는 사실을 바꾸지는 못한다. 다시 말해 타고난 성향이 반드시 행동을 결정하지는 않는다는 것이다.

타고난 성향이 중요한 이유는 대부분 우리가 별다른 저항 없이 자연스럽게 따르기 때문이다. 그러한 성향은 우리의 기본 체계이다. 전두 피질과 같은 뇌의 주요 영역은 대표적으로 전대상 피질을 비롯한 다른 영역이 특정 상황에서 기본 체계가 최선의 행동으로 이어지지 않을 수 있다고 경고할 때만 작용한다. 즉 우리가 자동 조종 상태에 따라 행동할 때는 의식적 인식이 개입하지 않을 때가 많아서 주로 기본적인 행동이 선택된다.

설령 우리가 결정을 내렸다고 의식할 때조차 타고난 성향이 의사 결정 과정에 미묘하게 영향을 준다는 사실을 대체로 인정하려 하지 않는다. 샨카르 베단탐Shankar Vedantam이 "누구도 신경 전달 물질의 존재를 직관적으로 인식할 수는 없다."라고 지적했듯,[338] 인간이 스스로 행동을 의도적, 의식적 사고의 결과라고 과대평가하는 이유도 아마 그 때문일 것이다.[339]

---

338 Vedantam. *The Hidden Brain*. 44.

339 그 예로 인간은 주사위에서 나올 숫자와 같이 통제할 수 없는 것을 통제할 수 있다고 믿는 마술적 사고(magical thinking)에 빠진다. 또한 운동 피질(motor cortex)의

기존의 통념이 진화하고 있다. 다윈은 행동이 유전에서 비롯된다고 확신했지만, 그와 동시대인이자 자연선택론의 공동 창시자인 알프레드 러셀 월리스Alfred Russell Wallace는 그렇지 않았다. 월리스는 비버의 날카로운 치아 같은 신체적 특성은 유전될 수 있지만, 그 치아를 사용하는 방법에 대한 지식은 그러할 수 없다고 믿었다. 반면 다윈은 유전이 튼튼한 치아뿐 아니라, 그 치아를 효과적으로 활용하여 나뭇가지를 자르고 건축가처럼 댐을 짓는 타고난 성향까지 부여할 수 있다고 보았다.

빅토리아 시대를 살던 사람들의 사고방식은 대부분 다윈보다 월리스의 관점에 훨씬 가까웠다는 점은 의심의 여지가 없다. 오늘날 과학적 소양을 갖춘 사람들은 유전이 생존과 번식, 본능과 같은 기본적인 행동과 관련이 있음을 인정한다. 그러나 여전히 많은 이들은 유전이 종교와 정치, 도덕과 같은 이른바 고차원적 영역과도 연결되어 있다는 주장에 저항감을 보인다. 다시 말하면, 과거에는 유전이 목 아래의 문제에만 연관된다고 여겨졌지만, 최근에는 뇌의 하부 변연계(limbic system)나 감정과 관련된 하위 영역과도 관련이 있다는 인식이 점차 늘어나고 있다.

물론 감정은 그러할 수 있지만, 이성에 기반한 의사 결정만큼은 그렇지 않다고 믿는 사람들이 많다. 이처럼 고차원적인 의사 결정을 담당하는 전두엽의 유전적 영향을 인정하는 일은 늘 저항감에 부딪힌다. 그러나 그 저항감이 얼마나 오래갈 수 있을까?

인간의 전전두 피질은 지구상의 모든 생명체와 다른 규칙에 따라 작용하리라는 희망에 가까운 이상은 점점 유지하기 어려워지고 있다. 결국 전전두 피질도 뇌의 다른 영역과 같은 방식으로 형성, 연결된다. 또한 하위 영역과 마찬가지로 같은 유형의 뉴런과 지원 세포로 이루어진다.

자극으로 일어서게 되면, 스트레칭 또는 앞을 더 잘 보기 위해 일어났다고 말한다. 실제로는 별 이유가 없는데도 말이다. 이처럼 우리에게는 행동을 설명할 합리적인 서사를 만들려는 본능적인 욕구가 있지만, 그 이야기는 대부분 허구이다.

신경과학자 데이비드 이글먼은 "뇌의 어디에서도 다른 부분의 영향을 받지 않는 독립적인 영역은 발견된 적이 없다."라고 지적한다.[340] 이대로라면 전전두 피질 또한 생물학적 원리에 굴복하는 것도 시간문제다. 유전자가 행동에 미치는 영향에 대해 다윈은 한 걸음 나아간 반면, 월리스는 물러섰다. 이러한 상황에서 환경 결정론자의 입지는 점차 줄어들고 있다.

환경 결정론자는 뇌의 일부가 기본적인 생물학적 원리에서 자유로울 것임을 간절히 믿고 싶어 한다. 그들의 마지막 보루는 전두 피질이지만, 신경과학계에서의 연구 결과는 그들에게 전혀 희망을 주지 못한다. 현실을 받아들여야 한다. 행동과 연관된 생물학적 성향은 분명히 존재한다. 그리고 그 성향은 유전과 후성유전에 의해 부분적으로 형성되어 뇌의 감정 영역뿐 아니라 모든 영역에 스며 있다.

다시 디앤 앤젤과 케이 린 리드의 이야기로 돌아가 보자. 두 사람의 이야기는 이 장의 첫머리에서 설명한 바 있지만, 그들의 정치 성향까지 언급하지는 않았다. 우리가 가르친 학생인 제이미 니먼Jayme Neiman은 디앤과 케이 린의 사례에 깊은 관심을 두었고, 두 사람과 그 가족의 정치적 관점을 묻는 질문서를 보냈다.

그 질문서에 케이 린만 답장을 보내왔는데, 답변 내용이 무척 흥미로웠다. 케이 린은 자신을 양육한 리드 가족이 온건 보수를 자처했다. 그러나 실제로는 특정 쟁점에 대해서는 상당히 보수적이라고 말했다. 예를 들어 케이 린을 키운 아버지는 여성이 집 밖에서 일하는 것에 강하게 반대했다. 이에 그녀의 아버지는 자녀가 모두 성장할 때까지 취업하지 말 것을 간청할 정도였다. 케이 린은 자신을 중도파라고 생각했지만, 성 평등 문제에는 확실히 진보적 경향이 있음을 인정했다.

그렇다면 위와 같이 이따금 드러나는 케이 린의 진보 성향이 생물학적 가족인 앤젤 가족의 정치적 관점과도 관련이 있을까? 물론 그러할 수도 있겠지만, 케이 린은 그렇지 않다고 생각했다. 그녀는 자신의 관점이 여성의 권

---

340 Eagleman. *Incognito: The Secret Lives of the Brain.* 166.

리와 인종 평등이 중요한 화두였던 1970년대 대학 시절의 경험에서 비롯되었다고 설명한다. 또한 그녀는 앤젤 가족의 정치적 관점을 확신하지는 못하지만, 그들 또한 리드 가족만큼은 아니더라도 보수적인 경향을 보일 것으로 추정했다.

자신을 양육한 가족에 비해 상대적으로 진보적인 케이 린의 정치 성향은 실제로 그녀의 대학 경험에 기인할 수 있다. 이 장에서의 어떠한 내용도 그점에 반박할 수 없다. 그러나 살펴본 바와 같이 인간의 뇌는 행동과 태도를 형성하면서 유전의 역할을 축소하는 서사를 구축하려는 경향이 있다. 따라서 케이 린의 정치 관점도 생부모의 영향을 받았을 가능성이 있겠지만, 이 역시 확신할 수는 없다.

만약 당신이 전혀 다른 환경에서 자랐다면, 정치 성향도 지금과 완전히 달라질 수 있을까? 알 프랭큰Al Franken과 러시 림보Rush Limbaugh*341가 태어나자마자 부모가 바뀐 채 성장했다고 생각해 보자. 그렇다면 프랭큰은 보수주의자, 림보는 진보주의자로 자랐을까? 아니면 우리 존재의 중심에 자리하는 성격과 생리적, 정치적 특성이 환경적 맥락과 상관없이 드러나는 것일까? 최근에 급성장하고 있는 실증적 연구에서는 후자의 가능성을 너무 쉽게 간과해서는 안 됨을 시사한다.

341　두 사람은 모두 미국인으로, 알 프랭큰은 희극인 출신의 정치인이다. 소속은 민주당이었다. 러시 림보는 보수주의 방송인이자 정치 평론가로 잘 알려져 있다.

제8장

분화의 역사

•

우리가 믿는 것을 받아들이지 않으면 당신은 우리와 함께할 수 없
다… 그리고… 우리와 함께할 수 없다면, 그때 당신은 우리보다 열등
한 존재이거나, 우리의 적이거나 아니면 둘 다일 것이다.

톰 로빈스(Tom Robbins)

모든 인간이 사실상 동일하다는 결론은 근거가 부족하다…
진화는 서로 다른 인구 집단에서 다른 경로를 거쳐 왔기 때문이다.

그레고리 코크란 & 헨리 하펜딩(Gregory Cochran & Henry Harpending)

●

당신은 "우리가 아는 인류는 초기 동물종에서 진화했다."라는 말에 동의하는가, 아니면 반대하는가? 이와 관련하여 2001년부터 2005년까지 34개국에서 실시한 조사에서 얻은 실제 응답을 살펴보면, 진화를 바라보는 태도를 비교할 수 있어 흥미롭다.[342] 조사 대상 가운데 주요 선진국에서 별 논란은 없었다. 아이슬란드, 덴마크, 스웨덴, 프랑스, 일본, 영국, 노르웨이에서는 인구의 80~90%가 그 말에 동의한다.

그러나 개발 및 교육 수준이 낮은 국가에서는 동의율이 50% 이하로 떨어지기도 한다. 진화론을 지지하는 비율이 낮은 최하위 5개국으로는 라트비아, 리투아니아, 키프로스, 튀르키예 등이 있으며, 특히 튀르키예에서 가장 회의적인 반응을 보였다. 튀르키예인의 23%만이 이 진술에 동의한 것이다.

튀르키예의 다음 순위를 차지하는 진화에 회의적인 최하위 5개국을 완성하는 국가는 어디일까? 놀랍게도 미국이다. 미국은 지구상에서 교육 및 경제 수준이 가장 높은 나라이며, 과학적 성과에서도 국제적인 선두 주자로 인정받고 있다. 그런가 하면 원자력과 mRNA 백신 개발을 주도하였고, 12명의 사람을 천체로 보낸 유일한 국가이며, 400명의 노벨상 수상자를 배출한 바 있다. 이는 영국(137명)의 약 3배에 해당하는 수치다. 또한 해마다 전 세계의 수많은 학부생과 대학원생이 세계 최고 수준의 대학에서 생물학과 의학을 공부하기 위해 미국으로 몰려들고 있다.

그럼에도 미국 시민의 40%만이 인간이 초기 동물에서 진화했다고 믿는다. 나머지 60%의 상당수는 인간이 약 6천 년 전부터 현재와 유사한 외형과 크기로 갑작스럽게 등장한 이래로 변한 것이 없다고 확신한다. 이러한 수치를 어떠한 방식으로 분석하더라도, 결과적으로는 상당수의 미국인이 현대 생물학의 가장 기본적이고 초보적인 원리인 종의 진화를 믿지 않는다는 뜻이다.

미국인들이 실제로 부정하는 내용이 무엇인가를 안다면, 이 상황에 핑계라도 약간 둘러댈 수 있을 것이다. 그러나 진화를 부정하는 것은 진화의 기

---

342   Miller, "Scott, and Okamoto. Public Acceptance of Evolution."

본 원리에 놀라울 정도로 무지함을 나타낸다.*343 그 이유는 〈고인돌 가족 플린스톤(The Flintstones)〉을 다큐멘터리 애니메이션 시리즈라고 믿는 사람들의 목소리로 초중고 생물학 교사와 학생이 그 주제에 집중하는 데 어려움을 겪었기 때문일 것이다.

그러한 사정이 있더라도 이 장의 내용을 제대로 이해하려면 진화의 기본적인 기제를 이해할 필요가 있다. 그리고 모두가 진화를 주지한다고 속단해서는 안 될 것이다.

우리는 지금까지 서로 다른 정치 이념을 지닌 사람들이 취향에서 도덕성, 성격, 생리적 특성에 이르기까지 다양한 측면에서 차이가 있음을 살펴보았다. 그리고 이러한 차이가 유전에서 후성유전까지 이어지리라는 실증적 증거 또한 충분히 검토하였다. 이제 이 장에서 다룰 의문은 그 차이가 존재하는 이유로 집중된다.

이처럼 다양한 정치 성향이 광범위하게 존재하는 이유는 무엇일까? 실증적 연구로 밝혀진 뿌리 깊은 편차는 정치와 관련이 있지만, 생물학적 존재의 핵심인 유전자 암호와도 연결되어 있다. 그렇다면 그 편차는 도대체 어디에서 오는 것일까? 이미 밝혀진 바와 같이, 진화는 한 종이 특정 형질을 지니는 이유뿐 아니라 종 내에서도 그 변이가 매우 다양한 이유도 설명할 수 있다. 따라서 우리는 모두가 이해할 수 있도록 진화의 작용 방식을 설명하는 데 지면을 할애하고자 한다.

---

343 참고로, 대다수의 미국인은 다른 생물은 진화할 수 있다고 믿으면서도 인간은 그 과정과 별개의 존재라고 생각하는 경향을 지닌다. 다시 말해 인간을 제외한 모든 생물이 자연 선택의 대상이라는 점은 명백히 비합리적인 인간 예외주의(human exceptionalism)가 여전히 팽배하고 있음을 보여 준다.

개미핥기는 생김새가 독특한 동물로, 길고 살짝 휘어진 주둥이와 아주 길고 가는 혀, 땅을 파헤치는 강력한 발톱을 지녔다. 개미핥기는 발톱으로 개미집에 구멍을 낸 뒤, 긴 주둥이와 혀를 밀어 넣어 개미를 잡아먹는다. 문학적 수사를 빌리면 개미핥기처럼 문자 그대로의 이름을 지닌 동물은 자연 선택의 기본 요소를 그대로 보여 주는 존재이다.[344]

[그림 9] 개미핥기

만약 개미가 떼를 이루어 지표면과 가까운 깊이에 집을 지어 살았다면, 주둥이와 혀의 길이는 개미핥기의 생존에 필수적이지 않다. 개미가 개미집의 표면 가까이에 흩어져 있을 때, 개미를 잡아먹는 데 긴 주둥이와 혀가 굳이 필요하지 않기 때문이다. 기술적인 측면에서 보더라도, 그러한 환경에서 긴 주둥이와 혀는 개미핥기의 생존에 이점이 되지 못한다. 결국 이러한 형질은 생존이나 번식 기회에 기여하지 못함을 의미한다.

위와 같은 시나리오에서 주둥이와 혀 길이에 관여하는 유전자는 돌연변이를 제외하고, 세대에서 세대로 동일하게 유지될 가능성이 크다. 일부라면 다른 개체보다 주둥이와 혀가 길 수야 있겠지만, 건강이나 번식의 성공은 그

344　다윈은 '진화(evolution)'라는 용어를 일반적인 논의에서 흔하게 사용되기 전까지는 언급하지 않았다. 당시 그가 선호한 표현은 '자연 선택(natural Selection)'이나 '변화를 동반한 계승(descent with modification)'이었다.

차이와 무관할 것이다.[345]

이제 개미들이 똑똑해졌다고 가정해 보자. 동족이 거대하지만 우스꽝스럽게 생긴 동물에게 학살당하는 광경에 진저리 치던 개미들은 땅속 깊은 곳에 머무르는 시간을 늘린다. 개미핥기 또한 개미집을 파헤치기 전에 이를 감지하는 데에도 능숙해진다. 이후 개미핥기가 본격적으로 일을 시작하면 개미는 땅속 더 깊이 숨는다.

주둥이와 혀가 긴 개미핥기는 그러한 개미의 행동 변화에도 딱히 영향을 받지는 않는다. 그러나 그렇지 않은 개체라면 개미들이 주둥이가 닿기 어려운 곳으로 깊이 숨는 탓에 먹잇감이 점차 줄어들 수밖에 없다. 그만큼 길이가 중요해진다. 개미가 더 깊은 곳으로 숨는 환경에서는 주둥이와 혀가 긴 개미핥기가 크고 건강하게 성장하고, 그 반대의 개체는 배고픔에 시달리다 결국 영양실조에 걸릴 것이다.

번식의 기회와 성공 여부 또한 주둥이와 혀의 길이와 직결된다. 주둥이와 혀가 긴 개미핥기들은 짧은 개체와 대립 유전자 조합이 다르다. 그러므로 주둥이와 혀기 긴 개미핥기의 번식률이 높아지면서 긴 주둥이와 혀와 관련된 대립 유전자의 비율이 늘어날 것이다. 한 세대에서 다음 세대로 이어질 때 일어나는 변화는 미미해서 알아차리기 어렵기도 하다. 그러나 충분한 시간 속에서 변화가 점진적으로 축적된다면, 주둥이의 길이에 따른 개체의 번식률 차이로 개체 수에도 큰 변화가 생길 것이다. 결과적으로 개미핥기 집단 전체의 유전자 자체가 바뀔 것이다.

어린 개미핥기의 유연한 주둥이가 느닷없이 떨어진 바위에 깔려 길쭉해지면, 당장은 고통스러울 것이다. 그러나 장기적으로는 비정상적으로 길어진 주둥이 덕분에 개미핥기는 변화한 환경 속에서도 더 많은 개미를 잡아먹고 건강을 유지하며 많은 자손을 낳게 될 것이다. 그러나 이는 자손들에게 썩 달가운 상황은 아니다. 그들에게는 긴 주둥이를 만드는 대립 유전자가 없다. 따라서 부모처럼 주둥이가 바위에 눌리지 않는 한 짧은 주둥이와 허기진 배

345　이를 생물학 용어로 '하디-바인베르크 평형(Hardy-Weinberg equilibrium)'이라고 한다.

　　　　　　　　정치 성향은 어떻게 결정되는가

로 고생하며 자신의 대립 유전자를 자손에게 전달할 기회도 줄어들 것이다.

지금까지 개미핥기의 사례를 토대로 자연 선택이 일어나는 데 필요한 조건 세 가지를 살펴보았다. 구체적인 내용은 다음과 같다.

첫 번째는 이전부터 존재하던 변이이다. 개미들이 땅속 더 깊은 곳으로 숨어야 하는 이유를 깨닫기까지 모든 개미핥기의 주둥이 길이가 유전적으로 동일했다면, 개미들의 행동 변화는 개미핥기의 생리와 유전에 아무런 영향도 미치지 못했을 것이다. 이처럼 다윈의 자연 선택은 변이가 이미 존재하지 않으면 작용하지 않는다. 관련 유전자 자리에서 대립 유전자가 개체마다 다를 때에만 번식 성공률의 측면에서 한 대립형이 다른 대립형보다 더 우세할 가능성이 생긴다. 이 가능성은 두 번째 조건이 적용될 때만 실현될 수 있다.

두 번째 조건은 차등 번식이다. 이 개념을 쉽게 말하자면, 긴 주둥이로 발달하는 대립 유전자를 지닌 개미핥기가 다른 개미핥기보다 생존 및 번식 확률이 더 높다는 것이다.

세 번째로 생존과 번식에 도움이 되는 형질은 환경이 아니라 유전적으로 형성된다. 사고로 바위에 깔려 주둥이가 길어진 개미핥기는 실제적이고 지속적인 다윈식 자연 선택의 맥락에서는 아무 의미가 없다.

요컨대 변이와 차등 번식, 형질 유전은 충분한 시간 속에서 뒤섞일 때, 비로소 초기 동물에서 인간으로 진화할 수 있는 조건을 갖춘다는 것이다. 이러한 관점으로 미루어 보면 진화의 증거를 찾기란 아주 쉬운 반면, 진화가 일어나지 않는 것은 상상하기 어렵다. 인위적 선택은 말할 것도 없고, 자연 선택의 결과로 발생하는 종의 변형 사례는 바로 우리 주변에 존재한다. 이는 결코 단순한 이론에만 그치지 않는다.

항생제를 과도하게 사용해서는 안 되는 이유도 진화 때문이다. 특정 상황에서 진화가 개미핥기의 긴 주둥이를 선택하듯, 또 다른 상황에서는 항생제에 내성이 있는 박테리아를 선택할 수도 있기 때문이다. 항생제는 본래 해로운 박테리아를 죽이기 위해 고안되었다. 그러나 특이한 유전적 특성으로 항생제의 영향을 받지 않는 박테리아가 일부 존재하기도 한다. 어느새 그러한 박테리아가 널리 번식하면서 항생제에 취약한 과거의 박테리아의 수는 상대적으로 줄어든다. 이러한 과정에서 이른바 '슈퍼 박테리아'가 탄생한다. 슈퍼 박테리아는 문자 그대로 정말 대단해서가 아니라, 그저 흔한 항생제에도 살아남을 만큼 유전적으로 다를 뿐임을 나타낸다.

이처럼 변형을 동반한 계보는 다른 사례에서도 무수히 발견된다. 그 예로 산업화와 같은 환경 변화에 대한 반응으로 나방의 색깔 변화가 있다. 이때 변형의 결과로 생긴 잿빛 날개는 보호색으로 위장하여 포식자에게 들키지 않으려는 나방에게 매우 유용해졌다.[*346]

이상에서 중요한 점은 환경이 진화를 주도한다는 것이다. 항생제, 매연으로 어두워진 대기, 먹잇감의 행동 변화 등은 모두 다윈식 진화를 촉발하는 환경 변화의 사례이다. 결과적으로 본성과 양육은 근본적으로 다른 변화의 원천이 아니라, 불가분의 관계로 연결되어 있다. 이에 게리 마커스Gary Marcus가 지적한 바와 같이 유전적 영향을 흔히 '내장된(hardwired)' 것이라고 말하지만, 오히려 '펌웨어(firmware)'에 빗대는 것이 더 적절하다. 유전적 영향은 공장에서 프로그래밍되었지만, 언제든 업데이트가 가능한 것과 같기 때문이다.[*347]

안타깝게도 사람들은 여전히 본성과 양육의 연관성을 두고 격렬하게 다투고 있다. 그러나 두 가지 영향 모두 환경 변화에 대한 반응에 기초하며, 차이점이라고는 변화가 일어나는 속도뿐이다. 사회화와 학습을 비롯하여 기타 환경적 입력에 대한 반응의 형태로 나타나는 양육이 유전의 영향을 크게 받듯, 유전자 발현의 형태로 나타나는 본성 역시 생각보다 환경의 영향을 많이 받는다.

무엇을 부정하려 하는가?

표준 다윈주의 진화론에서는 종을 특징짓는 적응 형질(adaptive traits)의 존재를 아주 손쉽게 추론할 수 있다. 코끼리의 몸통, 박쥐의 반향 탐지, 개미

---

346   Kettlewell. "Darwin's Missing Evidence."

347   Marcus. *The Birth of the Mind*. 40.

정치 성향은 어떻게 결정되는가

핥기의 긴 주둥이와 혀, 비버의 날카로운 이빨, 기린의 긴 목, 독수리의 뛰어난 시력, 인간의 정교한 사회적 소통 능력 등이 그 예이다. 조건이 취약한 개미핥기나 잇몸 질환에 취약한 비버, 목이 짧은 기린, 근시인 독수리는 세대를 거듭할수록 점점 적응에 불리한 상황에 직면한다. 결과적으로 이들 특성과 관련된 대립 유전자는 집단에서 점점 희귀해진다.

그렇다고 하더라도 모든 독수리의 시력이 뛰어나거나, 비버의 치아 구조도 모두 동일하지는 않다. 이처럼 같은 종 내에서도 다양한 형질의 변이가 지속적으로 일어나는 이유는 무엇일까? 이 질문의 답은 극도로 다양한 인간의 정치 성향과, 그에 따른 사회 문제인 정치 양극화의 원인을 이해하는 데 필수적이다.

우리는 이 책의 전반에 걸쳐 같은 종 내에서 발생하는 신체 및 행동 변이의 원인이 항상 유전적인 것만은 아님을 강조했다. 환경 역시 타고난 성향에 영향을 주지만, 유전적 변이의 범위와 결과만큼은 깊이 있게 살펴볼 가치가 있다. 한 사람의 DNA가 타인과 그토록 다른 이유는 무엇일까? 생존과 번식에 유리한 형질을 만드는 대립 유전자가 결국에는 모든 사람에게 갖추어져야 하지 않을까?

위대한 진화생물학자인 로널드 피셔Ronald Fisher는 "자연 선택이란 변이를 제거하는 과정이다."라고 말했다.*348 이를 고려하면 인간의 유전적 변이가 현저하다는 사실은 주목할 만하면서도 불가사의하게 느껴질 것이다.

인간의 유전적 변이를 애써 평가 절하하려는 사람들이 즐겨 인용하는 통계는 모든 인간 유전체의 98%가 동일하다는 자료이다. 과장된 통계이겠지만, 일단은 그 수치를 근거로 생각해 보자. 인간 유전체는 염색체 한 쌍 가운데 하나에만 약 32억 개의 뉴클레오타이드 염기쌍으로 구성되어 있다. 나머지 2%에만 변이가 발생한다면, 이에 해당하는 염기쌍의 수는 무려 6,400만 개다. 우리는 극소수 염기쌍의 변화만으로도 행동과 신체, 건강을 극적으로

348　Fisher. *The Genetical Theory of Natural Selection.* 2nd ed.이 외에도 Tooby and Cosmide. "On the Universality of Human Nature and the Uniqueness of the Individual." 37.을 참고하기를 바란다.

뒤바꾼다는 사실을 잘 알고 있다.

헌팅턴병을 예로 들어 보겠다. 이 병의 증상은 보통 35세에서 45세 사이에 나타나기 시작하는데, 증상이 무척 끔찍하다. 균형 감각 상실에서 시작하여 근육 조절 능력, 자기 관리 능력 상실과 정신적 혼란을 거쳐 조기 사망에 이른다. 이들 증상은 모두 4번 염색체 단완에 있는 뉴클레오타이드 서열에서 결정된다. 환경 요인은 무관하다. 매일 운동하고, 카페인을 피하면서 치실을 사용하고, 명상을 해도 소용이 없다. 유전자가 잘못되면 헌팅턴병에 걸린다.

이때 발병 여부를 가르는 요소는 15개의 유전자가 아닌, 15개의 뉴클레오타이드이다. 32억 개의 2%에 해당하는 6,400만 개가 많아 보이지 않을 수 있겠다. 그러나 그중에서 극히 미세한 수준인 단 15개만으로 신체적, 정신적으로 건강한 사람이 병마에 시달리다 극심한 우울증으로 요절케 하기에 충분하다.

이따금 단일 뉴클레오타이드의 변이는 실제로 심각한 인지 장애를 지닌 사람과 그렇지 않은 사람의 차이를 결정하기도 한다.[*349] 개인의 행동과 건강 형성에 중요한 신경 전달 물질 체계는 유전적으로 아주 작은 변화만으로도 크게 달라질 수 있다. 인간의 DNA는 개인마다 약 6,400만 가지의 변이 가능성을 제공하며, 후성유전적 변이는 말할 것도 없다. 요약하자면 호모 사피엔스의 표현형 변이(phenotypic variation)를 설명할 때는 우리의 유전체에서 나타나는 중대한 변이도 논의 대상에 포함해야 한다.

우리는 타인뿐 아니라 모든 탄소 기반 생명체와 유전체의 상당 부분을 공유한다. 인간은 침팬지와 약 95%, 초파리와는 약 60%의 DNA를 공유하는 것으로 추정된다. 이러한 맥락에 따르면 타인과 98%나 공유한다는 사실은 우리가 타인과 흡사하리라는 오해를 일으키기 쉽다.

사실 개인 간 유전적 변이는 대단히 큰 차이를 보인다. 그러나 많은 사람이 이 사실을 불편하게 여기는 이유는 다양한 민족과 인종, 성별 집단이 유전적으로 다를 수 있다는 가능성을 부추기기 때문이다. 그러나 이러한 우려는

349　우리는 '페닐케톤뇨증(phenylketonuria, PKU)'으로 알려진 상태를 언급하고 있다. 이는 발달 장애에서 비교적 흔한 원인에 해당한다.

지나치게 과장되었다. 일반적으로 집단 내 변이는 집단 간 변이를 압도한다. 이는 모든 인간의 특징을 형성하는 유전적 변이가 존재하더라도, 집단 간 유전적 차이는 뚜렷하지 않음을 나타낸다.

그 예로 미국 남부에 거주하는 백인과 아프리카계 미국인이라는 두 인종 집단을 생각해 본다면, 집단 내 유전적 변이가 집단 간 변이보다 훨씬 크다는 것을 알 수 있다. 또한 개인 수준의 유전적 변이는 현실적으로 인종 차별주의자의 불쾌한 주장을 지지하기는커녕 도리어 모순되는 결과를 낳는다. 예컨대 금발 벽안의 이상적인 유전자 집단이 존재한다던 히틀러의 주장은 사실상 엉터리다. 그 집단의 구성원은 실제로 많은 혼혈을 거친 아슈케나지 유대인Ashkenazi Jew[350]처럼 다른 집단에서의 변이 양상과 상당히 겹치는 유전적 혼합체이기 때문이다. 따라서 아리아인이 우월하다는 주장도 어불성설이다.

물론 집단 간 차이가 일각에서 우려할 정도로 크더라도 관습적 선호가 경험적 사실을 바라보는 시야를 가리는 일은 없어야 한다. 인구유전학자인 그레고리 코크란과 헨리 하펜딩은 앞의 내용을 두고 다음과 같은 말을 했다.

"인간의 생물학적 다양성에 관한 논의는 자기 검열에 가까울 정도로 신중한 것이 전통이다."[351]

무언가를 발견할지도 모른다는 우려 때문에 조사를 회피하는 방식은 과학적 과정과 폭넓은 진리 탐구에 매우 해로우니, 극히 예외적인 상황이 아니면 채택해서는 안 된다. 이 분야에 대해 잘 알지 못한다고 해서 사회적, 정치적 품격이 크게 증진되지도 않는다. 또한 행동과 관련하여 사람마다 유의미한 유전적 차이가 없다는 그릇된 통념은 부당하게 대우받는 수많은 개인과 집단의 현실을 여전히 개선하지 못하고 있다. 사람마다 유전체에 중대한 차

---

350   아슈케나짐(Ashkenazim)이라고도 하며, 독일, 오스트리아-헝가리 등 중부 유럽과 러시아, 우크라이나, 벨라루스, 폴란드, 리투아니아 등 동유럽에 정착해 살던 유대인들을 가리키는 말이다.

351   Harpending and Cochran. "In Our Genes."

이가 있다는 것이 곧 진실이다. 이 사실이 밝혀진다면, 그다음에는 이 사실을 애써 외면할 것이 아니라 그러한 변이가 존재하는 이유에 주목해야 한다.

환경에 따른 유전 변이

인간의 유전적 변이의 수준과 원인을 둘러싼 논쟁과 관련하여 앞 절에서 설명한 변이가 적응에 유용한가, 아니면 무작위적이거나 유익하지 않은 이유로 발생하는가가 중심적인 문제로 남는다. 제3장에서 설명한 바와 같이 진화심리학의 지지자는 인간의 유전 변이 비중이 그리 크지 않다고 평가 절하한다. 그들은 종마다 상대적으로 보편적인 유전 구조를 보유한다고 믿지만, 이는 개별 유기체가 특정 환경에 적응할 수 있도록 하는 유연성을 허용하는 구조이다.

이혼이나 양육자의 잦은 교체, 전반적으로 불안정한 가정 환경에서 성장한 여성은 안정적인 가정보다 초경과 성관계 경험 및 임신 시기가 더 이른 경향이 있다.[352] 이 사례에도 진화의 논리가 숨어 있다. 다시 말해 환경이 향후 번식 기회를 위협할 정도로 불안정하면 자손을 되도록 빨리 낳으려는 경향을 보인다는 것이다.

즉 여성의 유전 구조는 구체적으로 특정 시점에 초경을 맞이하도록 설계되지 않았다. 대신 각자의 특성과 행동이 환경에 맞추어 조정되도록 유연하게 구성된 것이다. 이는 진화심리학자가 사람의 행동 차이를 설명하는 과정에서 유전적 변이를 경시하는 사고방식에 해당한다.[353]

저명한 진화심리학자인 존 투비John Tooby와 레다 코스미디스Leda Cosmides는 유

---

352   Quinlan. "Father Absence, Parental Care, and Female Reproductive Development."

353   그러나 후속 연구에서는 초경 연령에도 유전적 요인이 있음을 발견했다. 이에 관한 것은 Morris et al. "Family Concordance for Age at Menarche."을 참고하라.

전적 변이가 독특한 성격 특성을 형성한다는 개념을 비판한다. 그리고 서로 다른 성격 유형은 '유전적 잡음(genetic noise)' 또는 여자아이마다 각자 다른 초경 시기를 유발하는 환경 요인의 결과일 것이라고 주장했다.[354] 그들은 일부 변이가 면역 체계와 연관될 가능성이 있는 가변적인 유전 특성을 통해 유전자 내부로 몰래 유입될 수 있음은 인정한다. 그러나 성격 특성의 변이는 "원칙적으로 사람마다 다른 유전자 조합에 의해 암호화될 수 없다."라고 주장한다.[355]

그들의 주된 주장은 유성 생식이 유전자 패를 뒤섞는 효과가 있다는 것이다. 따라서 부모 중 한쪽이 여러 대립 유전자의 특정 조합으로 외향적인 성격이라 하더라도, 자녀는 부모와 배우자에게서 각각 다른 조합의 유전자를 물려받는다는 것이다. 요컨대 투비와 코스미디스는 유성 생식이 성격이나 정치 성향과 같은 복잡한 특성의 유전과 잠재적인 적응을 차단한다고 주장한다. 그들이 유의미한 유전적 차이로서 인정하는 것은 남녀 차이가 유일하다.

그러나 두 연구자의 주장은 실증적 관찰과 완전히 일치하지는 않는다. 같은 종 내에서도 뚜렷하면서 안정적으로 유전되는 특성을 '모프morph'라고 부르는데, 진화심리학에서는 유성 생식을 하는 유기체에서 행동 모프가 존재할 수 없다고 주장하는 듯하다. 그러나 행동 모프는 분명히 존재한다.

개의 품종 간 행동 차이나 벨랴예프의 은여우가 보인 행동과 외모의 놀라운 유전적 변이를 비롯하여 이 책에서도 이미 여러 모프가 카메오처럼 등장했다. 다양한 계통의 생쥐를 연구하는 과학자들은 유성 생식을 하는 종에서 행동 모프가 존재하지 않는다는 주장에 반박한다. 실제로 생쥐뿐 아니라 동물 전반에서 성격 특성과 같은 복잡한 행동은 안정적이면서 유전도 가능한 것으로 밝혀졌다.

---

354 Tooby and Cosmides. "On the Universality of Human Nature and the Uniqueness of the Individual."

355 같은 논문, 18쪽. 조금은 색다른 관점을 원한다면 Buss and Greiling. "Adaptive Individual Differences."를, 그보다 더한 것을 원한다면 Figueredo et al. "Evolutionary Theories of Personality."를 참고하기 바란다.

새는 낯선 물체에 대한 호기심 등의 행동 경향을 자손에게 전달하며, 이는 부화기에서 부화하여 어미 새를 비롯한 다른 개체를 본 적이 없는 상황에서도 마찬가지이다. 그것은 학습이 아니라 선천적으로 타고난 행동으로, 종에 따라 달라진다. 인간도 마찬가지로 쌍둥이 연구에서는 정치 성향뿐 아니라 성격 특성에서도 상당한 유전성을 일관성 있게 보여 준다. 이들 사례는 모두 성격과 정치 성향이 복잡하기는 하지만, 정확한 대립 유전자의 구성보다는 비교적 독립적이고 부가적인 유전적 영향이 누적된 결과일 가능성이 크다는 점을 시사한다.

진화심리학에서는 성격 특성처럼 유전적으로 파생된 행동 모프에 회의적인 태도를 보인다. 그 이유는 유전자 구조가 홍적세(Pleistoncene)[356]에 형성된 이후로 변화와 다양화를 위한 시간이 충분하지 않았다고 가정하는 경향과 같은 맥락이다. 그러나 인구유전학자인 코크란과 하펜딩은 그 주장이 잘못되었다며 강하게 반박했다.[357] 두 사람은 지난 수천 년 동안 일어난 적응형 유전적 변화의 사례를 여러 차례 기록했다.[358]

지금까지 기록한 예로는 성인기의 유당 내성, 언어 능력, 지능 등이 있다. 그리고 다른 특성에 관한 유전자는 최근 선택 압력을 받고 있으며, 기록된 역사의 범주에서 비무선적(nonrandom) 변화를 겪는 중이라는 명확한 증거를 제시한다. 이 유전적 변화 속도에 대한 새로운 시각은 인간의 유전적 변이의 본질에 또 다른 관점을 제공한다.

변화가 빠른 속도로 일어난다면, 변이의 존재는 그리 놀랄 만한 일도 아니다. 환경 변화보다 상대적으로 빠른 유전적 반응은 인간의 DNA가 어떠한 목표를 향해 나아가고 있음을 의미한다. 그러나 환경이 다시 변하기 전까지 그 목표에 도달하기는 어려울 것이다. 따라서 새로운 선택 압력이 작용하면서 특정 대립 유전자가 점차 수적으로 우세해지는 과정이 반복된다.

---

356   신생대의 마지막 단계로, 석기 시대가 시작하는 시기이다.

357   Harpending and Cochran. "In Our Genes." 10.

358   Cochran and Harpending. *The 10,000 Year Explosion.*

결론적으로 우리는 "인간성이 다양하다는 가설은 틀렸다."[359]라는 주장에 이의를 제기한다. 인간의 유전 및 행동 특성은 상당히 다양하며, 실제로 이들을 개별적인 인간성으로 간주할 수 있는 결정적인 증거가 있다. 요컨대 인간의 유전적 구조와 이에 따라 나타나는 행동은 결코 보편적이지 않다. 그렇다면 그 차이는 무엇으로 발생하는가? 유전학자를 비롯한 여러 분야의 연구자는 유전적 변이와 관련하여 가능성 있는 원인을 다양하게 제시한 바 있다. 그중 일부를 아래에 소개하겠다.

유전 및 행동 변이의 원인에는 '이형 접합체(heterozygote)의 이점'이 있다. 생물 종의 다수를 차지하는 반수체(haploid) 생물은 염색체가 짝을 이루지 않는다는 점이 특징인데, 이는 유성 생식이 아닌 분열을 통해 번식하기 때문인 듯하다. 반면 인간은 이배체(diploid) 생물로, 짝을 이루는 22쌍의 상염색체와 성염색체를 지닌다.

각 염색체 쌍 가운데 하나는 어머니에게서, 다른 하나는 아버지에게서 유전된다. 그리고 개별 염색체마다 수많은 유전자를 포함하고 있으며, 일부 유전자는 사람에 따라 크게 달라진다. 따라서 부모에게서 서로 다른 종류의 다형성 유전자를 물려받을 가능성이 있다.

그렇다면 유전자가 두 가지 유형만 존재하는 단순한 사례를 생각해 보자. 대립 유전자를 대문자 A와 소문자 a로 표시하면, 부모에게서 물려받은 유전자에 따라 AA, Aa, aa라는 세 유전자 조합 중 하나를 지니게 된다. 예를 들어 대립 유전자 A가 더 많은 성장 호르몬을 분비한다면, AA인 사람의 키가 훨씬 클 것이다. 반면 aa는 더 작으며, Aa는 평균에 해당하는 중간 정도의 키로 예측된다. 이때 AA와 aa는 동형 접합체(homozygote)이고, Aa는 이형 접합체이다.

상황에 따라서는 동형 접합보다 이형 접합 유전자형이 유리할 수 있다. 이형 접합체의 이점을 가장 잘 나타내는 예는 겸상 적혈구 빈혈증(sickle cell anemia)이다. 겸상 적혈구 빈혈증은 적혈구가 비정상적인 모양으로 변형되

---

359 Tooby and Cosmides. "The Past Explains the Present: Emotional Adaptations and the Structure of Ancestral Environments." 23.

어 혈류를 방해하는 질환이다. 이 질환과 관련된 핵심 유전자는 11번 염색체의 단완에 위치한다. 문제를 일으키는 대립 유전자 a가 부모 모두에게서 유전된다면, 자녀는 겸상 적혈구 빈혈증에 걸린다.

그렇다면 해당 대립 유전자가 유전자 풀에 남아 있는 이유에 의문이 생길 것이다. 답은 다른 유전자형과 연관된 형질에 있다. 일반적으로 AA와 Aa는 겸상 적혈구 빈혈증을 일으키지 않으므로 둘 다 적응형이라고 생각하기 쉽다. 열성 형질은 두 대립 유전자 유형이 모두 a일 때 발현되기 때문이다. 그러나 대립 유전자 A는 사람들을 열대성 말라리아에 취약하게 만들므로, 앞의 내용은 사실이 아니다. 따라서 aa 유전자형은 겸상 적혈구 빈혈증을 유발하지만, 일반적인 형태의 말라리아에 어느 정도의 면역력을 제공한다.

AA 유전자형은 겸상 적혈구 빈혈증을 유발하지 않지만, 말라리아에는 취약하다. 따라서 AA와 aa 유전자형의 단점 없이 이점을 유지하는 이형 접합체는 겸상 적혈구 빈혈증을 유발하지 않으면서도 말라리아를 퇴치하는 데 도움이 된다. 2023년 플로리다에서 몇몇 사람의 말라리아 감염 사례를 보더라도, 해당 이형 접합체는 적도 기후뿐 아니라 지구 온난화에 따른 온대 기후에도 더욱 적합할 것이다.[*360]

지능 또한 위의 사례와 비슷한 이형 접합체의 이점이 제시된 바 있다. 코크란과 하펜딩은 뇌에서 신경 세포 사이를 연결하는 가지 돌기(dendrite)의 성장을 촉진하는 스핑고 지질sphingo lipid과 관련된 유전자를 다루었다. 두 연구자는 AA 유전자형을 지닌 사람은 연결성이 상대적으로 취약하여 인지 능력이 떨어질 수 있다고 설명한다.

반면 aa 유전자형은 가지 돌기의 성장이 통제되지 않아 테이삭스병Tay-Sachs disease과 같은 질환을 일으킨다는 점에서 심각한 문제를 초래한다. 이 질환은 정신적 기능을 점진적으로 악화시킨다. 코크란과 하펜딩은 이형 접합 유전

360　실제로 이형 접합 유전자형은 겸상 적혈구 형질을 유발한다. 이는 적혈구가 특정 상황에서 낫 모양을 취하는, 경미하지만 잠재적으로 위험한 상태이다. 이러한 상황은 일반적으로 높은 고도에서의 강도 높은 운동 경기 등 과도한 운동으로 발생하며, 이때 겸상 적혈구 형질이 발현된다.

자형이 건강하고 원활한 연결을 촉진하여 신경 장애를 일으키지 않으면서도 인지 능력 향상에 유리할 것으로 추정한다.[361]

이상과 같이 여러 이점을 제공하는 이형 접합 유전자형은 인구 집단 내에서의 유전적 변이를 자연스럽게 보증한다. 동형 접합 유전자형인 AA나 aa 유형은 선택 압력과 상관없이 우세해질 가능성이 낮기 때문이다. 멘델 유전 법칙에 따르면 Aa 유전자형은 개체군 내에서 고정될 수 없다. Aa형 개체가 같은 유전자형인 배우자를 만나 네 명의 자녀를 낳는다면 두 명은 Aa형, 한 명은 AA형, 나머지 한 명은 aa형일 확률이 높다. 달리 말하면 이형 접합 유전자형이 유리한 상황에서는 유전적 변이가 지속되며, 이는 인간이 유전적으로 다양한 이유에 해당한다.

인간의 유전적 변이 지속에 가능성을 더하는 설명에는 '빈도 의존성(frequency dependence)'이 있다. 빈도 의존성의 기본 논리는 진화 게임 이론(evolutionary game theory) 가운데 주로 매-비둘기 개념(hawk-dove conceit)[362]을 활용한다. 이 개념은 매의 공격적인 행동이 진화론적 관점에서 효과적인 경우는 대다수 생물이 비둘기처럼 온순할 때뿐임을 나타낸다. 매의 수가 많아지면 비둘기의 경계심이 높아지므로, 매의 행동 전략은 효력을 잃는다.

반사회적 인격장애인 소시오패스도 빈도 의존성의 사례에 해당한다. 호모 사피엔스는 다른 종만큼 빠르고 사납거나 강하지 않다. 그러나 사회성 덕에 오히려 다른 종의 멸종을 우려할 정도로 경쟁에서 우위를 점할 수 있었다. 인간은 보통 타인과의 협력과 분업으로 단순히 개인의 역량을 합한 것 이상의 성과를 만들어 낸다. 이는 인간이 상대를 빠르게 파악하고, 신뢰할 만한 사람을 믿는 능력을 갖추고 있기에 가능한 일이다.

그러나 소시오패스는 바로 기본적인 사회성을 악용한다. 그들은 타인의 신뢰를 얻지만, 대다수 사람과 달리 양심이 전혀 없고 타인을 이용하는 것을 즐기는 듯해 보인다. 그리고 그들의 기만이 들통날 즈음이면 다른 집단으로 이

---

361 Cochran and Harpending. *The 10,000 Year Explosion.*

362 Smith. *Evolution and the Theory of Games.*

동하여 같은 수법을 반복한다. 탁월한 사회적 역량에 양심의 가책이 없다는 것은 순진한 상대를 이용하는 강력한 무기가 된다.

소시오패스가 그처럼 효과적으로 타인을 이용한다면, 그들의 수가 적은 이유는 무엇일까? 이 질문에서 거의 확실한 답은 소시오패스도 빈도 의존적 표현형(phenotype)*363이기 때문이다. 다시 말해 소시오패스는 적정 비율일 때만 성공적인 진화 전략이 될 수 있다. 소시오패스의 수가 너무 많아지면 소시오패스가 아닌 사람들의 경계심이 높아지므로 악용의 원천이 되는 신뢰가 줄어든다. 결국 소시오패스가 악용하는 사회성이 무너지며, 소시오패스가 활동하는 이유는 희소성 때문이다.

빈도 의존성의 또 다른 흥미로운 예는 왼손잡이와 오른손잡이가 있다. 이러한 특성은 유전된다. 문화적 차이는 일부 있겠지만, 왼손잡이 인구는 구석기 시대부터 전체의 약 10~13%로 거의 일정하게 유지되었다.*364 연구에 따르면 왼손잡이는 보통 키가 더 작고, 몸무게가 가벼우며, 사춘기가 늦고 평균 기대수명이 낮다고 한다.*365 이처럼 왼손잡이가 신체적으로 불리한 경향이 있음에도 지금까지 유지되는 이유는 무엇일까?

그 이유를 설명하려면 왼손잡이의 신체적 약점을 보완할 적응력 이점(fitness advantage)이 어딘가에 존재해야 한다. 이 개념의 가장 유력한 이론은 개인 간 전투와 빈도 의존성에 근거한다. 전투는 인류 역사의 전반에서 중요한 요소였다. 전투의 패자는 부상을 입거나 사망하지만, 승자는 전리품과 명성, 사회적 지위, 번식 기회 등을 얻는다. 그렇다면 전투가 왼손잡이, 오른손잡이와 어떠한 관련이 있을까?

인구의 대다수가 오른손잡이라는 점에서 오른손잡이는 다른 오른손잡이

---

363 유전 물질과 환경의 상호 작용으로 나타나는, 관찰 가능한 모든 형태. 옮긴이.

364 Raymond et al. "Frequency-Dependent Maintenance of Left-Handedness in Humans."

365 Yeo and Gangestad. "Development Origins of Variation in Human Preference."

개체와 싸우는 데 익숙하다. 그러나 왼손잡이와 싸울 때는 각도와 접근 방식이 달라지므로, 왼손잡이가 더욱 유리해진다. 이 이론을 뒷받침하는 증거는 다음과 같다,

첫째, 테니스, 펜싱, 복싱, 크리켓 등 상대방과의 상호 작용이 많은 스포츠에서 왼손잡이의 비율이 더 높다.

둘째, 상대방과의 상호 작용이 적은 체조, 다트, 볼링, 스누커는 왼손잡이의 비율이 상대적으로 더욱 낮다.

셋째, 여성보다 공격적 상호 작용에 익숙한 남성에게서 왼손잡이가 더 흔하다.[366]

지금까지 소개한 이론으로 미루어 보았을 때, 왼손잡이가 많아지면 오른손잡이가 왼손잡이와의 전투 경험을 더 많이 축적한다. 따라서 왼손잡이의 이점은 점차 줄어든다. 이 설명의 정확성 여부와 관계없이 왼손잡이를 만드는 대립 유전자가 다른 유익한 대립 유전자와 연결되지 않았다면, 다른 형태의 적응력 이점이 있어야 한다. 그래야만 왼손잡이의 적응력 약점(fitness disadvantage)을 상쇄할 수 있기 때문이다.

이는 대규모 집단 내에서의 성공이 비정형적 표현형을 지닌 개체로도 가능하다. 이는 그러한 특성의 개체가 너무 흔하지 않을 때만을 전제한다. 만약 이러한 특성이 유전적인 영향을 받는다면, 유전적 변이가 발생할 것이다. 빈도가 적절하다면 왼손잡이나 소시오패스도 성공적인 진화 전략이 될 수 있으며, 해당 표현형과 관련된 유전적 다양성을 구성할 수 있다. 이 개념을 '지위 채우기(niche-filling)'라고 부른다.

고유한 유전적 성향을 지닌 생물은 특정한 생존 전략을 선택하기도 한다. 예컨대 작은 흑곰은 좁은 틈새에 앞발을 집어넣어 벌꿀을 채취할 수 있고, 큰 흑곰은 크고 강력한 앞발로 빠르게 헤엄치는 25kg 남짓의 연어를 잡아먹는다. 흑곰의 먹이 자원이 다양하지 않았다면, 표현형 또한 획일적이었을 것이다. 이처럼 저마다 다른 생태적 지위는 완벽한 수준의 적응력을 달성하면서

---

366   Raymond et al. "Frequency-Dependent Maintenance of Left-Handedness in Humans."

유전적 변이를 촉발한다. 그러나 일부 지위에는 수용 가능한 개체 수가 제한적이므로, 또 다른 형태의 빈도 의존성을 초래한다.

유전적 변이의 원인 가운데 확실한 것은 바로 환경 변화이다. 이에 따라 종의 적응이 지속적으로 이루어지지만, 그 방향은 비선형적이다. 개미핥기의 긴 주둥이는 개미가 더 깊은 땅속에 서식할 무렵에는 유리한 특성으로 작용했다. 하지만 긴 주둥이를 결정하는 유전자가 순식간에 활성화되는 것은 아니다. 세대를 거치며 주둥이 길이와 관련된 대립 유전자가 뒤섞이면서 주둥이 길이에도 다양한 변화가 일어난다. 결국 주둥이가 긴 개체가 점차 많아지겠지만, 모든 개미핥기의 주둥이가 길어지는 데는 아주 오랜 세월이 걸린다. 그때까지는 유전적 변이가 일상이 될 것이다.

변이의 또 다른 원인은 진화를 적응 형질에 대한 자연 선택이라는 관점에서만 바라본다는 데 있다. 모든 형질이나 그 변이가 적응형이 되지는 않는다. 일부 부적응 형질은 적응 형질과 연관되어 있으며, 이에 따라 진화 과정에 편승하기도 한다.

최근 제시된 사례의 하나로 종교가 있다. 인간은 종교저 신념에 이끌리며, 이것이 그토록 다양한 이유는 무엇일까? 일부 연구자는 종교가 사물과 자연의 힘에 지향성(intentionality)을 부여하려는 적응 경향의 부산물이라고 주장한다.[367] 실제로 지향성이 전혀 존재하지 않는 상황에서도, 그것이 존재한다고 가정하는 것이 그렇지 않은 경우보다 진화적으로 유리할 가능성이 크다. 바꾸어 말하면 우리가 패턴을 인식하는 능력이 뛰어날수록 세상을 더 잘 이해하고, 생존과 번영을 위한 결정을 빠르게 내릴 수 있다. 설령 패턴이 없을 때조차도 말이다.

반면 무작위성(randomness)을 잘 인식하는 능력, 즉 지향성이 없음을 빠르게 간파하는 능력에는 일관된 진화적 이점이 없다. 따라서 선택 압력은 지향성이 없는 곳에서 지향성을 보는 사람들에게 유리하게 작용한다. 이러한 진화적 압력의 부산물로는 신, 영혼, 유령, 천사, 악마 등 우주에 목적의식이나

367　Pyysiainen and Hauser. "The Origins of Religion: Evolved Adaptation or By-Product?"

지향성을 부여하는 존재를 추앙하는 사람이 많아지는 것은 당연한 결과이다. 결과적으로 종교적 신념을 촉진하는 유전적 기질과 변이가 직접적 적응성과 거리가 있는 환경에서도 신앙심은 널리 확산될 수 있다.

그보다 더 좋은 예는 우울증에 관한 최근의 연구 사례에서 찾을 수 있다. 관련 연구에서는 우울증과 면역 관련 염증 사이에 연관이 있다고 한다. 논리적으로 생각해 본다면, 우울한 사람은 그 기분의 결과로 염증 같은 신체 반응이 나타날 것이다. 당연하겠지만 그 반대일 때도 발생할 수 있다. 바로 염증이 먼저 발생하고 우울증은 그 부산물로 나타나는 경우이다.

앤드루 밀러Andrew Miller와 동료 연구진은 우울한 사람이 투병 중인 아님에도 염증 수치가 더 높다는 사실을 입증했다.[368] 이는 아이의 신체가 갑작스러운 병원균의 침입에 대비하고 있다는 점에서 아이에게 유용하다. 활성화된 면역 반응은 병원균이 많은 환경에서 분명히 유리하다. 그러나 면역 준비 상태와 그에 수반되는 가벼운 염증의 부작용으로 신호 분자의 일종인 사이토카인cytokine이 분비된다.

사이토카인은 뇌에서 활성화되며, 상당수 인구에서 나타나는 우울증과 관련이 있다. 현재로서는 우울증이 면역 관련 반응을 유발하는 것이 아니라, 오히려 면역 관련 반응의 결과가 우울증이라고 여긴다.[369] 병원균이 많은 환경인지 아닌지에 따라 이상점(ideal point)이 달라질 수 있음을 고려하면, 우울증의 적응력 약점과 경계 면역 체계의 적응력 이점 사이의 복잡한 상관관계가 유전적 변이에 기여하는 것으로 보인다.

진화는 여러 번 일어날 수 있다. 그리고 서로 다른 환경에서는 거의 동시에 같은 종에게 서로 다른 선택 압력을 가할 수 있으므로, 변이도 존재한다. 오래전에 안정적이고 획일적인 진화적 적응 환경(Environment of Evolutionary

---

368   Raison and Miller. "The Evolutionary Significance of Depression in Pathogen Host Defense(PATHOS-D)."

369   우울증은 일반적으로 비적응적일 가능성이 크지만, 특정 상황에서는 적응적일 수 있다는 주장도 가능하다. 고통스러운 세상에 맞서는 대신, 그 고통에서 도피하고자 침대에 누워 있는 것이 그 예라고 할 만하다.

Adaptiveness, EEA)이 오늘날 인간의 특성을 형성했다는 표준 진화심리학의 패러다임은 이전보다 더 많은 비판을 받고 있다.[370] 홍적세 시대는 환경적으로 균일하고 안정적이지 않았다. 따라서 지역, 심지어 집단에 따라서도 상당한 변이가 일어났을 것이다.

만약 환경이 다양해지면서 시간의 흐름에 따라 미시 환경 내에도 안정성이 생겼다면, 개별 환경에서의 진화 압력도 달랐을 것이다. 엘리자베스 캐시던Elizabeth Cashdan은 수렵 채집 사회 가운데 풍족한 환경에서 살았던 곳과 여러 세대에 걸쳐 결핍된 환경에서 생존한 곳의 차이점을 정리하였다.[371] 당연하게도 평등주의와 함께 관련 개념에 대한 태도는 두 사회에서 크나큰 차이를 보였다. 현대인에게서 관찰되는 일부 유전 및 형질 변이는 조상의 미시 환경적 차이로까지 거슬러 올라간다.

유전적 변이는 특별한 이유 없이 그냥 발생하기도 한다. '유전적 부동(genetic drift)'이라고 부르는 이 현상은 생명의 다양성에 기여한다. 실제로 DNA 복제 과정에서 무작위 돌연변이라는 오류가 전혀 발생하지 않았다면, 가장 단순한 최초의 생명체가 더 복잡하게 진화하지 못했을 것이다. 특히 새롭고 작은 개체군에서는 유전적 부동이 종을 형성하고, 유전적 다양성을 설명하는 데 중요한 역할을 할 수 있다. 이는 지향성과 합리성을 진화 과정에 전가하려는 충동을 억누르고, 더러는 그저 우연히 발생할 수 있음을 받아들여야 하는 또 다른 사례이다.

370　Cochran and Harpending. *The 10,000 Year Explosion*. 또한 Buller. "Adapting Minds"; and Graeber and Wengrow. The Dawn of Everything: A New History of Humanity.도 참고할 만하다.

371　Cashdan. "Egalitarianism among Hunters and Gatherers."

흑사병은 1348년부터 1350년까지 유럽 전역을 휩쓸며 대륙 인구의 절반을 죽음으로 물들였다. 그 원인은 상선과 실크로드 교역용 수레에 숨어든 시궁쥐의 벼룩이 옮기는 페스트균(Yersinia pestis) 때문이었다.[372] 그런데 소름 돋을 정도로 치명적인 전염병의 창궐에도 유럽인의 절반이 살아남을 수 있었던 이유는 무엇일까? 다행스럽게도 모든 사람의 면역 체계가 동일하지 않기 때문이다.

한 종의 개체가 모두 특정 병원균에 취약하다면, 병원균은 그 종을 절멸로 이끈다. 반대로 개체 간 면역력에 차이가 있다면, 타격은 가능하더라도 멸종까지는 불가능할 것이다. 이러한 이유로 흑사병은 유럽의 인구 증가를 150년 전으로 되돌렸지만, 인류의 종말까지 초래하지는 못했다. 이처럼 유전적 다양성의 이점은 면역계를 토대로 쉽게 확인할 수 있으며, 그 이점은 개인보다 집단에서 발생한다는 점에 주목할 필요가 있다.

개인에서 집단으로 초점을 전환하는 것이 중요한 이유는 진화의 작용 방식에 대한 지속적인 논쟁과 연관될 뿐 아니라, 진화 이론을 정치에 적용하는 데에도 큰 함의가 있기 때문이다. 진화생물학자의 대다수는 여전히 자연 선택이 집단이나 종보다 개인적 특성에 작용한다는 관점에 익숙하다.

그러나 진화가 개인뿐 아니라 집단에도 작용할 수 있다는 집단 선택 또는 다단계 선택(multilevel selection)으로 일컬어지는 소수 견해도 힘을 얻고 있다. 생물학자 E. O. 윌슨E. O. Wilson은 해당 관점을 강력하게 주장하는 연구자이다. 그는 유기체인 개체가 다른 개체를 위해 희생하는 이유는 단순히 같은 확대 가족의 일원으로서 일부 유전적 유산을 공유한다는 혈연 선택 때문만은 아니라고 말한다. 정확하게는 친족 여부를 떠나서 같은 집단의 일원이라는 점과 함께, 집단이 강해질 때 여러 이익을 얻기 때문이라는 주장으로 전통적 견해를 반박했다.[373]

---

372   Kohn. *Encyclopedia of Plague and Pestilence.* 3rd ed.

373   Nowak et al. "The Evolution of Eusociality."

집단 선택은 동물 연구를 통해 실증적으로 뒷받침되는 개념이다. 다단계 선택을 지지하는 엘리엇 소버Eliot Sober와 데이비드 슬로언 윌슨David Sloan Wilson이 강조한 사례를 살펴보고자 닭의 산란에 주목해 보자.[374] 양계업계에서 어렵게 깨달은 바와 같이 산란은 단독 행동으로 보이지만, 반드시 그렇지도 않다. 달걀을 가장 많이 낳는 닭[375]을 선별하여 다산계로 추정되는 무리에 넣으면 오히려 생산량이 대폭 감소한다.

그 이유는 무엇일까? 달걀을 가장 많이 낳는 닭은 대체로 공격적인 성향을 지닌 영화 주인공 같기 때문이다. 따라서 그러한 개체를 한데 모아 두면 건강하고 생산적인 무리가 아니라, 분열을 일으키며 불만 많고 생산성 낮은 집단으로 변모한다. 이 사실을 깨달은 양계업자는 개체가 아닌 무리를 고민하기 시작했다. 이후 닭 무리의 산란 생산성을 점수화하고, 생산성이 우수한 집단을 다음 번식에 활용하면서 달걀 생산성을 단 6세대 만에 160%까지 끌어올렸다.[376] 중요한 것은 가장 생산적인 개체를 무작정 한 곳으로 모아 두는 것이 아니라, 서로 잘 어울리는 개체를 집단으로 구성하는 것이었다.

생물학지의 일부에서도 그리한 유형의 증거를 인정하면서 진화가 집단 수준에서도 작용할 수 있다는 결론을 내린다. 그러나 일각에서는 여전히 회의적인 태도를 보이지만, 집단 선택 없이는 인간 외의 여러 생물에서 종종 비정상적으로 나타나는 이타성을 설명하기 어렵다고 말한다.[377] 만약 진화가 집단 수준에서 작용한다면, 이는 집단 내부의 유전적 다양성에 중요한 영향을 미칠 것이다. 구체적으로 말하자면, 집단 내 유전적 다양성이 풍부해질 것으로 예상할 수 있다.

결과적으로 달걀만 많이 쏟아 내는 잔소리꾼이 아니라 다양한 성격의 암

---

374 Sober and Wilson. *Unto Others: The Evolution and Psychology of Unselfish Behavior.*

375 달걀을 낳는 속도의 차이는 유전되는 특성에 해당한다.

376 Muir. "Group Selection for Adaptation to Multiple Hen Cages."

377 De Waal. *Good Natured: The Origins of Right and Wrong in Humans and Other Animals.*

닭이 조화롭게 어우러지는 무리에서 생산성이 더 높아진다. 이와 같은 유형의 선택 압력은 일종의 분업과 같다. 어느 닭은 달걀을 계속 낳고, 다른 닭은 적게 생산하더라도 무리의 분위기 메이커라는 중요한 역할을 담당한다. 따라서 닭들은 유전적으로 형성된 다양한 역할을 수행함으로써 무리의 성공에 기여한다. 이처럼 집단 선택은 상당히 다른 관점에서 진화를 바라보는 것으로, 유전적 다양성의 이점을 쉽게 이해할 수 있도록 한다.

선택 압력과 정치 성향

지금까지 설명한 바와 같이, 유전적 변이에는 여러 원인이 존재한다는 가능성을 염두에 두자. 그리고 이를 유전적 특성에 따른 정치적 변이가 데이터로 확인할 수 있는 대다수 사회에서 놀랍도록 흡사하게 나타난다는 본 책의 요지에 접목해 보자. 모든 구성원의 성격이 같은 문화권은 지금껏 밝혀진 바 없듯, 정치적 입장이 모두 일치하는 문화권도 존재하지 않는다. 모든 정치 쟁점에 보편적 합의가 이루어지는 대중 사회는 대부분 자유로운 의사 표현이 불가능할 것이다.

그렇다면 진화의 관점에서는 무당파(no-labeler)와 극단주의 성향, '전통주의 투사'와 '새로운 주민',[378] 자민족 중심적 매파와 공감적 비둘기파[379]로 대표되는 보수와 진보 성향의 존재를 어떻게 설명할까? 그 답은 필연적으로 추측일 수밖에 없다. 여기에서는 지금까지의 내용과 다르게 주장을 뒷받침할 실증적 증거를 제시할 수 없기 때문이다. 다만 진화와 유전적 변이에 대한 이해를 바탕으로 정치 성향 변이의 기원을 그럴듯하게 설명할 수는 있다.

이와 관련하여 한 이념이 다른 이념보다 진화했는가를 묻는 이가 흔하다. 보수주의자는 진보주의자에게서 '자연 질서에 반하는 존재'라고 불리기를 좋아한다. 마찬가지로 진보주의자도 상대 진영에게서 '태고의 생명체 같은

---

378 Haston. *So You Married a Conservative.*

379 Weaver. *Two Kinds: The Genetic Origin of Conservatives and Liberals.* 5.

존재'라는 꼬리표에 흡족해한다. 그러나 이는 모두 어리석은 발상이다. '더' 또는 '덜' 진화했다는 개념 자체가 말이 되지 않기 때문이다.

진화는 한 종이 환경에 적응해 가는 과정이다. 그리고 환경 자체는 끊임없이 변화하므로, 그 과정에 끝은 없다. 다시 말해 진화는 목적지가 아니라, 특정 시점의 환경적 현실에 일시적이면서 뒤처진 적응 과정일 뿐이다. 환경이 다시 바뀌면 진화도 다른 방향으로 움직이기 시작한다. 따라서 유전적으로 형성된 어떠한 정치 성향도 더 또는 덜 진화했다고 말할 수 없다.

어떠한 정치 성향이 더 '자연스러운가'는 연구자마다 의견이 엇갈린다. 일부는 수만 년 전에 발생한 인류 문화의 대폭발이 정치적으로 매우 다른 두 가지 인간 유형의 토대를 만들었다고 주장한다. 이 주장에 따르면 첫 번째 유형은 '전통주의 투사' 또는 보수주의자이며, 문화적 개화 이전의 상태를 나타낸다. 그리고 두 번째 유형은 '새로운 주민', 즉 진보주의자로, 이는 문화적 개화 이후의 상태를 반영한다. 여기에는 보수주의자가 현대적 감수성과는 다소 동떨어져 있다는 의미가 담겨 있다.[380]

그러나 다른 연구자들은 정반대의 견해를 피력한다. 그들은 다원주의적 행동이 필연적으로 자기 이익을 추구할 수밖에 없다고 말한다. 이 관점은 집단 선택을 경시한다. 그리고 인류의 완전무결함이라는 터무니없는 관념, 국제 재판소와 정부 프로그램에 대한 신뢰, 경쟁을 거부하는 태도 등으로 거대한 역사적 흐름과 동떨어져 있다고 본다.[381] 하지만 우리는 실제로 향후 수세기 동안 환경이 어떻게 변할지는 알 수 없다. 그러므로 어떠한 이념이 미래를 주도할 물결인가에 대한 논의는 어느 이념이 더 진화했는가를 둘러싼 논쟁만큼이나 철학적 한계에 봉착하고 있다.

그보다 더 흥미로운 쟁점은 진보나 보수 진영에게 가장 적합한 환경이 무엇인가이다. 이 주제를 어떻게 설명할 수 있을까? 머나먼 과거의 삶이 지금보다 진화론적으로 훨씬 어렵고 위험했다. 홉스가 말한 바와 같이 그때의 삶

380　Haston. *So You Married a Conservative.*

381　Arnhart. *Darwinian Conservatism.*

이 외에도 Gabler. "The Weird World of Biopolitics."을 참고할 수 있다.

을 "고독하고 가난하며, 불쾌하고, 야만적이고, 짧다."라고 묘사하더라도 큰 이견은 없을 것이다. 당시 전쟁과 살인에 의한 사망자는 오늘날과 비교하면 놀라울 정도로 많았다.

법의학 고고학자와 민족지학자의 추정에 따르면, 홍적세 시대에는 남성의 절반이 다른 남성의 손에 사망하였다고 본다.[382] 순수하게 전사자 비율만 보더라도 농경 이전에는 10만 명당 500명이었으나, 현대에 들어 0.3명으로 급감했다. 타인에게 살해당할 확률도 지난 750년 동안 급격히 줄어들었다. 한 추정치에 따르면 14세기 영국에서는 10만 명당 24명이 살인으로 사망했지만, 20세기 후반에는 1명 미만으로 감소했다고 한다.[383] 다른 남성에게 머리를 맞아 사망한 남성의 비율이 절반에 달하던 시절과는 큰 차이가 있다.

두 차례의 세계대전을 비롯하여 수많은 전쟁으로 점철된 20세기는 유난히 참혹한 시기였다. 하지만 국가가 형성되기 이전, 사회의 폭력에 따른 사망률을 20세기에 그대로 적용하면 약 20억 명이 사망했을 것이다. 이는 실제 사망자 수치와 비교를 불허하는 수준이다.[384]

요컨대 대규모 농업이 등장하기 이전인 수렵 채집 사회에서의 삶은 짧았던 데다 온갖 위험으로 가득했다. 이러한 환경에서의 선택 압력에 유리한 부류는 새로운 상황과 생활 방식의 수용에 신중하고, 타인의 위협을 경계하며, 소속된 집단에 충성하고, 이웃 부족을 의심하는 사람이었을 것이다. 이 유형에 속하는 사람은 취약한 상황에 노출되지 않아 위험을 피할 가능성이 그만큼 컸을 것이다.

이전 장에서 제시한 증거를 고려하면, 현대 대중 사회에서는 그러한 사람이 일반적으로 보수적, 반이민주의적이다. 또한 새로운 생활 양식을 거부하

---

382   Daly and Wilson. *Homicide.*

383   Eisner. "Modernization, Self-Control, and Lethal Violence: The Long-Term Dynamics of European Homicide Rates."

384   Keeley. *War before Civilization.*
수천 년에 걸친 폭력에 따른 사망률의 감소에 대한 완전한 논의는 스티븐핑커의 저서인 《우리 본성의 선한 천사(The Better Angels of Our Nature)》를 참조하기를 바란다.

며, 경계심이 강한 성향을 보인다. 트럼프, 볼소나로, 모디, 에르도안, 푸틴, 밀레이, 멜로니, 르펜 등의 정치인이나 브렉시트 같은 운동을 지지하는 사람들이 그 예이다.

보다 현실적인 가설은 홍적세의 거친 환경에서 새로운 것을 시도하고, 새로운 생활 양식을 기꺼이 받아들이며, 다른 부족의 구성원과 교류하면서 부정적 편향이 거의 없었던 사람은 드물었으리라는 점이다. 당시의 환경에 내포된 수많은 위험을 감안하면, 그러한 특성은 장기적으로 생존에 불리한 전략이었다. 오랜 기간 외부의 위협에서 상대적으로 동떨어진 사회 집단에서는 원시적 진보주의자가 존재했을 것이다. 그러나 수렵 채집 집단의 대부분은 늘 주변을 경계하면서 옆집까지 주시해야 했을 것이다.

선사 시대의 수렵 채집 부족은 변화가 거의 없는 삶의 방식을 유지했다는 점에서 보수적인 사회였을 가능성이 크다. 물론 위험을 감수하면서까지 기회를 포착하면서 남들과 다른 길을 가고, 낯선 외부자에게 마음을 여는 성향을 타고난 사람도 분명 존재했을 테다. 그러나 그들은 선택 압력으로 도태되었을 것이다.[385] 조너선 하이트는 이를 두고 "우리는 성공적인 부족주의자의 후손이지, 더 개인주의적이었던 친척의 후손은 아니다."라고 말했다.[386]

약 1만 2천 년 전, 대규모 농경 사회가 출현하면서 따라 인류의 삶도 전반적으로 위협이 덜한 방향으로 접어들기 시작했다. 그러나 소규모 반유목민에서 대규모 정착 사회로의 전환이 처음부터 긍정적인 것만은 아니었다. 여러 사람과 가까이 생활하는 환경 탓에 질병이 증가했고, 가끔 감염성 질병을 옮기는 대형 가축과의 접촉이 늘면서 그 위험은 커졌다. 또한 수질과 위생, 영양 상태가 악화되고, 위계질서와 차별이 뚜렷하고 억압적인 형태로 나타났다.[387]

그럼에도 인간은 결국 새로운 생활 양식에 적응했으며, 식량 자원의 획득

385　이는 로버트 해스턴의 저서 《그래서 보수주의자와 결혼했군요(So You Married a Conservative)》에서의 추측과 유사하다.

386　Haidt. *The Righteous Mind*. 163.

387　Cochran and Harpending. *The 10,000 Year Explosion*. 85–90.

이 안정화되면서 삶의 질도 점차 개선되었다. 물론 이 모두가 균등하게 이루어진 것은 아니며, 중세 암흑 시대와 같은 심각한 상황도 동반했다. 그러나 시간이 흐르면서 폭력으로 사망할 확률은 줄어들었고, 위생과 의료, 영양 상태도 결과적으로 나아졌다. 이처럼 변화한 환경에서는 강화된 부정 편향, 사전 검증된 방식 추구, 외집단을 향한 뿌리 깊은 의심 등에 대한 선택 압력도 점차 사라졌을 것이다.

이상과 같은 환경 변화가 곧바로 외집단에 대한 개방성과 새로운 경험에 대한 긍정적 선택을 의미하지는 않았을 듯하다. 탐색 행동, 타인을 향한 신뢰, 부정적인 환경 요소에 대한 느긋한 태도는 다른 집단 및 타인과의 교류와 배움으로 더 나은 방법을 발견할 가능성을 높인다는 점에서 분명 유익할 것이다. 신뢰는 사회에 매우 유익한 요소이지만, 자민족 중심적이고 부정적 결과에 집착하는 경향이 강할 때는 신뢰가 형성되기 어렵다.[388]

따라서 개방적이고 신뢰하며, 탐구적인 성향에 대한 긍정적 선택 압력이 약간 증가할 수는 있다. 다만 그보다 변화하는 인류의 사회 환경이 낯선 것을 경계하며 주의를 기울여야 한다는 기존의 강한 압력을 약간 완화했을 가능성이 더 크다. 논리적인 결과를 도출하자면, 외집단에 대한 태도와 새롭고 참신한 경험에 대한 개방성과 같은 특성이 홍적세 시대보다는 훨씬 다양해졌을 것이다.

현대인의 대부분은 먼 과거의 일과 같이 생명을 위협하는 걱정에 끊임없이 시달리는 경우는 드물다. 그 결과, 현대인은 가족과 친족의 범주를 벗어난 사람에서 동물까지 사회적 접촉과 윤리적 관심의 범위를 확장할 수 있다.[389] 물론 모든 사람이 그 기회를 포착하는 것은 아니다. 또한 강한 선택 압력도 없으니, 현대 대규모 사회에서 보수 또는 진보 성향의 유전적 영향에 상당한 변이를 촉진할 수 있다. 따라서 진보주의적 태도는 진화적으로 삶이 덜 위험해지면서 가능해진 사치로도 생각할 수 있다.

388　Robert Putnam. *Making Democracy Work; and Francis Fukuyama. Trust: The Social Virtues and the Creation of Prosperity.*

389　Singer. *The Expanding Circle: Ethics, Evolution, and Moral Progress.*

그러나 환경이 다시 홍적세 시대의 위협적인 분위기로 돌아간다면, 보수적 지향성에 대한 긍정적 선택이 나타날 것이다. 그리고 시간이 흐를수록 그와 같은 성향이 오래전처럼 널리 확산되리라고 본다.[390] 다시 말해 특정 상황에서는 새로운 생활 양식과 낯선 사람에 대한 회의적 태도가 더 유리해진다. 생물학자는 환경의 위협에 충분히 민감하지 못한 유기체에 '죽었다'라는 표현을 사용한다. 물론 덜 위험한 환경에서는 그러한 특성이 도리어 역효과를 낳아 고립되고 수구적이며, 경직되고, 폐쇄적인 집단으로 변모한다.

우리가 구상하는 기본적인 진화 시나리오는 시간의 경과로 인류가 폭력적이었던 초기 시대와 점차 멀어지면서 보수적인 사회관을 지향하던 선택 압력이 완화되었다는 것이다. 이에 따라 사회 생활에 접근하는 방식에도 큰 편차가 생겨났는데, 완곡하게는 갈등의 소지가 발생함을 의미한다. 오늘날에는 익숙하고 검증된 방식을 선호하는 것과 새로운 것을 시도하려는 열망 가운데 어느 쪽도 생존과 번식의 측면에서 적응형에 가까운 것은 없다. 적응력이 강하지 않은 특성에는 상당한 변이가 나타나기 마련이다. 투비와 코스미디스가 지적한 마와 같이 "선택에 의한 획일성을 강요받지 않는 곳에서는 변이가 발생하기 쉽다."[391]

적대적 공생

여기에서 마무리한다면, 진화론에 입각한 이 책의 설명도 불완전해질 것이다. 선택 압력을 강하게 받지 않는 특성은 무작위로 변해야 하는데, 정치 성향과 연관된 것만큼은 그렇지 않기 때문이다. 일부 관찰자는 정치 성향이

390　해스턴은 진보주의가 미래의 물결이라고 보았지만, 이러한 믿음은 환경이 지금까지의 방향으로 계속 나아갈 것이라는 전제를 내포한 듯하다.

391　Tooby and Cosmides. "The Past Explains the Present: Emotional Adaptations and the Structure of Ancestral Environments." 58.

　정치 성향은 어떻게 결정되는가

유전에 기반하지만, 인구 집단 전체에 무작위로 분포한다고 주장한다.[*392]

그러나 47건의 쌍둥이 연구에서는 타고난 성향이 유전의 영향을 받는 것은 분명하지만, 결코 무작위적이지는 않음을 강하게 시사한다. 정치 성향은 가족과 패턴으로 이어질 뿐 아니라, 그 변이는 더욱 뚜렷하게 유형화, 체계화되어 가는 듯하다. 정치적 견해가 이념 스펙트럼에서 예측 가능한 양극단으로 구분되고 이끌리는, 이른바 '분극화(polarization)' 현상은 흔한 이야기가 되었다.

여전히 많은 이들이 중도 성향에 머물러 있음을 인정하더라도, 이념 스펙트럼은 그 어느 때보다 정치 전선을 더욱 확연하게 구분하려는 듯하다. 현대 사회에서 상대적으로 선택 압력이 부족하다면, 이 양상이 정치 성향과 연관된 변수의 무작위 변이를 허용하지 않은 이유는 무엇일까? 이와 관련하여 반이민주의 성향에 법과 질서를 중시하는 전통주의자와 개혁과 재건, 새로운 생활 양식과 다양성, 집단 간 협력을 지지하는 사람들 사이의 분열이 거의 일관적으로 나타나고 있다. 이는 무작위성과 선택 압력의 퇴보를 뛰어넘는 무언가가 작용하고 있음을 의미한다.

이 지점에서 여러 연구자는 면역 체계가 다양한 집단과 마찬가지로 정치적 관점이 다양한 집단에도 독특한 이점이 있을 것이라 주장했다. 즉 부정 편향이 있는 사람, 위험을 기꺼이 감수하는 사람, 외집단과 새로운 생활 양식을 환영하는 사람과 그렇지 않은 사람이 함께한다면, 한 유형으로 구성된 집단보다 강한 사회 집단을 형성할 수 있다. 이처럼 정치 성향에 따른 집단 선택에 대한 주장은 꽤 오래전부터 존재했다. 1992년에, 우리와 만난 전 하원의원 짐 위버는 다음과 같이 지적했다.

> "우리가 공감 능력이 뛰어났다면, 수천 년 전에 이미 다른 인류에게 학살당했겠죠. 반면 우리 모두 폭력적이고 공격적인 짐승이었다면… 지구에서 지배적인 종으로 거듭날 창의적인 능력을 계발할 수 없었을 겁니다."[*393]

---

392   Weaver. *Two Kinds: The Genetic Origin of Conservatives and Liberals.*
393   같은 책, 12쪽.

우리는 과거의 연구 사례에서 보수와 진보 진영 모두 "인정하기 싫겠지만, 다른 지향성이 존재해야 사회를 더 강하게 만들 수 있다."라고 추정한 바 있다.[394] 그리고 조너선 하이트는 우리의 주장을 더 심화하여 제시하였다.[395] 그 핵심은 바로 다양한 정치 유형이 혼합된 사회가 다음과 같은 구성원을 동시에 보유함으로써 변화하는 환경에 더 잘 적응할 수 있다는 것이다.

① 내집단을 지킬 충실한 구성원
② 외집단과 생산적으로 교류하려는 구성원
③ 새로운 접근 방식을 기꺼이 시도하는 구성원
④ 기존 방식을 지지하는 구성원

이는 무작위 변이가 아닌, 다양한 성향의 개인으로 최적의 집단을 형성할 수 있음을 나타낸다. 그러나 이 방식으로 형성된 집단이 초래할 심각한 단점은 무엇일까? 어쩌면 해결해야 할 정치적 충돌이 많을 것이지만, 미처 그렇지 못할 수 있다는 점이다. 달리 말하면 지금 우리의 모습과 비슷하다.

위의 설명이 성립하려면 표준적인 표현형보다 상황에 따라 보수와 진보 성향을 자유롭게 넘나들 수 있는 유연한 표현형의 혼합이 더 유리하다. 다시 말해, 이는 진화심리학자가 옹호하는 보편적 구조론보다 우월함을 입증해야 한다. 물론 일정 수준의 유연성은 당연히 존재한다.

예컨대 미국에서 진보 성향이 강한 뉴욕 시민들은 9.11 테러 이후, 특히 외집단을 대하는 태도가 보수적으로 변했다.[396] 그러나 이 현상은 기존의 성향이나 기준점에서 일시적으로 벗어났을 뿐임이 밝혀졌다. 그렇다면 완전한 유연성이 동일한 문제를 해결할 수 있음에도 그러한 기준점이 존재하는 이유는 무엇일까? 그리고 우리는 왜 환경이 보내오는 신호에 따라 보수와 진보

---

394 Alford et al. "Are Political Orientations Genetically Transmitted?" 166.

395 Haidt. *The Righteous Mind*.

396 Huddy and Feldman. "Americans Respond Politically to 9/11."

정치 성향은 어떻게 결정되는가

성향을 자유롭게 오가지 못하는 것인가? 서로에게 그다지 호감을 느끼지 못하는 사람들로 구성된 집단보다는 유연함이 더 낫지 않을까?

완전히 유연한 개인과 달리 뚜렷이 구별되는 유형의 상대적 이점을 입증하기는 어렵지만, 컴퓨터 시뮬레이션에서 몇 가지 증거를 확인할 수 있다. 한 연구에서는 두 가지 유형의 '영웅'이 가상 사회에서 지니는 가치를 조사했다. 첫째는 집단 사이의 갈등에서 영웅적 행동을 보이는 군인 유형이고, 둘째는 집단 내 활동에서 영웅성을 발휘하는 이타주의자 유형이다. 이 연구에서는 두 가지 역할을 모두 수행할 수 있는 유연한 사람으로 구성된 집단보다 두 유형이 혼합된 집단이 더 성공적이었다. 해당 연구의 결과는 유연한 표현형과 비교할 때 차별화된 행동 표현형이 유리할 수 있음을 시사한다.[397]

동물의 세계에서 다양한 모프의 존재는 성향의 변이가 우연이 아니며, 어쩌면 진화적으로 유익할 것이라는 추가적인 지표에 해당한다. 꿀벌이나 개미 집단의 분업과 다양한 동물 사이에서 비교적 안정적인 성격이 존재한다는 사실은 집단 내부에서 특정한 유형의 다양성이 가치 있음을 의미한다. 생물 집단에서의 분업과 마찬가지로 사회적 성향과 정치 성향의 구분 또한 득이 될 것이다.

대중 사회의 최근 모습을 감안하면, 유전적 영향을 받은 주요 특성은 인류가 수십만 년에 걸쳐 살아온 방식과 직결된다. 그러므로 그것은 수렵 채집 생활을 하던 소규모 집단에 유리했을 것이다. 우리가 이해하려는 사회 생활의 구체적인 형태는 최근과 유사하면서도 최소 한 가지 측면에서 차이를 보인다. 이는 자신의 정치적 관점을 자유롭고 의미 있게 표현할 기회를 당연하게 여겨서는 안 된다는 점이다.

1만~1만 5천 년 전부터 대중 정치 체제가 성립된 이후에도 민주주의는 최근 들어 등장한 개념으로 매우 희귀했다. 아테네에서의 민주주의는 결국 짧은 일탈이었을 뿐, 완전한 의미의 민주주의는 아니었다. 1945년까지도 민주주의 국가는 스무 곳에 불과했고, 중국과 같이 인구를 기준으로 가장 큰 국

---

397 Smirnov et al. "Ancestral War and the Evolutionary Origins of 'Heroism'."

가는 대부분 지금까지 민주주의를 채택한 적이 없었다.

세계사적으로 대중 민주주의 사회에서 살았던 사람은 극소수에 불과했다. 따라서 인류는 여전히 그러한 유형의 사회 구조에서 살아가는 데 익숙지 않다. 이 글을 쓰고 있는 지금도 이스라엘, 인도, 미국을 비롯한 여러 국가에서 민주주의가 공격받고 있다는 사실은 딱히 놀랍지 않다. 자연 선택이 생각보다 빠르게 일어날 수 있다는 코크란과 하펜딩의 주장이 옳더라도, 실제적 차이를 허용하는 대중 정치 체제에서 보수와 진보의 혼합에 선택 압력이 작용할 시간은 충분하지 않았을 것이다.[398]

따라서 우리가 확인하고자 하는 압력은 소규모 집단에서도 다양한 사회적 성향으로 이어졌을 것이다. 이러한 성향은 훗날 대중 민주주의가 등장했을 때, 좌익과 우익, 전통주의자와 진보주의자, 반이민주의자와 세계주의자로 자연스럽게 분화되었을 것이다. 우리는 외집단을 향한 지향성, 새로운 경험과 생활 양식에 대한 개방성, 인간의 위협에 대한 민감한 반응성을 비롯한 특징이 개인의 경제적 권리에 대한 선호보다 우리의 역사적 진화 과정과 더 자연스럽게 연결된다고 믿는다. 이 점에서 우리는 "자민족 중심주의자들은 개인의 권리에 관심이 없다."라는 위버의 지적에 동의한다. 보수주의와 자유시장 원칙이 연결된 것은 비교적 최근의 일이며, 보편적 발전과도 거리가 멀다.

현대 유럽, 특히 스칸디나비아의 여러 우파 정당에서는 실효성 있는 사회 안전망을 기꺼이 채택하지만, 수혜 범위를 현재와 미래의 이민자에게까지 확장하는 것에는 반대한다. 위버도 마찬가지로 마르크스주의가 공감 성향을 형성하는 심층적인 힘과 연결된다고 보지 않았으며, 이 연결성을 주장하는 것은 '우리의 생물학적 기원을 완전히 무시하는 처사'로 간주한다.[399]

정치 성향을 형성하는 심층적인 힘은 사회에서 정부의 역할을 둘러싼 논쟁이나 사회복지 국가와 비교하여 자유시장의 영예를 둘러싼 논쟁과 직접적으로 연루되지는 않는다. 이는 결국 진화의 역사에서 정부의 규모가 쟁점이 된 기간이 얼마였는가의 문제이다. 그러나 이민자로 대표되는 최근과 미래

---

398   Cochran and Harpending. *The 10,000 Year Explosion.*

399   Weaver. *Two Kinds: The Genetic Origin of Conservatives and Liberals.* 5.

의 외집단 구성원에게 국가의 사회복지 체계를 개방할 것인가의 문제라면, 유전적으로 더 깊은 영향을 받은 힘이 빠르게 개입한다. 현대 정치에서 경제 문제는 중요한 사안임에 틀림이 없지만, 그 갈등의 근원이 내집단과 외집단의 쟁점처럼 생물학에 근거하지는 않는다.

지금까지 다루어 온 진화에 관한 설명을 마무리하기에 앞서, 보수와 진보의 지속적인 존재를 다윈주의적 시각으로 설명해야 할 듯한 충동을 경계해야 한다. 후성유전학이 정치 성향의 변이를 이해하는 데 완전히 다른 사고방식을 제시한다는 점도 함께 고려해야 한다. 다윈은 특정 형질을 지닌 개체가 세대에 걸쳐 서로 다른 방식으로 생존과 번식을 이어 왔다는 관점으로 형질의 변화를 설명한다. 이 설명에서는 특정 형질이 그 변화를 만들어 낸 DNA를 다음 세대로 전달하는 가능성이 어느 정도인지가 핵심 쟁점이 된다.

반면 후성유전체는 DNA를 둘러싼 화학 물질을 포함한다. 이 화학 물질의 패턴은 경험에 따라 변할 수 있다고 알려져 있다. 다시 말해 후성유전적 변화는 반드시 선조의 유전자에 따라 형성되지는 않으며, 그 유용성이 경험적으로 입증되기 전에 발생하기도 한다.

특정 냄새에 대한 두려움으로 조건화된 생쥐의 후성유전체는 변화했지만, 이는 다윈주의의 관점에서 더 적응적이라는 의미는 아니다. 마찬가지로 정치 성향이 후성유전학과 연결된다면, 하나의 표현형이 다른 것보다 생존에 적합하다는 다윈주의적 관점이 반드시 옳은 것은 아니다. 타고난 성향과 정치 성향에 영향을 미치는 변화는 적응 여부와 상관없이 일어날 수 있으며, 실제로 그러하기도 한다.

유전자가 전부는 아니다

지금까지 우리는 유전 변이의 역할에 초점을 맞추었다. 그러나 유전자와 그 주변의 화학 물질만이 정치 기질의 유일한 원인은 아님을 명심해야 한다. 환경과 정치 성향 간의 명백한 연관성은 작은 유전자의 차이가 환경 요인으로 확대되어 뚜렷한 정치 성향을 형성할 가능성을 열어 준다.

크리스토퍼 젠크스Christopher Jencks의 독해력 연구는 그 과정이 어떻게 작용하는가를 잘 보여 주는 사례이다.*400 젠크스는 약간의 유전적 차이가 독해력에 기여한다고 언급한다. 그러나 독해력이 뛰어난 사람은 평균적으로 더 많은 책을 읽으므로, 자연스럽게 독해력이 향상됨을 강조한다. 그리고 부모와 교사의 격려와 칭찬 덕분에 더 많은 책을 읽게 된다고 덧붙인다. 요컨대 환경은 초기의 제한적인 유전적 변이를 증폭하는 역할을 한다.

마찬가지로 정치 성향의 미미한 상대적 차이도 부모나 그 외 영향력 있는 인물의 강화 작용으로 더욱 심화되기도 한다. 이러한 현상은 현대 미디어 환경에서 특히 두드러진다. 유전적으로 신중함과 전통을 선호하는 경향이 조금이라도 있는 사람은 비슷한 성향의 소유자와 같은 목소리를 내는 미디어 채널에 이끌린다. 소셜 미디어 피드는 사람들에게 자기 관점과 일치하는 의견을 끊임없이 공급하고, 폭스 뉴스와 MSNBC 또한 저마다의 방식으로 영향을 미친다. 이때 미미한 유전적 차이는 서로의 입장을 이해하지 못할 만큼 근본적으로 다른 성향을 지닌 두 집단에 치열한 갈등을 일으킨다.

더러는 발달과 환경 요인이 유전적 유형에 반하는 경우도 있다. 이는 보수나 진보 성향으로 일관하며 살아온 사람보다 전향자가 더 극단적인 모습을 보이는 상황을 설명하는 데 유용하다. 그리고 때로는 자신의 실제 성향으로 돌아가면서 해방감을 만끽할 수도 있다.*401

그리고 중도층에 속하는 사람을 잊어서는 안 된다. 중도층은 서로 교차하는 환경적, 유전적 요인의 혼합, 서로 다른 두 요인에 따른 정치적 관심과 인식 수준의 감소 또는 단순히 타고난 성향의 영향이 없어 나타난 결과일 수 있다. 누군가 타고난 성향의 영향을 받는다고 해서 모두가 그러하지는 않다. 실제로 우리는 생물학적으로 유래된 정치 성향을 지닌 사람이 많지 않지만, 그러한 성향을 지닌 사람의 목소리가 유독 크다고 추정한다. 이는 다음 장에서 더 자세히 다루도록 하겠다.

---

400   Jencks. "Heredity, Environment, and Public Policy Reconsidered."

401   Scipioni. "These Voters Switched Political Parties for 2020."

모두가 정치 성향을 타고나지는 않는다. 다만 정치적으로 가장 적극적인 사람은 대부분 정치 성향을 지닌다. 요컨대 중도층과 정치 무관심층(apolit-icos)이 많다고 해서, 앞서 제시한 설명이 모두 힘을 잃는 것은 아니다. 오히려 완벽하게 일치한다.

진화의 혼란

변화의 시기를 지나 환경이 안정화되더라도, 다윈주의적 진화 과정에는 우여곡절이 많다. 생물 종은 환경에 가장 잘 적응할 표현형을 향해 점진적으로, 가끔은 주춤하면서도 균일하지 않은 울퉁불퉁한 길을 걸어간다. 이러한 과정은 여러 세대를 거쳐 이루어지며, 환경이 다시 변화하기 전에 종의 유전자형이 고정되기는 어렵다. 이는 세대 간에 다른 패턴의 변화를 일으킨다. 여기에 무작위 유전적 부동(genetic drift), 환경적으로 연관된 유전자와 무관한 유전자의 연계, 빈도 의존성, 집단 선택, 환경 다양성, 후성유전 등이 더해지면, 과정은 더욱 복잡해진다.

선택 압력이 완화되면 그 과정은 더욱 혼란스러워진다. 수렵 채집 사회에서 낮은 시력은 신체적 약점이었으므로, 당연히 선택에서 배제되었을 것이다. 그러나 오늘날에는 안과 진료로 문제를 간단하게 최소화할 수 있어서 인간의 시력과 관련된 유전자형은 10만 년 전보다 훨씬 다양해졌을 것이다.

신체 능력의 다른 측면 또한 마찬가지로, 이는 나치 이론가들이 안타까워하던 현대 사회의 특징이기도 하다.[402] 그들은 현대인이 실내 생활에의 적응과 도시화를 개탄하면서, 유약해진 현대인의 모습이 유대인을 통해 나타난다고 보았다. 이에 나치는 아리아인이야말로 야외에서 활발하게 활동하는 모습이 구현된 이상형으로 여겼다.

다른 이들은 나치와 다른 시각에서 상황을 바라보며, 홍적세 시대에 유전

---

402   Kalikow. "Konrad Lorenz on Human Degeneration and Social Decline."

적 결핍으로 여겨질 법한 것들을 기술로 보완할 수 있는 이 시대의 너그러움에 안도감을 느낄지도 모른다. 빈약한 몸매에 시력까지 나쁜 사람도 지금은 근육질에 시력까지 완벽한 사람과 동등하게 삶의 질과 번식 기회를 보장받게 되었다. 이것이 개인은 물론 사회에 해가 되는 일이라 생각지는 않을 것이다.

결과적으로 여러 특성에서는 더욱 풍부한 다양성을 드러낸다. 특정 표현형이 다른 것보다 생존과 번식에서 큰 차이를 보일 가능성이 줄어들었기 때문이다. 이 일반적인 패턴은 현대의 정치적 관점에도 적용되는 듯하다. 정치에도 다양성이 흘러넘친다. 보수와 진보 진영에서도 극단주의자와 함께 중도층과 이념적으로 유연한 사람도 존재한다. 그리고 정치에 무관심하며, 정치가 사라지기를 바라는 사람도 있다.

광범위한 변이의 양상은 외집단 구성원, 내집단 규범 위반자, 새로운 생활 양식에 대처하는 방식이라는 정치적 근본 딜레마에 대한 선호를 중심으로 존재한다. 이들 딜레마는 모든 사회 단위에서 직면하는 보편적 문제이기 때문이다. 여기에서 보편적인 것은 딜레마이지, 그 해결책에 대한 선호가 아니다. 특히 후자의 수준은 지마다 매우 다른데, 이는 사회, 특히 미국을 괴롭히는 심각한 분열의 원인으로 작용한다. 따라서 우리는 이러한 정치적 차이가 선택적이라기보다 성향에 기인한다는 사실이 지니는 함의를 살펴보려 한다.

정치 성향은 어떻게 결정되는가

제9장

우리는 지금 어디까지 왔나?

•

정치적 태도가 유전적으로 영향을 받는다면, 정치학, 사회학, 인류학,

심리학 등 모든 인류 역사에서 전부까지는 아니더라도 많은 부분을,

그리고 어쩌면 인간이라는 존재에 대한 우리의 이해까지 수정해야

할 것이다.

에반 차니(Evan Charney)

모든 사람은 자기만의 의견을 피력할 권리가 있지만, 자기만의 사실

까지 내세울 권리는 없다.

대니얼 패트릭 모이니한(Daniel Patrick Moynihan)

●

올드필드쥐(Oldfield mouse)는 긴 땅굴을 파는 동물로 알려져 있다. 땅굴에는 둥지와 연결된 별도의 탈출로가 있다. 매우 가까운 종인 사슴쥐(deer mouse)도 땅굴을 파지만, 올드필드쥐가 판 것보다 길이가 더 짧고 탈출로도 없다. 두 종은 서로 유사한데도 생존에 중요한 요소인 땅굴 파는 방식이 다른 이유는 무엇일까? 과학자들은 이러한 행동에도 유전적 요소가 있다고 추정했다. 유리 케이지에서 여러 세대를 살았음에도, 야생에 방생했을 때 종의 성향에 맞게 땅굴을 파는 모습을 보였기 때문이다.

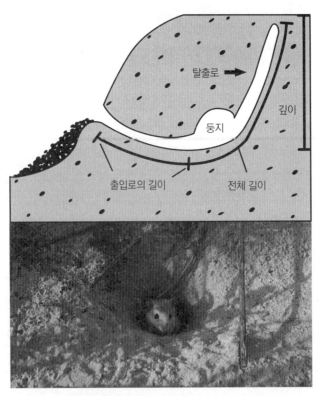

[그림 10] 올드필드쥐 사진 및 땅굴 구조도

정치 성향은 어떻게 결정되는가

하버드 대학교의 생물학자 호피 훅스트라Hopi Hoekstra는 해당 주제를 면밀히 연구했다. 그녀는 연구에 특수 폼(foam)을 활용하였는데, 땅굴에 주입하면 팽창한 뒤 응고되어 파냈을 때 정확한 형태가 보존되도록 했다. 그녀는 땅굴의 크기와 유전적 변이의 상관관계를 연구한 끝에 관련된 유전자 영역을 세 가지 발견했다. 각 영역은 서로 독립적으로 동등하게 작용하면서 땅굴의 길이를 약 3cm씩 늘리는 효과가 있는 것으로 나타났다.

또한 훅스트라 연구진은 땅굴에 탈출로를 파도록 결정하는 것으로 보이는 특정 유전자도 확인했다. 이 유전자 자리에서 우성 대립 유전자를 하나 이상 지닌 쥐는 탈출로를 만들 확률이 30% 더 높았다. 해당 유전자는 흥미롭게도 땅굴의 길이와 연관된 유전자 영역과는 완전히 별개로 밝혀졌다.[403]

놀라운 발견이지 않은가. 일반적으로 다양한 유형의 대립 유전자 변이는 종종 신체적 특질이나 섭식 및 번식과 같은 뇌의 하부 기능과 연관된 기본 행동과 관련이 있다. 그러나 땅굴 파기는 크기와 위치, 윤곽, 경로 등을 모두 고려해야 하는 복잡한 행동이다. 이러한 행동에 의외로 적은 수의 유전자가 작용한다는 점은 다소 충격적이다. 탈출로 추가 여부가 단 하나의 유전자와 밀접하게 연관된다는 사실만으로도 충분히 놀랍다. 결과적으로 이 연구는 복잡한 행동이 유전자와 추적 가능한 방식으로 연결되기 어렵다는 기존의 주장을 정면으로 반박한다.

그렇다면 인간의 정치적 의사 결정은 쥐의 땅굴 파기보다 더 복잡할까? 우리 모두 그렇다고 생각하겠지만, 그 증거는 사실 분명하지 않다.[404] 우리는 인간으로서 더 많은 양의 정보를 통해 사고할 수 있으며, 우리의 결정이 합리적이고 의식적인 판단에 따른 결과라고 믿는다. 그러나 쥐는 단지 타고난 본능대로 행동할 뿐이다.

인간 또한 생물학적으로 입증된 본능이 의사 결정에 강한 영향을 미침에도 이러한 비의식적 요인이 큰 영향력을 발휘한다는 사실을 부정하도록 설계

---

403   Weber et al. "Discrete Genetic Modules Are Responsible for Complex Burrow Evolution in Peromyscus Mice."

404   Antonakis and Dalgas. "Predicting Elections Is Child's Play."

되어 있다. 지금까지의 논의를 통해 그러한 점을 이해했기를 바란다. 그렇다면 올드필드쥐의 땅굴 파기는 인간의 정치와 어떠한 관련이 있을까?

땅굴에 탈출로를 파는 일은 일종의 안전 확보 수단이다. 천적인 뱀이 출입구로 접근하면, 쥐는 가족과 함께 보조 통로를 통해 탈출함으로써 위협에 대응할 수 있다. 이러한 안전 장치가 인간이 가족과 집 외에 사회적으로 중요한 것들을 위협에서 보호하기 위해 취하는 조치와 무엇이 다를까? 인간이 안전을 추구하는 방식에는 다음과 같이 여러 가지 행동이 포함된다.

- 불법적인 위협을 감지했을 때, 치명적인 무력 사용을 허용하는 '정당방위법 (stand your ground law)'에 대한 지지
- 국방 및 사법 예산 증액에 대한 지지
- 이민자 수용 확대에 대한 반대
- 총기 소유권에 대한 강력한 지지

이들 전략의 근본적인 동기는 생쥐가 위협에 대한 취약성을 줄이기 위해 땅굴을 파는 것과 다르지 않다. 천적에게서 자신을 보호하기 위해 쥐가 채택하는 전략은 인간이 외부자, 규범 위반자와 대처하는 방식은 분명히 다르다. 그러나 개체마다 예방 전략을 채택하는 정도의 차이에서는 쥐나 인간이나 유사하다고 볼 수 있다.

땅굴에 탈출로를 파는 쥐나 초파리의 다양한 구애 행위처럼 복잡하고 다면적인 행동에 단 하나의 유전자가 강력한 영향을 미칠 가능성이 있다. 이는 유전자가 행동에 영향을 미치는 방식을 더 창의적으로 생각할 필요가 있음을 시사한다. 유전자의 산물인 단일 단백질의 존재 여부만으로 그렇게 복잡한 행동을 형성할 수는 없을 것이다. 아마도 단백질 생성 DNA의 특정 부분이 후성유전에 의해 변형되고, 그 결과로 생성된 단백질이 다른 단백질 및 생물학적 체계와 상호 작용하면서 일반적으로 발현되는 것보다 훨씬 복잡한 상황이 발생할 수 있다.

올드필드쥐와 사슴쥐의 땅굴 파기에서 나타나는 차이를 설명하는 분자

정치 성향은 어떻게 결정되는가

차원의 정확한 기제는 아직 수수께끼로 남아 있다. 다만 이처럼 중요하고도 복합적인 행동의 형성에 생물학적 성향이 강력한 영향을 미친다는 점만큼은 분명하다. 갓 태어난 올드필드쥐와 사슴쥐를 통제된 환경*405에서 키운 뒤 성체가 되어 야생에 풀어놓았을 때, 유리 케이지 내부와는 매우 다르게 행동할 것이다. 올드필드쥐는 탈출로가 있는 땅굴을, 사슴쥐는 그렇지 않은 땅굴을 만들 것이다.

올드필드쥐가 탈출로를 만드는 이유는 그것이 딸린 굴을 파는 성향을 지니고 있기 때문이다. 반면에 사슴쥐는 위협의 개념을 모를 정도로 어리석어서가 아니라, 단순히 올드필드쥐처럼 삶 속에서 예방 행동을 중시하는 성향이 포함되어 있지 않아서이다. 말하자면 태어난 대로 행동할 뿐이다. 그것이야말로 두 종의 유전, 후성유전 등의 방식으로 설계된 특성이기 때문이다.

우리가 전하고자 하는 바는 인간의 정치적 선호와 행동의 변이를 이해할 때, 그 근원이 생쥐의 땅굴 파기와 유사하다는 점을 인식하면 인간을 이해하는 데에도 큰 도움이 된다는 것이다. 트럼프 추종자는 이민과 성전환자의 권익에 반대하고, 사형 제도와 총기 공개 휴대법에 찬성한다. 그 이유는 이민자나 범죄자, 성소수자에 관한 부정적 경험 때문은 아니며, 그들을 두려워해서도 아니다. 그리고 객관적인 사실을 고려하여 그 정책이 최선이라는 결론에 도달해서도 아니다. 트럼프 혐오자는 이러한 점들을 받아들여야 한다.

오히려 트럼프 추종자는 내집단 구성원의 안전을 위해 끊임없이 주위를 경계하면서 외부자에게 위협받지 않는 사회를 선호하도록 설계된 존재일 뿐이다. 그 위협이 외부자의 출현으로 사회 결속력이 저하되는 정도에 불과하더라도 말이다. 그들에게 총기 사고에 따른 사망자 통계나 급속하게 고령화되는 인구를 뒷받침할 이민자 노동력의 필요성을 설파하더라도 마음을 바꾸기는 어렵다. 타고난 성향은 그보다 깊은 곳에 자리하기 때문이다.

이제 방향을 바꾸어 보자. 트럼프 혐오자는 선호하는 정책이 추종자와 반대이다. 이에 트럼프 추종자는 그들이 미국의 오랜 정체성에 대한 위협에 어

---

405   어떠한 위협 요소도, 다른 개체가 땅굴을 파는 모습을 관찰할 수도 없는 유리 케이지 내부.

리석을 만큼 순진해서가 아니라는 사실을 받아들여야 한다. 트럼프 혐오자는 그저 전통적인 내집단 사회나 국가, 즉 백인과 남성, 개신교도, 이성애자 중심의 보수주의적인 미국을 트럼프 추종자만큼 중요시하지 않도록 만들어졌을 뿐이다.

사실 트럼프 혐오자는 외부자를 환영하지 않거나 소외된 이들에게 관심을 보이지 않는 내집단 사회의 가치에 회의적이다. 아무리 인구 통계학적, 사회적 변화의 결과로 전통적인 내집단 사회가 취약해질 수 있다고 떠들어도 그들의 생각을 바꾸지는 못한다. 어떠한 성향이 다른 것보다 나은가를 판단하는 것은 개인의 몫이다. 우리는 단지 강렬한 정치 감성을 가진 이들의 신념의 중심에 타고난 성향이 자리하고 있음을 사람들이 깨닫도록 돕고 싶을 뿐이다.

정치 성향의 유전성

쥐는 환경의 지배나 학습을 통해서가 아닌, 타고난 성향대로 땅굴을 판다. 그렇다면 인간의 정치 성향도 쥐와 마찬가지일까? 이는 관찰자 대다수에게 직관적으로 그럴듯하지 않게 보인다. 실증적 데이터에서도 그들의 회의적인 시각을 뒷받침하는 듯하다. 과연 그럴까?

제7장에서 설명한 바와 같이 유전성은 쌍둥이 연구와 입양 연구 등 다양한 기법을 통해 평가할 수 있다. 유전성 계수는 특정 집단 내에서 유전적 영향으로 형성된 특성의 변이 비율을 추정한다. 유전성 추정치는 연구 대상 인구 집단에 민감하게 반응한다고 알려져 있다. 여러 집단에서 다양한 특성을 대상으로 한 유전성 연구가 충분히 이루어지면서, 메타 분석[*406]을 통해 여러 형질의 평균 유전성을 산출할 수 있게 되었다. 다음 표는 비교적 최근에 편찬된 연구 결과를 나타낸 것이다.

406　기존 연구를 통합, 종합한 연구 방법.

　정치 성향은 어떻게 결정되는가

[표 3] 다양한 특성의 유전성 추정치

특성	평균 유전성 추정치*
혈액형	1.00
눈 색깔	0.92
키	0.80
조현병	0.77
지능	0.63
비만	0.63
ADHD	0.57
폭력적 행동	0.49
음악적 재능	0.48
운동 능력	0.47
성격	0.45
알코올 중독	0.42
정치 성향	0.32
유방암	0.31
성적 지향	0.28

※ 2019년 Willoughby 외의 논문 〈자유 의지, 결정론, 행동의 유전성(Free Will, Determinism, and Intuitive Judgments about the Heritability of Behavior)〉에서 발췌함.

[표 3]에서는 특성에 따른 유전적 영향이 매우 다양할 수 있음을 보여 준다. 혈액형, 눈 색깔, 키와 같은 일부 특성은 유전적 영향이 매우 큰 반면, 지능과 비만, 음악 및 운동 능력, 성격 등은 유전적 요인과 비유전적 요인의 영향을 비슷하게 받는다. 이 유형에 속하는 특성의 유전성 계수는 0.50보다 약간 높거나 낮은 수치를 보여 준다. 한편 폭력성이나 알코올 중독 성향처럼 문제가 되는 특성은 유전과 강력하게 연관되기는 하지만, 유전적으로 결정된

다고 말하기는 어렵다.

우리는 [표 3]에 제시된 특성 가운데 정치 성향에 특별히 관심을 두고 있다. 정치 성향은 다른 특성에 비해 유전적 영향이 적으며, 변이의 1/3 정도만 유전적 요인에 기인하다. 이는 쥐의 땅굴 파기와 같은 강력한 유전적 영향과 거리가 있으며, 어쩌면 실제로 그러할 수도 있다. 그러나 우리의 주된 목표는 정치 성향에 대한 유전적 영향이 0보다 훨씬 크다는 것을 사람들에게 알리는 것이지, 혈액형 또는 키만큼 지대한 영향을 받는다고 주장하려는 것은 아니다.

[표 3]의 기반이 된 메타 분석을 포함하여 이와 유사한 다른 연구에서도 그 사실을 확인한다. 유전자는 정치적 관점에 영향을 미친다. 일반적으로 정치 신념의 상당 부분은 평생 획득한 정보에 대한 합리적 반응에서 비롯되지는 않는다. 오히려 수정 이후부터 시작된 삶에서 정보를 습득하는 방식이 미리 결정되었을 가능성이 크다.

결국 정치 성향의 선천적인 부분은 성장 환경과 관계없이 드러날 것이다. 이는 앞으로 이어질 논의와도 관련이 있겠지만, 당신이 정치적으로 강하게 반대하는 사람의 정치 성향의 일부도 평생에 걸쳐 접한 사실이나 정보로 쉽사리 흔들리지 않는다.

우리는 정치 성향에 미치는 유전적 영향이 눈 색깔, 키, 비만과 같은 특성에 비해 훨씬 적다는 사실을 인정한다. 그리고 정치 성향의 차이를 설명하면서 환경 요인이 매우 중요하다는 점 역시 마찬가지다. 그럼에도 우리는 [표 3]에 제시된 정치 신념의 유전성 추정치가 여러 이유로 저평가되었을 가능성이 크다는 점을 지적하고자 한다.

첫째, 정치 신념 측정에는 키나 체중, 눈 색깔보다 많은 오류가 발생할 수밖에 없다. 개인의 정치 신념을 평가하는 핵심 도구는 설문 조사이다. 그러나 응답자가 설문 항목의 정치적 문구를 제대로 이해하지 못하거나, 주의가 산만하거나, 그날 기분이 좋지 않거나 정치 성향을 솔직하게 밝히기를 꺼릴 수도 있다. 정치 성향을 측정하는 작업은 체중계로 몸무게를 재는 것만큼 명확할 수 없다.

정치 성향은 어떻게 결정되는가

둘째, 제2장에서 언급한 내용처럼 결혼하여 자녀를 둔 두 사람은 정치 성향을 공유할 가능성이 크다.[407] 정치 성향이 다른 부부도 분명히 존재하지만, 정치의 중요성을 고려하면 상당히 드문 편이다. 이들 부부는 조지 콘웨이George Conway와 켈리언 콘웨이Kellyanne Conway의 사례와 같이 관계를 지속하기 어려운 경우가 많다.[408]

비슷한 성향을 지닌 사람들이 짝을 이루는 경향을 '동류 교배(assortative mating)'라고 한다. 이 개념을 여기에서 언급하는 이유는 이 책의 다른 부분에서 설명하는 방법론적 이유로,[409] 동류 교배가 쌍둥이 연구에서 유전성 계수를 과소평가하기 때문이다.

그러나 유전이 평균 유전성 추정치가 시사하는 것보다 정치에서 더 큰 역할을 하는 가장 중요한 이유는 따로 있다. 이는 유전성 추정치가 집단을 기반으로 만들어졌다는 점에 있다. 즉 개인의 정치 성향이 유전적 요인의 영향을 받는다는 의미가 아니다. 입증할 만한 실증적 데이터가 부족하기는 하지만, 우리는 개인적 차원에서 정치 성향이 강할수록 신념 형성에 유전이 큰 영향을 미친다고 본다.

[표 3]에서 정치 성향의 유전성 추정치 0.32는 다양한 연구에 참가한 사람들의 응답을 기초로 계산한 것이며, 그중 일부는 정치에 상당히 무관심한 수준이다. 따라서 연구 대상을 정치에 관심이 많은 참가자로 제한했다면, 정치 신념의 변이를 설명하는 데 타고난 성향과 유전의 역할이 훨씬 커졌을 것으로 보인다. 다시 말하면, 유전적 요인은 좋든 나쁘든 사회에서 정치적 영향력이 가장 큰 사람에게 특히 강력하게 작용한다. 이는 유전성 계수가 암시하는 것보다 유전이 사회의 정치 역학을 형성하는 데 중요한 역할을 한다는 뜻이다.

---

407 Alford et al. "The Politics of Mate Choice."

408 조지 콘웨이는 트럼프 낙선 운동을 펼친 공화당원이며, 켈리언 콘웨이는 도널드 트럼프 대통령의 열혈 지지자이자 전 백악관 선임고문이다. 두 사람은 2023년에 이혼했다.

409 Alford et al. "Are Political Orientations Genetically Transmitted?"

이러한 의심은 열렬한 트럼프 추종자를 포함한 다양한 유형의 사람과 정치적 대화를 나누면서 더욱 커져 갔다. 마침 우리 세 사람 모두 공화당 강세 지역에서 학생들을 가르치고 있어, 도널드 트럼프를 열렬히 지지하는 학생이나 친척, 지역민과 정치를 주제로 대화할 기회가 많았다. 대화를 시작하면서 곧바로 든 확신은 개인의 정치 성향이 매우 깊이 뿌리박혀 있으며, 무엇으로도 바뀌지 않는다는 것이다.

그들의 눈빛과 몸짓, 확신의 강도는 상대방의 설득력 있는 주장이나 새로운 정보에 거의 영향을 받지 않는 타고난 성향을 반영하고 있다. 그러나 이는 비단 트럼프 숭배자만의 이야기가 아니다. 진보 성향의 학생과 지인 역시 정치적 입장이 쉽게 흔들리지 않으며, 때로는 독단적인 모습을 보이기도 한다. 정치적 논쟁에서 목소리가 가장 큰 사람의 정치 성향이 믿을 수 없을 만큼 고착화되어 있으며, 변화에도 극도로 저항적이라는 사실을 받아들이지 않는다면, 세상을 조금 더 넓게 알아야 할 것이다.

정치 성향은 [표 3]에 제시된 성적 지향과 유사한 패턴을 따른다. 그 예로 여배우 신시아 닉슨Cynthia Nixon은 〈섹스 앤 더 시티Sex and the City〉의 미란다 홉스Miranda Hobbes 역으로 더 유명하다. 그녀는 2018년 뉴욕 주지사 선거에서 낙선한 뒤, 스스로 동성애자임을 밝혔다. 이에 그녀는 "그건 선택 아닌가요?"라고 묻는다.[410] 물론 그녀에게는 선택일 수 있다.

닉슨은 남편 대니 모제스Danny Mozes와 두 아이를 키우며 오랫동안 관계를 유지했다. 그러나 성적 지향을 깨달으면서 '팀을 바꾸기로' 결정한 것은 성인 이후의 일이었다. 여기까지는 충분히 납득할 만하다. 그러나 자신의 행동이 선택의 결과라는 발언은 많은 사람을 불편하게 했다.

성소수자 인권 운동가는 닉슨이 기꺼이 '우파의 함정'에 빠진 것이 아닌가 우려했다. 그리고 민주당 정치 컨설턴트이자 동성애자 인권 운동가인 존 아라보시스John Aravosis는 다음과 같이 주장했다. "독실한 우파가 '성적 지향은 선택'이라고 말할 때는 말 그대로 성적 지향을 선택할 수 있고, 원한다면 언제

410　Witchel. "Life After 'Sex'."에서 인용함.

든 자기 의지로 바꿀 수도 있다는 뜻인데, 말도 안 되는 소리다."*411

우리는 신시아 닉슨과 존 아라보시스 모두 옳다고 생각한다. 닉슨의 말대로 일부 사람들의 성적 지향은 바뀔 수 있으며, 유전과 관계없이 타고난 성향에 크게 기반하지 않는 경우도 있다. 실험적 태도로 일관하거나, 내적 갈등을 겪을 것이며, 그저 다양한 경험을 최대한 누리는 것에 거부감을 느끼지 않을 수도 있다. 이때는 태어날 때부터 확고하게 정해진 성적 지향을 지니지 않았을 것이다.

또한 성적 지향의 유전성 추정치가 의외로 낮다는 사실은 성적 지향을 정확히 측정하기 어렵다는 점을 반영한다. 동시에 이러한 사례가 그리 드물지 않음을 시사한다. 신시아 닉슨도 그 점에 이의를 제기하지 않으리라고 생각한다. 하지만 그러한 사람들이 존재한다고 해서 수많은 이들이 종종 유전에 따라 강하고 확고하게 형성된 성적 지향을 지닌다는 사실이 바뀌지는 않는다. 이러한 사람에게 성적 지향은 결코 선택의 문제가 아니다.

양측 주장을 옹호하는 사람은 성급한 일반화의 오류를 범하고 있다. 특정 개인의 성적 지향이 확실히 타고난 성향으로 결정된다고 해서, 모든 사람의 성적 지향이 그것에 좌우되지는 않는다. 반대로 누군가에게는 성적 지향과 정체성에 관한 선택이 자신의 것은 아니기에 사실상 선택의 여지가 없다는 점도 인정해야 한다. 정치 성향과 마찬가지로 일부가 유전적으로 형성되었을 명확한 성적 지향을 지녔다고 하더라도, 이것이 모두 동일하게 적용되는 것은 아니다.

사회생물학 논쟁과 유전적 동일성

우리가 누구이며, 특히 정치적으로 어떤 존재인가를 형성하는 데는 타고난 성향이 중요한 역할을 한다. 그렇다면 이러한 사실을 어느 진영에서 더 쉽

---

411 Kaplan, "Cynthia Nixon Says She's Gay by 'Choice.' Is It Really a Choice?"에서 인용함.

게 받아들일까? 즉 고정된 성향의 실체를 인정하는 쪽은 보수주의자일까, 아니면 진보주의자일까? 이 질문에 대한 답은 수십 년에 걸쳐 변화해 왔으므로, 이를 이해하기 위해 역사적 배경을 살펴볼 필요가 있다.

반세기 전, 하버드 대학교 생물학자 E. O. 윌슨은 협력과 같은 사회적 특성이 확실히 진화로 형성되었다고 주장했다.*412 그는 개미를 대상으로 주장할 때도 이론적 타당성과 확실한 증거로 존중하는 반응이 대부분이었다. 그러나 같은 아이디어를 인간에게 확장하여, 인간의 본성이 생물학적 요인에서 비롯된다는 주장을 했을 때는 진보주의자의 거센 반발을 불러일으켰다.

스티븐 제이 굴드Stephen Jay Gould와 리처드 르원틴Richard Lewontin 등 저명한 지식인들은 앞다투어 사회적 특성이 생물학적으로 기원했다는 개념을 강하게 비판했다. 그들은 윌슨이 생물학적 결정론(biological determinism), 아니면 적어도 사회진화론(Social Darwinism)에 빠져 있다고 보았다. 국제 반인종주의 위원회(International Committee againgst Racism, CAR)에서도 윌슨이 인종 차별과 전쟁, 대학살에 대한 생물학적, 유전적 해명을 부추긴다고 말한다. 동시에 그러한 범죄를 저지르고 이익을 본 집단과 개인에게 면죄부를 주어 보호한다는 주장으로 그를 비판했다.*413

'민중을 위한 과학(Science for the People)' 등 진보 성향의 학술 단체에서도 사회적 특성에 유전적으로 유의미한 기반이 존재한다는 개념을 강도 높게 공격했다. 이와 함께 다양한 분야의 연구자가 뜻을 모아 주요 언론사에 보내는 공개서한을 통해 다음과 같이 주장했다.

"사회생물학에는 과학적 근거가 없으며… 윌슨이 사는 세상과 놀랍도록 유사한 사회 구조를 지닌 세계라는 관념을 떠받들고 있다."*414

요약하면 윌슨의 견해에 반대하는 사람들은 그가 과학을 이용하여 기존

---

412 Wilson. *Sociobiology: The New Synthesis.*

413 Segerstrale, *Defenders of the Truth.*

414 Allen et al. "Against 'Sociobiology'."

의 사회 질서를 정당화하려 한다고 비판했다. 물론 그들은 이러한 행동을 하는 사람은 보수주의자일 수밖에 없다고 주장했지만, 윌슨은 전혀 그렇지 않았다.[*415] 시간이 흐르면서 상황은 점점 악화되었다. 국제 반인종주의 위원회 활동가들이 학회에 난입하여 윌슨의 발표를 방해하고, 그를 향해 인종 차별주의자라 비난하면서 머리 위에 물을 끼얹는 일까지 벌어졌다.[*416]

윌슨과 비슷한 논란은 수십 년 뒤에도 일어났다. 논란은 하버드 대학교 심리학자 리처드 헌스타인Richard Herrnstein과 싱크 탱크 정치학자 찰스 머레이Charles Murray라는 우파 지식인에게서 시작되었다. 이는 지능이 유전적 영향을 받으며, 지능 지수가 높은 유형이 '인지 엘리트(cognitive elite)'라는 별도의 사회 집단을 형성한다는 두 사람의 주장이 불씨가 되었다.[*417]

헌스타인과 머레이가 곤경에 처한 진짜 이유는 인지 엘리트에 속하지 않는 사람들이 특정 사회 인구 집단에 빠져드는 경향이 있다는 주장 때문이었다. 유전과 지능의 연관성을 일관되게 입증하는 여러 증거가 제시된 [표 3]처럼 말이다. 그 예로 인지 엘리트에 속하지 못한 사람은 백인일 가능성이 적으며, 범죄자가 되기 쉬운 데다 경제적 성공도 어렵다는 것이다. 그러나 굴드를 포함한 여러 진보 성향의 연구자들은 "인간의 본성은 순수하게 사회 환경의 산물이며, 유전적, 생물학적 기반은 전혀 없다."라는 강경한 주장과 함께 방어선을 구축했다.[*418]

생물학과 진화론을 인간사에 적용한 사례에는 워낙 슬프고 충격적인 사

415　사회생물학 논쟁에 대한 포괄적인 설명은 Segerstrale, *Defenders of the Truth.*를 참조하라.

416　Segerstrale, *Defenders of the Truth.* 23.

417　Murray and Herrnstein. *The Bell Curve.*
헌스타인은 교육심리학자 아서 젠슨(Arthur Jensen)과 함께 지능 지수와 인종에 관하여 논란의 여지가 있는 주장을 발표하였다. 이는 위 저서가 출간되기 한참 전일 뿐 아니라, 윌슨을 둘러싼 사회생물학 논쟁이 불거지기 몇 년 전의 일이었다.

418　지능 지수의 일반적 개념과 지능의 생물학적 결정론에 반대하는 '자유주의적(liberal)'이고, 이해하기 쉬운 연구 사례는 스티븐 제이 굴드의 《인간에 대한 오해(The Mismeasure of Man)》가 있다.

건들이 많아서, 유전적 설명에 진보주의자가 경계할 수밖에 없는 빌미를 제공한 것도 사실이다. 인종 차별과 성차별, 계급주의 외에도 혐오감을 유발하는 여러 차별 이념을 지지한 장본인이 바로 사회생물학의 선구자였기 때문이었다. 그 예로 20세기 전반기의 우생학 운동은 새로운 생물학 지식을 인간사에 적용하는 것이 유익할 뿐 아니라 필수적이라고 보증했던 저명한 과학자들의 지원을 받았다.

통계학의 핵심인 상관관계 분석 기법을 개발한 칼 피어슨Karl Pearson은 20세기 초에 존경받던 주류 지식인과 동시에 우생학의 열렬한 지지자이기도 했다. 그의 관점에서 이상적인 국가란, 우수한 혈통에서 선발된 인구를 보유한 곳으로, 열등한 인종과의 전쟁을 통해 경쟁력을 유지할 수 있어야 한다고 보았다.[419]

그럼에도 유전적, 심리적, 생리적 성향이 정체성 형성에 중요한 역할을 한다는 증거를 받아들이는 진보주의자와 보수주의자의 태도에 흥미로운 변화가 일어나고 있다. 우리는 강의 중에도 이러한 추세를 체감한다. 20년 전, 정치학 수업에서 그 개념을 소개하지마자 진보 성향의 학생은 인종이나 우생학에 좋지 못한 영향을 미칠 수 있다는 우려를 표하며 경계하는 모습을 보였다.

그러나 최근에는 그 역학이 상당히 달라졌다. 성적 지향의 기원을 둘러싼 쟁점의 중요성이 부각된 탓인지, 이제는 유전과 성향이 인간 행동에 유의미한 역할을 한다는 증거에 보수적인 학생들이 가장 회의적인 듯하다. 현재 여러 보수주의자는 성적 지향과 정치 성향이 책과 교사, 비디오 게임과 할리우드 매체, 교수와 주류 언론을 비롯한 환경 요인으로 쉽고도 교묘하게 형성된다고 생각하는 것 같다.

보수주의자가 사람의 현재 모습을 만드는 주된 요인이 유전임을 믿지 않는다는 우리의 직관적인 견해는 다수의 체계적이고 실증적 증거가 뒷받침하는 것으로 확인되었다. 2015년, 우리는 과거 대학원생이었던 스티븐 슈나이더Stephen Schneider와 함께 미국 성인을 인구학적으로 대표하는 전국 단위 표본의

---

419   Pearson, *National Life from the Standpoint of Science.*

조사 데이터를 수집, 분석한 적이 있었다.*420 이 조사의 중심 내용은 응답자에게 종교에서 범죄 성향, 성격에서 비만, 지능에서 정신 장애, 오른손과 왼손잡이에서 키에 이르는 18가지 특성이 유전 또는 환경 요인, 아니면 개인적 선택에 따른 결정에 기인하는 정도를 평가하도록 한 것이었다.

조사에서 18가지 특성을 모두 합산하고, 연령과 교육 수준, 성별, 인종, 소득, 종교 등의 변수를 통제한 결과, 보수주의자가 변이의 원인을 유전 탓으로 돌리는 비율이 현저하게 낮았다. 짐작한 대로, 보수주의자는 개인의 선택이 가장 큰 역할을 한다고 여겼다. 각 특성을 개별적으로 살펴보더라도 결론은 크게 달라지지 않았다. 18가지 특성 가운데 어느 항목에서도 진보 성향의 응답자가 보수주의자보다 유전의 역할이 크다고 믿는 비율이 현저하게 낮은 사례는 없었다.

이 결과는 현대 미국 문화에서 쉽게 관찰할 수 있는 요소와도 잘 맞아떨어진다. 오늘날 '각성'과 교묘한 심리적 조종을 뜻하는 '그루밍(grooming)'은 보수 진영에서 자주 사용하는 표현에 속한다. 그들은 성적 암시가 담긴 동화가 아이들을 동성애자나 성전환자로, 진보 성향의 교수나 주류 언론이 청년층을 '단일 세계 사회주의자'로 길들인다고 믿는 듯하다. 성적 지향과 정치 성향이 환경 요인에 따라 바뀔 수 있다는 관점은 타고난 성향의 강력한 영향력을 다룬 기존의 연구 결과와 모순된다.

물론 뚜렷한 성적 지향이 없는 사람은 환경에 따라 특정 방향으로의 경험을 실험 삼아 시도할 수는 있다. 그러나 신시아 닉슨처럼 타고난 성향이 없는 사람이 특정 성적 지향을 고정적으로 받아들일 가능성은 낮다. 더군다나 성적 지향이 분명한 사람은 대부분 그루밍으로 성적 지향을 근본적으로 바꾸는 경우는 매우 드물며, 오히려 크나큰 심리적 불편과 위험을 초래한다.*421

정치 성향 역시 성적 지향과 굉장히 흡사한 방식으로 작용한다. 다만 정

420　Schneider et al. "Genetic Attributions: Sign of Intolerance or Acceptance?"

421　Romano. "The Right's Moral Panic over Grooming Invokes Age-Old Homophobia."

치 성향은 성적 지향보다 배경지식이 조금 더 필요하다는 점에서 일반적으로 성인이 되기 전까지는 확고하게 형성되기 어렵다. 그러나 정치 성향이 일단 확립된다면 변화에 강한 저항성을 보인다.

보수주의자는 청년층이 자기만의 관점을 스스로 형성할 수 있으며, 교수집단에서 전파하는 편향적인 의견에 크게 영향을 받지 않음을 인정할 생각이 거의 없어 보인다. 그러나 학생이 교수의 발언으로 이념의 변화를 겪지는 않는다는 사실은 경험적으로도 확인한 바 있다. 또한 체계성을 갖춘 연구에서도 교수가 학생의 이념적 지침을 돌려놓기는 어려움을 입증했다.[422]

일단 확립된 정치 성향은 놀라울 정도로 안정적이다. 나이가 들면서 정치 성향이 보수적으로 변한다는 말은 허구에 지나지 않는다.[423] 타고난 성향을 지닌 학생의 정치 성향은 결코 바뀌지 않으며, 그러한 성향이 없는 학생은 변화할 만한 기반이 부족하다. 결과적으로 보수 진영에서 우려하는 성적 지향과 정치 성향에서의 그루밍은 지나치게 과장된 것이다. 동성애자를 연민의 시선으로 묘사한 책 한 권이 도서관에 비치되어 있더라도 이성애자 아동을 동성애자로 바꿀 가능성은 거의 없다.

최근 들어 보수주의자는 유전과 타고난 성향의 역할을 애써 축소하며, 환경 요인이 사람들, 특히 청년층에 악의적인 영향을 미친다고 생각하는 듯하다. 하지만 잠시 생각해 보자. 진보주의자는 성적 지향을 선택할 수 있다는 말에 헛소리라고 반박할 것이다. 한편으로 그들 중 상당수는 유전자와 성향이 지능이나 범죄 행위와 같은 개념과 연결된다면, 사람들의 포용력을 해칠 수 있음을 깊이 우려하는 것도 사실이다. 그렇다면 정치 성향에 상관없이 성향은 타고나는 것이며, 부분적으로 유전자의 영향을 받는다는 증거를 기꺼이 받아들여야 할까?

422　Mariani and Hewitt. "Indoctrination U.? Faculty Ideology and Changes in Student Political Orientation"; Linville and Havice. "Political Bias in the College Classroom: A Literature Review."

423　Peterson et al. "Do People Really Become More Conservative as they Age?"

캐서린 페이지 하든Kathryn Paige Harden의 저명한 연구에서는 의외의 해답을 제시한다.[424] 그녀는 위험성을 확실히 인지하면서도 유전자와의 연관성에 대한 증거를 받아들여야 하는 쪽은 진보 진영이라고 주장한다. 그녀가 바라보는 유전자의 역할에 대한 믿음은 다음과 같이 세 가지 기본 범주로 구분된다.

첫 번째는 고전 우생학(classic eugenics)이다. 이 범주에서는 유전 변이의 실체를 인정하고, 그 차이가 특정 인구 집단에 자연적 우위를 부여한다고 결론짓는다. 이러한 논리에 따라 고전 우생학에서는 일부 인원의 유전적 우월성으로 사회에서 특권적 지위를 차지하는 것을 정당화한다.

두 번째는 유전체를 무시하는 관점(genome-blind)이다. 이 관점에서는 특정한 사회적 역할이나 지위를 성취할 가능성과 관련, 모든 사람의 유전자가 동등하다는 가정이다.

세 번째는 반우생학(anti-eugenic)이다. 반우생학에서는 교육 성취도를 비롯한 영역에서 유전자가 일부에게 유리하게 작용한다는 명백한 증거를 인정한다. 그러나 고전 우생학과는 달리, 그 변이를 이유로 '유전자 복권'에 당첨되지 못한 사람들을 연민하고 지원해야 한다고 주장한다.

역사적으로 진보주의자는 두 번째 문제에 치중하는 경향이 있었다. 그 선택의 이면에는 다음과 같은 생각이 자리한다.

'모든 사람이 유전적으로 동일하다면, 권익이나 차별 문제도 해소할 수 있지 않을까? 사람들이 유전적으로 다르다는 믿음 때문에 얼마나 끔찍한 사건들이 발생했던가. 유대인, 로마인, 동성애자, 정신질환자를 청소하려던 나치의 집단 학살은 우생학의 끔찍함을 보여 주는 극단적인 사례이지 않은가.'

그러나 위와 같이 모든 인간이 유전적으로 동일하다는 가정은 결코 과학적으로 성립할 수 없으며, 명백한 거짓에 지나지 않는다. 이는 누구도 부정할 수 없는 사실이다. 결국 유전체를 무시하는 관점을 고집하는 진보주의자

---

424   Paige Harden. *The Genetic Lottery: Why DNA Matters for Social Equality.*

는 신체적 특성을 비롯한 유전적 차이를 입증하는 과학적 증거가 점점 늘어남에 따라 스스로 궁지에 빠져들고 있다.

그렇다면 유전적 차이가 존재한다는 사실이 우생학으로 귀결되는 과정의 출발점이어야 하는가? 페이지 하든이 제시한 세 번째 믿음에 따르면, 그렇지 않다고 말할 수 있다. 반우생학적 접근법에 따르면, 유전적 차이의 존재는 유전자 복권에 당첨된 사람들이 공정한 경쟁의 장을 만들기 위해 노력해야 함을 의미한다.

유전자 데이터에 대한 민감한 접근은 오히려 사람들이 자신의 유전자와 관계없이 의미 있는 사회적 역할과 지위를 성취할 수 있는 실질 역량을 극대화하는 데 도움이 될 수 있다. 이를 실현하려면 정부의 프로그램도 필요할 것이다. '나는 이 사회에서 성공했고, 이는 당연한 결과이다.'라는 태도를 다음과 같이 바꿀 필요가 있다.

> '나는 성공했지만, 이는 내 덕분이 아니다. 단지 유전적으로 운이 좋았기 때문이다. 따라서 나는 어떠한 잘못을 저지르지 않았는데도 운이 좋지 못한 사람들을 특별히 도울 의무가 있다.'

위의 생각을 바꾸어 말하면, '나는 당신보다 뛰어나니, 이 모두를 누릴 자격이 있어.'라는 태도를 '멘델의 은총 덕에 내가 이렇게 잘 지내는구나.'라고 바꿔야 한다는 뜻이다. 요컨대 유전적 차이를 인정함으로써 오만이 아닌 연민을 심어 주어야 한다. 단순히 부모에게서 물려받은 대립 유전자로 성공했다고 해서, 이를 당연한 것으로 여겨야 할 이유는 없다. 따라서 유전적 차이는 고전 우생학에 입각한 사회진화론과 달리 진보 정책의 기반이 될 수 있다.

최근의 일이 아니더라도, 진보주의자는 역사적으로 자신이 선호하는 큰 그림, 구체적으로 인간은 오로지 환경에 의해 형성된다는 믿음이 끔찍한 결과를 초래했다는 사실을 애써 외면하곤 했다. "중국인 노동자 계급의 본성은 악취 나는 도시에서 낯설지만 고귀한 목초지로 옮겨야만 근본적으로 바꿀 수 있다."라는 마오쩌둥의 발상은 결국 수천만 명을 죽음으로 내몰았다.

이처럼 행동에 미치는 환경의 영향에 중점을 두는 것이 옳으며, 생물학적 영향을 중시하는 것은 그르다는 생각은 크게 잘못된 것이다. 탈동성애 캠프와 같이 사회적 맥락으로 행동을 형성할 수 있다는 맹목적인 믿음은 포용의 원천이 되기 어렵다.

동성애자 인권 지지자는 개인 간 변이가 유전자에서 비롯된다는 믿음과 그 차이를 수용하는 태도에 유의미한 상관관계가 있다는 연구 결과를 특별히 놀라워하지 않을 것이다.[*425] 모든 지식, 특히 유전자에 관한 지식은 잠재적으로 위험할 수도 있지만, 모든 사람의 삶을 개선하기 위해 유전적 차이를 수용한다는 페이지 하든의 세 번째 선택지는 얼마든지 가능하다. 물론 많은 노력이 필요할 것이다. 그러나 노력이라도 하는 것이 숱하게 쏟아지는 증거에도 현실을 외면하는 '백지 상태'보다 낫다.

두 도시 이야기

콘서베이턴Conservaton[*426]은 누군가에게 주거지로 완벽한 곳이다. 방범 프로그램이 원활하게 운영되고 있지만, 시민들의 준법 정신이 투철한 데다 대부분 무장을 하고 있어서 딱히 필요하지는 않다. 학교에서는 규율과 권위를 존중하도록 교육하며, 음성학에 기반한 읽기와 공식 암기를 중시하는 수학 등 규칙을 강조하는 교과 지도 방식으로 커리큘럼을 구성한다.

주택은 모두 비슷한 구조로 깔끔하게 관리되며, 거의 유사한 두 가지 색상의 PVC 패널 외장재로 마감되어 있다. 그리고 각 주택의 정면에는 잘 가꾸

425　Schneider et al. "Genetic Attributions: Sign of Intolerance or Acceptance?"

426　해당 명칭은 이 책의 저자가 설정한 가상의 도시명으로, '보수주의'를 뜻하는 영어 단어 'conservation'에서 따왔다. 이후에 등장하는 '레프트빌'이나 '트럼프헤이븐', '미들버러'라는 가상의 지명 또한 특정 정치 성향을 지닌 집단의 특징을 은유적으로 드러낸다.

어진 잔디밭이 펼쳐져 있다. 그리고 거의 모든 블록마다 교회가 있고, 사람들은 교회에 기부를 아끼지 않는다. 콘서베이턴은 밤 10시 이후로는 무척 조용하다. 한 달에 한 번 경주가 열리는 토요일 밤을 제외하면 말이다.

그날 밤이 되면, 도시 외곽에 있는 경주장에는 이 지역에서 가장 빠른 스톡 카_{stock car}*427와 1천 명도 더 되는 열렬한 팬들이 모여든다. 또한 이 지역에서는 주 챔피언십 대회의 단골 우승 후보인 고등학교 미식축구 팀에 대한 자부심이 대단하다. 금요일 밤이면 존 필립 수자_{John Philip Sousa}*428의 곡을 연주하는 마칭 밴드로 경기장을 화려하게 수놓는다.

이 도시의 식당은 아늑하고 친숙한 분위기를 물씬 풍긴다. 수십 년 동안 메뉴 변화 없이 미국의 전통 음식만을 전문으로 취급하며, 양도 푸짐하다. 시민들의 옷차림도 시기적절하면서 단정하다. 콘서베이턴에 사는 사람들은 다소 배타적인 성향으로, 외부인을 그다지 환영하지 않는다. 특히 다른 카운티의 유일한 주요 도시인 레프트빌_{Leftville}의 주민을 더욱 경계한다.

레프트빌로 눈을 돌리기 전에, 콘서베이턴 중심부에 위치한 트럼프헤이븐_{Trumphaven}이라는 자치구에 주목할 필요가 있다. 경계는 명확하지 않지만, 트럼프헤이븐은 콘서베이턴에서 빼놓을 수 없는 곳이다. 이곳의 주민들은 콘서베이턴에 사는 다른 주민과 비슷하지만, 특정 쟁점에서만큼은 더욱 강경한 입장을 내보이는 경향이 있다. 트럼프헤이븐 인구의 주된 위치를 차지하는 구성원은 다양성을 지양하고 안전을 중시해야 한다는 굳은 신념을 지니고 있다.

트럼프헤이븐 주민들은 콘서베이턴의 다른 지역보다 전통적 가치를 더욱 추구한다. 이를테면 개인의 총기 소유권과 애국심 표현, 강력한 공권력, 규범 위반자에 대한 엄격한 처벌, 이주 억제, 그리고 기독교 및 비즈니스 커뮤니티, 이성애, 영어 사용 등이 있다. 그들은 이러한 요소가 트럼프헤이븐을 포함한 모든 지역의 체계와 운영의 핵심이 되어야 한다고 믿는다.

콘서베이턴 주민은 절대 믿지 않겠지만, 레프트빌 또한 누군가에게는 이

---

427   경주용 개조 차량. 옮긴이.

428   미국 해병 군악대장 출신의 지휘자이자 작곡가.

상향이다. 학교에서는 규칙보다 경험을 장려하고, 커리큘럼도 최신 교육 동향과 실험에 따라 계속해서 달라진다. 주택의 건축 양식은 제각각이고, 주민들은 현대식 편의 시설을 포기하더라도 오래된 건물의 특성을 보존하는 것을 중시한다. 또한 그들은 온 바닥을 덮은 카펫보다 나무 바닥을 선호하며, 잔디밭에서도 두꺼운 녹색 잔디 카펫을 유지하는 데 필요한 화학약품이나 물을 거의 사용하지 않는다. 일부 주민은 잔디를 아예 깎지 않고 자연스럽게 자라는 모습을 즐기기도 한다.

레프트빌에는 교회가 드문 대신 세련된 바와 펍$_{pub}$이 있다. 그리고 동네 극장이나 카페에서 해설을 곁들인 낭독회를 열기도 한다. 영화관에서는 최신 흥행작과 더불어 수상 경력이 있는 다큐멘터리와 외국 영화도 상영하려고 노력한다. 거리에는 새로운 식당도 계속 생겨나 태국과 에티오피아, 그리스 음식과 스시까지 다양한 먹거리를 맛볼 수 있다.

반면 고등학교 스포츠 팀의 성적은 썩 좋지 않다. 그나마 제일 성공적인 팀이 여자 축구팀인데, 그마저도 어느 시즌에 간혹 5할 승률을 간신히 유지할 뿐이다. 마칭 밴드도 마찬가지로 보잘것없지만, 즉흥 재즈 그룹은 주기적으로 수상의 영예를 안을 정도로 전국적인 유명세를 자랑한다. 동네 아이들은 개러지 밴드의 결성과 재결성을 반복하곤 하는데, 그중 일부는 실력이 제법 뛰어나다. 이처럼 레프트빌은 조용할 날이 없다. 하루 내내 사람들이 오가면서 일은 항상 벌어진다.

레프트빌의 떠들썩한 분위기는 패션에서도 드러난다. 레프트빌에서는 콘서베이턴 주민이 결코 입지 않을 법한 옷을 흔히 볼 수 있다. 이 지역 주민들은 여행도 자주 다니는데, 가끔 해외로 나가기도 한다. 레프트빌의 인구 집단은 콘서베이턴보다 훨씬 다양하며, 영어가 아닌 언어의 말소리가 들리는 일도 드물지 않다. 주민들은 이러한 다양성을 좋아하며, 새로운 생활 양식을 지닌 사람들이 이사를 올 때마다 관심을 보인다. 실제로 레프트빌 주민은 모든 민족과 생활 양식에 개방적이다. 단 하나의 예외가 있다면 그것은 바로 콘서베이턴 사람, 특히 트럼프헤이븐 주민이다.

콘서베이턴과 레프트빌의 인구를 합쳐도 카운티 전체의 절반에 불과하다.

두 도시의 중간에는 미들버러Middleboro*429라는 지역이 있는데, 이곳 주민들은 그냥 '미들Middle'이라 줄여 부른다. 미들은 카운티 내에서 넓은 면적을 차지하며, 인구 비중 또한 상당하다. 그러나 법적 자치구로 지정되지 않았고, 주민 간 합의도 잘 이루어지지 않는다. 미들 사람들을 하나로 묶는 거의 유일한 공통점이라면 콘서베이턴과 레프트빌을 향한 적대감뿐이다.

인구 밀집 지역을 벗어나 외곽에 거주하는 주민들은 카운티 전역에 흩어져 있다. 그 대부분은 콘서베이턴에서 미들을 거쳐 레프트빌로 이어지는 고속도로와 멀리 떨어진 곳에서 생활한다. 외곽 지역 주민들의 다양성은 극명하다. 콘서베이턴이나 레프트빌보다 극단적인 사람이 있는가 하면, 두 마을의 특징을 혼합한 사람, 완전히 무관심한 사람, 어떤 범주에도 속하지 않는 사람 등 유형도 제각각이다.

콘서베이턴과 레프트빌은 일반적인 도시의 사례와 같이 건강한 경쟁 구도를 형성하고 있지만, 유독 한 가지 문제만큼은 극명한 차이를 보인다. 카운티 전체의 합의를 통해 다양하고 중요한 공공 정책을 결정해야 할 때, 두 도시의 생활 양식과 취향의 극단적인 대비로 정책 사안에 대한 신호가 뚜렷하게 엇갈린다. 레프트빌 주민은 다음과 같이 콘서베이턴에서의 제안에 모두 반대한다.

콘서베이턴	레프트빌
① 카운티 내 이민 금지	① 이민자 환영
② 범죄자에 대한 강력한 처벌	② 처벌이 아닌 재활을 통한 갱생
③ 세금 감면	③ 가치 있는 대상에 세금 사용
④ 영어를 카운티 공용어로 제한	④ 자유로운 언어 사용 허용
⑤ 학생에게 국기에 대한 맹세 암송	⑤ 국가 및 특정 대상에 대한 충성의
⑥ 동성 결혼 및 동성애자 부부의	선택권 보장
입양 금지	
⑦ 실업 수당 삭감	

429　'boro'는 자치구를 뜻하는 영어 단어 'borough'가 줄어든 말이다.

　　　　　　　　　　　　　　　　　　　　　　정치 성향은 어떻게 결정되는가

위와 같이 콘서베이턴과 레프트빌 주민은 모든 쟁점에서 사실상 대척점에 서 있어 격렬한 논쟁이 벌어지기도 한다. 두 도시의 완고한 스타일과 정책 견해 차이로 카운티 전체의 의사 결정 과정은 극단적인 양극화를 겪고 있으며, 경직되어 있다. 주민들은 사비를 들이면서까지 카운티 전역에 광고판을 경쟁하듯 설치하여 서로를 비방하기 일쑤다. 이처럼 두 도시 사이의 반목은 명백하다.

그러나 미들 주민에게는 두 도시에서 일어나는 모든 분열이 당황스럽고 짜증을 유발하는 유치한 것쯤으로 생각한다. 무엇보다 미들 주민은 소모적인 말다툼이 카운티의 생활 및 정치의 특징으로 자리매김하기를 바라지 않는다. 하지만 이는 헛된 희망에 불과하다.

많은 사람들이 레프트빌과 콘서베이턴 외곽에 거주하기는 하지만, 두 도시는 강한 신념을 지닌 주민을 대다수 보유하고 있다. 오히려 카운티 외곽 지역의 주민들이 문제를 악화시키는 경우도 많다. 그들은 레프트빌과 콘서베이턴을 소리 높여 비판하면서도 두 도시 중 한 곳의 특징을 보이거나, 비슷한 입장을 취하곤 한다.

그렇다. 레프트빌과 콘서베이턴의 분열은 카운티의 정치 전반을 지배하고 있다. 이러한 상황은 그들의 선조가 태곳적부터 사회의 정치를 지배해 온 것과도 같다. 두 도시 모두 서로의 가치관과 정치적 입장을 전혀 이해하지 못한다. 그러면서도 자기네 가치와 아이디어가 카운티의 발전을 위한 최선의 희망임을 확신한다. 따라서 그들은 상대 도시의 주민이 살아가는 방식을 이해할 수 없으며, 이웃한 사람이 그곳으로 이주하고 싶다고 할 때마다 충격을 받는다.

두 도시 사이의 불신은 깊다. 서로가 속임수와 쟁점을 왜곡한 프레임 설정, 미디어 조작, 청소년의 강제 사회화 등을 일삼는다고 생각한다. 양쪽 모두 상대 도시의 권력 중심부에서 퍼져 나가는 기괴하고도 사이비 종교 집단 같은 태도와 행동은 결국 세뇌 때문이라고 믿는다. 그렇지 않고서야 이처럼 명백히 잘못된 사회와 정치에 대한 선호가 어떻게 확산될 수 있다는 말인가?

두 도시의 주민들은 상대 도시의 선전 체계에 맞서야 한다는 확신에 차 있다. 그들은 서로 진실을 마주한다면, 그 도시의 치졸한 방식을 거부할 것이라고 믿는다. 그들은 학교, 광고판, TV, 저녁 식사와 근무 시간, 특히 소셜 미디어에서 제공하는 문화에 대한 허위 정보를 반드시 바로잡으면서 진실을 드러내야 한다고 말한다. 이를 통해 두 도시 사이의 극심한 분열을 평정할 수 있다고 생각한다.

그러나 현실은 서로를 향한 불신과 조롱, 경멸과 상대 도시가 잘못되었음을 깨닫게 하려는 공허한 노력을 넘나들며 시간만 허비하는 꼴이다. 양쪽 모두 상대 도시의 주민들이 사실을 직시하고 이를 이성적으로 분석한다면, 당장 이사를 결심하여 자기네 마을로 올 것이라고 확신한다.

정치 성향과 관련하여 우리가 가장 바꾸고 싶어 하는 바로 그 사람들, 즉 우리와 매우 다르고 확고한 지향성을 지닌 사람들은 의외로 쉽게 변하지 않는다. 콘서베이턴과 레프트빌 주민들의 생각과 다르게 말이다. 이 책에서는 인간의 타고난 성향을 주제로 다루고 있다. 지금까지의 설명과 같이, 타고난 성향은 광고판이나 도서관에 비치된 책, 영화 〈바비Barbie〉, 대학 교수, 비디오 게임, 언론 논객 등에 쉽게 흔들리지 않을 정도로 내면 깊숙한 곳에 사리 잡고 있다.

물론 환경 요인을 완전히 배제할 수는 없다. 그러나 특히 정치적으로 더 노골적이고 적극적인 개인 사이에서는 환경 요인이 전향을 부추기기보다 기존의 성향을 강화하는 사례가 더 많다. 일례로 사람들은 자신의 신념과 일치하는 내용을 보고 듣기 위해 폭스 뉴스를 시청한다. 진보 성향의 언론 매체도 마찬가지이다. 사람들이 MSNBC를 시청하는 이유는 이미 진보 성향을 지녔기 때문이지, MSNBC를 시청했기 때문에 진보주의적 신념을 갖게 된 것은 아니다.

정치 성향은 어떻게 결정되는가

　설상가상으로, 타고난 성향은 우리가 끌리는 언론 매체뿐 아니라 객관적
사실과 관계없이 우리가 옳거나 그르다고 믿는 것에도 영향을 미친다. 인간
에게 '자기만의 사실'은 존재하지 않는다는 모이니한의 유명한 격언은 참이
어야 하지만, 안타깝게도 인간이 살아가는 방식을 보면 결코 그렇지 않다.
우리는 과거 트럼프 행정부의 대변인이던 켈리앤 콘웨이Kellyanne Conway가 언급
한 유명한 표현인 '대안적 사실(alternative facts)'을 믿는 세상에 살고 있다.
증거가 필요한가?

　21세기 미국에서 가장 중요한 이슈는 2001년 9월 11일, 뉴욕과 워싱턴
에서 발생한 테러 공격에 어떻게 대응할 것인가였다. 주된 것으로는 물라 오
마르Mullah Omar의 지휘하에 알카에다Al-Qaeda의 지도자인 오사마 빈 라덴Osama bin
Laden을 지원하고 은신처를 제공한 아프가니스탄을 즉시 침공한 것이었다. 미
국에서 대량 살상을 저지른 테러리스트를 은닉하고 보호한다면, 제82공수사
단이 들이닥칠 명분이 충분하다는 식이었다.

　그런데 더 큰 논란을 불러일으킨 사건은 그로부터 18개월 후에 이루어진
이라크 침공 결정이었다. 당시 조지 W. 부시 행정부에서 내세운 이라크 침공
의 명분은 아프가니스탄 침공처럼 명확하지 않았다. 부시 행정부에서는 이
라크 지도자 사담 후세인Saddam Hussein이 대량 살상 무기(Weapons of Mass De-
struction, WMD)를 보유하고 있으며, 이것이 잘못된 세력의 손에 들어갈 수
있음을 명분으로 내세웠다. 실제로 부시의 고문인 폴 월포위츠Paul Wolfowitz 또
한 대량 살상 무기가 이라크 침공의 주된 이유라고 언급했다.

　그러나 이라크 전쟁이 지속되면서 전쟁 전부터 제기되었던 이라크의 대량
살상 무기 존재 여부에 대한 의구심이 점점 커졌다. 침공 이후로 이라크 전역
을 샅샅이 수색한 팀들이 대량 살상 무기를 발견하지 못한 이유는, 그것이 애
초에 존재하지 않았기 때문이라는 사실이 곧 밝혀졌다. 이라크에 있던 CIA
핵심 정보원은 대량 살상 무기의 존재에 대해 거짓말을 했다고 인정했고, 그
거짓말이 침공의 명분이 되자 경악했다고 밝혔다.

부시 대통령은 후세인이 대량 살상 무기를 보유하고 있다는 주장이 '첩보 실패(intelligence failure)'의 결과임을 곧바로 인정했다. 2005년이 되고, 미국 침공 당시 이라크에 대량 살상 무기가 없었다는 사실은 명백해졌다. 도널드 럼즈펠드Donald Rumsfeld 국방장관 또한 그 사실을 인정했다. 더는 논란의 여지가 없는 명백한 사실이 된 것이다. 애초에 이라크에는 대량 살상 무기가 존재하지 않았다.

정치학자 로버트 샤피로Robert Shapiro와 옐리 블로흐-엘콘Yaeli Bloch-Elkon의 연구가 아니었다면, 그 문제는 쭉 미해결 상태로 남았을지도 모른다.*430 두 연구자는 2006년의 조사 데이터를 분석함으로써 수많은 미국인이 침공 당시 이라크가 대량 살상 무기를 보유하였음을 믿고 있다는 사실을 밝혀냈다.

그리고 그 사실을 정당별로 구분한 결과는 눈에 띄는 차이를 보였다. 민주당 지지자라고 밝힌 응답자 중 7%만이 그 믿음에 동의한 반면, 공화당 지지자의 동의율은 거의 절반에 이르는 45%로 나타났다. 나아가 공화주의자의 1/4 이상(28%)은 미국이 실제로 이라크에서 대량 살상 무기를 발견했음을 확신했다.

그런데 해당 조사는 여론 조사가 아니라는 점에 주목할 필요가 있다. 이라크 침공이 올바른 결정이었는지, 또는 딕 체니 부통령이 좋은 사람인가를 묻는 것이 아니었다. 실제로는 "미국 침공 당시, 이라크에 대량 살상 무기가 존재했다는 주장이 사실인가, 아니면 거짓인가?"라는 근본적인 질문이었다. 이 질문에 대한 응답은 객관적으로 평가할 수 있었지만, 사람들의 상당수가 자신에게 속 편한 이념적 허구로 사실을 대체하는 엉터리 대답을 내놓았다.

사람들이 정치에 대해 잘못된 정보를 지닌 경우가 흔하다는 사실은 전혀 새로울 것이 없다. 특히 미국 대중이 정치와 관련하여 사실과 다른 정보를 얻게 되는 과정을 다룬 책도 많이 출간되었다.*431 그중 자주 지적되는 오류는

430　Shapiro and Bloch-Elkon. "Do Facts Speak for Themselves? Partisan Disagreement as a Challenge to Democratic Theory."

431　Delli Carpini and Keeter. *What Americans Know about Politics and Why It Matters.*

미국의 정부 지출 중 대외 원조의 비율에 관한 내용이다.

실제 대외 원조를 위한 지출 예산은 1%도 채 되지 않는, 극히 작은 수치에 불과하다. 그러나 응답자는 그 수치를 훨씬 높게 추정하며, 일부는 두 자릿수로 보기도 한다. 심지어 어느 조사의 응답자들은 연방정부 예산의 1/4이 대외 원조에 쓰인다고 추정하며, 그 비율을 10% 정도로 낮추기를 희망한다는 말까지 했다. 그러려면 마치 이상한 나라의 앨리스와 같은 계산법이 필요한데, 대외 원조를 무려 1,500%나 늘렸다가 삭감하자고 요구하는 셈이다.[432]

우리가 가장 흥미롭다고 생각하는 사실관계 오류는 '각자의 능력에 따라, 각자의 필요에 따라.(From each according to his ability; to each according to his need)'라는 문구의 출처를 묻는 조사에서 나타났다. 응답자의 45%는 그 문구의 출처가 미국 헌법이라고 자랑스럽게 답했지만, 실제로는 카를 마르크스가 만든 것이었다. 마르크스가 이 오류를 알았다면 꽤 재미있어했을 것이다.[433]

샤피로와 블로흐-엘콘의 연구는 정치에 대한 대중적 무지를 드러내려는 것이 아님에 주목해야 한다. 그보다 두 사람은 정치에서의 무지가 무작위적이지 않으며, 사실관계 오류도 특정한 방향을 겨냥한다는 점을 입증하려 했다. 보수주의자는 공화당 행정부가 기획자의 논리에서 불필요한 전쟁을 시작하기로 한 결정을 정당화하기 위해 역사를 다시 쓴다. 그리고 공산주의자는 이상 국가인 소비에트 연방을 건설하기 위한 학살의 책임을 지우려는 목적으로 프라하의 봄(Prague Spring)[434]을 재구성한다.

위와 같이 당신이 선호하는 세계관에 사실이라는 존재가 방해가 된다면,

---

432   Klein. "American Misperceptions of Foreign Aid."

433   Delli Carpini and Keeter. *What Americans Know about Politics and Why It Matters.* 98.
이 외에도 '자신 있게' 틀린 사람과 그냥 틀린 사람을 구분하는 흥미로운 방법은 Kuklinski et al. "Misinformation and the Currency of Democratic Citizenship."을 참고하라.

434   1968년, 체코에서 일어난 민주 자유화 운동으로, 이를 저지하기 위한 소련군의 개입으로 학살이 벌어졌다.

그 사실을 그냥 무의식적으로 '잘못 기억하면' 된다. 이러한 행동 방식은 사람들이 지지하는 정치 후보를 결정한 뒤, 그 후보와 연관된 부정적 정보가 새로 등장하더라도 지지를 철회하기보다 오히려 강화한다는 최근의 연구 결과와도 일치한다.[435] 여러 사실 검증 기관에서 그 후보의 발언이 진실이 아니라고 결론지었을 때는, 그 후보에 대한 지지를 재평가하기보다 해당 기관의 신뢰성을 부정하려는 경향을 보인다.[436]

또 다른 연구에서 연구자들은 자발적 연구 참가자에게 서로 관련이 없는 다섯 가지 뉴스를 설명하며, 사진도 함께 제시했다. 참가자는 알지 못했지만, 그중 하나는 포토샵으로 조작된 이미지를 담은 허구의 사건이 있었다. 그럼에도 참가자의 절반은 일어나지도 않은 그 사건이 실제로 일어난 것을 분명히 기억한다고 답했고, 심지어 27%는 해당 사건을 뉴스에서 보았다고 답했다.[437] 이러한 거짓 기억(false memories)의 패턴은 무작위적이지 않았다.

연구에서 제시한 첫 번째 허위 사건은 버락 오바마 대통령이 이란 대통령 마무드 아마디네자드Mahmoud Ahmadinejad와 악수하는 장면이었다. 아마디네자드는 홀로코스트를 부정하고 핵 개발을 주장했으며, 이스라엘의 원수로 알려져 있다. 두 번째 허위 사건은 허리케인 카트리나Katrina가 미국 남부를 강타하던 시기에 조지 W. 부시 대통령이 유명 운동선수와 함께 휴가를 보냈다는 내용이었다.

두 사건은 모두 허위였다. 카트리나가 걸프 연안을 휩쓸 당시에 부시 대통령은 백악관에 있었고, 오바마 대통령은 아마디네자드와 악수한 적도 없다. 그런데도 조사 참여자의 다수는 이들 사건을 자신 있게 기억할 뿐 아니라, 사건을 처음 접할 때의 느낌도 설명했다. 결론은 당연하게도 다음과 같다.

보수주의자는 오바마와 아마디네자드의 악수를 2:1의 비율 이상으로 잘

---

435 Redlawsk et al. "The Afective Tipping Point: Do Motivated Reasoners Ever 'Get It'?"

436 Walter et al. "Fact Checking: A Meta-Analysis of What Works and What Doesn't."

437 Frenda et al. "False Memories of Fabricated Political Events."

못 기억했다. 반면 진보 성향의 응답자는 부시 대통령이 부적절한 시기에 휴가를 보낸 사건을 기억할 확률이 보수주의자보다 훨씬 높았다. 결국 사람은 자신과 정치 성향을 공유하는 인물의 부정적인 면을 기억하지 않으려 한다. 동시에 반대 성향의 인물에게는 스스로 부정적인 면을 만들어 내기도 한다.

이처럼 정치 성향이 서로 다른 사람들은 살아가는 사실의 세계마저 서로 다른 것처럼 보인다. 타고난 성향이 근본적으로 다른 보수주의자와 진보주의자는 모두 실제가 아닐지라도 자신의 성향을 뒷받침하는 사실이라면 믿고 본다. 일단 잘못된 믿음이 생긴다면, 이를 바로잡기는 무척 어렵다. 믿고 싶은 것만 믿는 사례는 너무나 많다.

차이를 인정하자

이제 우리는 더 나은 세상을 만들기 위한 이 책의 활용법을 설명할 시점에 이르렀다. 이때 대체로 설득력이 떨어지는 경우가 많다. 결론을 도출하는 것이야 쉬운 편이지만, 그 결론을 바탕으로 이 행성에서의 삶을 실질적으로 개선할 실천 방안을 제시하는 것은 훨씬 어렵기 때문이다. 당신은 우리가 제시하는 실천 방안에서 실망감을 느낄 수도 있을 것이다. 그러나 많은 이의 정치 성향이 심층적 차원에 내재한 생물학적, 심리적 성향에 기반한다는 사실을 폭넓게 인식하는 것만으로도 정치 환경이 조금은 개선될 것이다. 이를 위해 몇 가지를 제안한다.

첫째, 당신과 정치적 의견이 반대인 사람은 바라는 사회적 결과뿐 아니라 세상을 바라보고 경험하는 방식 자체도 다르다는 사실을 받아들여야 한다. 지금까지 제시한 보수주의자와 진보주의자의 차이를 연구한 결과를 상기하자. 그 내용은 다음과 같다.

① 화난 표정에 반응하는 정도가 다르다.
② 복잡한 이미지에서 서로 다른 요소에 주목한다.

③ 빈페스트 연구 등에서 정보를 탐색하는 유형뿐 아니라 기억하는 내용도
   다르다.

위의 내용은 사람들이 사회정치적 환경에 접근하는 방식이 생물학적, 심리적 개인차에서 형성됨을 시사한다. 중추신경계와 자율신경계의 구조와 연결, 처리 방식에 따라 저마다 특정 자극에 본능적이고 직관적으로 매력이나 혐오감을 느끼는 사람도 있다. 이처럼 주어진 결과에 흥미를 느끼는 사람이 있는가 하면, 전혀 관심을 보이지 않는 사람도 있다.

타고난 성향은 정치적 관점과 견해를 형성하고 구조화한다. 이러한 성향을 지닌 사람은 동기화된 추론을 통해 자신이 선호하는 방향으로 세상을 해석하려 한다. 따라서 모이니한에게는 미안한 말이지만, 상반된 이념의 두 진영은 서로 다른 '사실의 체계'에 이른다.

결국 보수와 진보는 정보의 습득과 처리, 유지 방식의 차이로 눈앞의 같은 상황을 매우 다르게 인식하기도 한다. 이는 무작위로 선정한 응답자에게 현재 미국의 공공 정책을 평가하라고 지시했던 제5장에서의 연구 사례와 같다. 이 연구에서는 응답자의 정책 선호와 별개로 보수 성향의 참가자는 진보주의자에 비해 미국이 전통적 생활 양식보다 새로운 생활 양식을 용인하고, 외부의 위협에 무관심하다고 밝혔다. 또한 부유층보다 무자격자에게 혜택을 제공하고, 범법자를 제대로 처벌하지 않는다고 믿는 경향이 더 강하게 나타났다.[438]

어찌 보면 그리 놀랄 만한 결과도 아니다. 각 이념 지지자에게는 판이 자신에게 불리하게 짜여 있다고 믿기 때문이다. 그러나 놀라움의 여부를 떠나서 연구 결과에는 성찰이 필요하다. 누군가는 미국이 범죄를 허용하고, 외부자들에게 취약하며, 전통적 생활 양식을 외면하는 나라라고 생각한다. 반면 다른 사람은 같은 나라인데도 범죄 용의자에게 지나치게 가혹하고, 국방에 많은 자본을 낭비하며, 비전통적인 생활 양식의 소유자를 도외시하는 나라로 바라본다. 이처럼 우리가 바라는 정책 결과의 차이 외에도, 우리를 정치적으

---

438   Mitchell et al. "Side by Side, Worlds Apart: Liberals' and Conservatives' Distinct Perceptions of Political Reality."

로 가르는 결정적인 요소는 현재 사회상을 바라보는 인식의 차이이다. 그리고 그 차이는 우리의 심리적, 인지적 성향 차이에서 비롯된다.

대부분 통제할 수 없는 이유로 타인은 우리가 보는 것을 보지 못한다. 그러므로 우리와 다른 정치적 선호를 지닌다는 사실을 인식하더라도 정치적 갈등은 사라지지 않을 것이다. 그러나 최소한 정치적 반대파에 대한 분노와 좌절을 조금이나마 덜 수는 있다.

우리와 의견이 반대인 사람을 변호하자는 말이 아니다. 우리의 관점에서 그들은 여전히 최적의 사회 구조에 대해 완전히 잘못된 생각을 할 수도 있다. 다만 사람들이 서로 다르게 설계되었다는 개념을 진지하게 받아들이면, 정치적 반대파가 관련 정보나 사실에 무감각해 보이는가를 깨닫는 데 도움이 될 것이다. 그리고 우리가 내세우는 논리적인 주장에 조금도 반응하지 않는 이유를 이해하고, 나아가 정치가 우리의 개인 및 사회 생활에 전염병처럼 주입해 온 심리적 문제를 줄이는 데에도 도움이 될 것이다.[439]

대다수 사람은 자신의 정치 관점이 지극히 상식적이라고 확신한다. 그리고 같은 호모 사피엔스의 대다수가 자신에게 동의하거나, 이성적인 사고가 가능하다면 그러할 수밖에 없으리라 믿는다. 또한 그들은 정치적으로 상반된 입장의 소유자라도 몇 가지 사실, 약간의 논리와 설득을 곁들이면 충분히 납득시킬 수 있으리라 여긴다. 그 몇 가지를 적절히 섞어 이성적인 사람에게 제시하면, 그들도 자신의 정치적 관점을 받아들일 것이라고 생각한다. 그러나 그 반대의 관점을 고수하는 사람은 비이성적이거나 편협하다고 간주한다.

정치적으로 비슷한 관점을 가진 사람끼리 어울려 살아가려는 경향의 확대도 정치 문제를 악화시키는 요인에 속한다. 이는 빌 비숍Bill Bishop이 '거대한 분열(The Big Sort)'이라고 명명한 현상의 결과로서 매끄럽게 기록된 바 있다.[440] 정치 성향이 유사한 사람으로 둘러싸인 환경에서 살다 보면, 자신과 성향이

439　Smith et al. "Friends, Relatives, Sanity, and Health: The Costs of Politics."

440　Bishop. *The Big Sort: Why the Clustering of Like-Minded America is Tearing Us Apart.*

다른 사람이 수없이 존재한다는 사실을 인정하기 어려워진다. 물론 이와 같은 이질적인 생명체를 텔레비전에서 볼 수는 있겠지만, 비현실적이고 허구적인 존재로 느껴질 뿐이다.

도시의 진보주의자는 외곽 지역에 광적인 트럼프 추종자가 많다는 사실을 인정하기 어려워한다. 근처의 와인 바나 전문 카페에서는 그러한 사람을 찾아볼 수 없기 때문이다. 반대로 시골에 사는 보수주의자는 이민자를 그토록 사랑하는 사회주의적 바이든 지지자가 많다는 점을 이해하지 못한다. 근처의 스테이크 하우스나 교회에서는 그러한 사람들을 찾아보기 어려우니, 그들이 전국 선거에서 승리할 유일한 방법은 부정선거밖에 없다는 결론에 도달한다. 게다가 소셜 미디어에서 편향된 정보를 사실인 양 퍼 나르는 바람에 문제는 더 심각해진다.

우리가 정리한 증거에 함축된 핵심적인 함의는 다음과 같다. 정치적으로 동질적인 지역 사회를 제외하고, 더 큰 사회에는 관점이 다른 사람이 항상 존재할 수밖에 없다. 이는 단순히 일부 사람의 정보 부족이나 고집스러운 성향 때문만은 아니다. 이러한 맥락에서 우리가 전하는 메시지는 다른 사람들이 제시한 것과 결이 비슷하다.[441] 다만 그 차이의 근원을 찾기 위하여 도덕 기반과 개인적 가치관에서 내면 깊은 곳의 생리적, 인지적 특성과 편향, 심지어 유전자까지 추적한다는 점이 다르다.

콘서베이턴과 레프트빌 시민이 정치적 조화와 합의 속에서 영원히 행복하게 살 방법은 없다. 우리는 이처럼 엄연한 사실을 인정하고, 최선을 다해야 할 것이다. 여전히 상반된 신념을 가진 사람이라도 한자리에 모여 충분히 대화하면, 서로를 존중하고 품위 있게 대할 수 있을 것이라는 믿음과 희망에 찬 사람이 많다. 이와 같은 전제에 기대는 선의의 조직의 수 또한 많다. 그들은 트럼프 지지자와 반대자가 그저 저녁 식사를 함께하는 것만으로 서로가 다르거나 악하지도 않다는 사실을 깨달으리라고 기대한다.[442]

---

441   이에 대한 사례로 Haidt, *The Righteous Mind.*를 참고하기를 바란다.

442   이러한 단체의 사례는 '브레이버 앤젤스(Braver Angels)', '공통점으로 함께 하는 세상(More in Common)', '저녁 식사로 함께하는 미국(Make America Dinner Again)',

물론 그 노력의 목표가 우리와 가치관이 다르고, 앞으로도 그러할 사람과 소통할 방법을 찾는 것이라면, 어느 정도의 성과는 거둘 수 있다고 본다. 그러나 상반된 가치관의 소유자와 편안하고 행복하게 공존하는 것이 목표라면, 전혀 동의할 수 없다. 트럼프 숭배자와 혐오자 사이에 닮은 점이라고는 겉모습밖에 없기 때문이다.

위와 같이 서로 다른 두 부류는 '아종(subspecies)'이라는 현실을 인정해야 더 나은 방향으로 나아갈 수 있다. 그들의 공통점을 찾기보다 완전히 다르다는 사실을 인정하는 편이 더 현실적이다. 갈림길을 사이에 두고 양쪽으로 갈라진 사람들이 합의에 도달할 수 있다는 믿음은 순진한 발상일 뿐이다. 이러한 논의가 정치적으로 확고한 입장을 가진 사람 사이에서 마침내 통하리라는 증거는 어디에도 없다. 결과를 원한다면 이상이 아닌, 눈앞에 마주한 현실 속에서 움직여야 한다.

2004년의 민주당 전당대회 연설에서 전국적인 인지도를 얻어 마침내 대통령에 당선된 버락 오바마는 유명한 연설로 뜨거운 갈채를 받았다. "진보주의 미국도, 보수주의 미국도 없다. 하나의 미합중국이 있을 뿐입니다."라고 말이다. 이어서 그는 "전문가라는 사람들은 미국을 빨간 주와 파란 주로 나누기 좋아하지만"이라고 덧붙이며, 서로에게 공통점이 아주 많음을 강조했다. 대단히 매력적이고 매혹적이기까지 한 감상이지만, 이제는 이 동화 같은 이야기를 내려놓아야 할 때가 되었다.

전 대통령을 비롯하여 인간의 근본적인 유사성을 믿고 싶어 하는 수많은 보통의 사람을 향해 존경의 마음을 가득 담아, 우리는 실제로 두 개의 미국이 존재함을 확실하게 주장하고자 한다. 이러한 사정은 미국뿐 아니라 브라질, 이스라엘 또는 이름만 대면 아는 모든 국가에서도 마찬가지다.

모두가 같은 사람인 척하는 것은 도움은커녕 해가 된다. 정치적 반대자에게 확고한 정치 성향에서 벗어나도록 설득하는 일은 머리로 벽을 들이받는

'정당을 초월한 대화(Crossing Party Lines)', '버크-페인 소사이어티(The Burke-Paine Society)', '미국 화합 프로젝트(One American Project)', '시민 대화 프로젝트(Civil Conversation Project)' 등이 있다.

것과 같다. 우리나 그들에게도 좋을 것이 없는 일이다. 얼룩말이 줄무늬를 바꿀 수 없듯, 타고난 성향 또한 바꾸기 어렵다.

정치 성향은 대립적이며, 생물학에 기반한다는 사실이 표면적으로는 정치 구조를 개선하려는 사람에게 매우 절망적인 상황처럼 보일 수 있겠다. 그러나 우리는 여기에도 희망의 단초가 있다고 믿는다. 정치 성향은 현실을 왜곡하고, 소통을 방해하며, 불신을 조장하고, 폭력을 부추기기도 한다. 하지만 사람들이 그 존재를 제대로 인식한다면, 긍정적인 효과를 가져올 수 있다.

정치적 관점이 성향에 따라 형성된다는 사실을 인식하고 제대로 활용한다면, 정치적 반대자를 이해하고 최적의 정치 체제를 설계할 수 있다. 이뿐 아니라 우리 자신을 이해하는 데에도 도움이 된다. 정치 심리의 본질과 깊이를 받아들이려는 노력이 유익한 이유는 이 행성에서 우리와 함께 살아가는 사람을 더 잘 이해할 수 있기 때문이다. 이처럼 우리와 다른 제2의 정치 성향을 배우는 일은 본래의 정치 성향을 새로운 관점에서 바라보고 깊이 통찰하도록 돕는다. 마치 제2외국어 학습으로 언어의 새로운 측면을 깨달으면서, 모국어도 새로운 관점에서 더 깊이 이해할 수 있듯이 말이다.

당신과 반대 성향의 소유자는 당신이 보는 것을 보지 못하고, 당신이 두려워하는 것을 두려워하지 않는다. 또한 당신이 사랑하는 것을 사랑하지 않고, 당신이 맡는 냄새를 맡지 못하며, 당신이 기억하는 것을 기억하지 못한다. 그리고 당신이 맛보는 것을 맛보지 못하며, 당신이 원하는 것을 원하지 않고, 당신이 생각하는 방식대로 생각하지 않는다.

이처럼 우리와 매우 다른 '피조물'을 이해하려는 노력은 그들이 옳을 수도 있어서가 아니다. 그들이 어떻게, 왜 잘못되었는지를 더 잘 이해하는 데 가치를 두고 있음을 의미한다. 우리에게 과연 잃을 것이 있을까? 인간은 하나라는 허구적 신념이 정치 체제에 초래한 결과를 생각해 보자. 우리와 상반된 이의 동기를 이해하는 것이 유익함을 가져다줄 구체적인 영역은 바로 대화에 사용하는 언어이다.

정치 성향은 어떻게 결정되는가

완고한 정치 성향이 존재한다고 해서 모든 정치적 소통이 무의미하다는 뜻은 아니다. 많은 사람의 성향은 분명하지 않으며, 이러한 사람 또한 여전히 활동 중이라는 점을 기억해야 한다. 우리는 당신이 현명하게 행동하기를 바란다. 정치 성향이 뚜렷한 사람과 그렇지 않은 사람을 구분해야 한다. 경험에 따르면 그 차이는 쉽게 발견할 수 있다.

정치적 설득력을 유지하고 더욱 다듬어야 하는 주된 이유는, 정치 성향이 반대인 사람을 설득하려는 것은 아니다. 물론 그들의 입장에 서 보는 것도 유익하겠지만 말이다. 그보다는 정치 성향이 거의 없다시피 한 수많은 이들에게 영향을 미칠 수 있기 때문이다. 그들은 합리적인 주장과 새로운 증거에 실제로 반응할 가능성이 큰 사람들이다.

그리고 당신과 반대되는 정치적 입장을 고수하는 사람들에게 귀한 에너지를 낭비하지 않기를 권한다. 설득이 불가능한 사람을 바꾸려는 시도를 통해 왜곡된 만족감을 느낄 수는 있겠지만, 이러한 노력은 부질없을 뿐 아니라 전반적인 정치 분위기를 오염시키는 경향이 있다.

보수와 진보의 성향 차이를 진지하게 받아들이면, 상대편과 더욱 효과적으로 소통할 수 있는 위치에 설 수 있다. 이는 캘리포니아 대학교 버클리 캠퍼스 소속의 인지언어학자 조지 레이코프George Lakoff의 주장으로 유명해졌다. 레이코프에 따르면 보수주의자는 정부와 피지배자의 바람직한 관계를 비유한 '엄격한 아버지(strict father)'의 언어로 주장한다. 반면 진보주의자는 '자애로운 부모(nurturing parent)'의 언어를 사용한다고 한다. 그는 이러한 언어적 차이가 서로를 이해하기 어렵게 하는 주요 원인이라고 말한다.*443

성향을 바라보는 우리의 관점은 보수와 진보가 다르게 소통한다는 레이코프의 생각과 일치하지만, 이 차이의 본질과 결과에 대한 견해는 다르다. 보수주의자가 자애로운 방식으로 표현하거나 진보주의자가 엄격한 태도를 보이

---

443   Lakoff, *Moral Politics: How Liberals and Conservatives Think.*

려는 시도는 보통 잘 통하지 않으며, 양측에서 내세우는 정책의 핵심적 차이를 간과하게 한다. 사람들은 가짜를 쉽게 알아차리기 때문이다.

그 핵심적 차이는 외부자와 규범 위반자, 새로운 생활 양식의 지지자를 대우하는 방식과 직결된다. 지금까지 살펴본 바와 같이 진보주의자는 그들을 포용하려는 반면, 보수주의자는 그러한 사람들이 완전히 존재하지 않기를 바란다. 하지만 사회 생활에 접근하는 방식이 다를지라도, 사용하는 언어가 적절하다면 목표가 맞아떨어지는 경우도 있다. 그 두 가지 사례를 소개한다.

첫 번째는 대외 원조이다. 트럼프의 극렬 반대층이 극렬 지지층을 향해 도덕적 의무를 이유로 다른 나라를 돕기 위한 미국의 원조 지출을 늘려야 한다고 설득한다면, 전혀 통하지 않을 것이다. 그러나 "다른 나라 사람들의 삶을 개선하면, 미국에 들어와 정착하려는 사람이 줄어들 것이다."라고 말한다면, 바로 무시당하는 처사는 면할 것이다.

도널드 트럼프는 대통령 재임 중 UN 연설에서 다른 나라를 향해 강한 국가가 되기를 촉구한 바 있다.[444] 이것이 트럼프의 '미국 우선주의(America First)' 수사와 모순되는 것일까? 어느 징도는 그러할 것이나. 그러나 이 발언의 진짜 목적이 트럼프가 과거 '거지 소굴 같은 나라들(shithole countries)'이라 부르던 국가 사람들의 미국 유입을 막는 것이었다고 생각해 보자. 그렇다면 해당 국가들을 살기 좋은 곳으로 만드는 것이야말로 일부 트럼프 추종자가 용인할 만한 메시지가 될 수 있다.

두 번째는 기후 변화이다. 일반적으로 보수주의자, 특히 트럼프 지지자는 지구 온난화와 극단적 기후 현상에 대응하기 위한 적극적인 조치를 기피하는 것으로 알려져 있다. 2023년 여름, 피닉스에서 30일 이상 연속으로 43℃(110℉)를 웃도는 등 전 세계적으로 극심한 기후 현상이 만연하고 있는데도 말이다.

트럼프 지지층은 자신이 믿는 '진짜 위협', 즉 외부자와 그 조력자를 주시한다. 다시 말해 점진적인 기후 변화처럼 구체적인 특징도, 실체도 없는 위

---

444 CNN.com. "Transcript of Donald Trump's Speech to the General Assembly of the United Nations."

정치 성향은 어떻게 결정되는가

협은 멕시코 무장 갱단에게 점령당하다시피 한 남부 국경만큼 심각하게 받아들이지 않는다. 그러나 기후 변화와 그에 따른 환경 파괴를 미국 내부의 안전을 위협하는 문제로 제시한다면, 보수층을 끌어들일 여지가 생길 것이다.

2021년, 미국 국방장관이자 4성 장군 출신인 로이드 오스틴Lloyd Austin은 "기후 변화가 전 세계를 불안정하게 만들고 있으며, 이 문제를 해결하지 않고는 어떤 나라도 지속적인 안보를 확보할 수 없다."라고 말한 바 있다. 이와 같은 견해는 바이든 행정부 인사들만의 생각은 아니었다. 2017년 초, 도널드 트럼프 행정부의 국방장관이었던 제임스 매티스James Mattis 역시 거의 같은 입장을 표명했다.[*445]

실제로 기후 변화의 불안정한 영향을 우려하는 목소리는 군사 및 방위 공동체에도 널리 퍼져 있다. 해수면 상승으로 수억 명의 사람들이 터전을 잃고 떠돌며, 국제 관계를 불안정하게 만든다. 이는 모든 사람, 특히 트럼프 지지자에게 우려가 될 사안이다. 이처럼 기후 변화의 결과를 강조하는 것은 보수주의자의 행동을 유도하는 데 효과적이라 할 수 있다.

비슷한 맥락에서 러셀 파지오 팀의 최근 연구에서는, 보수주의자가 코로나19 방역 지침을 비롯한 '강제적 제약'에 더 부정적으로 반응한다는 점을 처음으로 밝혀냈다. 그리고 그 조치를 '질서와 체계의 안정'을 위한다는 명분으로 프레이밍(framing)한다면, 보수층에게 훨씬 바람직한 방향으로 다가갈 수 있음을 보여 준다.[*446]

굳이 다른 사례를 덧붙이지 않더라도 요점은 이미 분명해졌다. 이는 바로 우리가 서로의 차이를 인정한다면, 그다음 단계는 상대방에 대한 이해를 바탕으로 적절한 언어를 구사함으로써 공유할 수 있는 정책 목표를 찾아내는 것이다. 성향의 차이를 진지한 태도로 인정하면, 정치 담론의 질을 높일 수 있다.

---

445 Vergun. "Defense Secretary Calls Climate Change an Existential Threat."

446 Jin et al. "For Whom Do Boundaries Become Restrictions? The Role of Political Orientation."

개인의 특성은 타고난 성향, 어쩌면 유전자에 기반하리라는 사실을 인정하는 사람이 오히려 차이에도 더 너그러울 수 있음을 언급한 바 있다. 이제 이 중요한 쟁점을 깊이 있게 살펴볼 때가 되었다. 그 주장의 논리는 단순하다. 개인이 전혀 통제할 수 없는 무언가를 뒤바꾸기는 매우 어렵다는 것이다. 다시 말해 정치적 반대자가 지닌 완고하고 부정확한 관점이 자유 의지에 따른 선택이 아니라 타고난 성향에서 비롯된다는 사실을 인정한다면, 포용력도 그만큼 커지기 마련이다. 해당 논리는 지금까지 인간의 여러 특성에 실제로 작용해 왔다.

그 예가 왼손잡이이다. 한 세기 전만 해도 왼손잡이는 성격 문제나 게으름의 결과로 간주해 왔다. 개인의 선택이 아니라 생물학적이고 유전적인 성향의 산물이라고 인정받은 것은 오늘날에 들어서였다. 따라서 요즘은 교사가 겨우 12% 남짓의 왼손잡이 학생의 버릇을 고치겠다는 이유로 교실 분위기를 어지럽히며 시간을 허비하는 일이 없다. 이제는 왼손잡이 전용 책상까지 제공되며, 더 이상 본래의 모습을 바꾸도록 강요하지도 않는다. 그 덕분에 전반적인 학습 환경도 개선되었다. 결과적으로 왼손잡이의 근원을 인식함에 따라 포용성이 커지고 생활의 질까지 향상된 것이다.

유전과 생물학적 성향의 작용을 인정함으로써 바람직한 결과를 낳은 대표적인 사례로는 성적 지향을 꼽을 수 있다. 갤럽Gallup에서는 동성애의 원인이 선천적 성향인가, 후천적 환경인가를 주기적으로 조사한다.*447 1977년에는 동성애가 선천적이라고 믿는 비율이 13%에 불과했고, 56%는 양육 환경의 결과로 보았다. 그러나 2012년에는 선천적이라고 믿는 비율이 40%로 증가했고, 환경 요인에 기인한다는 비율은 35%로 감소했다. 또 2018년에는 선천적이라고 믿는 비율이 50%를 넘어섰고, 환경 요인 때문이라는 응답은

---

447   Religioustolerance.org. "Causes of Homosexuality and Other Sexual Orientations: Public Opinion Polls"; and Gallup. "Tolerance for Gay Rights at High-Water Mark."

30% 미만으로 떨어졌다.

동성애의 원인에 대한 믿음은 동성애자 인권에 대한 태도에도 상당한 영향을 미쳤다. 동성애가 양육 방식이나 광범위한 환경의 결과라고 생각하는 사람의 약 2/3는 동성애를 용납할 수 없는 생활 양식이라고 말한다. 그러나 동성애에 생물학적 근거가 있다고 믿는 사람의 3/4 이상은 동성애를 수용 가능한 생활 양식이라고 생각한다.[*448] 이러한 수치를 감안하면, 신시아 닉슨과 같은 수많은 사람의 "나의 성적 지향은 순전히 개인적인 선택에서 비롯되었다."라는 발언에 동성애자 인권 운동가가 우려를 표하는 이유를 이해할 수 있다.

요컨대 성적 지향이 생물학에 기반한다고 믿는 사람은 동성애자 인권을 더 수용하는 경향이 있다. 미국인들은 성적 지향의 핵심이 생물학적 요인에서 비롯된다는 증거가 늘어남에 따라 동성애자의 생활 양식 및 인권에 더욱 개방적인 태도를 함양하게 되었다.[*449] 이처럼 동성애의 원인에 대한 인식 변화는 동성애자 인권을 둘러싼 정치적 논의가 민주적이고 법적인 맥락에서 합리적으로 이루어지도록 기여했다. 그리고 이는 생물학적 성향이 다양한 행동과 관점을 너그럽게 수용하는 데 중요하다는 점을 보여 주는 대표적인 사례이다.

그렇다면 정치 성향에 생물학적, 유전적 요인이 작용한다는 점을 인정한다면, 정치적 포용력도 비슷한 방식으로 증진할 수 있을까? 이에 대한 확답은 어렵다. 그러할 가능성은 커 보이지만, 일부는 의문을 제기하며 정치는 별개의 영역이라고 주장할 것이다.[*450] 정치 성향은 성적 지향에 비해 생물학적

---

448   Sheldon et al. "Beliefs about the Etiology of Homosexuality and about the Ramifcations of Discovering Its Possible Genetic Origin."

449   Langstrom et al. "Genetic and Environmental Efects on Same-Sex Sexual Behavior: A Population Study of Twins in Sweden"; LeVay. "A Diference in Hypothalmic Structure between Heterosexual and Homosexual Men"; and Hines, "Gender Development and the Human Brain."

450   Suhay et al. "Lay Belief in Biopolitics and Political Prejudice."

요인을 덜 받는 것처럼 보이기 때문이다.

따라서 정치 성향이 온전히 의식의 통제하에 있지 않음을 인정하고, 이를 정치적 포용력으로 실현하는 데 상당한 시간과 노력이 필요하다. 성적 지향에서의 생물학적 역할을 인정하는 과정도 하루아침에 이루어지지 않았듯, 정치 성향 또한 상황은 다르지 않을 것이다. 모두의 인내심이 필요하고, 또 이를 북돋워야 할 것이다.

많은 이들이 정치적 반대자마저 포용하기를 주저하는 이유는 같은 이념 지지자에게 잘못된 신호를 보낼지도 모른다는 두려움 때문일 것이다. 그러므로 타고난 성향에 따른 정치 신념의 다양성을 인정하는 일은 곧 대의를 배신하는 것이 아님을 역설해야 한다. 당신이 어떠한 성향이든 간에, 마치 같은 이념 지지자와 경쟁이라도 하듯 서로에 대한 분노를 강하게 표출하는 단계에서 벗어나야 한다. 물론 타고난 성향의 역할을 인정한다고 해서 정치적 반대자가 위험천만할 정도로 잘못되었다는 확신까지 줄어드는 것은 아니다. 다만 그 잘못의 이유가 대부분 스스로 통제할 수 없는 영역임을 인정하자는 것뿐이다. 이를 받아들이는 일은 의미 있는 진전을 이룰 것이다.

정치적 반대자가 특정한 관점을 지니는 주된 이유는 게으름이나 정보 부족, 고의적인 오판도, 이들이 모두 복합적으로 작용하기 때문이라고 단정할 수는 없다. 바로 당신과 근본적으로 다른 생리적, 심리적 특성에서 비롯되었을 가능성을 이해하기 때문이다. 그리고 당신이 그들과 성향이 같다면, 정치적 견해 역시 비슷할 것이라는 사실을 받아들여야 한다.

그러니 당신의 생각을 믿어야 한다. 당신에게는 올바른 생각이더라도, 모두에게 반드시 그렇지는 않다는 점도 인정해야 한다. 당신의 생각에 겸손해야 한다. 모든 사람이 같은 현실을 경험하지도 않을뿐더러 이상적인 사회 구조에 대한 인식 또한 저마다 다르다. 따라서 당신이 믿는 이상 사회가 모두에게 최선이 될 수 없다는 점 또한 받아들여야 한다. 모든 사람이 세상 속에 경험하고 바라는 방식이 같다면, 당신의 신념이 보편적으로 타당하다고 확신할 수 있을 것이다. 그러나 현실은 그렇지 않으므로, 겸손이 이 세계의 바탕에 자리해야 한다.

정치 성향은 어떻게 결정되는가

타고난 성향의 존재는 정치적 차이를 가장 효과적으로 관리하는 체제의 유형에 몇 가지 시사점을 제시한다. 일단 이념적, 당파적 차이가 없는 정치 체제를 꿈꾸는 것은 무의미하다. 연설문 내용이 주요 언론 매체에 보도되었을 뿐, 조지 워싱턴이 그 유명한 고별 연설을 실제로 한 적은 없다. 그러나 그 연설에서 가장 주목받는 부분은 공통된 충동과 열정, 관심사로 결속된 사람들의 집단을 의미하던 '파벌 정신의 폐해'를 한탄하는 내용이었다.

워싱턴은 파벌이 "공공 협의회를 혼란스럽게 하고… 공공 행정을 무력화하며… 근거 없는 의혹과 허위 경보로 사회를 동요시키고… 서로를 향한 적대감을 불러일으킨다."라고 지적했다. 우리는 이 모든 부작용의 근원인 파벌에 대한 워싱턴의 지적에 동의한다. 그러나 파벌을 억제하라는 탄원에 불과한 그의 해결책은 동의하기 어렵다.

우리가 제시한 증거로는 정치 파벌이 생물학적으로 근거한 성향에 기초함을 시사한다. 따라서 파벌을 잠시 '억제'할 수는 있어도 없애기란 불가능하다. 그리고 파벌은 에머슨과 밀처럼 '전통과 혁신' 세력 사이의 '화해할 수 없는 대립'을 반영하는 형태를 띨 것이다.

우리는 파벌을 향한 워싱턴의 불만에 공감한다. 그에게는 파벌이 강력하고, 끈질기며, 짜증스럽기까지 했을 테다. 다만 우리는 또 다른 건국의 아버지인 제임스 매디슨의 접근 방식을 더 선호한다. 매디슨 역시 워싱턴의 고별 연설문 작성에 깊이 관여했으니, 파벌에 불만이 있었음은 당연지사였을 것이다.

그의 걸작인 〈연방주의자 논문 제10호(Federalist #10)〉[451]에서 "파벌의 잠재적 원인은 인간의 본성에서 비롯된다."라고 인정했다. 매디슨이 보여 주는 탁월한 지적으로 그의 글을 더 인용하지 않을 수가 없다. "다른 의견에 대한 열망은… 사람들에게… 공동의 선을 위해 협력하기보다 서로를 괴롭히고 억

---

451 총 85개의 논문이 수록된 《연방주의자 논집(The Federalist Papers)》의 열 번째 논문이다.

압하려는 성향을 더욱 강화했다." 그리고 마침내는 "서로를 적대시하는 경향이 너무 강해지면서 실제적인 이유가 드러나지 않는 상황에서도 아주 사소하고 무의미한 차이만으로 비우호적인 격정에 불을 지피고, 가장 격렬한 갈등을 일으키기에 충분하다."라고 말한다.[452]

우리는 매디슨의 선견지명에 공감하며, 경탄한다. 그는 사실상 현대 미국의 정치 캠페인을 신랄하고 날카롭게 비평한 것이나 다름없다. 특별히 언급할 중요한 내용이 없을 때는 아주 사소하고 무의미한 것으로도 논란은 충분히 만들 수 있을 테니 말이다.

매디슨은 파벌을 제거하고 정치 싸움꾼을 단결과 화합으로 이끌 두 가지 방안을 제시했다. 첫 번째는 사람들이 자기만의 충동과 이익을 추구할 자유를 파괴하는 것인데, 이는 질병보다 심각한 해법이었다. 두 번째는 모든 시민이 동일한 의견과 열정을 갖도록 강요하는 것으로, 전적으로 실현 불가능한 방안이라고 지적한다. 이후 파벌의 영향을 완화할 최선책에 대한 논의로 빠르게 나아간다.

거두절미하면 매디슨이 파벌에 맞선 통치를 위해 제안한 핵심 아이디어는 직접민주주의가 아니라 대의민주주의를 구현한 것이었다. 그는 사람들이 스스로 정치적 결정을 내리도록 기대해서는 안 된다고 보았다. 그리고 다수의 다양한 기대를 대변할 소수의 시민을 선출하여 대중의 관점을 정제하고 확장해야 한다고 주장했다.

매디슨은 대규모 정치 체제를 유지하는 데 대의민주주의가 특히 가치 있으며, 필수적이라고 여겼다. 그 근본 논리는 직접민주주의가 위험하고 실현 불가능하다는 것이었다. 다시 말해 사람들은 본능적으로 파벌을 형성하므로, 자신의 지위를 유지하려면 자기 파벌의 이익뿐 아니라 더 많은 이해관계를 고려해야 하는 선출된 소수에게 권한을 부여해야 한다는 것이다.

안타깝게도 매디슨이 설계한 체제는 애초의 기대를 충족하지 못한 채 실패하고 말았다. 정치 지도자들은 그의 바람과 달리 파벌을 극복하기는커녕

---

452   Madison. "Federalist #10."

파벌의 늪으로 빠져들고 말았기 때문이다. 파벌을 없애기보다 그 영향을 완화하려고 했던 매디슨의 직감은 타당했으나, 그 이상으로 나아가지 못한 점이 문제였다. 근본적으로 대립하는 두 가지 성향이 존재한다는 사실은 용어에 상관없이 파벌과 당파성, 성향이 정치 체제의 구석구석에 침투하지 못하도록 가능한 모든 조치를 취해야 함을 뜻한다.

대의민주주의가 파벌 문제를 해결한다는 보장은 없다. 그러나 직접민주주의야말로 그 문제를 악화시킨다는 것만큼은 보장할 수 있다. 다양한 성향을 지닌 일반인들이 정책을 결정하기 위해 합의에 이르도록 허용하거나 요구한다면 결국 재앙을 낳을 것이다. 이러한 시도는 뉴잉글랜드 마을회의(New England Town Meetings)[453]처럼 비교적 동질적인 소규모 공동체에서 이루어졌다. 그러나 그마저도 참석률이 급감했고, 회의 도중 무례하고 비생산적인 의견을 표출하는 경우가 많아 이견을 좁히지 못했다. 결국 그들은 마을 예산을 비롯한 중요한 사안의 결정 권한을 박탈당하고 말았다.[454]

마찬가지로 열렬한 트럼프 지지층과 반대층이 같은 방에 모여 주요 정책을 결정한다고 상상해 보자. 그러면 직접민주주의가 효율적인 통치 방식이 아닌 이유를 명확하게 이해할 수 있다.

매디슨의 실수는 통치의 모든 측면에 개입하는 두 가지 근본 성향, 즉 파벌의 위력을 과소평가한 데 있었다. 이는 지역 교육위원회, 도서관 자문단, 카운티 보건위원회, 독립선거구 획정위원회, 주 의회, 연방거래위원회(Federal Trade Commission, FTC), FBI 등 모든 영역에 걸쳐 있다. 그중 좋은 예는 미국

453　숙의민주주의(deliberative democracy)의 기본적인 이론과 목적을 잘 설명한 입문서는 제임스 S. 피시킨(James S. Fishkin)의 《민주주의와 숙의: 민주적 개혁의 새로운 방향(Democracy and Deliberation: New Directions for Democratic Reform)》이 있다. 이 외에도 Denver et al. "Fishkin and the Deliberative Opinion Poll: Lessons from a Study of the Granada 500 Television Program"; Barabas. "How Deliberation Afects Policy Opinions"; and Sulkin and Simon, "Habermas in the Lab: A Study of Deliberation in an Experimental Setting."을 참고할 수 있다.

454　이에 대한 논의는 Hibbing and Theiss-Morse. *Stealth Democracy.* 제8장을 살펴보기를 바란다.

법무부와 그 수장인 법무장관이 있다.

지난 몇 세기 동안 법무장관은 당파성과 대통령의 영향력이라는 측면에서 내각의 다른 구성원과 다르다는 인식이 있었다. 미국 대통령 선거에 출마했던 힐러리 클린턴의 남편 빌 클린턴이 2016년 6월 27일에 피닉스 공항 활주로에서 당시의 법무장관 로레타 린치Loretta Lynch와 우연히 마주친 것이 그 예이다. 이 우연한 만남은 린치의 비행기 안에서 약 20분간의 대화로 이어졌다. 그러나 이는 곧 국가적으로 큰 논란을 일으켰다.

언론과 트럼프 캠프 측에서는 선거 운동 기간에 대통령 후보자의 배우자가 현직 법무장관과 만나는 것이 매우 부적절하다고 판단했기 때문이다.*455 만약 빌 클린턴이 농무장관이나 상무장관, 심지어 국무장관과 만났더라면 그처럼 큰 논란이 일지는 않았을 것이다. 그만큼 법무장관의 역할은 항상 다른 직책과 다르게 여겨져 왔다. 이는 누구도 법 위에 설 수 없으므로, 대통령조차 법무부에 영향력을 행사할 수 없어야 했기 때문이었다.

문제는 매디슨과 동료 건국자들이 법무부를 대상으로 한 특별 규정을 헌법에 명기하지 않았다는 데 있다. 법무장관의 지명과 인준 절차는 내각의 다른 직책과 다르지 않다. 그 결과, 법무부가 정치화되고 있다는 인식이 팽배해졌다. 진보 진영에서는 J. 에드거 후버J. Edgar Hoover 시절 FBI의 정치 행태에 경악한 반면, 보수주의자는 오늘날 FBI를 도널드 트럼프와 공화당을 끊임없이 적대하는 그림자 정부(deep state)의 일원으로 간주한다. 이와 비슷한 정치화 인식은 사법부에도 스며들어 대법원의 권위와 신비로움은 거의 사라졌다. 결과적으로 현대에 들어 법관은 법복을 입은 정치인에 불과하다고 여긴다.

위협으로 사람의 본성을 바꿀 수는 없다. 마찬가지로 파벌의 폐해를 규탄하기보다 그 불가피성을 인정하고, 폐해를 막을 방법을 고민해야 한다. 따라서 제도적으로 민주주의 수호에 필수적인 선거와 사법 제도의 독립성과 공정성을 보장하도록 설계해야 하며, 이러한 제도가 공격받으리라는 점도 충분히 인식해야 한다. 그리고 법무장관 직책은 정치와 선거, 연임과 관련된 우

Timsit. "Bill Clinton and Loretta Lynch Describe Their Infamous Tarmac Meeting."

려를 최소화한 위원회의 형태로 대체해야 한다.

싸움은 끝없이 계속되겠지만, 워싱턴이 암시한 바와 같이 사람만 달라진다면 싸움은 불필요해지리라는 믿음으로 행동하다가는 곧바로 재앙을 맛보게 될 것이다. 토머스 제퍼슨은 이러한 상황을 간파했다. 그는 새 정부가 경쟁 정당을 공개적으로 인정하지 않은 것은 심각한 실수라고 여겼다. 제퍼슨은 에머슨과 밀이 생각한 바와 같이 "인간은 체질상 두 정당으로 자연스럽게 나뉜다."라고 믿었기 때문이다.[456] 이보다 더 적절한 표현도 찾기 어려울 듯하다.

건국자들이 분열하는 당파성에서 정부의 모든 부문을 보호하기 위해 더 많은 노력을 기울일 수도 있었다. 그러나 마법 같은 제도적 해결책도 파벌의 폐해를 완전히 제거할 수는 없다. 우리는 이들 폐해가 심각한 사태를 일으키지 않도록 하는 선에서 만족해야 한다. 적어도 정치 성향이 심리적, 생물학적 성향에서 비롯된다는 사실을 인식하면, 민주주의 정치가 그토록 불편함에도 필수적인 이유를 더 쉽게 이해할 수 있을 것이다.

---

456   Thomas. "Founders Warned Us."

서로 다른 현실 아래

진보주의자에게 전하는 말

다음 글은 진보주의자만을 위해 쓴 글로, 당신이 보수주의자라면 책장을 넘기기를 바란다.

당신이 아는 바를 이해하지 못하는 보수주의자의 무지에 불평하거나, 그들을 모두 전향시키기 위해 시간을 허비하지 않기를 바란다. F. 스콧 피츠제럴드F. Scott Fitzgerald가 말한 바와 같이, 보수주의자는 당신과 다르다. 그들은 당신의 호기심을 자극하는 대상에서 급박한 위험을 느낀다. 또한 당신이 먹을 만하다고 느끼는 음식에서 상한 음식과 비슷한 역겨움을 느낀다. 이뿐 아니라 가사 노동자를 고용할 기회로 여기는 상황에서도 사회적 분열의 조짐을 본다. 그들은 당신이 느끼는 매력적인 불확실함을 심각하게 여기기도 한다.

이처럼 보수주의자는 부정적인 사건, 특히 가시적이고 즉각적이며 인간에 의해 일어나는 일에 더 많은 시간을 집중한다. 그리고 애초에 일어나지도 않았던 사건과 그 모습까지 기억한다. 그들은 유익하거나 확실하지 않다는 이유로 새로운 정보를 찾는 것도 꺼린다. 이뿐 아니라 주류 종교와 언어, 생활 양식처럼 오랜 역사를 함께하면서 존중받아 온 사회적 요소만을 편하게 받아들인다.

반면 현대의 통치 형태나 광범위한 과학적 연구처럼 인간의 재량이 가미된 것이라면 모두 의심하고 본다. 그들은 본능적으로 먼 나라 사람들이 의심스러운 가치관을 지니고 있고, 자국의 이익과 목표를 공유하지 않으며, 신뢰해서는 안 된다고 생각한다. 또한 전통적인 방식을 선호하면서 요리와 사회적 관계를 비롯하여 문학, 예술 등 여러 분야에 걸친 새로운 경험에 대한 갈망이 덜하다.

그러나 보수주의자가 부정적인 사건과 상황에 집중하는 이유가 두려움 때문이라고 오해해서는 안 된다. 그들은 오히려 부정적인 것을 피하지 않는다. 단지 부정적인 것을 주의 깊게 살피고 경계하며, 그 영향을 최소화할 방법을 고민할 뿐이다. 특히 타인의 판단을 신뢰하지 않으므로, 자기 집단에 속하지 않은 사람의 말을 잘 듣지 않는다.

그리고 그들은 위계질서와 규칙, 그리고 거룩한 성경의 교리와 애덤 스미스의 '보이지 않는 손' 덕분에 공급과 수요에 따라 자동으로 작용하는 자유 시장 원칙을 따른다. 보수주의자는 이를 통해 개인의 개성과 재량을 제거하는 것만이 인류의 유일한 희망이라고 믿는다. 결국 그들이 추구하는 반이민주의 방향으로 사회를 나아가게 하는 규칙이라면 모두 좋은 것이라 여긴다.

따라서 보수주의자가 변하리라는 기대는 접어 두고, 그들의 본모습을 인정하며 함께 노력해야 한다. 그들의 관점에서 세상을 바라보고, 생각하며 경험하는 대로 할 수 있도록 노력해 보자. 물론 보수주의자의 세계로 뛰어들라는 얘기는 아니다. 그들을 보수적으로 만드는 심리 기제를 인정하려는 노력이 필요함을 말하려는 것뿐이다.

이 부분은 오직 보수주의자를 위한 내용이 담겨 있으므로, 진보 정책을 지지하는 사람이라면 읽지 않기를 권한다.

당신과 아는 바가 다른 진보주의자 때문에 분개하거나, 그들을 설득하는 데 시간을 낭비하지 않도록 하자. 그들은 그저 우리와 다를 뿐이다. 그들은 당신이 급박한 위험을 느끼는 것에 호기심이 동한다. 상한 식품처럼 역겨움을 느끼는 음식이라도 그들에게는 먹을 만한 것일 수 있다. 그들은 사회적 분열의 조짐을 예측하는 상황에서도 가사 도우미를 고용할 구실을 찾는다. 또한 그들은 당신이 불안정한 모호함을 느끼는 상황에서 매력적인 불확실성을 느낀다.

진보주의자는 부정적인 상황과 가능성에 당신처럼 주의를 기울이지 않는다. 특히 악의적인 사람의 즉각적인 위협에도 이상하리만치 무덤덤해 보인다. 때때로 그들은 테러와 범죄, 전통적 가치의 해체보다 기후 변화와 코로나19, 멸종 위기에 처한 동식물을 더 걱정하는 것처럼 보이기도 한다. 그들은 수많은 반례에도, 적절한 환경하에 사람도 올바르게 변화한다고 확신한다.

이상의 내용은 모두 진보주의자가 어떠한 것에 필요 이상의 신뢰를 보여주는 사례이다. 그 이유는 그들이 어리석거나 게을러서가 아니다. 바로 주변에 도사리는 위험을 제대로 인지하지 못하도록 설계되었기 때문임을 이해하는 것이 중요하다. 그들은 새로운 정보가 어떠한 결과로 이어지는지도 모른다. 심지어 그 정보가 더 새로운 정보의 출현으로 부정될 수 있는 상황에서도 정보를 탐색한다. 그들은 그저 새로움에서 또 다른 새로움으로 옮겨 다니는 일 자체에서 보람을 느끼므로, 모순적인 상황에도 전혀 개의치 않는다.

그리고 진보주의자는 정부 정책과 같은 것들이 세상을 긍정적으로 바꿀 수 있음을 굳게 믿으면서도, 검증된 사실은 오히려 의심하는 경향이 있다. 그들은 기존의 접근 방식이 심각한 문제를 일으켰다고 확신한다. 또한 먼 나라에서 사는 사람은 신뢰할 수 있지만, 군대나 조직화된 종교, 대기업을 비롯한 전형적인 위계 조직을 의심의 눈으로 바라본다. 이뿐 아니라 틀에서 벗어난 새로운 경험을 좋아하는데, 가끔은 앞도 보지 않고 뛰어드는 것 같기도 하다.

그러나 새로운 접근법과 경험을 시도하는 진보주의자의 열정을 무모한 쾌락주의로 오해하지 않기를 바란다. 그들은 타인을 이해하려고 노력하며, 그 사람을 걱정하는 데 많은 시간을 쓰기도 한다. 진보주의자의 관심사는 전 세계를 아우르며, 그 범위에는 인간이 아닌 생명체까지 포함한다. 그들은 이러한 개방성이 악의를 지닌 사람들에게 이용당할 수 있다는 사실을 걱정하기는커녕 생각조차 하지 않는 듯하다.

그리고 진보주의자는 인간성도 개선할 수 있다고 믿으므로, 항상 새로운 접근법을 시도한다. 시도가 대부분 실패하더라도, 그들은 개의치 않고 다시 다른 방법에 도전한다. 그들은 음식과 문학, 예술, 방문하는 곳 등에서 얻는 놀라운 경험을 사랑한다.

결국 진보주의자는 당신을 그저 이해하지 못할 뿐이며, 이해해야 할 것이 없으므로 바뀌기를 기대해서도 안 된다. 그러니 그들에게 무분별한 이민과 해외의 위협, 도덕적 타락의 위험성의 문제를 설명하는 데 시간을 허비하지 않기를 바란다. 그 문제에 열변을 토하더라도 그들은 우리 생각만큼 심각하게 받아들이지 않기 때문이다.

그보다는 진보주의자에 대해 당신이 알게 된 것을 바탕으로 공존할 방법을 찾아야 한다. 그러니 그들이 바라보는 방식으로 세상을 바라보려고 노력하자. 그리고 위협이 실제로 존재한다는 인식을 잠시 보류하면서, 처음에는 취약하고 부주의해 보이는 있는 모습에 너무 신경 쓰지 않도록 해 보자. 이처럼 부정적인 면을 인식하지 않으려 노력하고, 새로우면서 예상치 못한 경험을 즐기도록 노력해 보자.

지금까지 소개한 내용을 모두 실천해 보자. 동료 보수주의자를 배신하려는 의도가 아닌, 보수주의가 아닌 사람을 더 잘 이해하려는 의도에서 말이다. 진보주의자처럼 생각하고 경험하려고 노력해 보자. 그렇다고 해서 진보주의자의 세상 속으로 몸을 던지라는 뜻은 아니다. 단지 그들을 그들답게 만드는 심리 기제를 받아들이는 노력이 중요함을 말하려는 것뿐이다.

우리는 저마다 고유한 유전적 특성을 가지고 태어났다. 이들 특성은 태아기와 출생 직후에 수정되고, 이후의 발달 과정에서도 광범위한 환경적 영향으로 다시 변경된다. 이처럼 다양한 영향의 근원이 복합적으로 작용하면서 세상의 온갖 상황에 행동과 태도로 반응하도록 유도하는 기질적 성향이 형성된다. 이 성향은 관성적이라서 쉽게 바뀌지 않는다. 또한 우리의 태도와 행동을 체계화하지만, 완전히 결정하지는 않는다.

이처럼 정치는 타고난 성향의 위력과 무관해야 할 듯하지만, 그것이 사실이 아님을 보여 주는 많은 연구 사례를 이 책에서 살펴보았다. 성향의 차이에서 비롯되는 정치적 다양성은 절대 사라지지 않을 것이다. 그리고 정치적 다양성으로 생겨나는 갈등은 우리를 괴롭히고, 더러는 유혈 사태로 번지기도 한다.

그러나 정치적 관점은 고상한 이성이 아닌 원초적인 생물학에서 비롯되며, 위로부터 내려오는 것이 아니라 내면에서 솟아나는 것임을 받아들이자. 그리고 타고난 성향은 사람이 세상을 인식, 처리, 경험하는 방식에 영향을 미친다는 사실을 인정한다면, 당신은 자신뿐 아니라 의견이 다른 사람에 대해서도 귀중한 점을 많이 배우게 될 것이다.

마지막으로, 다양한 특성의 유전성 계수를 표기한 [표 3]을 다시 살펴보기를 바란다. 표에 기록된 실제 유전성 계수 외에도, 이 책의 저자들은 각 특성의 유전 가능성에 대한 일반인의 예측 정보도 함께 제시했다. 그 결과는 유전의 역할을 이해하는 과정에서 보통 사람이라도 예상 밖의 뛰어난 직관을 지니고 있음을 보여 준다. 사람들이 대부분 성격이나 알코올 중독 성향보다 키와 눈 색깔이 유전적으로 더 큰 영향을 받는다는 사실을 정확히 인식하는 것처럼 말이다. 특성의 실제 유전성과 그에 대한 사람들의 믿음 사이의 전반적인 상관관계는 0.77로 상당히 높은 수준이다.

그럼에도 사람들은 일부 특성을 잘못 판단하기도 한다. 유방암의 실제 유전성을 과대평가하는 경향이 그 예이다. 반면 비만의 변이를 설명하는 유전적 요인의 역할은 실제보다 상당히 과소평가한다. 그러나 유방암과 비만 특성에 관한 오해의 수준은 정치 성향의 유전적 역할을 둘러싼 오해에 비할 바는 아니다.

구체적으로 말하면, 정치 성향의 유전성은 일반적인 추정치보다 약 75% 더 높게 나타났다. 사람들은 정치 신념이 부분적으로 유전에서 비롯되는 생물학적, 심리적 성향에서 파생한다는 사실을 좀처럼 받아들이려 하지 않는다. 이 책을 읽은 당신만큼은 정치 성향의 유전성 추정치를 실제보다 너무 낮지 않게 보기를 바라며, 정치 성향의 유전성에 놀라거나 실망하지 않았으면 한다. 이는 엄연한 현실이며, 우리는 이 상황을 최대한 활용해야 한다. 사회생활의 체계화는 인류에게 대단히 중요한 문제이며, 어떠한 방법이 최선인가에 대한 해답도 이미 우리 안에 있다는 사실은 어찌 보면 당연한 일이다.

인류가 본질적으로 모두 같다는 믿음은 옳지 않다. 우리는 사실 근본적으로 매우 다를 뿐 아니라, 그 차이가 앞으로 더욱 심화될 가능성이 크다. 통계적으로 진보주의자와 보수주의자는 모두 자신과 정치 성향이 같은 사람과 결혼하는 경향이 상당히 강하다. 이는 초기 종 분화(incipient speciation)의 기초 작업이 이미 진행되어 왔음을 뜻한다. 보수주의자와 진보주의자가 결혼하여 정치적으로 혼합된 부부의 자손이 노새처럼 불임의 징후를 보인다면, 우리는 이 과정이 다음 단계로 나아갔음을 깨닫게 될 것이다. 터무니없는 소리로 들리는가? 물론 그럴 수도 있겠다. 아직까지는 말이다.

정치 성향 진단 테스트

Ⅰ. 타고난 성향과 관련된 질문에 답하세요.

---

01 상호 합의가 이루어진 상황극이라도 아버지의 뺨을 때릴 수 있습니까?

① 예 ② 아니요

02 아침에 집을 어질러 놓은 채 출근할 때가 있습니까?

① 예 ② 아니요

03 자녀에게 가르쳐야 할 가장 중요한 가치관은 무엇입니까?

① 배려 ② 존중

04 추상적인 아이디어와 이론 중심의 토론을 따분하게 느낍니까?

① 예 ② 아니요

05 다음 문장을 15초 동안 신중하게 생각해 보십시오.

> "청결은 곧 신성함이다."

지금 당신의 생각에 더 가까운 답은 무엇입니까?

① 맞는 말이네요. ② 무슨 소리죠?

II. 문항별 보기에서 당신을 잘 나타내는 표현을 고르세요.

06   ① 별나다   ② 진부하다

07   ① 결단력 있다   ② 유연하다

08   ① 개방적이다   ② 도덕적이다

09   ① 상상력이 풍부하다   ② 실용적이다

10   ① 단순하다   ② 복잡하다

III. 문항별 보기에서 당신이 선호하는 것을 고르세요.

11   ① 작은 마을   ② 대도시

12   ① 로맨스 영화   ② 코미디

13   ① 클래식 음악   ② 대중가요

14   ① 오토바이   ② SUV 차량

15   ① 스포츠 서적   ② 음악 서적

IV. 다음 문장의 동의 여부를 고르세요.

16   사람들 가운데서도 더 가치 있는 이들이 존재한다.

      ① 동의한다   ② 동의하지 않는다

17   사람들을 평등하게 대우할수록 국가적인 문제는 그만큼 덜 일어날 것이다.

      ① 동의한다   ② 동의하지 않는다

18 인생에서 앞서 나가려면 다른 사람들을 밟고 나아가야 할 때도 있는 법이다.

    ① 동의한다   ② 동의하지 않는다

19 이상적인 세상에서는 모든 국가가 평등할 것이다.

    ① 동의한다   ② 동의하지 않는다

20 한 집단이 위에, 다른 집단이 그 아래에 있어도 좋을 듯하다.

    ① 동의한다   ② 동의하지 않는다

배점

문항	보기 ①	보기 ②	문항	보기 ①	보기 ②
1		1	11	1	
2		1	12		1
3		1	13	1	
4	1		14		1
5	1		15	1	
6		1	16	1	
7	1		17		1
8		1	18	1	
9		1	19		1
10	1		20	1	

정치 성향은 어떻게 결정되는가

결과

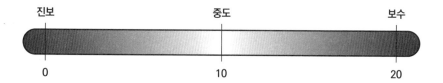

진보   중도   보수

0   10   20

참고 문헌

A

Aaron, A., Badre, D., Brett, M., Cacioppo, J., Chambers, C., Cools, R., Engel, S., D'Esposito, M., Frith, C., Harmon-Jones, E., Jonides, J., Knutson, B., Phelps, L., Poldrack, R., Wager, T., Wagner, A., and Winkielman, P. (2007, 14 November). "Politics and the Brain." *The New York Times.*

Ackerman, J. M., Nocera, C. C., and Bargh, J. A. (2010). "Incidental Haptic Sensations Infuence Social Judgments and Decisions." *Science, 328(5986),* 1712–1715.

Adorno, T. W, Frenkel-Brunswik, E., Levinson, D. J., and Sanford, R. N. (1950). *The Authoritarian Personality.* New York, NY: Harper and Row.

Ahn, W-Y, Kishida, K. T., Gu, X, Lorenz, T., Harvey, A., Alford, J. R., Smith, K. B., Yafe, G., Hibbing, J. R., Dayan, P., and Montague, P. R. (2014). "NonPolitical Images Evoke Neural Predictors of Political Ideology." *Current Biology, 24,* 2693–2699.

Alford, J. R., Funk, C. L., and Hibbing, J. R. (2005). "Are Political Orientations Genetically Transmitted?" *American Political Science Review, 99(2),* 153–167.

Alford, J. R., Hatemi, P., Hibbing, J. R., Martin, N., and Eaves, L. (2011). "The Politics of Mate Choice." *Journal of Politics, 73,* 362–379.

Allen, E., Beckwith, B., Beckwith, J., Chorover, S., and Culver, D.

정치 성향은 어떻게 결정되는가

(1975, 7 August). "Against 'Sociobiology'." *The New York Times Review of Books*. Retrieved at www.nybooks.com/articles/archives/1975/nov/13/against-sociobiology/.

Altemeyer, R. (1981). *Right-Wing Authoritarianism*. Winnipeg, Canada: University of Manitoba Press.

Amodio, D., Jost, J. T., Master, S., and Yee, C. (2007). "Neurocognitive Correlates of Liberalism and Conservatism." *Nature Neuroscience*, *10*, 1246–1247.

Andersen, S., Ertac, S., Gneezy, U., Hofman, M., and List, J. A. (2011). "Stakes Matter in Ultimatum Games." *American Economic Review*, *101*, 3427–3439.

Antonakis, J., and Dalgas, O. (2009). "Predicting Elections: Child's Play!" *Science*, *323(5918)*, 1183.

Armstrong, J. (1955). "The Enigma of Senator Taft and American Foreign Policy." *Review of Politics*, *17*, 206–231.

Arnhart, L. (2005). *Darwinian Conservatism*. Charlottesville, VA: Imprint Academic Publishing.

B

Bakker, B. N., Schumacher, G., Gothreau, C., and Arceneaux, K. (2020). "Conservatives and Liberals Have Similar Physiological Responses to Threats." *Nature Human Behavior*, *4(10)*, 613–621.

Bannerman, L. (2008, 7 October). "The Camp That 'Cures' Homosexuality." *The Times* (London).

Barabas, J. (2004). "How Deliberation Afects Policy Opinions." *American Political Science Review*, *98*, 687–701.

Barker, E. (1958). *The Politics of Aristotle*. London, UK: Oxford University Press.

Baron-Cohen, S. (2003). *The Essential Diference: Men, Women, and the Extreme Male Brain*. New York, NY: Basic Books.

Barville, J. (2009, 1 October). "Pair Were Switched at Birth." *The SpokesmanReview* (Spokane, WA).

Bayliss, A. P., di Pellegrino, G., and Tipper, S. P. (2005). "Sex Diferences in Eye Gaze and Symbolic Cueing of Attention." *Quarterly Journal of Experimental Psychology, 58*, 631–650.

Bayliss, A. P., and Tipper, S. P. (2005). "Gaze and Arrow Cueing of Attention Reveals Individual Diferences along the Autism Spectrum as a Function of Target Context." *British Journal of Psychology, 96*, 95–114.

BBC Radio Four. "Colin Firth: An Opportunity to Explore." Retrieved at http://news.bbc.co.uk/today/hi/today/newsid_9323000/9323470.stm

Bell, D. (1960). *The End of Ideology: On the Exhaustion of Political Ideas in the Fifties*. Cambridge, MA: Harvard University Press.

Bell, E., Schermer, J. A., and Vernon, P. A. (2009). "The Origins of Political Attitudes and Behaviours: An Analysis Using Twins." *Canadian Journal of Political Science, 42(4)*, 855–879.

Benjamin, D., Cesarini, D., Matthijz, J., Daws, C., Kellinger, P., Manusson, P., Chabris, C., Conley, D., Laibson, D., Johannesson, M., and Visscher, P. (2012). "Genetic Architecture of Economic and Political Preferences." *Proceedings of the National Academy of Sciences, 109(21)*, 8026–2031.

Bennett, C., Baird, A., Miller, M., and Wolford, G. (2012). "Neural Correlates of Interspecies Perspective Taking in the Post-Mortem Atlantic Salmon: An Argument for Proper Multiple Comparisons

Correction." *Journal of Serendipitous and Unexpected Results, 1*, 1–5.

Berger, J., Meredith, M., and Wheeler, S. C. (2008). "Contextual Priming: Where People Vote Afects How They Vote." *Proceedings of the National Academy of Sciences of the United States of America, 105(26)*, 8846–8849.

Billingsley, J., Lieberman, D., and Tybur, J. M. (2018). "Sexual Disgust Trumps Pathogen Disgust in Predicting Voter Behavior during the 2016 U.S. Presidential Election." *Evolutionary Psychology, 16(2)*, 1–15.

Bishop, B. (2009). *The Big Sort: Why the Clustering of Like-Minded America Is Tearing Us Apart.* New York: Houghton Mifin.

Block, J., and Block, J. H. (2006). "Nursery School Personality and Political Orientation Two Decades Later." *Journal of Research in Personality, 40*, 734–749.

Bobbio, N. (1996). *Left and Right.* Chicago: University of Chicago Press.

Bohnet, I., and Frey, B. (1999). "Social Distance and Other-Regarding Behavior in Dictator Games: Comment." *American Economic Review, 89(1)*, 335–339.

Bouchard, T. J., and McGue, M. (2003). "Genetic and Environmental Infuences on Human Psychological Diferences." *Developmental Neurobiology, 54(1)*, 4–45.

Bouchard, T. J., Segal, N. L., Tellegen, A., McGue, M., Keyes, M., and Krueger, R. F. (2004). "Genetic Infuence on Social Attitudes: Another Challenge to Psychology from Behavior Genetics." In L. DiLalla (Ed.), *Behavior Genetic Principles: Development, Personality, and Psychopathology.* Washington, DC: American Psychological Association Press.

Bradley, M. M., and Lang, P. J. (2007). "The International Afective Picture System(IAPS) in the Study of Emotion and Attention." In J. A. Coan and J. J. B. Allen (Eds.), *Handbook of Emotion Elicitation and Assessment.* Oxford, UK: Oxford University Press.

Bull, R., and Hawkes, C. (1982). "Judging Politicians by Their Faces." *Political Studies, 30,* 95–101.

Bull, R., Jenkins, M., and Stevens, J. (1983). "Evaluations of Politicians' Faces." *Political Psychology, 4(4),* 713–716.

Buller, D. J. (2006). *Adapting Minds.* Cambridge, MA: MIT Press.

Burns, J. M., and Swerdlow, R. H. (2003). "Right Orbitofrontal Tumor with Pedophilia Symptom and Constructional Apraxia Sign." *Archives of Neurology, 60,* 437–440.

Buss, David M., and Greiling, Heidi. (1999). "Adaptive Individual Diferences." *Journal of Personality, 67(2),* 209–243.

Buswell, G. T (1937). *How Adults Read.* Chicago, IL: University of Chicago Press.

C

Cacioppo, J. T., Petty, R. E., and Tassinary, L. G. (1989). "Social Psychophysiology: A New Look." *Advances in Experimental Social Psychology, 22,* 39–55.

Camerer, C. F., Loewenstein, G., and Prelec, D. (2005). "Neuroeconomics: How Neuroscience Can Inform Economics." *Journal of Economic Literature, 43(1),* 9–64.

Cameron, L. A. (1999). "Raising the Stakes in the Ultimatum Game: Experimental Evidence from Indonesia." *Economic Inquiry, 37,* 47–59.

Caprara, G. V., Barbaranelli, C., and Zimbardo, P. G. (1999). "Personality Profles and Political Parties." *Political Psychology, 20(1)*, 175–197.

Carney, D., Jost, J., Gosling, S., and Potter, J. (2008). "The Secret Lives of Liberals and Conservatives: Personality Profles, Interaction Styles, and the Things They Leave Behind." *Political Psychology, 29(6)*, 807–840.

Carraro, L., Castelli, L., and Macchiella, C. (2011). "The Automatic Conservative: Ideology-Based Attentional Asymmetries in the Processing of Valenced Information." *PLoS ONE, 6(11)*.

Cashdan, E. (1980). "Egalitarianism among Hunters and Gatherers." *American Anthropologist, 82*, 116–120.

Castelli, L., and Carraro, L. (2011). "Ideology Is Related to Basic Cognitive Processes Involved in Attitude Formation." *Journal of Experimental Social Psychology, 47(5)*, 1013–1016.

Castiello, U., Zucco, A., Parma, V, Ansuini, C., and Tirindelli, R. (2006). "CrossModal Interactions between Olfaction and Vision When Grasping." *Chemical Senses, 31*, 665–671.

Cesarini, D., Johannesson, M., and Oskarsson, S. (n.d.). "Pre-Birth Factors and Voting: Evidence from Swedish Adoption Data." Unpublished manuscript.

Charness, G., and Gneezy, U. (2008). "What's in a Name? Anonymity and Social Distance in Dictator and Ultimatum Games." *Journal of Economic Behavior and Organization, 68(1)*, 29–35.

Charney, E. (2008). "Genes and Ideologies." *Perspectives on Politics, 6(2)*, 299–319.

Charney, E., and English, W. (2012). "Candidate Genes and Political Behavior." *American Political Science Review, 106(1)*, 1–34.

Chirumbolo, A., Areni, A., and Sensales, G. (2004). "Need for Cognitive Closure and Politics: Voting, Political Attitudes and Attributional Style." *International Journal of Psychology, 39(4)*, 245–253.

CNN Transcripts. (2019). "Trump's United Nations Speech, September 24, 2019." Retrieved at https://www.cnn.com/politics/live-news/trump-unspeech-09-24-2019/index.html.

Cochran, G., and Harpending, H. (2009). *The 10,000 Year Explosion.* New York: Basic.

Coleman, J. (2000). *A History of Political Thought.* Oxford, UK: Blackwell Publishers.

Conover, P. J., and Feldman, S. (1981). "The Origins and Meaning of Liberal/Conservative Self-Identifcations." *American Journal of Political Science, 25(4)*, 617–645.

Converse, P. E. (1964). "The Nature of Belief Systems in Mass Publics." In D. E. Apter (Ed.), *Ideology and Discontent.* New York, NY: Free Press.

Cook, M., and Mineka, S. (1989). "Observational Conditioning of Fear to FearRelevant Versus Fear-Irrelevant Stimuli in Rhesus Monkeys." *Journal of Abnormal Psychology, 98(4)*, 448–459.

Cornford, F. (1957). *From Religion to Philosophy.* New York, NY: Harper.

Cosmides, L., and Tooby, J. (2009). "What Is Evolutionary Psychology?" Retrieved at www.cep.ucsb.edu/155/WEP15508.pdf

Costa, P. T, and McCrae, R. R. (1992). *NEO PI-R. Professional Manual.* Odessa, FL: Psychological Assessment Resources, Inc.

D

Daly, M., and Wilson, M. (1988). *Homicide.* New Brunswick, NJ: Transaction Publishers.

Damasio, A. R., Everitt, B. J., and Bishop, D. (1996). "The Somatic Marker Hypothesis and the Possible Functions of the Prefrontal Cortex [and Discussion]." *Philosophical Transactions of the Royal Society*, *351(1346)*, 1413-1420.

Dambrun, M., Despres, G., and Guimond, S. (2003). "On the Multifaceted Nature of Prejudice: Psychophysiological Responses to Ingroup and Outgroup Ethnic Stimuli." *Current Research in Social Psychology*, *8*, 187-206.

Danziger, S., Levav, J., and Avnaim-Pesso, L. (2011). "Extraneous Factors in Judicial Decisions." *Proceedings of the National Academy of Sciences of the United States of America*, *108(17)*, 6889-6892.

Dawson, M., Schell, A., and Filion, D. (2007). "The Electrodermal System." In J. Cacioppo, L. Tassinary, and G. Bertson (Eds.), *Handbook of Psychophysiology*. New York: Cambridge University Press.

De Dreu, C. K. W., Greer, L. L., Van Kleef, G. A., Shalvi, S., and Handgraaf, M. J. J. (2011). "Oxytocin Promotes Human Ethnocentrism." *Proceedings of the National Academy of Sciences*, *108(4)*, 1262-1266.

Delli Carpini, M. X., and Keeter, S. (1996). *What Americans Know about Politics and Why It Matters*. New Haven, CT: Yale University Press.

Demir, E., and Dickson, B. J. (2005). "Fruitless Splicing Specifes Male Courtship Behavior in Drosophila." *Cell*, *121(5)*, 785-794.

Denver, D., Hands, G., and Jones, B. (1995). "Fishkin and the Deliberative Opinion Poll: Lessons from a Study of the Granada 500 Television Program." *Political Communication*, *12*, 147-156.

Deppe, K. D., Stoltenberg, S. F., Smith, K. B., and Hibbing, J. R. (2013). "Candidate Genes and Voter Turnout: Further Evidence on the Role of 5-HTTLPR." *American Political Science Review*, *107(2)*, 375-381.

De Quervain, D. J.-F., Fischbacher, U., Treyer, V, Schellhammer, M., Schnyder, U., Buck, A., and Fehr, E. (2004). "The Neural Basis of Altruistic Punishment." *Science, 305(5688)*, 1254–1258.

De Waal, F. (1996). *Good Natured: The Origins of Right and Wrong in Humans and Other Animals.* Cambridge, MA: Harvard University Press.

Dewy, J., and Kallen, H. M. (Eds.). (1941). *The Bertrand Russell Case.* New York, NY: The Viking Press.

Diamond, S. (1936). "The Co-Ordination of Erich Jaensch." *Science & Society, 1(1)*, 106–114.

Dias, B. G., and Ressler, K. J. (2014). "Parental Olfactory Experience Infuences Behavior and Neural Structure in Subsequent Generations." *Nature Neuroscience, 17(1)*, 89–96.

Digman, J. (1990). "Personality Structure: Emergence of the Five-Factor Model." *American Review of Psychology, 41*, 417–440.

Ditto, P. H., and Lopez, D. F. (1992). "Motivated Skepticism: Use of Diferential Decision Criteria for Preferred and Nonpreferred Conclusions." *Journal of Personality and Social Psychology, 63(4)*, 568–584.

Dodd, M. D., Balzer, A., Jacobs, C. M., Gruszczynski, M., Smith, K. B., and Hibbing, J. R. (2012). "The Political Left Rolls with the Good and the Political Right Confronts the Bad: Connecting Physiology and Cognition to Preferences." *Philosophical Transactions of the Royal Society, 367(1589)*, 640–649.

Dodd, M. D., Hibbing, J. R., and Smith, K. B. (2011). "The Politics of Attention: Gaze-Cueing Efects Are Moderated by Political Temperament." *Attention, Perception, and Psychophysics, 73(1)*, 24–29.

Dollinger, S. (2007). "Creativity and Conservatism." *Personality and Individual Diferences, 43(5)*, 1025–1035.

Dreber, A., Apicella, C. L., Eisenberg, D. T A., Garcia, J. R., Zamore,

정치 성향은 어떻게 결정되는가

R. S., Lum, J. K., and Campbell, B. (2009). "The 7R Polymorphism in the Dopamine Receptor D4 Gene (DRD4) Is Associated with Financial Risk Taking in Men." *Evolution and Human Behavior*, *30(2)*, 85–92.

Driver, J., Blankenburg, F., Bestmann, S., and Ruf, C. C. (2010). "New Approaches to the Study of Human Brain Networks Underlying Spatial Attention and Related Processes." *Experimental Brain Research*, *206(2)*, 153–162.

Durkheim, E. (1893/1997). *Division of Labor in Society*. New York, NY: Free Press.

E

Eagleman, D. (2011). *Incognito: The Secret Lives of the Brain*. New York, NY: Vintage Books.

Edwards, K., and Smith, E. E. (1996). "A Disconfrmation Bias in the Evaluation of Arguments." *Journal of Personality and Social Psychology*, *7(1)*, 5–24.

Eisner, M. (2001). "Modernization, Self-Control, and Lethal Violence: The LongTerm Dynamics of European Homicide Rates." *British Journal of Criminology*, *41*, 618–638.

Ekman, P., Davidson, R. J., and Friesen, W. V. (1990). "The Duchenne Smile: Emotional Expression and Brain Physiology: II." *Journal of Personality and Social Psychology*, *58(2)*, 342–353.

Emerson, R. W (1987). *The Essays of Ralph Waldo Emerson*. Cambridge, MA: Harvard University Press. (Original work published in 1841)

Eysenck, H. J. (1954). *The Psychology of Politics*. London: Routledge.

Faulkner, W. (1936). *Absalom, Absalom!* New York: Random House.

Federico, C. M., Golec, A., and Dial, J. L. (2005). "The Relationship between the Need for Closure and Support for Military Action against Iraq: Moderating Efects of National Attachment." *Personality and Social Psychology Bulletin, 31(5),* 621–632.

Feist, G. J., and Brady, T. R. (2004). "Openness to Experience, Non-Conformity, and the Preference for Abstract Art." *Empirical Studies of the Arts, 22(1),* 77–89.

Fejto, F. (1967). *The French Communist Party and the Crisis of International Communism.* Cambridge, MA: MIT Press.

Feldman, S. (2003). "Enforcing Social Conformity: A Theory of Authoritarianism." *Political Psychology, 24(1),* 41–74.

Figueredo, A. J., Gladden, P., Vasquez, G., Wolf, P. S. A., and Jones, D. N. (2009). "Evolutionary Theories of Personality." In P. J. Corr and G. Matthews (Eds.), *Cambridge Handbook of Personality Psychology: Part IV: Biological Perspectives* (pp. 265–274). Cambridge UK: Cambridge University Press.

Fiorina, M. P., Abrams, S. J., and Pope, J. C. (2005). *Culture War? The Myth of a Polarized America.* New York, NY: Pearson Longman.

Fisher, R. A. (1958). *The Genetical Theory of Natural Selection* (2nd ed.). New York, NY: Dover.

Fishkin, J. (1991). *Democracy and Deliberation: New Directions for Democratic Reform.* New Haven, CT: Yale University Press.

Fowler, J. H., Baker, L. A., and Dawes, C. T (2008). "Genetic Variation in Political Participation." *American Political Science Review, 102(2),* 233–248.

Fowler, J. H., and Dawes, C. T. (2008). "Two Genes Predict Voter

Turnout." *Journal of Politics, 70(3)*, 579–594.

Franken, A. (1999). *Rush Limbaugh Is a Big Fat Idiot.* New York, NY: Dell Publishing.

Freeman, D. (1983). *Margaret Mead and Samoa: The Making and Unmaking of an Anthropological Myth.* Cambridge, MA: Harvard University Press.

French, J. A., Smith, K. B., Alford, J. R., Guck, A., and Birnie, A. K. (2014). "Cortisol and Politics: Variance in Voting Behavior is Predicted by Baseline Cortisol Levels." *Physiology and Behavior, 133(3)*, 61–67.

Frenda, S. J., Knowles, E. D., Saletan, W, and Loftus, E. F. (2013). "False Memories of Fabricated Political Events." *Journal of Experimental Social Psychology, 49*, 280–286.

Friesen, C. K., and Kingstone, A. (1998). "The Eyes Have It! Refexive Orienting Is Triggered by Nonpredictive Gaze." *Psychonomic Bulletin and Review, 5(3)*, 490–495.

Friesen, C. K., Ristic, J., and Kingstone, A. (2004). "Attentional Efects of Counterpredictive Gaze and Arrow Cues." *Journal of Experimental Psychology, Human Perception and Performance, 30(2)*, 319–329.

Fromm, E. (1941). *Escape from Freedom.* New York, NY: Holt, Rinehart, and Winston.

Fujita, F., and Diener, E. (2005). "Life Satisfaction Set Point: Stability and Change." *Journal of Personality and Social Psychology, 88(1)*, 158–164.

Fukuyama, F. (1995). *Trust: The Social Virtues and the Creation of Prosperity.* New York, NY: Free Press.

———. (2006 [1992]). *The End of History and the Last Man.* New York, NY: Free Press.

Funk, C., Smith, K. B., Alford, J. R., Hibbing, M. V, Eaton, N., Krueger, R., Eaves, L., and Hibbing, J. R. (2013). "Genetic and Environmental Transmission of Political Orientations." *Political Psychology*, *34*. https://doi.org/10.1111/j.1467-9221.2012.00915.

Furnham, A., and Avison, M. (1997). "Personality and Preferences for Surreal Art." *Personality and Individual Diferences, 23(6)*, 923–935.

Furnham, A., and Walker, J. (2001). "The Infuence of Personality Traits, Previous Experience of Art, and Demographic Variables on Artistic Preference." *Personality and Individual Diferences, 31(6)*, 997–1017.

G

Gabler, N. (2012, March). "The Weird World of Biopolitics." *Playboy*, *76*, 127–130.

Galdi, S., Arcuri, L., and Gawronski, B. (2008). "Automatic Mental Associations Predict Future Choices of Undecided Decision-Makers." *Science, 321*, 1100–1102.

Gallup. (2007). "Tolerance for Gay Rights at High-Water Mark." Retrieved at www.gallup.com/poll/27694/tolerance-gay-rights-highwater-mark.aspx

Garcia, J., Kimeldorf, D. J., and Koelling, R. A. (1955). "Conditioned Aversion to Saccharin Resulting from Exposure to Gamma Radiation." *Science, 122*, 157–158.

Gazzaniga, M. (2011). *Who's in Charge? Free Will and the Science of the Brain*. New York, NY: Harper Collins.

Gerber, A. S., Green, D. P., and Schachar, R. (2003). "Voting May Be Habit-Forming: Evidence from a Randomized Field Experiment." *American Journal of Political Science, 47(3)*, 540–550.

Gerber, A. S., Huber, G. A., Doherty, D., Dowling, C. M., and Ha, S. E. (2010). "Personality and Political Attitudes: Relationships across

Issue Domains and Political Contexts." *American Political Science Review, 104(1)*, 111–133.

Gillies, J., and Campbell, S. (1985). "Conservatism and Poetry Preferences." *British Journal of Social Psychology, 24(3)*, 223–227.

Gladwell, M. (2008). *Outliers: The Story of Success.* New York, NY: Little, Brown, and Company.

Goldberg, L. R. (1993). "The Structure of Phenotypic Personality Traits." *American Psychologist, 48(1)*, 26–34.

Goldman, J. G. (2010). "Man's New Best Friend? A Forgotten Russian Experiment in Fox Domestication." *Scientific American* Blog. Retrieved at http://blogs.scientificamerican.com/guest-blog/2010/09/06/mans-new-best-frienda-forgotten-russian-experiment-in-fox-domestication/

Goldstein, D. B. (2009). "Common Genetic Variation and Human Traits." *New England Journal of Medicine, 360(17)*, 1696–1698.

Golec, A. (2002). "Need for Cognitive Closure and Political Conservatism: Studies on the Nature of the Relationship." *Polish Psychological Bulletin, 33(4)*, 5–12.

Golec, A., Cislak, A., and Wesolowska, E. (2010). "Political Conservatism, Need for Cognitive Closure, and Intergroup Hostility." *Political Psychology, 31(4)*, 521–541.

Gould, S. J. (1981). *The Mismeasure of Man.* New York, NY: WW Norton.

Graeber, D., and Wengrow, D. (2021). *The Dawn of Everything: A New History of Humanity.* New York: Farrar, Straus, and Giroux.

Grahm, J., Haidt, J., and Nosek, B. A. (2009). "Liberals and Conservatives Rely on Diferent Sets of Moral Foundations." *Journal of Personality and Social Psychology, 95(5)*, 1029–1046.

Gross, J. J., and John, O. P. (1995). "Facets of Emotional Expressivity: Three Self-Report Factors and Their Correlates." *Personality and Individual Diferences, 19(4),* 555–568.

Gross, N. (2012, 4 March). "The Indoctrination Myth." *The New York Times.*

_____ **H**

Haidt, J. (2012). *The Righteous Mind.* New York, NY: Pantheon Books.

Haidt, J., and Graham, J. (2007). "When Morality Opposes Justice: Conservatives Have Moral Intuitions That Liberals May Not Recognize." *Social Justice Research, 20,* 98–116.

Haidt, J., Graham, J., and Joseph, C. (2009). "Above and below Left-Right: Ideological Narratives and Moral Foundations." *Psychological Inquiry, 20,* 110–119.

Haidt, J., and Hersh, M. (2001). "Sexual Morality: The Cultures of Conservatives and Liberals." *Journal of Applied Social Psychology, 310,* 181–221.

Hammock, E. A. D., and Young, L. J. (2005). "Microsatellite Instability Generates Diversity in Brain and Sociological Traits." *Science, 308(5728),* 1630–1634.

Hansen, C. H., and Hansen, R. D. (1988). "Finding the Face in the Crowd: An Anger Superiority Efect." *Journal of Personality and Social Psychology, 54(6),* 917–924.

Harlow, H. F., Dodsworth, R. O., and Harlow, M. K. (1965). "Total Social Isolation in Monkeys." *Proceedings of the National Academy of Sciences of the United States of America, 54(1),* 90–97.

Harpending, H., and Cochran, G. (2002). "In Our Genes." *Proceedings of the National Academy of Sciences of the United States of America, 99(1),*

10–12.

Harrison, N. A., Gray, M. A., Giananors, P. J., and Critchley, H. D. (2010). "The Embodiment of Emotional Feelings in the Brain." *Journal of Neuroscience, 30,* 12878–12884.

Haston, R. (2009). "So You Married a Conservative: A Stone Age Explanation of Our Diferences, a New Path Towards Progress." Retrieved at www.politicalspecies.com/SYMAC%20Excerpt.pdf

Hatemi, P. K., Crabtree, C., and Smith, K. B. (2019). "Ideology Justifes Morality: Political Beliefs Predict Moral Foundation." *American Journal of Political Science, 63(4),* 788–806.

Hatemi, P. K., Gillespie, N. A., Eaves, L. J., Maher, B. S., Webb, B. T., Heath, A. C., Medland, S. E., Smyth, D. C., Beeby, H. N., Gordon, S. D., Montgomery, G. W, Zhu, G., Byrne, E. M., and Martin, N. G. (2011). "A Genome-Wide Analysis of Liberal and Conservative Political Attitudes." *Journal of Politics, 73(1),* 271–285.

Hatemi, P. K., Medland, S. E., Morley, K. I., Heath, A. C., and Martin, N. G. (2007). "The Genetics of Voting: An Australian Twin Study." *Behavior Genetics, 37,* 435–448.

Helzer, E. G., and Pizarro, D. A. (2011). "Dirty Liberals! Reminders of Physical Cleanliness Infuence Moral and Political Attitudes." *Psychological Science, 22(4),* 517–522.

Henig, R. M. (2009, 4 October). "Understanding the Anxious Mind." *The New York Times.*

Henrich, J., Boyd, R., Bowles, S., Camerer, C., Fehr, E., Gintis, H., and McElreath, R. (2001). "In Search of Homo Economicus: Behavioral Experiments in 15 Small-Scale Societies." *American Economic Review, 91(2),* 73–78.

Hetherington, M., and Weiler, J. D. (2009). *Authoritarianism and Polari-*

zation in American Politics. New York, NY: Cambridge University Press.

————. (2018). *Prius or Pickup?: How the Answers to Four Simple Questions Explain America's Great Divide.* Boston: Houghton Mifin.

Heywood, A. (2007). *Political Ideologies.* New York, NY: Palgrave Macmillan.

Hibbing, J. R. (2020). *The Securitarian Personality: What Really Motivates Trump's Base and Why It Matters for the Post-Trump Era.* Oxford, UK: Oxford University Press.

Hibbing, J. R., Smith, K. B., and Alford, J. R. (2014). Diferences in Negativity Bias Underlie Variations in Political Ideology." *Behavioral and Brain Sciences, 37,* 297–350.

Hibbing, J. R., and Theiss-Morse, E. (2002). *Stealth Democracy.* New York, NY: Cambridge University Press.

Hines, M. (2011). "Gender Development and the Human Brain." *Annual Review of Neuroscience, 24,* 69–88.

Hirsch, J. B., DeYoung, C. G., Xu, X., and Peterson, J. B. (2010). "Compassionate Liberals and Polite Conservatives: Associations of Agreeableness with Political Ideology and Moral Values." *Personality and Social Psychology Bulletin, 36(5),* 655–664.

Hobbes, T. (1651/2010). *Leviathan: Or the Matter, Forme, and Power of a Common-wealth Ecclesiastical and Civil.* (I. Shapiro, Ed.). New Haven, CT: Yale University Press.

Hofman, E., and Spitzer, M. (1985). "Entitlements, Rights, and Fairness: An Experimental Examination of Subjects' Concepts of Distributive Justice." *Journal of Legal Studies, 14,* 259–299.

Horner, V, and Whiten, A. (2005). "Causal Knowledge and Imitation/Emulation Switching in Chimpanzees and Children." *Animal Cognition, 8,* 164–181.

Horstmann, G., and Bauland, A. (2006). "Search Asymmetries with Real Faces: Testing the Anger-Superiority Efect." *Emotion, 6(2)*, 193–207.

Huber, G., and Malhotra, N. (2017). "Political Homophily in Social Relationships: Evidence from Online Dating Behavior." *Journal of Politics, 79(1)*, 269–286.

Huddy, L., and Feldman, S. (2011). "Americans Respond Politically to 9/11: Understanding the Impact of the Terrorist Attacks and Their Aftermath." *American Psychologist, 66(6)*, 455–467.

Huey, E. (1908). *The Psychology and Pedagogy of Reading.* Norwood, MA: Macmillan.

Hunch.com. "How Food Preferences Vary by Political Ideology." Retrieved at http://hunch.com/media/reports/food/

———. "You Vote What You Eat: How Liberals and Conservatives Eat Diferently." Retrieved at http://blog.hunch.com/?p=48884.

I

Iacoboni, M., Freedman, J., Kaplan, J., Jamieson, K. H., Freedman, T., Knapp, B., and Fitzgerald, K. (2007, 11 November). "This Is Your Brain on Politics." *The New York Times.*

Ibanga, I. (2009, 14 May). "Switched at Birth: Women Learn the Truth 56 Years Later." *Good Morning America.*

Inbar, Y., Pizarro, D. A., and Bloom, P. (2009). "Conservatives Are More Easily Disgusted Than Liberals." *Cognition and Emotion, 23(4)*, 714.

———. (2012). "Disgusting Smells Cause Decreased Liking of Gay Men." *Emotion, 12(1)*, 23–27.

Ito, T. A., Larsen, J. T., Smith, N. K., and Cacioppo, J. T. (1998). "Negative Information Weighs More Heavily on the Brain." *Journal of Personality and Social Psychology, 75(4)*, 887–900.

J

Jacobs, C., Hibbing, J. R., and Smith, K. B. (2012, April). "Carrying Your Heart (and Your Politics) on Your Face: Ideology and Facial Muscle Responses." Paper presented at the Midwest Political Science Association Meetings, Chicago.

Jahoda, G. (1954). "Political Attitudes and Judgments of Other People." *Journal of Abnormal and Social Psychology, 49*, 331–334.

Jang, K., Livesley, W. J., and Vernon, P. A. (1966). "Heritability of the Big Five Personality Dimensions and Their Facets: A Twin Study." *Journal of Personality, 64*, 577–591.

Jencks, C. (1980). "Heredity, Environment, and Public Policy Reconsidered." *American Sociological Review, 45(5)*, 723–736.

Jennings, M. K., and Niemi, R. G. (1968). "The Transmission of Political Values from Parent to Child." *American Political Science Review, 62(1)*, 169–184.

Jimenez, G. C. (2009). *Red Genes, Blue Genes: Exposing Political Irrationality.* New York, NY: Autonomedia.

Jin, J., Malkoc, S. A., and Fazio, R. H. (2023). "For Whom Do Boundaries Become Restrictions? The Role of Political Orientation." *Journal of Experimental Psychology, General, 153(7)*, 2118–2124.

Johnson, B. R. (2010). "Division of Labor in Honeybees: Form, Function, and Proximate Mechanisms." *Behavioral Ecology and Sociobiology, 64(3)*, 305–316.

Johnson, C. (2012). *The Information Diet.* Sebastopol, CA: O'Reilly Media, Inc.

Jost, J. T. (2006). "The End of the End of Ideology." *The American Psychologist, 61,* 651–670.

Jost, J. T., Glaser, J., Kruglanski, A. W, and Sulloway, F. J. (2003). "Political Conservatism as Motivated Social Cognition." *Psychological Bulletin, 129(3),* 339–375.

Jost, J. T., and Kruglanski, A. W (1999). "Efects of Epistemic Motivation on Conservatism, Intolerance, and Other System Justifying Attitudes." In L. Thompson, D. M. Messick, and J. M Levine (Eds.), *Shared Cognition in Organizations: The Management of Knowledge.* Hillsdale, NJ: Lawrence Erlbaum Associates, Inc.

_____ **K**

Kalikow, T. J. (2020). "Konrad Lorenz on Human Degeneration and Social Decline: A Chronic Preoccupation." *Animal Behavior, 164,* 267–272.

Kanai, R., Feilden, T., Firth, C., and Rees, G. (2011). "Political Orientations Are Correlated with Brain Structure in Young Adults." *Current Biology, 21,* 1–4.

Kaplan, K. (2012, 25 January). "Cynthia Nixon Says She's Gay by 'Choice.' Is It Really a Choice?" *The Los Angeles Times.* Retrieved at http://articles.latimes.com/2012/jan/25/news/la-heb-cynthia-nixon-gay-by-choice-20120125.

Keeley, L. H. (1996). *War before Civilization.* Oxford, UK: Oxford University Press.

Kettlewell, H. B. D. (1959). "Darwin's Missing Evidence." *Scientifc*

American, 200, 48–53.

Klein, E. (2010). "American Misperceptions of Foreign Aid." *The Washington Post* Online. Retrieved at http://voices.washingtonpost.com/ezra-klein/2010/12/american_misperceptions_of_for.html.

———. (2020, 21 May). "Why Are Liberals More Afraid of the Coronavirus?" *Vox.* Retrieved at www.vox.com/2020/5/21/21262329/coronavirus-liberals-conservatives-polls-afraid-psychology-distacing

Klemmensen, R., Hatemi, P. K., Hobolt, S. B., Petersen, I., Skytthe, A., and Norgaard, A. S. (2012). "The Genetics of Political Participation, Civic Duty, and Political Efcacy across Cultures: Denmark and the United States." *Journal of Theoretical Politics, 24(3),* 409–427.

Knoll, B. R., O'Daniel, T. J., and Cusato, B. (2015). "Physiological Responses and Political Behavior: Three Reproductions Using a Novel Data Set." *Research and Politics, 2(4),* 1 6.

Kohn, G. C. (2008). *Encyclopedia of Plague and Pestilence* (3rd ed.). New York, NY: Infobase Publishing.

Kosofsky, E. S., and Frank, A. (1995). "Shame in the Cybernetic Fold: Reading Silvan Tomkins." *Critical Inquiry, 21(2),* 496–522.

Kossowska, M., and Van Hiel, A. (2003). "The Relationship between Need for Closure and Conservative Beliefs in Western and Eastern Europe." *Political Psychology, 24(3),* 501–518.

Kriegel, A. (1972). *The French Communists: Profle of a People.* Chicago, IL: University of Chicago Press.

Kristol, I. (1977, 23 January). "Memoirs of a Trotskyist." *The New York Times Magazine.*

Kruglanski, A. W, Webster, S. M., and Klem, A. (1993). "Motivated Resistance and Openness to Persuasion in the Presence or Absence of Prior Information." *Journal of Personality and Social Psychology*, *65(5)*, 861–876.

Kuhnen, C. M., and Chiao, J. Y. (2009). "Genetic Determinants of Financial Risk Taking." *PLoS ONE*, *4(2)*, e4362.

Kuklinski, J. H., Quirk, P., Jerit, J. T, Schweider, D., and Rich, R. (2000). "Misinformation and the Currency of Democratic Citizenship." *Journal of Politics*, *62*, 790–815.

L

Laertius, D. (Third century AD/1923). "The Lives and Opinions of Eminent Philosophers: Life of Aristotle." (C. D. Yonge, Trans.). Retrieved at http://classicpersuasion.org/pw/diogenes/dlaristotle. html.

Lakof, G. (2002). *Moral Politics: How Liberals and Conservatives Think*. Chicago, IL: University of Chicago Press.

Lane, R. (1962). *Political Ideology: Why the American Common Man Believes What He Does*. New York: Free Press.

Lang, P. (1995). "The Emotion Probe: Studies of Motivation and Attention." *American Psychologist*, *50*, 372–385.

Langstrom, N., Rahman, Q., Carlstrom, E., and Lichtenstein, P. (2010). "Genetic and Environmental Efects on Same-Sex Sexual Behavior: A Population Study of Twins in Sweden." *Archives of Sexual Behavior*, *39*, 75–80.

Laponce, J. A. (1981). *Left and Right: The Topography of Political Perceptions*. Toronto, Canada: University of Toronto Press.

Lasch, C. (1991). *The True and Only Heaven*. New York, NY: Norton.

Leder, M. (2006). "What Makes a Stock Republican?" *Slate*. Retrieved at www.slate.com/articles/business/moneybox/2006/11/what_makes_a_stock_republican.html.

LeVay, S. (1994). "A Diference in Hypothalmic Structure between Heterosexual and Homosexual Men." *Science, 253*, 1034–1037.

Liang, Z. S., Nguyen, T., Mattila, H. R., Rodriguez-Zas, S. L., Seeley, T. D., and Robinson, G. E. (2012). "Molecular Determinants of Scouting Behavior in Honey Bees." *Science, 335(6073)*, 1225–1228.

Lienesch, M. (1982). "Right-Wing Religion: Christian Conservatism as a Political Movement." *Political Science Quarterly, 97(3)*, 403–425.

Linville, D. L., and Havice, P. A. (2011). "Political Bias in the College Classroom: A Literature Review." *Journal of Excellence in College Teaching, 22(2)*, 67–83.

Locke, J. (1690/2003). *Two Treatises of Government.* New Haven: Yale University Press.

Lodge, M., and Hamill, R. (1986). "A Partisan Schema for Political Information Processing." *American Political Science Review, 80(2)*, 505–520.

Lodge, M., and Taber, C. S. (2005). "The Automaticity of Afect for Political Leaders, Groups, and Issues: An Experimental Test of the Hot Cognition Hypothesis." *Political Psychology, 26(3)*, 455–482.

―――. (2013). *The Rationalizing Voter.* Cambridge, UK: Cambridge University Press.

Lykken, D. (1998). "The Genetics of Genius." In A. Steptoe (Ed.), *Genius and the Mind.* Oxford, UK: Oxford University Press.

Macmillan, M. (2008). "Phineas Gage—Unravelling the Myth." *The Psychologist, 21(9)*, 828-831.

Madison, J. (1788/1961). "Federalist #10." In C. Rossiter (Ed.), *The Federalist Papers*. New York: New American Library.

Maestripieri, D., Roney, J. R., DeBias, N., Durante, K. M., and Spaepen, G. (2004). "Father Absence, Menarche, and Interest in Infants among Adolescent Girls." *Developmental Science, 7(5)*, 560-566.

Maguire, E. A., Woollet, K., and Spiers, H. (2000). "London Taxi Drivers and Bus Drivers: A Structural MRI and Neuropsychological Analysis." *Hippocampus, 16*, 1091-1101.

Marcus, G. E., Sullivan, J. L., Theiss-Morse, E., and Wood, S. (1995). *With Malice Toward Some: How People Make Civil Liberties Judgments. Cambridge*, UK: Cambridge University Press.

Mariani, M. D., and Hewitt, G. J. (2008). "Indoctrination U.? Faculty Ideology and Changes in Student Political Orientation." *PS: Political Science and Politics, 41(4)*, 773-783.

Martin, J. (2001). "The Authoritarian Personality, 50 Years Later: What Lessons Are There for Political Psychology?" *Political Psychology, 22*, 1-26.

Martin, N. G., Eaves, L. J., Heath, A. C., Jardine, R., Feingold, L. M., and Eysenck, H. J. (1986). "Transmission of Social Attitudes." *Proceedings of the National Academy of Sciences of the United States of America, 83(12)*, 4364-4368.

McCabe, K., Houser, D., Ryan, L., Smith, V, and Trouard, T. (2001). "A Functional Imaging Study of Cooperation in Two-Person Reciprocal Exchange." *Proceedings of the National Academy of Sciences of the United States of America, 98(20)*, 11832-11835.

McClosky, H. (1958). "Conservatism and Personality." *The American Political Science Review, 52(1)*, 27–45.

McDermott, R. (2011). "Hormones and Politics." In R. McDermott and P. Hatemi (Eds.), *Man Is by Nature a Political Animal.* Chicago, IL: University of Chicago Press.

McLean, S. P, Garza, J. P., Wiebe, S. A., Dodd, M. D., Smith, K. B., Hibbing, J. R., and Espy, K. A. (2014). "Applying the Flanker Task to Political Psychology: A Research Note." *Political Psychology, 35(6)*, 831–840.

Miklosi, A., Polgardi, R., Topal, J., and Csanyi, V. (1998). "Use of ExperimenterGiven Cues in Dogs." *Animal Cognition, 1*, 113–121.

Milgram, S. (1974). *Obedience to Authority.* New York, NY: Harper and Row.

Mill, J. S. (1985). *On Liberty.* London, UK: Penguin Books. (Original work published in 1859)

Miller, J. (1977). *The Wolf by the Ears.* New York, NY: Free Press.

Miller, J. D., Scott, E. C., and Okamoto, S. (2006). "The Politics of Evolution." *Science, 313*, 765–766.

Mills, M., Smith, K. B., Hibbing, J. R., and Dodd, M. D. (2014). "The Politics of the Face-in-the-Crowd." *Journal of Experimental Psychology, General, 143*, 1429–1436.

Mitchell, D. G., Hibbing, M. V, Smith, K. B., and Hibbing, J. R. (2013). "Side by Side, Worlds Apart: Liberals' and Conservatives' Distinct Perceptions of Political Reality." *American Politics Research, 42*, 338–363.

Mondak, J. J. (2010). *Personality and the Foundations of Political Behavior.* New York, NY: Cambridge University Press.

Mondak, J. J., Hibbing, M. V, Canache, D., Seligson, M. A., and

Anderson, M. R. (2010). "Personality and Civic Engagement: An Integrative Framework for the Study of Trait Efects on Political Behavior." *American Political Science Review, 104(1)*, 85–110.

Mooney, C. (2005). *The Republican War on Science*. New York, NY: Basic Books.

――――. (2012). *The Republican Brain: The Science of Why They Deny Science— and Reality*. Hoboken, NJ: Wiley.

Moore, C., and Dunham, P. J. (1995). *Joint Attention: Its Origins and Role in Development*. Hillsdale, NJ: Lawrence Erlbaum Associates, Inc.

Moran, R. (1981). *Knowing Right from Wrong: The Insanity Defense of Daniel McNaughtan*. New York, NY: Free Press.

Morris, D. H., Jones, M. E., Minouk, M. J. K., Ashworth, A., and Swerdlow, A. J. (2012). "Family Concordance for Age at Menarche." *Pediatric Perinatal Epidemiology, 25(3)*, 306–311.

Mueller, D. (1993). *The Public Choice Approach to Politics*. Aldershot, UK: Edward Elgar Publishing, Ltd.

Muir, W. M. (1995). "Group Selection for Adaptation to Multiple Hen Cages." *Poultry Science, 75*, 447–458.

Mulgan, R. G. (1974). "Aristotle's Doctrine That Man Is a Political Animal." *Hermes, 102*, 438–445.

Muller-Doohm, S. (2005). *Adorno: A Biography*. (R. Livingstone, Trans.). Cambridge, UK: Polity Press.

Munro, G. D. (2010). "The Scientifc Impotence Excuse: Discounting BeliefThreatening Scientifc Abstracts." *Journal of Applied Social Psychology, 40(3)*, 579–600.

Munro, G. D., Ditto, P., Lockhart, L., Fagerlin, A., Gready, M., and Peterson, E. (2002). "Biased Assimilation of Sociopolitical Arguments: Evaluating the 1996 U.S. Presidential Debate." *Basic and Ap-*

plied Social Psychology, 24, 15–26.

Murray, C., and Herrnstein, R. J. (1994). *The Bell Curve.* New York, NY: Free Press.

N

Napier, J. L., and Jost, J. T (2008). "Why Are Conservatives Happier Than Liberals?" *Psychological Science, 19(6),* 565–572.

National Public Radio. (2005). "Frequently Asked Questions about Lobotomies." Retrieved at www.npr.org/templates/story/story. php?storyId=5014565.

Neiman, J. (2012, September). "Political Ideology, Personality, and the Correlations with Tastes and Preferences for Music, Art, Literature, and Food." Presented at the annual meeting of the Great Plains Political Science Association, Hastings, NE.

Nie, N. H., Verba, S., and Petrocik, J. R. (1979). *The Changing American Voter.* Cambridge, MA: Harvard University Press.

Niemi, R. G., and Jennings, M. K. (1991). "Issues and Inheritance in the Formation of Party Identifcation." *American Journal of Political Science, 35,* 970–988.

Noback, C., and Demarest, R. (1975). *The Human Nervous System: Basic Principles of Neurobiology.* New York, NY: McGraw-Hill.

Nowak, M. A., Tarnita, C. E., and Wilson, E. O. (2010). "The Evolution of Eusociality." *Nature, 446,* 1057–1062.

Olver, J. (2003). "Personality Traits and Personal Values: A Conceptual and Empirical Integration." *Personality and Individual Diferences, 35,* 109–125.

O'Reilly, B. (2010). *Pinheads and Patriots: Where You Stand in the Age of Obama.* New York, NY: William Morrow.

Oxley, D., Smith, K. B., Alford, J., Hibbing, M., Miller, J., Scalora, M., Hatemi, P., and Hibbing, J. R. (2008). "Political Attitudes Vary with Physiological Traits." *Science, 321,* 1667–1670.

Paige Harden, K. (2021). *The Genetic Lottery: Why DNA Matters for Social Equality.* Princeton, NJ: Princeton University Press.

Pearson, K. (1919). *National Life from the Standpoint of Science* (2nd ed.). Cambridge, UK: Cambridge University Press.

Peterson, J. C., Smith, K. B., and Hibbing, J. R. (2020). "Do People Really become More Conservative as They Age?" *Journal of Politics, 82(2),* 600–611.

Pichot, P. (1984). "Centenary of the Birth of Hermann Rorschach." *Journal of Personality Assessment, 48,* 591–596.

Pinker, S. (2002). *The Blank Slate: The Modern Denial of Human Nature.* New York, NY: Viking.

———. (2011). *The Better Angels of Our Nature: Why Violence Has Declined.* New York, NY: Penguin Books.

Piurko, Y., Schwartz, S., and Davidov, E. (2011). "Basic Personal Values and the Meaning of LeftRight Political Orientations in 20 Countries." *Political Psychology, 32,* 537–561.

Plutzer, E. (2002). "Becoming a Habitual Voter: Inertia, Resources, and Growth in Young Adulthood." *American Political Science Review*, *96(1)*, 41–56.

Porges, S. (2004). "Neuroception: A Subconscious System for Detecting Threat and Safety." *Zero to Three Journal*, *24*, 9–24.

Pratto, F., Sidanius, J., Stallworth, L., and Malle, B. (1994). "Social Dominance Orientation: A Personality Variable Predicting Social and Political Attitudes." *Journal of Personality and Social Psychology*, *67*, 741–763.

Prior, M. (2010). "You've Either Got It or You Don't? The Stability of Political Interest over the Life Cycle." *Journal of Politics*, *72(3)*, 747–766.

Putnam, R. D. (1994). *Making Democracy Work: Civic Traditions in Modern Italy*. Princeton, NJ: Princeton University Press.

Pyysiäinen, I., and Hauser, M. (2010). "The Origins of Religion: Evolved Adaptation or By-Product?" *Trends in Cognitive Sciences*, *14(3)*, 104–109.

Q

Quinlan, R. J. (2003). "Father Absence, Parental Care, and Female Reproductive Development." *Evolution and Human Behavior*, *24(6)*, 376–390.

R

Raison, C. L., and Miller, A. H. (2003). "The Evolutionary Significance of Depression in Pathogen Host Defense (PATHOS-D)." *Mo-*

lecular Psychiatry, 18, 15–37.

Rankin, R. E., and Campbell, D. T (1955). "Galvanic Skin Response to Negro and White Experimenters." *Journal of Abnormal and Social Psychology, 51*, 30–33.

Rawlings, D., Barrantes, I., Vidal, N., and Furnham, A. (2000). "Personality and Aesthetic Preference in Spain and England: Two Studies Relating Sensation Seeking and Openness to Experience to Liking for Paintings and Music." *European Journal of Personality, 14(6)*, 553–576.

Ray, J. J. (1974). "How Good Is the Wilson and Patterson Conservatism Scale?" *New Zealand Psychologist, 3*, 21–26.

———. (1989). "The Scientifc Study of Ideology Is Too Often More Ideological Than Scientifc." *Personality & Individual Diferences, 10(3)*, 331–336.

Raymond, M., Pontier, D., Dufour, A. B., and Moller, A. P. (1996). "FrequencyDependent Maintenance of Left-Handedness in Humans." *Proceedings of the Royal Society of London, B, 263*, 1627–1633.

Redlawsk, D. P., Civettini, A. J. W, and Emmerson, K. M. (2010). "The Afective Tipping Point: Do Motivated Reasoners Ever 'Get It'?" *Political Psychology, 31(4)*, 563–593.

Religioustolerance.org. "Causes of Homosexuality and Other Sexual Orientations: Public Opinion Polls." Retrieved at www.religioustolerance.org/hom_caus2.html.

Risen, J. L., and Critcher, C. R. (2011). "Visceral Fit: While in a Visceral State, Associated States of the World Seem More Likely." *Journal of Personal Social Psychology, 100(5)*, 777–793.

Roberts, T., Grifn, H., McOwan, P. W, and Johnston, A. (2011). "Judging Political Afliation from Faces of UK MPs." *Perception, 40*,

949–952.

Romano, A. (2022, 21 April). "The Right's Moral Panic over Grooming Invokes AgeOld Homophobia." *Vox*. Retrieved at www.vox.com/culture/23025505/leftistgroomers-homophobia-satanic-panic-explained.

Rosier, M., and Willig, C. (2002). "The Strange Death of the Authoritarian Personality: 50 Years of Psychological and Political Debate." *History of the Human Sciences, 15(4)*, 71–96.

Rossiter, C. (1960). *Parties and Politics in America*. Ithaca, NY: Cornell University Press.

Rothman, S., Lichter, S. R., and Nevitte, N. (2005). "Politics and Professional Advancement among College Faculty." *The Forum, 3*, Article 2.

Rule, N. O., and Ambady, N. (2008). "Brief Exposures: Male Sexual Orientation Is Accurately Perceived at 50ms." *Journal of Experimental Social Psychology, 44*, 1100–1105.

———. (2010). "Democrats and Republicans Can Be Diferentiated from Their Faces." *PLoS ONE, 5(1)*, e8733.

Rule, N. O., Ambady, N., and Hallett, K. (2009). "Female Sexual Orientation Is Perceived Accurately, Rapidly, and Automatically from the Face and Its Features." *Journal of Experimental Social Psychology, 45*, 1245–1251.

Rule, N. O., Moran, J. M., Freeman, J. B., Whitfeld-Gabrieli, S., and Gabrieli, S. (2011). "Face Value: Amygdala Response Refects the Validity of First Impressions." *Neuroimage, 54*, 734–741.

Rutchick, A. M. (2010). "Deus Ex Machina: The Infuence of Polling Place on Voting Behavior." *Political Psychology, 31(2)*, 209–225.

Sacks, O. (1970). *The Man Who Mistook His Wife for a Hat.* New York: Simon and Schuster.

Samochowiec, J., Wanke, M., and Fiedler, K. (2010). "Political Ideology at Face Value." *Social Psychology and Personality Science, 1(3)*, 206–213.

Sanfey, A. G., Rilling, J. K., Aronson, J. A., Nystrom, L. E., and Cohen, J. D. (2003). "The Neural Basis of Economic Decision-Making in the Ultimatum Game." *Science, 300(5626)*, 1755–1758.

Schlenker, B. R., Chambers, J. R., and Le, B. M. (2012). "Conservatives are Happier Than Liberals, but Why?" *Journal of Research in Personality, 46(2)*, 127–146.

Schnall, S., Benton, J., and Harvey, S. (2008). "With a Clean Conscience: Cleanliness Reduces the Severity of Moral Judgments." *Psychological Science, 19(12)*, 1219–1222.

Schneider, S., Smith, K. B., and Hibbing, J. R. (2018). "Genetic Attributions: Sign of Intolerance or Acceptance?" *Journal of Politics, 80(3)*, 1023–1027.

Schreiber, D., Simmons, A., Dawes, C., Flgan, T, Fowler, J., and Paulus, M. (2013). "Red Brain, Blue Brain: Evaluative Processes Difer in Democrats and Republicans." *PLoS One, 8(2)*, e52970.

Schwartz, S. (1992). "Universals in the Content and Structure of Values: Theoretical Advances and Empirical Tests in 20 Countries." In M. P. Zanna (Ed.), *Advances in Experimental Social Psychology, 25.* New York, NY: Academic Press.

Schwartz, S., and Bilsky, W (1987). "Toward a Universal Psychological Structure of Human Values." *Journal of Personality and Social Psychology, 53*, 550–562.

Schwarz, S., and Boehnke, K. (2004). "Evaluating the Structure of Human Values with Confrmatory Factor Analysis." *Journal of Research in Personality, 38*, 230–255.

Schwartz, S. H., Caprara, G. V, and Vecchione, M. (2010). "Basic Personal Values, Core Political Values, and Voting: A Longitudinal Analysis." *Political Psychology, 31(3)*, 421–452.

Scipioni, J. (2020, 30 October). "These Voters Switched Political Parties for 2020." *Make It.* Retrieved at www.cnbc.com/2020/10/30/why-these-voters-switchedpolitical-parties-for-2020.html.

Sears, D. O., and Funk, C. L. (1991). "The Role of Self-Interest in Social and Political Attitudes." In M. P. Zanna (Ed.), *Advances in Experimental Social Psychology.* San Diego, CA: Academic Press.

Segal, N. (2012). *Born Together—Reared Apart: The Landmark Minnesota Twin Study.* Cambridge, MA: Harvard University Press.

Segerstrale, U. (2000). *Defenders of the Truth.* Oxford, UK: Oxford University Press.

Seligman, M. E. P. (1971). "Phobias and Preparedness." *Behavioral Therapy, 2(3)*, 307–320.

Settle, J. E., Dawes, C. T., Christakis, N. A., and Fowler, J. H. (2010). "Friendships Moderate an Association between a Dopamine Gene Variant and Political Ideology." *Journal of Politics, 72(4)*, 1189–1198.

Shapiro, R. Y., and Bloch-Elkon, Y. (2008). "Do Facts Speak for Themselves? Partisan Disagreement as a Challenge to Democratic Theory." *Critical Review, 20(1–2)*, 115–139.

Sheldon, J., Pfefer, C., Jayaratne, T. E., Feldbaum, M., and Petty, E. (2007). "Beliefs about the Etiology of Homosexuality and about the Ramifcations of Discovering Its Possible Genetic Origin." *Journal of Homosexuality, 52*, 111–150.

Shermer, M. (2006). *Why Darwin Matters: The Case against Intelligent Design*. New York, NY: Henry Holt and Company.

Shils, E. A. (1954). "Authoritarianism: Right and Left." In R. Christie and M. Jahoda (Eds.), *Studies in the Scope and Method of the "The Authoritarian Personality"*. Glencoe, IL: Free Press.

Shohat-Ophir, G., Kraun, K. R., Anzanchi, R., and Heberlein, U. (2012). "Sexual Deprivation Increases Ethanol Intake in Drosphilia." *Science*, *335*, 1351–1355.

Shook, N. J., and Fazio, R. H. (2009). "Political Ideology, Exploration of Novel Stimuli, and Attitude Formation." *Journal of Experimental Social Psychology*, *45(4)*, 995–998.

Silver, J., McAllister, T., and Yudofsky, S. (2011). *Textbook of Traumatic Brain Injury*. Arlington, VA: American Psychiatric Publishing.

Singer, P. (2011). *The Expanding Circle: Ethics, Evolution, and Moral Progress*. Princeton, NJ: Princeton University Press.

Skinner, B. F. (1971). *Beyond Freedom and Dignity*. New York, NY: Knopf.

Smirnov, O., Arrow, H., Kennett, D., and Orbell, J. (2007). "Ancestral War and the Evolutionary Origins of 'Heroism'." *Journal of Politics*, *69(4)*, 927–940.

Smith, J. M. (1982). *Evolution and the Theory of Games*. Cambridge, UK: Cambridge University Press.

Smith, K. B., Alford, J. R., Hatemi, P. K., Eaves, L. J., Funk, C., and Hibbing, J. R. (2012). "Biology, Ideology and Epistemology: How Do We Know Political Attitudes Are Inherited and Why Should We Care?" *American Journal of Political Science*, *56(1)*, 17–33.

Smith, K. B., Alford, J. R., Hibbing, J. R., Martin, N. G., and Hatemi, P. K. (2017). "Intuitive Ethics and Political Orientations: Testing Moral Foundations as a Theory of Political Ideology." *American Jour-*

nal of Political Science, 61(2), 424–437.

Smith, K. B., Hibbing, M. V., and Hibbing, J. R. (2019). "Friends, Relatives, Sanity, and Health: The Costs of Politics." *PLoS One*, *14(9)*, e0221870.

Smith, K. B., Oxley, D., Hibbing, M. V., Alford, J. R., and Hibbing, J. R. (2011a). "Disgust Sensitivity and the Neurophysiology of Left-Right Political Orientations." *PLoS One, 6(10)*, e25552.

———. (2011b). "Linking Genetics and Political Attitudes: Reconceptualizing Political Ideology." *Political Psychology, 32*, 369–397.

Sniderman, P., and Carmines, E. (1997). *Reaching beyond Race.* Cambridge, MA: Harvard University Press.

Sober, E., and Wilson, D. S. (1998). *Unto Others: The Evolution and Psychology of Unselfish Behavior.* Cambridge, MA: Harvard University Press.

Solnick, S., and Schweitzer, M. (1999). "The Infuence of Physical Attractiveness and Gender on Ultimatum Game Decisions." *Organizational Behavior and Human Decision Processes, 79(3)*, 199–215.

Soroka, S., Fournier, P., and Nir, L. (2019). "Cross-National Evidence of a Negativity Bias in Psychophysiological Reactions to News." *Proceedings of the National Academy of Sciences, 116(38)*, 18888–18892.

Stelzer, I. (2009, 22 September). "Irving Kristols Gone—We'll Miss His Clear Vision." *The Daily Telegraph* (London).

Stenner, K. (2005). *The Authoritarian Dynamic.* Cambridge, UK: Cambridge University Press.

Stern, R., Ray, W., and Quigley, K. (2001). *Psychophysiological Recording.* New York, NY: Oxford University Press.

Stimson, J. A. (1975). "Belief Systems: Constraint, Complexity, and the 1972 Election." *American Journal of Political Science, 19(3)*, 395–417.

Stoker, L., and Jennings, M. K. (2005). "Political Similarity and Infuence between Husbands and Wives." In A. S. Zuckerman (Ed.), *The Social Logic of Politics: Personal Networks as Contexts for Political Behavior.* Philadelphia, PA: Temple University Press.

Streyfeler, L., and McNally, R. J. (1998). "Fundamentalists and Liberals: Personality Characteristics of Protestant Christians." *Personality and Individual Diferences, 24(4),* 579–580.

Suhay, E., Brandt, M. J., and Proulx, T. (2017). "Lay Belief in Biopolitics and Political Prejudice." *Social Psychological and Personality Science, 8(2),* 173–182.

Sulkin, T., and Simon, A. (2001). "Habermas in the Lab: A Study of Deliberation in an Experimental Setting." *Political Psychology, 22,* 809–826.

T

Thomas, C. (2023, 10 August). "Founders Warned Us." *Lincoln Journal Star.* Retrieved at www.dominionpost.com/2023/08/08/the-founders-warned-us/

Thucydides. [1972]. *History of the Peloponnesian War.* New York, NY: Penguin.

Tierney, J. (2005, 1 April). "Your Car: Politics on Wheels." *The New York Times.*

Timsit, A. (2018, 15 June). "Bill Clinton and Loretta Lynch Describe Their Infamous Tarmac Meeting." *Quartz.* Retrieved at https://qz.com/1306227/in-the-inspector-generals-report-bill-clinton-and-loretta-lynch-describe-their-tarmac-meeting.

Tomkins, S. S. (1963). "Left and Right: A Basic Dimension of Ideology and Personality." In R. W White (Ed.), *The Study of Lives.* Chicago,

IL: Atherton.

Tooby, J., and Cosmides, L. (1990). "On the Universality of Human Nature and the Uniqueness of the Individual." *Journal of Personality*, *58(1)*, 17–67.

Torres, M. (2020, 19 July). "Parents Must Stop Letting Woke Colleges Indoctrinate Their Children." *Newsweek*. Retrieved at www. newsweek.com/parents-muststop-letting-woke-colleges-indoctrinate-their-children-opinion-1518780.

Trut, L. "Early Canid Domestication: The Farm-Fox Experiment." *American Scientist*, *87*, 160–169.

Turcsan, B., Kubinyi, E., and Miklosi, A. (2011). "Trainability and Boldness Traits Difer between Dog Breed Clusters." *Applied Animal Behaviour Science*, *132(1–2)*, 61–70.

Tybur, J. M., Lieberman, D., and Griskevicius, V (2009). "Microbes, Mating, and Morality: Individual Diferences in Three Functional Domains of Disgust." *Journal of Personality and Social Psychology*, *97*, 103–122.

V

Van Honk, J., Tuiten, A., de Haan, E., van den Hout, M., and Stam, H. (2001). "Selective Attention to Unmasked and Masked Threatening Words: Relationships to Trait Anger and Anxiety." *Personality and Individual Diferences*, *30(4)*, 711–720.

Vanman, E., Saltz, J., Nathan, L., and Warren, J. (2004). "Racial Discrimination by Low-Prejudiced Whites: Facial Movements as Implicit Measures of Attitudes Related to Behavior." *Psychological Science*, *15*, 711–714.

Vedantam, S. (2010). *The Hidden Brain: How Our Unconscious Minds Elect Presidents, Control Markets, Wage Wars, and Save Our Lives.* New York, NY: Spiegel and Grau.

Vergun, D. (2021, 22 April). "Defense Secretary Calls Climate Change an Existential Threat." *U.S. DOD.* Retrieved at www.defense.gov/News/News-Stories/Article/Article/2582051/defense-secretary-calls-climate-change-an-existential-threat/

Verhulst, B., Eaves, L. J., and Hatemi, P. K. (2012). "Correlation Not Causation: The Relationship between Personality Traits and Political Ideologies." *American Journal of Political Science, 56,* 34–51.

Vickery, T. J., and Chun, M. M. (2010). "Object-Based Warping: An Illusory Distortion of Space within Objects." *Psychological Science, 21(12),* 1759–1764.

Vigil, J. M. (2010). "Political Leanings Vary with Facial Expression Processing and Psychosocial Functioning." *Group Processes and Intergroup Relations, 13(5),* 547–558.

Visscher, P. M., Medland, S. E., Ferreira, M. A., Morley, K. I., Zhu, G., Cornes, B. K., Montgomery, G. W., and Martin, N. G. (2006). "Assumption-Free Estimation of Heritability from Genome-Wide Identity-by-Descent Sharing between Full Siblings." *PLoS Genetics, (3),* e41.

W

Waismel-Manor, I., Ifergane, G., and Cohen, H. (2011). "When Endocrinology and Democracy Collide: Emotions, Cortisol and Voting at National Elections." *European Neuropsychopharmacology, 21(11),* 789–795.

Wald, A. (1987). *The New York Intellectuals: The Rise and Decline of the Anti-Stalinist Left from the 1930s to the 1980s.* Chapel Hill, NC: The University of North Carolina Press.

Walter, N., Cohen, J., Holbert, R. L., and Morag, Y. (2020). "Fact Checking: A Meta-Analysis of What Works and for Whom." *Political Communication, 37(3),* 350–375.

Watson, J. B. (1925). "Experimental Studies on the Growth of the Emotions." *The Pedagogical Seminary and Journal of Genetic Psychology, 32(2),* 328–348.

Weaver, J. (1992). *Two Kinds: The Genetic Origin of Conservatives and Liberals.* Eugene, OR: Baird Publishing.

Weber, J. N., Peterson, B. K., and Hoekstra, H. E. (2013). "Discrete Genetic Modules Are Responsible for Complex Burrow Evolution in Peromyscus Mice." *Nature, 493(7432),* 402–405.

Westen, D. (2007). *The Political Brain.* New York, NY: Public Afairs Books.

Wheatley, T., and Haidt, J. (2005). "Hypnotic Disgust Makes Moral Judgments More Severe." *Psychological Science, 16(10),* 780–784.

Wilson, E. O. (1975). *Sociobiology: The New Synthesis.* Cambridge, MA: Harvard University Press.

Wilson, G. D. (1973). *The Psychology of Conservatism.* London, UK: Academic Press.

———. (1990). "Ideology and Humor Preferences." *International Political Science Review, 11,* 461–472.

Wilson, G. D., Ausman, J., and Mathews, T. (1973). "Conservatism and Art Preferences." *Journal of Personality and Social Psychology, 25,* 286–288.

Wilson, G. D., and Patterson, J. R. (1969). "Conservatism as a Predictor of Humor Preferences." *Journal of Personality and Social Psychology, 24*, 191–198.

Wisotsky, Z., Medina, A., Freeman, E., and Dahanukar, A. (2011). "Evolutionary Diferences in Food Preference Rely on Gr64e, a Receptor for Glycerol." *Nature Neuroscience, 14(12)*, 1534–1542.

Witchel, A. (2012). "Life after 'Sex'." *The New York Times Magazine.* Retrieved at www.nytimes.com/2012/01/22/magazine/cynthia-nixon-wit.html?pagewanted=all&_r=0.

Wolfe, A. (2005, 7 October). "The Authoritarian Personality Revisited." *The Chronicle of Higher Education.*

Woollett, K., and Maguire, E. (2011). "Acquiring 'the Knowledge' of London's Layout Drives Structural Brain Changes." *Current Biology, 21(24)*, 2109–2114.

X

Xiaohe, X., Ji, J., and Tung, Y. Y. (2008). "Social and Political Assortative Mating in Urban China." *Journal of Family Issues, 29(1)*, 615–638.

Y

Yarbus, A. L. (1967). *Eye Movements and Vision.* New York, NY: Plenum.

Yehuda, R., Halligan, S. L., Grossman, R., Golier, J. A., and Wong, C. (2002). "The Cortisol and Glucocorticoid Receptor Response to Low Dose Dexamethasone Administration in Aging Combat Veterans and Holocaust Survivors with and without Posttraumatic Stress Disorder." *Biological Psychiatry, 52(1)*, 393–403.

Yeo, R. A., and Gangestad, S. W (1993). "Development Origins of

Variation in Human Preference." *Genetica, 89*, 281–296.

Young, E. H. (2008). "Why We're Liberal; Why We're Conservative." Retrieved at http://dspace.sunyconnect.suny.edu/bitstream/handle/1951/52392/000000880.sbu.pdf?sequence=1.

<hr>

Z

Zajonc, R. B. (1980). "Feeling and Thinking: Preferences Need No Inferences." *American Psychologist, 35(2)*, 151–175.

Zaller, J. R. (1992). *The Nature and Origins of Mass Opinion.* Cambridge, UK: Cambridge University Press.

Zeleny, J. (2007). "Obama's Down on the Farm." *The New York Times* Blog. Retrieved at http://thecaucus.blogs.nytimes.com/2007/07/27/obamas-down-onthe-farm/

Zimbardo, P. (2007). *The Lucifer Effect: Understanding How Good People Turn Evil.* London, UK: Rider and Co.